EDITH STEIN GESAMTAUSGABE

19

EDITH STEIN GESAMTAUSGABE

Herausgegeben vom
Karmel „Maria vom Frieden“ zu Köln

Unter wissenschaftlicher Mitarbeit von
Hanna-Barbara Gerl-Falkovitz
Lehrstuhl für Religionsphilosophie und
vergleichende Religionswissenschaft der
Technischen Universität Dresden

19

Geistliche Texte I

Edith Stein

Geistliche Texte I

Eingeführt und bearbeitet
von
Ulrich Dobhan OCD

HERDER

FREIBURG · BASEL · WIEN

Diese Sonderausgabe wurde realisiert mit freundlicher Unterstützung der Provinzen des Teresianischen Karmels (OCD) in Deutschland und Österreich sowie der Edith Stein Gesellschaft Deutschland.

Neuausgabe 2025 der 2., durchgesehenen und korrigierten Auflage 2014

Hermann-Herder-Straße 4, D-79104 Freiburg

www.herder.de
produktsicherheit@herder.de

Umschlaggestaltung: Finken & Bumiller, Suttgart
Satz: SatzWeise, Bad Wünnenberg
Printed in Germany

ISBN 978-3-451-02639-3
ISBN E-Book (PDF) 978-3-451-83899-6

Inhalt

Teil I
Vorträge und Aufsätze

Teil II
Texte zu Geschichte und Persönlichkeiten des Karmel

Teil III
Rezensionen

Teil IV
Nachrufe

Anhang

Einführung zu den Bänden 19 und 20

In den beiden Bänden 19 und 20, die den gemeinsamen Titel *Geistliche Texte* tragen, sind Texte Edith Steins versammelt, die – von wenigen, allerdings nicht unwichtigen Ausnahmen abgesehen[1] – nach ihrem Eintritt in den Kölner Karmel am 14. Oktober 1933 verfaßt wurden. Die großen *Geistlichen Schriften*, wie *Wege der Gotteserkenntnis* und *Kreuzeswissenschaft* bilden auf Grund ihres Umfangs und ihrer Bedeutung innerhalb der ESGA eigene Bände (17 und 18), andere durchaus auch *geistliche Schriften*, wie *Die Seelenburg* und *Eucharistische Erziehung* sowie *Wege zur inneren Stille* oder auch *Eine Meisterin der Erziehungs- und Bildungsarbeit: Teresia von Jesus*, wurden in die Bände 11/12, 13 bzw. 16 aufgenommen, da sie in enger Beziehung zu den dort versammelten Schriften Edith Steins stehen.

1. Edith Steins Werden als geistliche Schriftstellerin

Unter den verschiedenen Titeln, die Edith Stein gegeben werden, fehlt meistens der einer geistlichen Schriftstellerin. Sie gilt vor allem als Pädagogin, Philosophin, Karmelitin, Mystikerin und schließlich Opfer von Auschwitz. Wer die Beiträge in diesen beiden Bänden liest, wird schnell zu einer anderen Meinung kommen.

Wahrscheinlich hatte Edith Stein im Sommer 1918 beim „religionsphilosophischen Spaziergang“[2] am 8. Juni mit Edmund Husserl und Martin Heidegger (zum ersten Mal?) von den christlichen Mystikern, darunter auch Teresa von Ávila und Johannes vom Kreuz, gehört, da Husserl in seiner Begeisterung für das Buch von Rudolf Otto, *Das Heilige*, vermutlich darüber gesprochen hatte[3], während Martin Heidegger damals sehr von den christlichen Mysti-

---

[1] Es handelt sich um *Das Weihnachtsgeheimnis* (1931) und die beiden Vorträge über Elisabeth von Thüringen (1931 und 1932).

[2] *„Wir machten … zu dritt einen – übrigens sehr hübschen – religionsphilosophischen Spaziergang, der sich bis eben (3/4 12) hinzog“* (Brief an Roman Ingarden, in: SBB III, ESGA 4, Br. 36).

[3] *„Es hat stark auf mich gewirkt wie kaum ein anderes Buch seit Jahren. Es ist ein erster Anfang für eine Phänomenologie des Religiösen, mindestens nach all dem, was eben nicht*

kern angetan war[4]. Sie selbst wird wohl über die religionsphilosophischen Notizen Adolf Reinachs gesprochen haben, die sie bei ihrem Besuch in Göttingen im März studiert hatte. Von Reinachs Witwe Anne hatte sie den entscheidenden Anstoß zur Konversion zum Christentum erhalten[5].

Erste Spuren einer intensiven geistlichen Erfahrung Edith Steins finden sich in ihrer 1918/19 entstandenen Schrift *Psychische Kausalität*, was sie mit folgenden Worten bezeugt: „Es gibt einen Zustand des Ruhens in Gott der völligen Entspannung aller geistigen Tätigkeit, in dem man keinerlei Pläne macht, keine Entschlüsse faßt und erst recht nicht handelt, sondern alles Künftige dem göttlichen Willen anheim stellt, sich gänzlich ‚dem Schicksal überläßt'. Dieser Zustand ist mir etwa zuteil geworden, nachdem ein Erlebnis, das meine Kräfte überstieg, meine geistige Lebenskraft völlig aufgezehrt und mich aller Aktivität beraubt hat. Das Ruhen in Gott ist gegenüber dem Versagen der Aktivität aus Mangel an Lebenskraft etwas völlig Neues und Eigenartiges. Jenes war Totenstille. An ihre Stelle tritt nun das Gefühl des Geborgenseins, des aller Sorge und Verantwortung und Verpflichtung zum Handeln Enthobenseins. Und indem ich mich diesem Gefühl hingebe, beginnt nach und nach neues Leben mich zu erfüllen und mich – ohne alle willentliche Anspannung – zu neuer Betätigung zu treiben. Dieser belebende Zustrom erscheint als Ausfluß einer Tätigkeit und einer Kraft, die nicht die meine ist und, ohne an die meine irgendwelche Anforderungen zu stellen, in mir wirksam wird. Einzige Voraussetzung für solche geistige Wiedergeburt scheint eine gewisse Aufnahmefähigkeit zu sein, wie sie in der dem psychischen Mechanismus enthobenen Struktur der Person gründet."[6] Um mit Teresa von Ávila zu sprechen, handelt es sich dabei um eine mystische Erfahrung, die diese dem *Gebet der Ruhe* zuordnet[7].

über eine reine Deskription und Analyse der Phänomene selbst hinausgeht." (K. Schuhmann, *Husserl-Chronik*, 230). In diesem Buch werden Teresa und Johannes vom Kreuz zitiert.

[4] R. Otto, Das Heilige. Über das Irrationale in der Idee des Göttlichen, Breslau 1917. *„Echte Religion lasse sich, wie er in einem Vortrag im August 1917 ausführt, nicht er-philosophieren, sondern beginne und ende mit der Geschichte. Mit Meister Eckhart, Teresa von Ávila und Bernhard von Clairvaux will er zum Ursprung zurück"* (A. U. Müller – M. A. Neyer, *Edith Stein*, 124).

[5] Das berichtet P. Johannes Hirschmann SJ in einem Brief vom 13. Mai 1950 an Schw. Teresia Renata Posselt: *„Der entscheidendste Anlaß zu ihrer Konversion zum Christentum war, wie sie mir erzählte, die Art und Weise, wie die ihr befreundete Frau Reinach in der Kraft des Kreuzesgeheimnisses das Opfer brachte, das ihr durch den Tod ihres Mannes an der Front des ersten Weltkrieges auferlegt war. In diesem Opfer erlebte sie den Erweis der Wahrheit der christlichen Religion und ward ihr geöffnet. Sie weilte damals nach dem Tode von Reinach in dessen Haus, um seinen Nachlaß durchzusehen."* (ESAK, Signatur GIJ/H). Zu Edith Stein und Anne und Adolf Reinach siehe B. Beckmann-Zöller, *Adolf und Anne Reinach.*

[6] *Psychische Kausalität*, in: *Beiträge zur philosophischen Begründung der Psychologie und der Geisteswissenschaften. Eine Untersuchung über den Staat*. Tübingen [2]1970, 76 (ESGA 6).

[7] Siehe *Leben* 14, 3: *„Hier beginnt die Seele sich zu sammeln und rührt dabei schon an etwas*

Im März 1921 fuhr sie wieder einmal nach Göttingen – „der größten Entscheidung meines Lebens entgegen“[8], und diese bestand in der Alternative zwischen dem Protestantismus, dem sich viele ihrer Freunde zugewandt hatten, und dem Katholizismus. Gegen Ende ihres Aufenthaltes dort boten ihre Gastgeberinnen, Anne und Pauline Reinach, ihr an, sich ein Buch aus ihrer Bibliothek auszuwählen. „Ihre Wahl fiel auf eine Biographie der hl. Teresa von Ávila, von ihr selbst geschrieben. Über dieses Detail bin ich mir absolut sicher“, wie Pauline Reinach am 18. August 1965 unter Eid für den Seligsprechungsprozess aussagte[9].

Als sie Ende Mai 1921 von Göttingen nach Bergzabern fuhr – laut Gästebuch ihrer Gastgeber Theodor Conrad und Hedwig Conrad-Martius ist sie am 28. Mai 1921 dort angekommen[10] –, führte sie dieses Buch in ihrem Reisegepäck mit und widmete sich bald schon seiner Lektüre. Die endgültige Entscheidung für die katholische Kirche fiel in Bergzabern, offensichtlich auch in einer freundschaftlich-kritischen Auseinandersetzung mit Hedwig Conrad-Martius, die allerdings freikirchlich wurde. Sie berichtet darüber: „Als Edith Stein zum letzten Mal bei uns war, befanden wir uns beide in einer religiösen Krise. Wir gingen beide wie auf einem schmalen Grate dicht nebeneinander her, jede in jedem Augenblick des göttlichen Rufs gewärtig. Er geschah, führte uns aber nach konfessionell verschiedenen Richtungen. Hier ging es um Entscheidungen, in denen sich die letzte Freiheit des Menschen, durch die er eben schöpfungsmäßig zur Person geadelt ist, mit der Berufung Gottes, der man zu gehorchen hat, für menschliche Augen unentwirrbar ineinanderknüpft. Es gab jedoch kein Ausweichen. Und wie es bei den Anfangsschritten, nachdem uns die Gnade ergriffen hatte, zu sein pflegt: es kam eine gewisse, wenn auch immer nur in kurzen Gesprächen und Wor-

---

Übernatürliches, das sie allerdings in keiner Weise selbst erreichen kann, so viele Anstrengungen sie auch vollbringt. … Das bedeutet eine Sammlung der Seelenvermögen in sich hinein, um von dieser Beglückung mit noch mehr Wohlbehagen zu genießen; doch gehen sie nicht verloren, noch schlafen sie ein. Nur das Empfindungsvermögen [Wille] ist derart beschäftigt, daß es sich, ohne zu wissen wie, gefangen nehmen läßt, das heißt, es gibt nur seine Zustimmung, damit Gott es einkerkert, wie jemand, der sehr wohl weiß, daß er der Gefangene dessen ist, den er liebt.“ Siehe auch: dies., *Weg der Vollkommenheit* [Kodex von Valladolid] 31; dies., 4. *Wohnung* 2, 2.

[8] LJF, ESGA 1, 189. Sie ist vom 22. März bis 27. Mai 1921 in Göttingen polizeilich gemeldet (aaO. Anm. 1).

[9] *Beatificationis et Canonizationis Servae Dei Edith Stein. Summarium super dubio: An eius Causa introducenda sit.* Teil 3, 437. Elisabeth de Miribel berichtet in ihrem bereits 1954 erschienenen Büchlein, daß Edith Stein sich 1921 bei den Reinachs in Göttingen Teresas Selbstbiographie ausgesucht habe: „*Mais en 1921, à l'occasion d'une visite d'Edith, Anne et Pauline la prièrent de choisir un livre dans leur bibliothèque. C'est alors qu'elle mit la main sur la Vie de sainte Thérèse, qu'elle devait emporter et lire d'un trait.*“ (E. de Miribel, *Edith Stein*, 60).

[10] Siehe die Angaben in SBB III, ESGA 4, Br. 73, Anm. 1.

te leise geäußerte gegenseitige Aggression in unseren Verkehr. In *diesem* Zusammenhang fiel das ... Wort: Secretum meum mihi[11]. Es war eine etwas schroffe Geste der Abwehr mir gegenüber. Ähnliches geschah aber auch umgekehrt."[12]

Edith Stein ist Anfang August 1921 nach Breslau gefahren[13], vor allem um ihrer Mutter ihren Entschluss der Konversion in die katholische Kirche mitzuteilen[14], kam aber zur Taufe am 1. Januar 1922 in der Pfarrkirche von Bergzabern wieder; am 2. Februar 1922 empfing sie vom Bischof von Speyer, Ludwig Sebastian, in dessen Privatkapelle die Firmung. Ab diesem Zeitpunkt setzt nun Edith Steins Schaffen als geistliche Schriftstellerin ein.

2. Übersetzungen liturgischer Texte

Der älteste der in diese beiden Bände aufgenommenen geistlichen Texte ist die Übersetzung des Vesperhymnus der Passionszeit *Vexilla regis prodeunt*, die in der Fastenzeit 1922 in Bergzabern entstanden sein könnte[15]; den letzten Hymnus – *Aeterne Rex altissime*, der damals zur Matutin an Christi Himmelfahrt gebetet wurde und im heutigen Brevier für die Laudes vorgesehen ist – hat sie möglicherweise 1941/42 in Echt übersetzt. Dazwischen hat sie an die 30 liturgische Texte übersetzt, oftmals aus dem zweibändigen Werk von Guido M. Dreves / Clemens Blume, *Ein Jahrtausend Lateinischer Hymnendichtung*, das ihr Hedwig Conrad-Martius zum ersten Jahrestag ihrer Taufe am 1. Januar 1922 geschenkt hatte[16]. Anlässe waren die Bitten der Dominikanerinnen in Speyer, die das Brevier lateinisch beteten und manches doch lieber in deutsch nachlesen wollten, oder auch später der Karmelitinnen in Köln, so z.B. die Zeremonien zur ihrer Einkleidung am 15. April 1934[17] und zu ihrem Schleierfest am 1. Mai 1938[18], oder auch die Messe und das Offizium zu Ehren der Königin des Friedens, das Edith Stein in Echt auf Bitten der Karmelitinnen in Köln 1940 in lateinischer und deutscher

---

[11] Mein Geheimnis gehört mir. Siehe zu diesem Wort H. Klueting, *„Secretum meum mihi"*.

[12] E. Stein, *Briefe an Hedwig Conrad-Martius*, 72f. Als Vortrag bei der *Gesellschaft für christlich-jüdische Zusammenarbeit* gehalten und zum ersten Mal veröffentlicht in *Hochland* 51 (1958/59) 38–46. Siehe dazu U. Dobhan, *Vom radikalen Unglauben zum wahren Glauben*, S. 77–81.

[13] Siehe Brief vom 30. August 1921 an Roman Ingarden (SBB III, ESGA 4, Br. 76).

[14] Dazu berichtet ihre Schwester Erna: Edith *„bat mich, unsere Mutter mit diesem Gedanken [der Konversion] vertraut zu machen. Ich wußte, daß das eine der schwersten Aufgaben war, denen ich je gegenübergestanden hatte"* (LJF, ESGA 1, 380).

[15] GT II, ESGA 20, 264f.

[16] AaO. 266.

[17] AaO. 300–309.

[18] AaO. 310–319.

Sprache verfaßt hat[19]. Weitere Anlässe für kleine Übersetzungen waren besondere Gedenktage im Kloster, wie der 44., 45. und 46. Geburtstag der Novizenmeisterin Teresia Renata Posselt am 28. April 1935 und in den folgenden beiden Jahren, für die Edith Stein die Psalmen 44 (45), 45 (46) und 46 (47) übersetzte[20], oder der 60. Geburtstag der Priorin Josefa Wery am 16. Januar 1936 mit der Übersetzung von Psalm 60 (61)[21], der sogar Eingang ins *Gotteslob* gefunden hat[22]. Da diese Texte immer nach der Melodie eines bekannten Kirchenliedes gesungen werden konnten, waren sie ein Beitrag zur Gestaltung der Rekreationen und bildeten für die Geehrten sicherlich eine angenehme Überraschung. Wenn man bedenkt, daß sie meistens auf Notizzetteln oder beliebige Blätter geschrieben sind, bekommt man den Eindruck, als habe Edith Stein sie in aller Eile und gleichsam nebenher übersetzt.

Weitere Anlässe für die Übersetzung liturgischer Texte waren Feste des Kirchenjahres, wie Erscheinung des Herrn, Fronleichnam, Namen-Jesu-Fest, Pfingsten, verschiedene Marien- und Heiligenfeste oder auch ordenseigene Feste der Dominikanerinnen in Speyer, bei denen Edith Stein von April 1923 bis Ende Februar 1932 gelebt und gewirkt hat.

3. Gebete und Gedichte

Auch diese Texte ziehen sich durch das gesamte Leben Edith Steins nach ihrer Konversion. Das erste Gedicht *Ostermorgen* hat sie an ihrem ersten Osterfest in St. Magdalena in Speyer, 20. April 1924, der Priorin M. Ambrosia Heßler geschenkt, von der sie im Jahr zuvor als Lehrkraft angestellt worden war. Weitere Gedichte sind entstanden zum Goldenen Priesterjubiläum von Prälat Joseph Schwind am 19. August 1925, ihrem damaligen Beichtvater[23], zum Geburts- und Namenstag der Priorin Josefa Wery[24], dann auch zum Schleierfest einer Schwester[25]. Bemerkenswert sind die Gedichte bzw. Gebete aus den Jahren 1939, 1940 und 1941[26], die Edith Steins wachsende Not und Bedrängnis erkennen lassen, aber dann vor allem die Gedichte, die sie für ihre Schwester Rosa zum ersten Jahrestag ihrer Taufe[27]

[19] AaO. 347–378.
[20] AaO. 325; 337 f.; 339 f.
[21] AaO. 335.
[22] Nr. 302, neues Gotteslob Nr. 439.
[23] GT II, ESGA 20, 170 f.
[24] AaO. 172 f.; 174 f.
[25] AaO. 197–182.
[26] AaO. 187; 196; 200.
[27] Rosa Stein wurde am 24. Dezember 1936 in der Kirche des St. Elisabeth-Krankenhauses in Köln-Lindenthal getauft. Siehe GT II, ESGA 20, 51–53.

und später zu ihrer Profess im Dritten Orden des Karmel am 29. Juni 1941 geschrieben hat[28].

Schließlich seien auch noch zwei Übersetzungen aus dem Französischen besonders erwähnt, einmal ein Gebet an Maria mit dem Titel *Sub Matris tutela*, das evt. in der Echter Zeit entstanden ist[29], sowie ein mit *Die Karmelitin* überschriebenes Gebet der seligen Karmelitin Elisabeth von der Dreifaltigkeit[30], das allerdings eher eine Interpretation als eine Übersetzung ist.

4. Die Rekreationen

Nach dem Willen der hl. Teresa sollen die täglichen Rekreationen in ihren Klöstern eine besondere Bedeutung haben, ganz im Gegensatz zu dem zu ihrer Zeit vorherrschenden Ordensideal, wonach es vor allem auf Regelobservanz, Strenge, Buße und Fasten ankam[31]. Dazu dienten an besonderen Tagen wie Weihnachten, dem Namenstag der Priorin oder Jubiläen der Schwestern kleine Theaterstücke, die dann meistens die Novizinnen oder die jüngeren Schwestern in der Rekreation aufführten. Es spricht für Edith Stein, daß sie sich da sehr gut eingebracht und ihre literarischen Fähigkeiten in den Dienst der Kommunität gestellt hat.

Insgesamt hat Edith Stein fünf Theaterstücke verfaßt, vier zum Namenstag der jeweiligen Priorin und eines zum 60jährigen Ordensjubiläum einer Schwester. Zum Namenstag der Priorin Antonia Ambrosia Engelmann am 13. Juni 1942, sieben Wochen vor ihrer Verhaftung, hat sie ihren Beitrag sogar auf Niederländisch verfaßt. Unter den verschiedenen Heiligen, die neben dem Erzengel Michael auftreten, sind auch drei Heilige des Karmel, Elisabeth von der Dreifaltigkeit, Mirjam vom Gekreuzigten Jesus und Johannes vom Kreuz. Am Schluss erscheint Maria als Königin des Karmel, die Edith Stein mit dem altehrwürdigen Hymnus *Flos Carmeli* begrüßen läßt, dem sie eine eigene Strophe mit einer eindrücklichen Bitte um Frieden anfügt – angesichts der Zeitläufte nur zu verständlich.[32]

Nicht weniger beeindruckend und ebenso autobiographisch ist die *Nächt-*

---

[28] AaO. 202 f.

[29] AaO. 209 f.

[30] AaO. 211 f.

[31] Siehe dazu ihre Unterweisung an Johannes vom Kreuz, bevor dieser nach dem neuen Ordensideal zu leben begann: „… *damit er alle Dinge gut verstanden hätte, sowohl bezüglich des Ich-Sterbens, als auch des schwesterlichen Umgangs und der Erholung, die wir gemeinsam halten. Alles geschieht mit Maßen, da es nur dazu dient, dabei die Fehler der Schwestern zu erkennen und uns ein bißchen Erleichterung zu verschaffen, um die Strenge der Regel auszuhalten*“ (Teresa von Ávila, *Gründungen* 13,5).

[32] GT II, ESGA 20, 245–257.

liche Zwiesprache, ein Dialog zwischen der Priorin – Antonia Ambrosia Engelmann feierte am 13. Juni 1941 Namenstag – und der Königin Esther, als welche sich Edith Stein selbst versteht[33].

5. Persönliche Notizen und Exerzitien

In diesen geistlichen Schriften sind Notizen zu verschiedensten Themen versammelt, die Edith Stein in Heften, Notizblöcken oder Kalendern niedergeschrieben hat – ein Hinweis auf ihre Sparsamkeit oder auch auf die Papierknappheit. Es handelt sich um Gebete wie die wunderbare Pfingstnovene von 1937 oder auch ihr tiefes Gebet zum Fronleichnamsfest im gleichen Jahr, sodann um Meditationstexte zu verschiedenen Festen des Kirchenjahres, wie Advent, Weihnachten, Fastenzeit, Karwoche, Ostern[34].

Ein weiterer Block sind Aufzeichnungen, die sie bei ihren Exerzitien in den Jahren 1937, 1938 und 1941 gemacht hat, und die im Karmel von verschiedenen Exerzitienmeistern gehalten wurden[35]. Unter der Überschrift *Anregungen im Gebet* vermerkt sie zum 6. September 1941: „*Zustand meiner Seele vor der Konversion: Sünde des radikalen Unglaubens. Rettung rein durch die Barmherzigkeit Gottes ohne eigenes Verdienst. Dies oft erwägen, um demütig zu werden.*“[36] Ihr radikaler Unglaube – sie spricht nicht von Atheismus – bestand vor allem in intellektueller Überheblichkeit, die keine andere Autorität, also auch keine transzendente Größe neben sich duldete. Um 1932 beschreibt sie – im Rückblick – diese Haltung „radikalen Unglaubens“, dem sie damals verfallen war: „*Von Husserl ist zu sagen, dass die Art, wie er auf die Sachen selbst hinlenkte und dazu erzog, sie in aller Schärfe geistig ins Auge zu fassen und nüchtern, treu und gewissenhaft zu beschreiben, von Willkür und Hoffart im Erkennen befreite, [und] zu einer schlichten, sachgehorsamen und darin demütigen Erkenntnishaltung hinführte. Sie führte auch zu einer Befreiung von Vorurteilen, zu einer unbefangenen Bereitschaft, Einsichten entgegenzunehmen. Und diese Einstellung, zu der er bewusst erzog, hat viele von uns auch frei und unbefangen gemacht für die katholische Wahrheit, so dass eine ganze Reihe von Schülern es ihm mitverdanken, wenn sie den Weg zur Kirche fanden, den er selbst nicht gefunden hat.*“[37] Auf diesen intellektuellen Stolz im Sinn eines radikalen Unglaubens weist sie auch in einem Brief vom 8. November 1927 an Roman Ingarden hin: „*Wer zu stolz ist, durch dies*

[33] AaO. 238–244. Bereits in einem Brief vom 31. Oktober 1938 an Petra Brüning vergleicht sich Edith Stein mit dieser alttestamentlichen Gestalt (SBB II, ESGA 3, Br. 573).

[34] GT II, ESGA 20, 17–24.39–53.

[35] AaO. 20, 54–98.

[36] AaO. 20, 84.

[37] ESW VI, 15 f. (ESGA 9).

enge Pförtchen zu gehen, der kommt nicht hinein. Wer aber hindurchgeht, der gelangt schon in diesem Leben zu immer hellerer Klarheit und erfährt die Berechtigung des credo ut intelligam."[38]

Diese intellektuelle Überheblichkeit hatte auch ihre Auswirkungen auf ihre Mitmenschen, wie ihre Mitstudenten, so daß sie „*die Masse der Studenten … als quantité négligeable [betrachtete]. Ich ging durch die Hörsäle, ohne auf sie zu achten, und wählte möglichst einen Platz in der ersten Reihe, um ungestört der Vorlesung folgen zu können*"[39], und sogar auf ihre Mutter: „*Ich war so albern, daß ich mich der Arbeitskleidung und der harten Arbeitshände meiner lieben Mutter schämte, wenn sie gerade vom Holzplatz heimkam*".[40] Wenn man bedenkt, daß die Kraft und das Licht des Glaubens ihr nicht durch ihr eigenes Forschen zukamen, sondern durch die Begegnung mit der um ihren gefallenen Mann trauernden Witwe Anne Reinach geschenkt wurden, versteht man den Zusatz *Rettung rein durch die Barmherzigkeit Gottes ohne eigenes Verdienst*, der vielleicht sonst übertrieben klingen könnte.

Unter den *persönlichen Aufzeichnungen und Notizen* sind auch ihre Aufzeichnungen zum 300jährigen Jubiläum des Kölner Karmel erwähnenswert, das vom 30. September bis 3. Oktober 1937 gefeiert wurde. Nach Art einer Chronik hält sie alle liturgischen Feiern fest, die aus diesem Anlaß in der Klosterkapelle gehalten wurden[41].

6. Ansprachen und Betrachtungen

Unter dieser Überschrift sind zehn Beiträge versammelt, die – abgesehen vom ersten[42] – im Karmel geschrieben wurden und ausgesprochen klösterliche Themen behandeln, vor allem die sechs Ansprachen zu den Festen Kreuzerhöhung (14. September)[43] und Erscheinung des Herrn (6. Januar)[44], den Tagen der Gelübdeerneuerung der Kommunität; die jeweilige Priorin in Echt hatte Edith Stein gebeten, diese Ansprachen zu verfassen, die sie dann

---

[38] SBB III, ESGA 4, Br. 115.

[39] LJF, ESGA 1, 157.

[40] AaO. 167.

[41] GT II, ESGA 20, 44–47. Siehe dazu auch ihre historischen Beiträge in diesem Band S. 127–162.

[42] „*Selig sind die Armen im Geiste*" (GT II, ESGA 20, 102–109), erschienen im Monatsbrief des von Kardinal Michael Faulhaber gegründeten Säkularinstituts *Societas religiosa*. Laut Mitteilung der Vorsitzenden Marie Buczkowska von November 1933 „*beginnen wir zu Allerheiligen Briefe über die 8 Seligkeiten*". (Erzbischöfliches Archiv München, Kardinal-Faulhaber-Archiv 3741/1, Blatt 64). Für dieselbe Vereinigung hatte Edith Stein bereits den Beitrag *Wege zur inneren Stille* verfaßt. (Siehe F, ESGA 13, 43–45).

[43] GT II, ESGA 20, 118–122; 135–142; 147–151.

[44] AaO. 20, 123–127; 143–146.

selbst vorlas; die letzte derartige Ansprache für den 6. Januar 1942[45] hat Edith Stein sogar auf niederländisch verfaßt. Das zeigt mehr als vieles andere die Hochschätzung, die Edith Stein in Echt genoss. An diesen Ansprachen spürt man, wie sich die politische Lage immer mehr verdüsterte, was sie umso mehr auf die Verpflichtungen der Gelübde und auf das Kreuz als einziges Heil – *Ave Crux spes unica* – hinweisen ließ.

Ähnlich ernste Gedanken klingen auch in der Ansprache zur ersten Profess von Schw. Mirjam am 16. Juli 1940 an[46].

7. Vorträge und Aufsätze[47]

Es handelt sich um drei Vorträge, die Edith Stein in den Jahren 1931 und 1932 gehalten hat: *Das Weihnachtsgeheimnis* am 13. Januar 1931 in Ludwigshafen – verfaßt in den Weihnachtstagen 1930 in Beuron[48] – und die beiden Vorträge über die hl. Elisabeth von Thüringen, deren 700. Todestag in jenem Jahr festlich begangen wurde. Edith Stein hielt dazu am 30. Mai 1931 im Rahmen einer großangelegten Elisabeth-Feier in Wien den Vortrag *Elisabeth von Thüringen. Natur und Übernatur in der Formung einer Heiligengestalt*, der großen Anklang fand[49]; den zweiten Vortrag *Lebensgestaltung im Geist der heiligen Elisabeth* hielt sie am 24. Januar 1932 in Zürich[50]. Vorher hatte sie im Ruhrgebiet in verschiedenen Städten über die hl. Elisabeth gesprochen[51]; welchen der beiden Vorträge sie dabei hielt, ist noch nicht geklärt. Da der zweite bereits 1931 in der *Benediktinischen Monatsschrift*[52] veröffentlicht wurde, könnte sie auch diesen gehalten haben[53].

1936, als sie bereits ihre einfache Profess abgelegt hatte, verfaßte sie eine ihrer bekanntesten geistlichen Schriften, das *Gebet der Kirche*[54], möglicherweise auf Bitten der Bonifatius-Einigung, die bis 1939 die *Akademische Bonifatius-Korrespondenz* herausgab, ein „Organ zur Pflege des religiösen Lebens in der katholischen Studentenschaft". Es geht ihr in dieser Schrift um eine Darlegung des Gebetes in seiner Bedeutung als Gottesdienst und als

[45] AaO. 20, 152–161.
[46] AaO. 20, 128–134.
[47] Siehe unten S. 2–59.
[48] Siehe SBB I, ESGA 2, Br. 128. Siehe unten S. 2.
[49] Siehe unten S. 15–29.
[50] Siehe unten S. 30–43.
[51] Am 1. November 1931 schreibt sie an Emil Vierneisel, daß *„ich jetzt schon 11 x geholfen habe, die hl. Elisabeth zu feiern"* (AaO. Br. 178).
[52] Jahrgang 13, Heft 9/10 (1931) 366–377.
[53] Siehe M. A. Neyer, *Edith Stein und Elisabeth von Thüringen.*
[54] Siehe unten S. 44–58.

persönliche Zwiesprache mit Gott, was sicher einen autobiographischen Hintergrund hat.

8. Texte zu Geschichte und Persönlichkeiten des Karmel[55]

In diesen zehn Texten von unterschiedlicher Länge und Bedeutung zeigt Edith Stein, wie sehr sie in die Geschichte und den Geist des Karmel eingedrungen war und darin ihre Heimat gefunden hatte. Noch als Postulantin verfaßte sie die Kurzbiographie über Teresa von Ávila *„Liebe um Liebe. Leben und Werk der heiligen Theresia von Jesus“*[56], die 1934 unter dem Titel *Teresia von Jesus* herausgekommen ist (in vierter Auflage 1965).

Zur Heiligsprechung der seligen Karmelitin Teresia Margareta Redi steuerte Edith Stein im Auftrag ihrer Oberen ein kleines Lebensbild – *Die heilige Teresia Margareta vom Herzen Jesu* – bei, das zur Feier dieses Ereignisses im Kölner Karmel, Anfang Juli 1934, gedruckt vorlag. Die Abfassung fällt also in die Zeit ihrer Einkleidung am 15. April 1934[57].

Ein Jahr später folgte eine weitere Schrift, in der Edith Stein ihr Wissen um den Orden, in den sie zwei Jahre zuvor eingetreten war, unter Beweis stellt: *Über Geschichte und Geist des Karmel.* Möglicherweise hat sie sie auf Bitten ihrer Oberen verfaßt, denn sie schreibt zu Beginn, daß der Wunsch bestehe, *„etwas von dem Leben hinter den hohen Mauern zu erfahren“*[58].

Eine weitere Gruppe von Schriften entstand anläßlich des 300jährigen Gründungs-Jubiläums des Kölner Karmel, das 1937 sehr groß gefeiert wurde[59]. Edith Stein verfaßte einen kurzen historischen Abriß über den Kölner Karmel mit dem Titel *300 Jahre Kölner Karmel*[60], sodann ein Manuskript mit dem Titel *Zur Geschichte des Kölner Karmel*[61], bei dem es sich wahrscheinlich um eine Art Materialsammlung für die von Teresia Renata de Spiritu Sancto (Posselt) verfaßte Festschrift handelt[62], und schließlich fand sie auch Zeit und Muße für ein originelles Chronogramm – ein Spiel mit den Jahreszahlen 1637 und 1937[63] –, was ein Beweis für ihren historischen Eros und ihren spielerischen Umgang mit der lateinischen Sprache ist. Gerade dies zeigt,

---

[55] Siehe unten S. 60–204.
[56] Siehe unten S. 60–114.
[57] Siehe unten S. 115–126.
[58] Siehe unten S. 127–139.
[59] Das Programm dieser Feier siehe in GT II, ESGA 20, 44–47.
[60] Siehe unten S. 140–143.
[61] Siehe unten S. 144–159. Auf der Maschinen-Abschrift steht der Titel: *Beiträge zur Ordenschronik von Köln: Karmeliten im Dau, Karmelitinnen in der Schnurgasse, Wiederherstellung der belgischen Ordensprovinz nach 1822.*
[62] T. R. Posselt, *Unter dem Zepter der Friedenskönigin.*
[63] Siehe unten S. 160–162.

daß sich Edith Stein im Kölner Karmel mit seiner 300-jährigen Tradition wohl fühlte.

Die letzten Beiträge in diesem Teil sind drei Persönlichkeiten des Karmel gewidmet:

Eine deutsche Frau und große Karmelitin. Mutter Franziska von den unendlichen Verdiensten Jesu Christi OCD (Katharina Esser)[64],

Ein klösterlicher Reformator. P. Andreas vom hl. Romuald O.C.D.[65],

Ein auserwähltes Gefäß der göttlichen Weisheit. Sr. Marie-Aimée de Jésus aus dem Karmel der Avenue de Saxe in Paris[66].

Katharina Esser war nach der Säkularisation mit der Auflösung des Kölner Karmels 1850 zu dessen Neubegründerin geworden und hat somit die Voraussetzung geschaffen, daß der Orden in Köln, wenigstens im weiblichen Zweig, überleben konnte; P. Andreas Gatzweiler, der gerne dem männlichen Zweig des Ordens im Rheinland zu neuem Leben verholfen hätte, hatte schließlich bei der Neubegründung des Ordens in Polen großen Anteil, und von Sr. Marie-Aimée fühlte sich Edith Stein angezogen, als bei Tisch ein Lebensbild von ihr verlesen wurde. Edith Steins Beiträge über sie und über Katharina Esser gehen auf eine Anfrage von P. Eugen Lense für seine Sammelwerke zurück; für ihren Artikel über Andreas Gatzweiler ist bisher nicht erwiesen, warum sich Edith Stein ihm widmete. Offensichtlich war sie durch Katharina Esser auf ihn aufmerksam geworden, so daß vielleicht von daher ihr Interesse für ihn erwacht ist.

9. Rezensionen

Von den zahlreichen Rezensionen, die Edith Stein verfaßt hat[67], werden nur sieben in diesen Band aufgenommen[68], insofern sie dessen Gesamtthematik *Geistliche Schriften* entsprechen, nämlich Karl Adam, *Jesus Christus* (1933); Marie Antoinette de Geuser, *Briefe in den Karmel* (1934); Hieronymus Jaegen, *Der Kampf um das höchste Gut* (1934); Wilhelm Neuß, *Ein Priester unserer Zeit. Josef Stoffels* (1935); *Neuere Bücher über die hl. Teresia von Jesus* (1937); Teresia Renata de Spiritu Sancto, *Unter dem Zepter der Friedenskönigin* (1937); *Sämtliche Schriften der heiligen Theresia* (1938).

Beachtenswert ist die durchaus positive Rezension des Buches von Karl Adam, wiewohl es vom Hl. Offizium in Rom beanstandet wurde, und Karl Adam den Nationalsozialismus begeistert begrüßt hatte.

---

[64] Siehe unten S. 163–175.
[65] Siehe unten S. 176–182.
[66] Siehe unten S. 183–200.
[67] Siehe NFG, ESGA 9.
[68] Siehe unten S. 202–230.

Bei der Besprechung der karmelitanischen Titel erweist sich Edith Stein wieder als gute Kennerin der Spiritualität ihres Ordens. Besonders hervorzuheben sind ihre Besprechungen der neueren Literatur über Teresa von Ávila. Darunter befindet sich auch die damals neue Übersetzung des *Lebens* der hl. Teresa, jenes Buches, das in einer früheren Übersetzung Edith Stein zur Entscheidung gebracht hat, katholisch und nicht protestantisch zu werden. Sie hat ihre hl. Mutter wirklich gut verstanden, wenn sie über dieses Buch schreibt: *„Außer den Konfessionen des heiligen Augustinus gibt es wohl kein Buch der Weltliteratur, das wie dieses den Stempel der Wahrhaftigkeit trägt, das so unerbittlich in die verborgensten Falten der eigenen Seele hineinleuchtet und ein so erschütterndes Zeugnis von den ‚Erbarmungen Gottes' ablegt"*[69].

In der Rezension zum Buch über den Bankdirektor Jaegen und den Priester Joseph Stoffels gibt Edith Stein gut zu erkennen, wie es – laut Jaegen – durchaus möglich ist, ein Berufsleben in der Welt und Leben mit Gott zu vereinen, ein Umstand, der ihr zunächst eher problematisch vorkam[70]. Die Besprechung des Buches über Joseph Stoffels wird zu einem Loblied auf den eifrigen Priester und Seelsorger, nicht ohne die konkrete Situation zur Zeit Edith Steins aus dem Auge zu verlieren, wenn sie mit der Frage abschließt: *„Könnte der Verstorbene heute noch sagen, was er 1922 auf der Kölner Diözesansynode sagte: ‚Viele, und das ist die schönste Hoffnung, die durch das Gewölk bricht, sind ehrlicher, wahrhaftiger geworden. Sie ergreifen die Ewigkeit, sie haben die konventionelle Lüge, das Schweigen vor der Macht abgelegt. Sie haben alles abgeworfen, in frohem Glauben'?"*[71]

10. Nachrufe

Im Nachruf auf *Prälat Joseph Schwind* hat sie ihrem ersten geistlichen Begleiter, der ihr zur Stelle bei den Dominikanerinnen in Speyer verholfen und ihre ersten Schritte in die katholische Kirche hinein begleitet hat, ihren Dank abgestattet. Wenn sie seine Liebe zur Liturgie hervorhebt, dann setzt sie sich damit wohl auch ein Denkmal: *„Es befriedigte ihn tief, wenn er auf Verständnis für die Schönheit der Liturgie traf und auf das Bestreben, gleich ihm darin das Leben der Kirche mitzuleben"*[72].

Bei der Abfassung des Nekrologs für *Schw. Maria Gertrudis Erzberger*, die Tochter des langjährigen Reichstagsabgeordneten und Finanzministers in

[69] Siehe unten S. 226.
[70] Brief an Callista Kopf vom 12. Februar 1928 (SBB I, ESGA 2, Br. 60).
[71] Siehe unten S. 221 f.
[72] Siehe unten S. 234.

der Weimarer Republik, der von Rechtsradikalen ermordet wurde, mögen ihr eigene Erinnerungen an diese Zeit ins Gedächtnis gekommen sein, aber vielleicht auch Vorausahnungen an ihr eigenes Ende, wenn sie den Wunsch nach dem Martyrium der Verstorbenen so sehr hervorhebt.

Im Nekrolog für *Schw. Agnes Steger*, bei deren Tod sie selbst dabei war, setzt sie der lieben Verstorbenen zwar ein sehr ehrenvolles Denkmal, doch verfällt sie dabei in den damals vorherrschenden und typischen Klosterjargon – auch ein Zeichen, wie sehr sie sich der neuen Umgebung im Kloster, jetzt in Echt, angepaßt hatte, ohne sich deswegen selbst zu verleugnen.

11. Würdigung Edith Steins als „geistlicher Schriftstellerin“

Was bei diesem Überblick über Edith Steins reiches Schaffen als geistliche Schriftstellerin sofort ins Auge springt, ist die große Bandbreite an Themen und literarischen Gattungen, in denen sie ihre Gedanken zu Papier bringt. Da gibt es Meditationen und Gebete, wissenschaftliche Vorträge und historische Studien, theologische Abhandlungen und fromme Erwägungen, aber auch Gedichte, Übersetzungen und sogar Theaterstücke.

Kann man so etwas wie ein Fundament für das alles ausmachen?

Edith Stein hatte durch ihre phänomenologischen Studien gelernt, „alle Dinge vorurteilsfrei ins Auge [zu] fassen, alle ‚Scheuklappen‘ ab[zu]werfen“. Und sie bekennt: „Ich begnügte mich damit, Anregungen aus meiner Umgebung widerstandslos in mich aufzunehmen, und wurde – fast ohne es zu merken – dadurch allmählich umgebildet.“[73]

Damit sagt sie, daß sie nicht an den Phänomenen hängen blieb, sondern allmählich ein anderer Mensch wurde. Die „Phänomene“ – und erinnern wir uns, daß es besonders konkrete Menschen waren – bildeten sie allmählich um, bis dann der Moment kam, daß ein „innerer Antrieb vorhanden war“, und „die Entschlüsse aus einer mir selbst unbekannten Tiefe empor[stiegen]“, und sie sich „durch nichts mehr aufhalten [ließ], ja geradezu „eine Art sportlichen Vergnügens daran [hatte], scheinbar Unmögliches durchzusetzen“[74]. Das bedeutet, daß Edith Stein vor allem von innen heraus lebte, wie sie das schon für ihre Kindheit bezeugt[75], so daß sie sich umso mehr dem widmen konnte, was in ihrer Umgebung gerade vor sich ging. Von daher kommt wohl ihre Flexibilität, dank derer sie sich auf die verschiedensten Situationen einlassen und die verschiedenartigsten Schriften verfassen konnte. Das Fundament für ihre schriftstellerische Tätigkeit ist also in

[73] LJF, ESGA 1, 211.
[74] AaO. 112.
[75] AaO. 47.

erster Linie diese innerliche Beheimatung. Darauf deutet auch ihr Bekenntnis über ihre Tätigkeit als Referentin hin: „Es ist im Grunde nur eine kleine, einfache Wahrheit, die ich zu sagen habe: wie man es anfangen kann, an der Hand des Herrn zu leben."[76] So kann man sagen: Das „Leben an der Hand des Herrn" war das Fundament für ihr Leben; die Tätigkeit im einzelnen war dann eher zweitrangig. Oder anders gesagt: Edith Stein definierte sich nicht durch das, was sie tat oder schrieb, sondern durch das, was sie in ihrem Innersten war.

Diese Veranlagung zur Innerlichkeit, der sich auch das Thema ihrer Doktorarbeit *„Zum Problem der Einfühlung"*[77] verdankt, hat im inneren Beten, in dem sie durch die Lektüre der *Vida* der hl. Teresa bestärkt worden ist, ihre Entsprechung gefunden; kennen gelernt und vor allem praktiziert hat sie es vermutlich schon vorher, wie die in *Psychische Kausalität* für 1918/1919 bezeugte mystische Erfahrung nahe legt[78]. Von daher ist es auch zu erklären, daß sie sich Teresas Selbstbiographie ausgesucht hat und diese ihr nicht zufällig in die Hände gefallen ist. Dem entspricht es, daß sie bald nach dem Eintritt in den Karmel schreiben kann: „Von unseren 2 Stunden Betrachtung [inneres Beten] würde wohl keine echte Karmelitin etwas hergeben. Das ist für uns der Brunnen des Lebens", womit sie sagt, ihr sei die Betrachtung wichtiger als Gesangstunden[79]. Ähnlich in der Osterwoche 1934: „Die Grundlage unseres Lebens sind doch die 2 Stunden Betrachtung, die wir in unserer Tagesordnung haben. Seit ich diese Wohltat genieße, weiß ich erst, wie sehr sie mir draußen gefehlt hat."[80] Die Texte zu verschiedenen Themen und Personen aus der Tradition des Karmel zeigen das auch. Man kann sich nur wundern, wie schnell sie Fuß gefaßt und wie gut sie das Wesen des Teresianischen Karmel erfaßt hat, wenn sie auch, was die historische Fragestellung anbelangt, ganz der damaligen Sicht verhaftet blieb.

Im inneren Beten Teresas ist auch die Einheit von *actio* und *contemplatio* begründet, die Edith Stein schon bald nach ihrer Konversion aufgegangen ist, wie sie in einem Brief mitteilt: „In der Zeit unmittelbar vor und noch eine ganze Weile nach meiner Konversion habe ich nämlich gemeint, ein religiöses Leben führen heiße, alles Irdische aufgeben und nur im Gedanken an göttliche Dinge leben. Allmählich habe ich aber einsehen gelernt, daß in dieser Welt anderes von uns verlangt wird und daß selbst im beschaulichsten Leben die Verbindung mit der Welt nicht durchschnitten werden darf; ich glaube sogar, je tiefer jemand in Gott hineingezogen wird, desto mehr muß

[76] Brief vom 28. April 1931 an Adelgundis Jaegerschmid (SBB I, ESGA 2, Br. 150).
[77] Siehe PE, ESGA 5.
[78] Den entsprechenden Text siehe oben S. VIII.
[79] Brief vom 21. November 1933 an Adelgundis Jaegerschmid (SBB II, ESGA 3, Br. 297).
[80] Brief aus der Osterwoche 1934 an Petra Brüning (AaO. Br. 310).

er auch in diesem Sinne ‚aus sich herausgehen', d. h. in die Welt hinein, um das göttliche Leben in sie hineinzutragen. Es kommt nur darauf an, daß man zunächst einmal in der Tat einen stillen Winkel hat, in dem man mit Gott so verkehren kann, als ob es sonst überhaupt nichts gäbe."[81] Andererseits ist dieser „stille Winkel, in dem man mit Gott so verkehren kann, als ob es sonst überhaupt nichts gäbe", in keiner Weise ein Hindernis, um am liturgischen Leben und Beten bei den Dominikanerinnen in Speyer und vor allem den Benediktinern in Beuron teilzunehmen, im Gegenteil, er ist die Voraussetzung dafür, daß dieses überhaupt erst Beten wird, eine Lektion, die sie bei der hl. Teresa lernen konnte[82], falls es dessen bedurft hätte.

12. Die „vom Kreuz Gesegnete"

Neben den vielen Themen, die durch die Feste des Kirchenjahres vorgegeben sind oder durch das Leben im Karmel nahe gelegt werden, wie Gebet und Tugenden, Sakramente und Gnadenleben, Eucharistie und Liturgie, finden wir auch große Gestalten aus der Tradition der Kirche, die Edith Stein angeregt haben, wie Augustinus, Ambrosius, Benedikt von Nursia, Dionysius Areopagita, Thomas von Aquin, Ignatius von Loyola, Ursula, und vor allem die Heiligen des Karmel – Teresa von Ávila, Johannes vom Kreuz, Therese von Lisieux, Elisabeth von der Dreifaltigkeit –, denen sie sich besonders verbunden fühlte. Auf diese Weise erhält der Leser Einblick in das Gemeinschaftsleben im Karmel, aber auch in Edith Steins persönliches Leben und ihre geistliche Erfahrung vor dem Hintergrund der tragischen Zeitereignisse. Sie werfen ein neues Licht auf den bereits bekannten Lebensweg der Autorin.

Doch ist es immer wieder das Kreuz, das in ihren Schriften aufscheint. Das ist schon so im ersten Hymnus, den sie übersetzt: „*Des Königs Fahnen rücken vor: Geheimnisvoll erstrahlt das Kreuz*"[83], und in ihrer „*Kreuzeswissenschaft*" wird es zum Hauptthema,[84] so daß man sagen kann, es durchziehe wie ein Leitmotiv ihre ganzen geistlichen Schriften. Selbst im „*Weihnachts-*

---

[81] Brief vom 12. Februar 1928 an Callista Kopf. SBB I, ESGA 2, Br. 60.

[82] Im *Weg der Vollkommenheit* bringt sie es auf den Punkt: „*Wer möchte denn behaupten, daß es falsch sei, beim Beten des Stundengebetes oder des Rosenkranzes mit dem Nachdenken darüber zu beginnen, mit wem er spricht und wer der ist, der spricht, um zu sehen, wie er mit ihm umgehen soll? Ich sage euch, Schwestern, wenn man das Viele, das in bezug auf diese zwei Punkte zu tun wäre, gut täte, dann würdet ihr, bevor ihr mit dem mündlichen Beten – also mit dem Verrichten des Stundengebetes oder des Rosenkranzes – anfangt, viele Stunden im inneren Beten verbringen*" (Kodex von Escorial, 37,3).

[83] 1921–1922. GT II, ESGA 20, 264.

[84] KW, ESGA 18.

geheimnis" kommt sie bereits auf der ersten Seite darauf zu sprechen und weist auf den untrennbaren Zusammenhang zwischen Krippe und Kreuz hin. Auch in den Theaterstücken, die ja zur Erheiterung in der Rekreation verfaßt wurden, fehlt es nicht, und vollends präsent ist es in den Ansprachen zu den Professerneuerungen in den Jahren 1939 bis 1942[85], ganz abgesehen davon, daß sie bereits sechs Wochen nach ihrem Eintritt zum Festtag des hl. Johannes vom Kreuz dem „*Kreuz*" ausdrücklich einen Text gewidmet hat[86].

In manchen Texten wird Edith Stein, sonst eher nüchtern und zurückhaltend, geradezu pathetisch, so wenn sie in ihrer ersten Ansprache zur Professerneuerung am Fest Kreuzerhöhung am 14. September 1939 den dramatischen Ausruf Teresas von Ávila „*Die Welt steht in Flammen*"[87] aufgreift und den versammelten Schwestern sagen läßt:

„*Die Welt steht in Flammen, der Kampf zwischen Christus und dem Antichrist ist offen aufgebrochen. Wenn du dich für Christus entscheidest, so kann es dein Leben kosten. … Vor dir hängt der Heiland am Kreuz …*"[88].

Doch so sehr sie das Kreuz erwähnt und immer wieder darauf zu sprechen kommt, es ist niemals Selbstzweck, sondern immer nur Mittel. Wenn wir bedenken, daß sie im Karmel dreimal täglich beim Beten des *Engel des Herrn* in der abschließenden Oration den Satz betet: … *durch sein Leiden und Kreuz zur Herrlichkeit der Auferstehung gelangen*, dann wird dadurch dem Kreuz der richtige Platz zugewiesen. In einem Gebet vom 16. November 1937 *Iuxta crucem tecum stare* stellt sie zweimal die Frage: *Was ist das Kreuz?* Und gibt zur Antwort: „*Das Zeichen der tiefsten Schmach. Wer es berührt, ist ausgestoßen aus der Menschen Reihen …;* aber auch: *Das Zeichen, das zum Himmel weist. Hoch ragt es über Erdenstaub und -dunst und damit empor ins reine Licht*"[89]. Letzten Endes geht es beim Kreuz um den, der daran hängt, denn ohne Jesus Christus wäre es weiterhin ein Zeichen der tiefsten Schmach. So steht Edith Stein mit ihrer „Kreuzestheologie" ganz in Übereinstimmung mit ihrem Ordensvater Johannes vom Kreuz, der in seinem *Aufstieg auf den Berg Karmel* Gottvater zu den Menschen sagen läßt: „*Wenn du möchtest, daß ich dir mit einem Trostwort antworte, dann schau auf meinen Sohn, mir ergeben und aus Liebe zu mir hingegeben und gepeinigt, und du wirst sehen, wie viel er dir antwortet. Wenn du möchtest, daß ich dir manches verborgene Schalten und Walten erkläre, dann richte deine Augen allein auf ihn, und du wirst die verborgensten Geheimnisse und Weisheit und Wunder Gottes finden, die in ihm verschlossen sind.*"[90]

---

85 GT II, ESGA 20, 135–161.
86 „*Kreuzesliebe*" (AaO. 110–113).
87 Teresa von Ávila, *Der Weg der Vollkommenheit* 1, 5.
88 GT II, ESGA 20, 119 f.
89 AaO. 48.
90 Johannes vom Kreuz, *Aufstieg auf den Berg Karmel*, 2. Buch 22, 6.

Danksagung

An erster Stelle möchte ich Frau Dr. Sophie Binggeli für die wertvollen Vorarbeiten für diesen Band danken; sie hat die meisten Beiträge digitalisiert. Weiterhin gilt mein Dank Sr. M. Amata Neyer OCD und Sr. Dr. M. Antonia Sondermann OCD, Karmel Köln, für ihre fachkundige Hilfe bei der wissenschaftlichen Erfassung und Fixierung der Texte, besonders aus den Manuskripten. Wie bei fast jedem Band hat auch hier Frau Professor Dr. Hanna-Barbara Gerl-Falkovitz, Dresden, wertvolle Hinweise und Verbesserungen eingebracht; dafür sei ihr herzlich gedankt, ebenso auch Herrn Dr. Peter Suchla vom Herder Verlag in Freiburg.

Ulrich Dobhan OCD

Siglen der Werke Edith Steins

AMP	*Der Aufbau der menschlichen Person*, ESGA 14, Freiburg 2004
BEI	*Bildung und Entfaltung der Individualität*, ESGA 16, Freiburg 2004
DS	Alexandre Koyré, *Descartes und die Scholastik*, ESGA 25, Freiburg 2005
EE	Thomas von Aquin, *De ente et essentia*, ESGA 26 (in Vorbereitung)
EES	*Endliches und ewiges Sein*, ESGA 11/12, Freiburg 2006
EPh	*Einführung in die Philosophie*, ESGA 8, Freiburg 2004
F	*Die Frau. Fragestellungen und Reflexionen*, ESGA 13, Freiburg 2000
GT I	*Geistliche Texte I*, ESGA 19, Freiburg 2009
GT II	*Geistliche Texte II*, ESGA 20, Freiburg 2007
HT	*Husserls Phänomenologie und die Philosophie des hl. Thomas von Aquino. Versuch einer Gegenüberstellung*, in: ESGA 9 (in Vorbereitung)
IG	*Individuum und Gemeinschaft*, ESGA 6 (in Vorbereitung)
IU	*Idee der Universität*, ESGA 21, Freiburg 2004
KW	*Kreuzeswissenschaft*, ESGA 18, Freiburg 2003
LJF	*Aus dem Leben einer jüdischen Familie*, ESGA 1, Freiburg 2002
NFG	*Natur, Freiheit und Gnade*, in: ESGA 9 (in Vorbereitung)
PA	*Potenz und Akt*, ESGA 10, Freiburg 2005
PE	*Zum Problem der Einfühlung*, ESGA 5, Freiburg 2008
PK	*Psychische Kausalität*, ESGA 6 (in Vorbereitung)
QDV	*Quaestiones disputatae de veritate – Des Hl. Thomas von Aquino Untersuchungen über die Wahrheit*, ESGA 23 u. 24, Freiburg 2008
SBB I	*Selbstbildnis in Briefen*, ESGA 2, Freiburg 2000
SBB II	*Selbstbildnis in Briefen*, ESGA 3, Freiburg 2000
SBB III	*Selbstbildnis in Briefen*, ESGA 4, Freiburg 2001
US	*Eine Untersuchung über den Staat*, ESGA 7, Freiburg 2006
WG	*Wege der Gotteserkenntnis*, ESGA 17, Freiburg 2003
WIM	*Was ist der Mensch?* Vorlesungen zur theologischen Anthropologie, ESGA 15, Freiburg 2005
WP	*Was ist Philosophie? Ein Gespräch zwischen Edmund Husserl und Thomas von Aquino*, in: ESGA 9 (in Vobereitung)

Abkürzungsverzeichnis

AaO.	am angegebenen Ort
AAS	Acta Apostolicae Sedis
ACG OCD	Acta Capituli Generalis O.C.D.
ADG OCD	Acta Definitorii Generalis O.C.D.
AGOCD	Archivium Generale OCD (Generalarchiv OCD in Rom)
APG	Acta Provinciae Germaniae
Anm.	Anmerkung
Aufl.	Auflage
Ausg.	Ausgabe
BBKL	Biographisch-Bibliographisches Kirchenlexikon
Bd(e)	Band, Bände
bes.	besonders, besondere(r)
BMV	Beata Maria Virgo – Maria
bzw.	beziehungsweise
ca.	circa
CC	Corpus Christianorum
DC	Dizionario Carmelitano
dergl.	dergleichen
d. h.	das heißt
DST	Diccionario de Santa Teresa
E. E.	Euer Ehrwürden (zur Zeit Edith Steins übliche Anrede unter den Schwestern)
ESAK	Edith Stein Archiv, Köln (Karmelitinnenkloster)
ESGA	Edith Stein Gesamtausgabe
ESW	Edith Stein Werke
EÜ	Einheitsübersetzung (Neue Jerusalemer Bibel)
f./ff.	folgend/folgende
gest.	gestorben
Hl., hl.	Heilige(r), heilig
Hr.	Herr
Hs., hs.	Handschrift(en), handschriftlich
i. W.	in Westfalen
l.	liber, libro (Buch)
lat.	lateinisch
Jh.	Jahrhundert

J + M	Jesu et Mariae
kath.	katholisch
LThK	Lexikon für Theologie und Kirche
masch.	maschinenschriftlich
MC	Monasticon Carmelitanum
m. E.	meines Erachtens
NM	Nomenclator Missionum OCD
Nr.	Nummer
O.Carm.	Ordo Carmelitarum (Orden der [Beschuhten] Karmeliten
OCD	Ordo Carmelitarum Discalceatorum (Orden der [Unbeschuhten] Karmeliten – Teresianischer Karmel)
O.Cist.	Ordo Cisterciensis – Zisterzienser
o. J.	ohne Jahr
OSA	Ordo Sancti Augustini (Augustiner)
P.	Pater
Pf.	Pfarrer
PL	Patrologia Latina (hg. von J. P. Migne)
S.	Seite(n)
S.	Sancta/Sanctus
Schw./Sr.	Schwester
Sel., sel	Selig, Selige(r), selige(r)
SJ	Societas Jesu – Gesellschaft Jesu (Jesuiten)
sog.	sogenannt/sogenannte(r)
Sp.	Spalte(n)
St.	Sankt, Heilige(r)
t.	tomo, tomus (Band)
TyV	Efrén de la Madre de Dios – Steggink, O., *Tiempo y vida*
u.	und
U.L. Frau	Unsere Liebe Frau
vgl.	vergleiche
z. B.	zum Beispiel
z. T.	zum Teil

Literaturverzeichnis

a. Von Edith Stein benutzte Literatur

Aurelius Augustinus, *In Joannis Evangelium tractatus CXXIV,* in: PL 35, col. 1379–1976 (cap. [tractatus] XXVII, col. 1615–1621).

Aurelius Augustinus, *Confessiones – Bekenntnisse.* Hg. von J. Bernhart. München 1953.

Bonaventurae, Doctoris Seraphici Sancti, *Opera Omnia,* 10 Bde. Quaracchi 1882–1902.

Brentano, Clemens, *Chronika eines fahrenden Schülers.* Fortgesetzt und vollendet von A. von der Elbe. Mit Bildern von Franz Hein. 1. und 2. Aufl. der illustrierten Ausg., Heidelberg 1906.

Dreves, Guido Maria/Blume, Clemens, (Hg.), *Ein Jahrtausend Lateinischer Hymnendichtung.* 1. Teil. *Hymnen bekannter Verfasser.* 2. Teil. *Hymnen unbekannter Verfasser nach der Reihenfolge der kirchlichen Festzeiten*, Leipzig, 1909.

Geuser, Marie Antoinette de (Maria von der Heiligsten Dreifaltigkeit), *Briefe in den Karmel an eine Karmelitin.* Mit einem Geleitwort von G. von le Fort. Regensburg 1934.

Glatzer, Norbert/Strauß, Ludwig, *Sendung und Schicksal. Aus dem Schrifttum des nachbiblischen Judentums.* Berlin 1931.

Das kirchliche Stundengebet oder Das römische Brevier. Band I: *Advent bis Ostern*, übers. und erklärt von Stephan, Band II: *Ostern mit Schluß des Kirchenjahres.* Regensburg 1927.

Die Eigenmessen der Unbeschuhten Karmeliten, Verlag Skapulier, Linz a. D. 1929.

Le Fort, Gertrud von, *Die Letzte am Schafott,* München 1931.

Le Fort, Gertrud von, Geleitwort zu Marie Antoinette de Geusers *Briefe in den Karmel*, Regensburg, München 1934.

Maresch, Maria, *Elisabeth. Landgräfin von Thüringen. Ein altes deutsches Heiligenleben im Lichte der neueren geschichtlichen Forschung. Mit 8 Abbildungen*, Mönchen Gladbach 1918, [2]1921.

Maresch, Maria, *Elisabeth von Thüringen. Schutzfrau des deutschen Volkes. Mit einem mehrfarbigen Titelbild und 57 Abbildungen.* Bonn 1931.

Maria Amata von Jesus, *Die zwölf Grade des Schweigens.* Dülmen 1937.

Oettingen-Spielberg, E. Prinz zu, *Geschichte der hl. Theresia nach den Bollandisten, ihren Biographen und ihren gesammelten Werken.* 2 Bde., Regensburg o. J.

Osuna, Francisco de, *Tercer Abecedario espiritual.* Hg. von M. Andrés Martín. Madrid 1972.

Peterson, Erik, *Theologie des Kleides*, in: *Benediktinische Monatsschrift* 1934, Heft 9/10, 354.

Peterson, Erik, *Das Buch von den Engeln. Stellung und Bedeutung der Heiligen Engel im Kultus.* Leipzig 1935, München [2]1955.

Posselt, Teresia Renata (Teresia Renata de Spiritu Sancto), *Unter dem Zepter der Friedenskönigin – 300 Jahre Kölner Karmel (1637–1937),* Köln 1937.

Quoniam, Marie-Aimée de Jésus, *N. S. Jésus-Christ, Étudié dans le saint Évangile. Sa vie dans l'âme fidèle,* 6 Bde, Créteil [3]1922–1924. Neuauflage: *Jésus-Christ est le fils de Dieu.* 2 Bde, Paris [5]1974.

Römisches Brevier, siehe *Das kirchliche Stundengebet oder Das römische Brevier.*

Römisches Messbuch, siehe Schott, Anselm, (Hg.), *Das vollständige Römische Messbuch.*

Schott, Anselm, (Hg.), *Das vollständige Römische Messbuch. Lateinisch und deutsch.* Freiburg/Breisgau [3]1930.

Sœur Marie-Aimée de Jésus, *siehe* Quoniam, Marie-Aimée de Jésus.

Quoniam, Marie-Aimée de Jésus, *Religieuse Carmélite du Monastère de Sainte Thérèse de L'Avenue de Saxe à Paris (d'après ses notes)*, 2 Bde, Créteil [3]1923.

Teresa von Jesus, „*Der Weg der Vollkommenheit.*" Schriften der heiligen Teresa von Jesus. Bd. III, Regensburg 1907.

Vandeur, Eugène, „*O mein Gott, Dreifaltiger, den ich anbete*". Gebet der Schwester Elisabeth von der Heiligsten Dreifaltigkeit, Karmelitin, erläutert von Dom Eugène Vandeur, Regensburg 1931.

b. Vom Bearbeiter benutzte Literatur

Acta Capituli Generalis O.C.D. Congregationis S. Eliae. Vol I (1605–1641), hg. von A. Fortes. [*Monumenta Historica Carmeli Teresiani* 11]. Romae 1990.

Acta Definitorii Generalis O.C.D. Congregationis S. Eliae. Vol I (1605–1658), hg. von A. Fortes. [*Monumenta Historica Carmeli Teresiani* – Subsidia – 3]. Romae 1985.

Acta Definitorii Generalis O.C.D. Congregationis S. Eliae. Vol III (1766–1863), hg. von A. Fortes. [*Monumenta Historica Carmeli Teresiani* – Subsidia – 1]. Romae 1983.

Acta Provinciae Germaniae a Sanctissimo Sacramento (1626–1701). (Provinzkapitel und Provinzdefinitorien. Mit einer Liste der Religiosen, Amtsträger sowie verschiedenen Registern. Hg. von R. Bruderhofer. [*Monumenta Historica Carmeli Teresiani* 28]. Romae 2007.

Angenendt, A., *Toleranz und Gewalt. Das Christentum zwischen Bibel und Schwert.* Münster [3]2007.

Beatificationis et Canonizationis Servae Dei Edith Stein. Summarium super dubio: An eius Causa introducenda sit. Romae, 1983.

Beckmann-Zöller, Beate, *Adolf und Anne Reinach – Edith Steins Mentoren im Studium und auf dem Glaubensweg,* in: *Edith Stein Jahrbuch* 13 (2007) 77–101.

Beschlüsse des Rates der Stadt Köln, 1320–1550, Bd. 2, 1513–1520, bearbeitet von M. Groten (*Publikationen der Gesellschaft für Rheinische Geschichtskunde,* LXV). Düsseldorf 1989.

Blume, Dieter/Werner, Matthias (Hg.), *Elisabeth von Thüringen – eine europäische Heilige.* 2 Bde: Aufsätze und Katalog. Petersberg 2007.

Bruderhofer, Raimund/Reiter, Anneliese, *Das Skapulier. Mit Maria im Geist des Karmel leben.* Wien 2003.

Chaline, Olivier, *Die Schlacht am Weißen Berg (8. November 1620),* in: *1648 – Krieg und Frieden in Europa,* 2 Textbände der Europaratsausstellung, Bd. 1, 95–101.

Corpus Christianorum. Series Latina. XXXVI Aurelii Augustini Opera. Pars XIII: Sancti Aurelii Augustini in Iohannis Evangelium Tractatus CXXIV. Post Maurinos textum edendum curavit D. Radbodus Willems O.S.B. Editio altera. Turnholti MCMXC (1990).

Diccionario de Santa Teresa, hg. von T. Álvarez. Burgos 2002.

Dizionario Carmelitano, hg. von E. Boaga/L. Borriello. Roma 2008.

Dobhan, U., *Gott – Mensch – Welt in der Sicht Teresas von Ávila.* Frankfurt am Main 1978.

Dobhan, U., *Marienverehrung im Karmel.* Leutesdorf 1990.

Dobhan U., *Deutschsprachige Bibliographie zu Therese von Lisieux 1900–1997,* in: *Archivum Bibliographicum Carmeli Teresiani* 36 (1999) 5–129.

Dobhan, U., *Die* Christin *Teresa,* in: *Edith Stein Jahrbuch* 5 (1999) 151–164.

Dobhan, U., *Vom radikalen Unglauben zum wahren Glauben,* in: *Edith Stein Jahrbuch* 15 (2009) 51–82.

Efrén de la Madre de Dios/Steggink, Otger, *Tiempo y vida de Santa Teresa.* Madrid [3]1996.

Francisco de Santa María, *Reforma de los Descalzos des Nuestra Señora del Carmen de la primitiva observancia.* 2 Bde, Madrid 1644–1645.

Herbstrith, Waltraud (Hg.), *Wege zur inneren Stille.* Aschaffenburg 1987.

Isabella de Spiritu Sancto (1606–1675), *Herzbücher,* hg. von M. A. Sondermann. [*Monumenta Historica Carmeli Teresiani* 22]. Romae 2005.

Johannes vom Kreuz, *Die Dunkle Nacht*, Freiburg/Breisgau [8]2007
Johannes vom Kreuz, *Worte von Licht und Liebe. Briefe und kleinere Schriften*, Freiburg/Breisgau, [2]1997.
Johannes vom Kreuz, *Der Geistliche Gesang (Cántico A)*, Freiburg/Breisgau [2]2003.
Johannes vom Kreuz, *Aufstieg auf den Berg Karmel*, Freiburg/Breisgau [3]2007.
Johannes vom Kreuz, *Die lebendige Liebesflamme*, Freiburg/Breisgau [2]2007.
Klueting, Harm, *„Secretum meum mihi". Eine Anmerkung zu Edith Stein*, in: *Edith Stein Jahrbuch* 11 (2005) 65–75.
Kopp, Clemens, *Elias und Christentum auf dem Karmel.* Paderborn 1929.
Kurzhals, Konstantin, *Die Josefsverehrung im Teresianischen Karmel. (Unbeschuhte Karmeliten)*, in: Pörnbacher, H. und K. (Hg.), *Der heilige Josef. Theologie – Kunst – Volksfrömmigkeit.* Lindenberg 2008, 227–232.
Lexikon für Theologie und Kirche [LThK]. Freiburg – Basel – Wien[3]1993 ff. (11 Bde).
Martin, Therese (Therese von Lisieux), *Selbstbiographische Schriften*, Einsiedeln [15]2003.
Martínez, Emilio, *Tras las huellas de San Juan de la Cruz. Nueva biografía.* Madrid 2006.
Migne, Jacques Paul, (Hg.), *Patrologia Latina*, 217 Bde und 4 Registerbände, Paris 1878–1890.
Miribel, Elisabeth, *Edith Stein. 1891–1942.* Paris 1954.
Monasticon Carmelitanum, hg. von Ambrosius a S. Teresia, in: *Analecta OCD* 22 (1950) 47–144; 22 (1950) 201–296; 381–480; 615–616; 23 (1951) 145–208; 363–410 (Rest masch. erhalten).
Müller, Andreas-Uwe/Neyer, M. Amata, *Edith Stein. Das Leben einer ungewöhnlichen Frau.* Düsseldorf 2002.
Neumann, Piotr, *Die Unbeschuhten Karmeliten in Galizien (1880–1911). Ihre Reform und Entwicklung im Kontext des Erneuerungsprozesses des Ordens in Österreich-Ungarn.* [Institutum Historicum Teresianum – Studia 8]. Roma 1998.
Neumann, Piotr, *Klasztorny reformator. O. Andrzej od św. Romualda O.C.D. 1819–1883*, in: *Karmelitańskie Studia i Materiały Historyczne.* 1. Band. Poznań 2006, 317–330.
Neyer, Maria Amata, *Edith Stein und Elisabeth von Thüringen*, in: *Edith Stein Jahrbuch* 5 (1999) 339–355.
Nomenclator Missionum OCD, hg. von Ambrosius a S. Teresia. Roma 1944 (Nachdruck aus *Analecta OCD* 17 (1942) 15–118; 18 (1943) 9–122; 152–235).
Plus, Raoul (Hg.), *„Consummata": Marie Antoinette de Geuser, Aufzeichnungen und Briefe über ihr Innenleben.* Regensburg 1930.

Quoniam, Theodore, *Un défi a l'amour? Soeur Marie-Aimée de Jésus*. Paris 1972.

Saggi, Ludovico, *La mitigazione del 1432 della regola carmelitana: tempo e persone*, in: *Carmelus* 5 (1958) 3–29.

Schuhmann, Karl, *Husserl-Chronik. Denk- und Lebensweg Edmund Husserls*. Den Haag, 1977.

Smet, Joachim/Dobhan, Ulrich, *Die Karmeliten. Eine Geschichte der Brüder Unserer Lieben Frau vom Berge Karmel. Von den Anfängen (ca. 1200) bis zum Konzil von Trient*. Freiburg 1981.

Souvignier, Britta, *Die Würde des Leibes. Heil und Heilung bei Teresa von Avila*. Köln 2001.

Steggink, Otger, *La reforma del Carmelo español* (2. verbesserte und erweiterte Auflage), Ávila 1993.

Stein, Edith, *Die Frau in Ehe und Beruf. Bildungsfragen heute*. Herder-Bücherei Bd 129. Freiburg im Breisgau [2]1963.

Stein, Edith, *Briefe an Hedwig Conrad-Martius*. Mit einem Essay über Edith Stein herausgegeben von Hedwig Conrad-Martius. München 1960.

Stein, Edith, *Obras completas*, vol. V: Escritos espirituales. (En el Carmelo Teresiano: 1933–1942), hg. von J. Urkiza/F. J. Sancho. Vitoria/Madrid/Burgos 2004.

Sullivan, John, *Edith Stein und der Friede im Jahre 1937. Eine Dokumentation*, in: *Edith Stein Jahrbuch* 5 (1999) 363–371.

Teresia Renata de Spiritu Sancto (Posselt), *Maria Erzberger (Schwester Maria Gertrudis, Karmelitin) 1902–1937*. Köln 1953.

Therese von Lisieux, *siehe* Martin, T.

Teresa von Ávila, *Das Buch meines Lebens*, Freiburg/Breisgau [5]2009.

Teresa von Ávila, *Gedanken zum Hohenlied, Gedichte und kleinere Schriften*, Freiburg/Breisgau 2004.

Teresa von Ávila, *Weg der Vollkommenheit*, Freiburg/Breisgau [3]2007.

Teresa von Ávila, *Wohnungen der Inneren Burg*, Freiburg/Breisgau [2]2007.

Teresa von Ávila, *Das Buch der Gründungen*. Freiburg/Breisgau 2007.

Vismes, H. de, *Camille de Soyecourt, Carmelite au Grand Coeur (1757–1845)*. Paris 1938.

Waaijman, Kees, *Der mystische Raum des Karmels. Eine Erklärung der Karmelregel*. Mainz 1997.

Wulf, Claudia Mariéle, *Rekonstruktion und Neudatierung einiger früher Werke Edith Steins*, in: B. Beckmann – H.-B. Gerl-Falkovitz (Hg.), *Edith Stein: Themen, Bezüge, Dokumente*. Würzburg 2003, 249–268.

Zubizarreta, Víctor (Hg.), *Próspero del Espíritu Santo (1583–1653). Relaciones y Cartas*. [*Monumenta Historica Carmeli Teresiani* 23]. Romae 2006.

Teil I
Vorträge und Aufsätze

1.
Das Weihnachtsgeheimnis
Menschwerdung und Menschheit
(1931)

Situierung

Am 13. Januar 1931 hielt Edith Stein in der Ortsgruppe Ludwigshafen/Rhein des katholischen Akademikerverbandes einen Vortrag mit dem Titel *Das Weihnachtsgeheimnis*. Im ESAK befindet sich eine vollständige Maschinen-Abschrift von neun Blättern im Format 330 × 210 mm, die auf S. 9 mit *E. Stein* von ihr unterzeichnet und mit 13. Januar 1931 datiert ist (Signatur A04-22); des weiteren ein Maschinen-Durchschlag im Format 210 × 150 mm, gewidmet Sr. Agnella Stadtmüller (Signatur A04-21). Geschrieben hat Edith Stein den Text in den Weihnachtstagen 1930 in Beuron.[1]

Bisherige Veröffentlichungen:
- *Die katholische Schweizerin* (23, 3 (1935) 66–68; 23, 4 (1935) 107–112), Einsiedeln;
- Verlag des Borromäusvereins Bonn, 1948, 23 S., mit einem Vorwort des Kölner Weihbischofs Wilhelm Stockums;
- Kölner Karmel 1950, 17 S.;
- Kölner Karmel 1950, 24 S., mit einem Vorwort von Teresia Renata Posselt;
- Herder Verlag, Freiburg, 1988, 87 S., mit einer Einführung von Hanna-Barbara Gerl;
- ESW XII, 1990, 196–207;
- Kölner Karmel 1991, 15 S.

Text

Wir stehen in der Mitte der weihnachtlichen Zeit. Das hohe Fest, das lange wie ein strahlender Stern am dunklen Nachthimmel der Adventszeit vor uns hergegangen ist, es ist vorbei, manchen von uns vielleicht allzu schnell vorbeigegangen. Es hat nicht still gestanden wie der Stern über der Krippe von

---

[1] Sie schreibt am 2. Januar 1931 aus Beuron an Pfarrer Ludwig Husse von St. Ludwig in Ludwigshafen: *„Sie werden aber begreifen, daß mir hier kein anderes Thema einfallen wollte als das Weihnachtsgeheimnis selbst. Glauben Sie, daß es geht, einfach zu sagen, ‚Das Weihnachtsgeheimnis'"*? (SBB I, ESGA 2, Br. 128).

Bethlehem. Es ist vorübergerauscht, und vielleicht standen wir erschrocken, weil wir nicht fassen oder gar ausschöpfen konnten, was es uns bringen wollte und sollte. Da ist es dann recht tröstlich, daß die heilige Kirche als eine ebenso weise wie gütige Mutter mit der Schwäche ihrer Kinder rechnet und eine ganze Reihe von Wochen für den Weihnachtsfestkreis[2] vorgesehen hat. So läßt sich noch manches nachholen, was versäumt wurde; und auch für heute wußte ich nichts Besseres, als daß wir ein wenig stille stehen und zurückblicken auf die letzten Wochen.

1. Advent und Weihnacht

Wenn die Tage kürzer und kürzer werden, wenn (in einem normalen Winter) die ersten Schneeflocken fallen, dann tauchen scheu und leise die ersten Weihnachtsgedanken auf. Und von dem bloßen Wort geht ein Zauber aus, dem sich kaum irgendein Herz entziehen kann. Selbst die Andersgläubigen und Ungläubigen, denen die alte Geschichte vom Kinde zu Bethlehem nichts bedeutet, rüsten für das Fest und überlegen, wie sie da und dort einen Strahl der Freude entzünden können. Es geht wie ein warmer Strom der Liebe über die ganze Erde schon um Wochen und Monate voraus. Ein Fest der Liebe und Freude – das ist der Stern, auf den alle in den ersten Wintermonaten zugehen. Für den Christen und besonders für den katholischen Christen ist es noch etwas anderes. Ihn führt der Stern zur Krippe mit dem Kindlein, das den Frieden auf Erden bringt. In zahllosen lieblichen Bildern stellt es uns die christliche Kunst vor die Augen; alte Weisen, aus denen der ganze Zauber der Kindheit klingt, singen uns davon.

Wer mit der Kirche lebt, dem rufen die Rorateglocken[3] und die Adventslieder eine heilige Sehnsucht im Herzen wach; und wem der unerschöpfliche Born der heiligen Liturgie erschlossen ist, bei dem pocht Tag um Tag der große Prophet der Menschwerdung mit seinen Mahnworten und Verheißungen an: Rorate, coeli, desuper et nubes pluant justum! Prope est jam Dominus – Venite adoremus. – Veni, Domine, et noli tardare. – Jerusalem, gaude gaudio magno, quia veniet tibi Salvator[4]. Vom 17. bis 24. Dezember

---

[2] ⟨Der Weihnachtsfestkreis beginnt am 1. Adventssonntag und endet heute mit dem Fest der Taufe des Herrn (Sonntag nach Erscheinung des Herrn) (6. Januar). Als Edith Stein schrieb, endete er am Fest Mariä Lichtmeß, 2. Februar (heute Darstellung des Herrn).⟩

[3] ⟨Der Name stammt vom lateinischen Anfangswort des Eröffnungsverses *Rorate caeli desuper – Tauet Himmel den Gerechten* (Jes 45,8) der Adventmesse; von daher sprach man von „Rorate-Messe".⟩

[4] ⟨Tauet, ihr Himmel, von oben, und ihr Wolken, regnet den Gerechten! Schon ist nahe der Herr – Kommt, lasset uns anbeten. – Komm, Herr, und zögere nicht. – Jerusalem, freue dich und frohlocke, denn dein Heiland wird zu dir kommen.⟩

rufen die großen O-Antiphonen[5] zum Magnificat (O Sapientia, O Adonai, O Radix Jesse, O Clavis David, O Oriens, O Rex gentium, O Emmanuel)[6] immer sehnsüchtiger und inbrünstiger ihr: Veni ad liberandum nos.[7] Und immer verheißungsvoller klingt es: Ecce completa sunt omnia[8] (am letzten Adventssonntag); und schließlich: Hodie scietis, quia veniet Dominus et mane videbitis gloriam eius.[9] Ja, wenn am Abend die Lichterbäume brennen und die Gaben getauscht werden, da drängt die unerfüllte Sehnsucht immer noch hinaus nach einem andern Lichtglanz, bis die Glocken zur Christmette läuten und – Dum medium silentium tenet omnia[10] – das Wunder der Heiligen Nacht sich auf unsern licht- und blumengeschmückten Altären erneuert: Et verbum caro factum est[11]. Nun ist der Augenblick der seligen Erfüllung da: Hodie per totum mundum melliflui facti sunt coeli.[12]

2. Die Gefolgschaft des menschgewordenen Gottessohnes

Solches Weihnachtsglück hat wohl jeder von uns schon erlebt. Aber noch sind Himmel und Erde nicht eins geworden. Der Stern von Bethlehem ist ein Stern in dunkler Nacht, auch heute noch. Schon am zweiten Tage legt die Kirche die weißen Festgewänder ab und kleidet sich in die Farbe des Blutes, und am vierten Tage (wenn es nicht gerade, wie in diesem Jahr, ein Sonntag ist[13]) in das Violett der Trauer:[14] Stephanus, der Erzmärtyrer, der als erster dem Herrn im Tode nachfolgte,[15] und die Unschuldigen Kinder, die Säuglinge von Bethlehem und Juda, die von rohen Henkershänden grausam hingeschlachtet wurden,[16] sie stehen als Gefolge um das Kind in der Krippe. Was will das sagen? Wo ist nun der Jubel der himmlischen Heerscharen, wo die stille Seligkeit der Heiligen Nacht? Wo ist der Friede auf Erden? Friede

[5] ⟨Die sieben Magnificat-Antiphonen in der Vesper in den letzten sieben Tagen vor Weihnachten (17. bis 24. Dezember).⟩
[6] ⟨O Weisheit, O Herr/O Adonai, O Wurzel Jesse, O Schlüssel Davids, O Morgenstern, O König aller Völker, O Emmanuel.⟩
[7] ⟨Komm, uns zu erlösen!⟩
[8] ⟨Siehe, alles ist vollendet.⟩
[9] ⟨Heute sollt ihr wissen, daß der Herr kommt, und morgen werdet ihr schauen seine Herrlichkeit.⟩
[10] ⟨Als alles in tiefem Schweigen lag.⟩
[11] ⟨Und das Wort ist Fleisch geworden.⟩
[12] ⟨Heute ist der Himmel für die ganze Welt honigtriefend geworden.⟩
[13] ⟨1930 fiel der 28. Dezember auf einen Sonntag.⟩
[14] ⟨Heute ist an beiden Tagen rot die liturgische Farbe.⟩
[15] ⟨Vgl. Apg 7,54–60.⟩
[16] ⟨Vgl. Mt 2,16–18.⟩

auf Erden denen, die guten Willens sind![17] Aber nicht alle sind guten Willens. Darum mußte ja der Sohn des Ewigen Vaters aus der Herrlichkeit des Himmels herabsteigen, weil das Geheimnis der Bosheit die Erde in Nacht gehüllt hat.

Finsternis bedeckte die Erde,[18] und er kam als Licht, das in der Finsternis leuchtet, aber die Finsternis hat ihn nicht begriffen.[19] Die ihn aufnahmen, denen brachte er das Licht und den Frieden: den Frieden mit dem Vater im Himmel, den Frieden mit allen, die gleich ihnen Kinder des Lichtes und Kinder des Vaters im Himmel sind, und den tiefen innern Herzensfrieden, aber nicht den Frieden mit den Kindern der Finsternis. Ihnen bringt der Friedensfürst nicht den Frieden, sondern das Schwert.[20] Ihnen ist er der Stein des Anstoßes, gegen den sie anrennen und an dem sie zerschellen.[21] Das ist die eine schwere und ernste Wahrheit, die wir uns durch den poetischen Zauber des Kindes in der Krippe nicht verdecken lassen dürfen. Das Geheimnis der Menschwerdung und das Geheimnis der Bosheit gehören eng zusammen. Gegen das Licht, das vom Himmel herabgekommen ist, sticht die Nacht der Sünde um so schwärzer und unheimlicher ab. Das Kind in der Krippe streckt die Händchen aus, und sein Lächeln scheint schon zu sagen, was später die Lippen des Mannes gesprochen haben: Kommt her zu mir alle, die ihr mühselig und beladen seid.[22] Und die seinem Ruf folgen: die armen Hirten, denen auf den Fluren von Bethlehem der Lichtglanz des Himmels und die Stimme des Engels die frohe Botschaft verkündeten und die darauf treuherzig ihr transeamus usque Bethlehem[23] sprachen und sich auf den Weg machten; die Könige, die aus fernem Morgenlande im gleichen schlichten Glauben dem wunderbaren Stern folgten, ihnen floß von den Kinderhänden der Tau der Gnade zu, und „sie freuten sich mit großer Freude".[24] Diese Hände geben und fordern zugleich: Ihr Weisen, legt eure Weisheit nieder, und werdet einfältig wie die Kinder; ihr Könige, gebt eure Kronen und eure Schätze und beugt euch in Demut vor dem König der Könige; nehmt ohne Zögern Mühen und Leiden und Beschwerden auf euch, die sein Dienst erfordert. Ihr Kinder, die ihr noch nichts freiwillig geben könnt, euch nehmen die Henkershände euer zartes Leben, ehe es noch recht begonnen hat: Es kann nicht besser angewendet werden, als aufgeopfert zu werden für

[17] ⟨Vgl. Lk 2,14.⟩
[18] ⟨Anklänge an Gen 1,2.⟩
[19] ⟨Vgl. Joh 1,5.⟩
[20] ⟨Vgl. Mt 10,34.⟩
[21] ⟨Vgl. 1 Petr 2,8.⟩
[22] ⟨Mt 11,28.⟩
[23] ⟨Laßt uns nach Bethlehem gehen! Vgl. Lk 2,8–15.⟩
[24] ⟨Vgl. Mt 2,7–12.⟩

den Herrn des Lebens.[25] „Folge mir", so sprechen die Kinderhände, wie später die Lippen des Mannes gesprochen haben.[26] So sprachen sie zu dem Jünger, den der Herr lieb hatte und der nun auch zu der Gefolgschaft an der Krippe gehört. Und der hl. Johannes, der Jüngling mit dem reinen Kinderherzen, folgte, ohne zu fragen: wohin? und wozu? Er verließ des Vaters Schiff und ging dem Herrn nach auf allen seinen Wegen bis hinauf nach Golgotha.[27] „Folge mir" – das vernahm auch der Jüngling Stephanus. Er folgte dem Herrn zum Kampf gegen die Mächte der Finsternis, die Verblendung des hartnäckigen Unglaubens, er legte Zeugnis für ihn ab mit seinem Wort und mit seinem Blut, er folgte ihm auch in seinem Geist, dem Geist der Liebe, der die Sünde bekämpft, aber den Sünder liebt und noch im Tode für den Mörder vor Gott eintritt.[28]

Lichtgestalten sind es, die um die Krippe knien: die zarten, unschuldigen Kinder, die treuherzigen Hirten, die demütigen Könige, Stephanus, der begeisterte Jünger, und der Lieblingsapostel Johannes: sie alle, die dem Ruf des Herrn folgten. Ihnen gegenüber steht die Nacht der unbegreiflichen Verhärtung und Verblendung: die Schriftgelehrten, die Auskunft geben können über Zeit und Ort, da der Heiland der Welt geboren werden soll, die aber kein Transeamus usque Bethlehem[29] daraus ableiten; der König Herodes, der dem Herrn des Lebens ans Leben will. Vor dem Kind in der Krippe scheiden sich die Geister. Es ist der König der Könige und der Herr über Leben und Tod. Es spricht sein „Folge mir", und wer nicht für ihn ist, ist wider ihn. Er spricht es auch für uns und stellt uns vor die Entscheidung zwischen Licht und Finsternis.[30]

3. *Corpus Christi mysticum*[31]

3.1 Unum esse cum Deo[32]

Wohin es uns auf dieser Erde führen will, das wissen wir nicht und sollen wir nicht vor der Zeit fragen. Nur das wissen wir, daß denen, die den Herrn

---

[25] ⟨Vgl. Mt 2,16–18; Mk 1,17–19.⟩

[26] ⟨Mt 8,22.⟩

[27] ⟨Vgl. Mt 3,18–22.⟩

[28] ⟨Vgl. Apg 7,54–60.⟩

[29] ⟨Laßt uns nach Bethlehem gehen! Vgl. Lk 2,8–15.⟩

[30] ⟨Das ist das Thema des Johannesprologs, Joh 1,1–18, bis heute das dritte Weihnachtsevangelium.⟩

[31] ⟨Der mystische Leib Christi.⟩

[32] ⟨Eins sein mit Gott.⟩

lieben, alle Dinge zum Guten gereichen.[33] Und ferner, daß die Wege, die der Heiland führt, über diese Erde hinausgehen.

O admirabile commercium! Creator generis humani, animatum corpus sumens, largitus est nobis suam Deitatem[34]. Zu diesem wunderbaren Tauschhandel ist ja der Erlöser auf die Welt gekommen. Gott ward ein Menschenkind, damit die Menschenkinder Gotteskinder werden könnten. Einer von uns hatte das Band der Gotteskindschaft zerrissen, einer von uns mußte es wieder knüpfen und die Sühne zahlen. Keiner konnte es aus dem alten, dem kranken und verwilderten Stamm. Ein neues, gesundes und edles Reis mußte aufgepfropft werden. Einer von uns ist er geworden; aber damit mehr als das: eins mit uns. Das ist ja das Wunderbare am Menschengeschlecht, daß wir alle eins sind. Wäre es anders, stünden wir als selbständige und getrennte Einzelwesen frei und unabhängig nebeneinander, dann hätte der Fall des einen nicht den Fall aller nach sich ziehen können. Dann hätte andererseits wohl für uns der Sühnepreis gezahlt werden und uns zugerechnet werden können, aber es wäre nicht seine Gerechtigkeit auf die Sünder übergegangen, es wäre keine Rechtfertigung möglich gewesen. Er aber kam, um ein Corpus mysticum mit uns zu sein: er unser Haupt, wir seine Glieder. Legen wir unsere Hände in die Hände des göttlichen Kindes, sprechen wir unser ja zu seinem Sequere me[35], dann sind wir sein, und der Weg ist frei, daß sein göttliches Leben auf uns übergehen kann.

Das ist der Anfang des ewigen Lebens in uns. Es ist noch nicht seliges Gottschauen im Glorienlicht, es ist noch Dunkel des Glaubens, aber es ist nicht mehr von dieser Welt, es ist schon Stehen im Gottesreich. Als die allerseligste Jungfrau ihr Fiat sprach,[36] da begann das Gottesreich auf Erden, und sie war seine erste Bürgerin. Und alle, die sich vor und nach der Geburt des Kindes in Wort und Tat zu ihm bekannten – der hl. Joseph, die hl. Elisabeth mit ihrem Kinde[37] und alle, die um die Krippe standen –, sie traten in das Gottesreich ein. Es ist anders geworden, als man sich nach Psalmen und Propheten die Herrschaft des Gottkönigs gedacht hatte. Die Römer blieben die Herren im Lande, und Hohepriester und Schriftgelehrte hielten weiter das arme Volk unter ihrem Joch. Unsichtbar trug jeder, der dem Herrn angehörte, sein Himmelreich in sich. Seine irdische Bürde wurde ihm nicht abgenommen, ja sogar noch manche andere dazugelegt, aber was er in sich hatte, war eine beschwingte Kraft, die das Joch sanft machte

[33] ⟨Röm 8,28.⟩

[34] ⟨O wunderbarer Tausch! Der Schöpfer des Menschengeschlechtes nahm Leib und Seele an und schenkte uns seine Gottheit.⟩

[35] ⟨Folge mir nach!⟩

[36] ⟨Vgl. Lk 1,38.⟩

[37] ⟨Elisabeth mit ihrem Sohn Johannes dem Täufer.⟩

und die Last leicht.[38] So ist es noch heute bei jedem Gotteskind. Das göttliche Leben, das in der Seele entzündet wird, ist ja das Licht, das in die Finsternis gekommen ist, das Wunder der Heiligen Nacht. Wer es in sich trägt, der versteht es, wenn davon gesprochen wird. Für die andern aber ist alles, was man darüber sagen kann, ein unverständliches Stammeln. Das ganze Johannesevangelium ist ein solches Stammeln vom ewigen Licht, das Liebe und Leben ist. Gott in uns und wir in ihm, das ist unser Anteil am Gottesreich, zu dem die Menschwerdung den Grund gelegt hat.

3.2 Unum esse in Deo[39]

Unum esse cum Deo:[40] das ist das erste. Aber ein Zweites folgt gleich daraus. Christus das Haupt, wir die Glieder im Corpus mysticum: dann sind wir zueinander Glied zu Glied, und wir Menschen untereinander unum esse in Deo,[41] ein göttliches Leben. Wenn Gott in uns ist und wenn er die Liebe ist, so kann es nicht anders sein, als daß wir die Brüder lieben. Darum ist unsere Menschenliebe das Maß unserer Gottesliebe. Aber es ist eine andere als die natürliche Menschenliebe. Die natürliche Liebe gilt diesem und jenem, der uns durch die Bande des Blutes verbunden oder durch Verwandtschaft des Charakters oder gemeinsame Interessen nahesteht. Die andern sind „Fremde", die einen „nichts angehen", einem eventuell sogar durch ihr Wesen widerwärtig sind, so daß man sie sich möglichst weit vom Leibe hält. Für den Christen gibt es keinen „fremden Menschen". Der ist jeweils der „Nächste", den wir vor uns haben und der eben unser am meisten bedarf; gleichgültig, ob er verwandt ist oder nicht, ob wir ihn „mögen" oder nicht, ob er der Hilfe „moralisch würdig" ist oder nicht. Die Liebe Christi kennt keine Grenzen, sie hört nimmer auf, sie schaudert nicht zurück vor Häßlichkeit und Schmutz. Er ist um der Sünder willen gekommen und nicht um der Gerechten willen.[42] Und wenn die Liebe Christi in uns lebt, dann machen wir es wie er und gehen den verlorenen Schafen nach.[43]

Die natürliche Liebe geht darauf aus, den geliebten Menschen für sich zu haben und möglichst ungeteilt zu besitzen. Christus ist gekommen, um die verlorene Menschheit für den Vater zurückzugewinnen; und wer mit seiner Liebe liebt, der will die Menschen für Gott und nicht für sich. Das ist freilich zugleich der sicherste Weg, um sie auf ewig zu besitzen; denn wenn wir einen

---

[38] ⟨Mt 11,30.⟩

[39] ⟨Eins sein in Gott.⟩

[40] ⟨Eins sein mit Gott.⟩

[41] ⟨Ein Sein in Gott.⟩

[42] ⟨Vgl. Mt 9,13.⟩

[43] ⟨Vgl. Lk 15,4–6.⟩

Menschen in Gott geborgen haben, dann sind wir ja mit ihm in Gott eins, während die Sucht zu erobern oft – ja wohl früher oder später immer – zum Verlust führt. Es gilt für die fremde Seele wie für die eigene und für jedes äußere Gut: Wer ängstlich darauf aus ist, zu gewinnen und zu bewahren, der verliert. Wer an Gott hingibt, der gewinnt.[44]

3.3 Fiat voluntas tua![45]

Damit rühren wir an ein drittes signum der Gotteskindschaft. Unum esse cum Deo war das erste. Ut omnes unum sint in Deo[46] das zweite. Das dritte: Daran erkenne ich, daß ihr mich liebt, wenn ihr meine Gebote haltet.[47] Gotteskind sein heißt an Gottes Hand gehen,[48] Gottes Willen, nicht den eigenen Willen tun, alle Sorgen und alle Hoffnung in Gottes Hand legen, nicht mehr selbst um sich und seine Zukunft sorgen. Darauf beruhen die Freiheit und Fröhlichkeit des Gotteskindes. Wie wenige, auch von den wahrhaft Frommen, selbst heroisch Opferwilligen, besitzen sie! Sie gehen immer wie niedergebeugt unter der schweren Last ihrer Sorgen und Pflichten. Alle kennen das Gleichnis von den Vögeln unter dem Himmel und den Lilien auf dem Felde.[49] Aber wenn sie einem Menschen begegnen, der kein Vermögen, keine Pension und keine Versicherung hat und doch unbekümmert um seine Zukunft lebt, dann schütteln sie den Kopf wie über etwas Abnormales. Freilich, wer von dem Vater im Himmel erwartete, daß er ihm jederzeit für das Einkommen und die Lebensverhältnisse sorgen werde, die er für wünschenswert hält, der könnte sich schwer verrechnet haben. Solche Bedingungen darf man in den Vertrag mit dem Himmel nicht hineinschreiben. Nur dann wird das Gottvertrauen unerschüttert standhalten, wenn es die Bereitschaft einschließt, alles und jedes aus des Vaters Hand entgegenzunehmen. Er allein weiß ja, was uns gut tut. Und wenn einmal Not und Entbehrung angebrachter wären als behaglich-gesichertes Auskommen oder Mißerfolg und Verdemütigung besser als Ehre und Ansehen, dann muß man sich auch dafür bereit halten. Tut man das, so kann man unbelastet durch die Zukunft der Gegenwart leben.

---

[44] ⟨Vgl. Mt 10,39; 16,25; Lk 17,33; Joh 12,25.⟩

[45] ⟨Dein Wille geschehe!⟩

[46] ⟨Damit alle eins sind in Gott.⟩

[47] ⟨Joh 14,15.21.⟩

[48] ⟨Am 28. April 1931 schreibt Edith Stein an Adelgundis Jaegerschmid den gleichen Gedanken: *„Es ist im Grunde nur eine kleine, einfache Wahrheit, die ich zu sagen habe: wie man es anfangen kann, an der Hand des Herrn zu leben“* (SBB I, ESGA 2, Br. 150).⟩

[49] ⟨Vgl. Mt 6,26–28.⟩

Das Fiat voluntas tua[50] in seinem vollen Ausmaß muß die Richtschnur des Christenlebens sein. Es muß den Tageslauf vom Morgen bis zum Abend, den Gang des Jahres und das ganze Leben regeln. Es wird dann auch des Christen einzige Sorge. Alle andern Sorgen nimmt der Herr auf sich. Diese eine aber bleibt uns, solange wir noch in statu viae[51] sind. Es ist objektiv so, daß wir nicht endgültig versichert sind, immer auf Gottes Wegen zu bleiben. Wie die ersten Menschen aus der Gotteskindschaft in die Gottesferne fallen konnten,[52] so steht jeder von uns immer auf des Messers Schneide zwischen dem Nichts und der Fülle des göttlichen Lebens. Und früher oder später wird uns das auch subjektiv fühlbar. In den Kindertagen des geistlichen Lebens, wenn wir eben angefangen haben, uns Gottes Führung zu überlassen, da fühlen wir die leitende Hand ganz stark und fest; sonnenhell liegt es vor uns, was wir zu tun und was wir zu lassen haben. Aber das bleibt nicht immer so. Wer Christus angehört, der muß das ganze Christusleben durchleben. Er muß zum Mannesalter Christi heranreifen, er muß einmal den Kreuzweg antreten, muß nach Gethsemani und Golgotha. Und alle Leiden, die von außen kommen können, sind nichts im Vergleich zu der dunklen Nacht in der Seele, wenn das göttliche Licht nicht mehr leuchtet und die Stimme des Herrn nicht mehr spricht. Gott ist da, aber er ist verborgen und schweigt. Warum das so ist? Es sind Gottes Geheimnisse, von denen wir sprechen, und die lassen sich nicht restlos durchdringen. Gott ist Mensch geworden, um uns an seinem Leben aufs neue Anteil zu geben. Wir haben das zunächst als Anteil am göttlichen Leben gefaßt. Damit beginnt es, und das ist das letzte Ziel.

Aber dazwischen liegt noch etwas anderes. Christus ist Gott und Mensch, und wer an seinem Leben Anteil hat, muß am göttlichen und am menschlichen Leben Anteil haben. Die menschliche Natur, die er annahm, gab ihm die Möglichkeit zu leiden und zu sterben. Die göttliche Natur, die er von Ewigkeit besaß, gab dem Leiden und Sterben unendlichen Wert und erlösende Kraft. Christi Leiden und Tod setzt sich fort in seinem mystischen Leibe und in jedem seiner Glieder. Leiden und sterben muß jeder Mensch. Aber wenn er lebendiges Glied am Leibe Christi ist, dann bekommt sein Leiden und Sterben durch die Gottheit des Hauptes erlösende Kraft. Das ist der objektive Grund, warum alle Heiligen nach Leiden verlangt haben. Das ist keine perverse Lust am Leiden. Den Augen des natürlichen Verstandes erscheint es als Perversion. Im Licht des Erlösungsgeheimnisses erweist es sich als höchste Vernunft. Und so wird der Christusverbundene auch in der dunklen Nacht der subjektiven Gottferne und -verlassenheit unerschüttert

---

[50] ⟨Dein Wille geschehe!⟩

[51] ⟨Im Stand des Unterwegsseins.⟩

[52] ⟨Anspielung auf Adam und Eva; vgl. Gen 2,7–3,24.⟩

ausharren; vielleicht setzt die göttliche Heilsökonomie seine Qual ein, um einen objektiv Gefesselten zu befreien. Darum: Fiat voluntas tua! auch und gerade in der dunkelsten Nacht.

4. Heilsmittel

Aber können wir es[53] denn noch sprechen, wenn wir keine Gewißheit mehr haben, was Gottes Wille von uns verlangt? Haben wir noch Mittel, uns auf seinen Wegen zu halten, wenn das innere Licht erlischt? Es gibt solche Mittel und so starke Mittel, daß das Abirren bei aller prinzipiellen Möglichkeit tatsächlich unendlich unwahrscheinlich wird. Gott ist ja gekommen, uns zu erlösen: uns mit sich zu verbinden, uns untereinander zu verbinden, unsern Willen dem seinen gleichförmig zu machen. Er kennt unsere Natur, er rechnet mit ihr und hat darum alles mitgebracht, was uns helfen kann, ans Ziel zu gelangen.

Das göttliche Kind ist zum Lehrer geworden und hat uns gesagt, was wir tun sollen. Um ein ganzes Menschenleben mit göttlichem Leben zu durchdringen, dazu genügt es nicht, einmal im Jahr vor der Krippe zu knien und sich von dem Zauber der Heiligen Nacht gefangennehmen zu lassen. Dazu muß man das ganze Leben lang im täglichen Verkehr mit Gott stehen, auf die Worte hören, die er gesprochen hat und die uns überliefert sind, und diese Worte befolgen. Vor allen Dingen beten, wie es der Heiland selbst gelehrt und so eindringlich immer wieder eingeschärft hat. „Bittet, und ihr werdet empfangen."[54] Das ist die sichere Verheißung der Erhörung. Und wer täglich von Herzen sein „Herr, dein Wille geschehe" spricht, der darf wohl darauf vertrauen, daß er den göttlichen Willen auch da nicht verfehlt, wo er keine subjektive Gewißheit mehr hat.

Ferner: Christus hat uns nicht als Waisenkinder zurückgelassen.[55] Er hat seinen Geist gesandt, der uns alle Wahrheit lehrt; er hat seine Kirche begründet, die von seinem Geist geleitet wird, und hat in ihr seine Stellvertreter eingesetzt, durch deren Mund sein Geist in Menschenworten zu uns spricht. Er hat in ihr die Gläubigen zur Gemeinschaft verbunden und will, daß einer für den andern einsteht.[56] So sind wir nicht allein gelassen; und wo das

[53] ⟨Gemeint ist *Fiat voluntas tua.*⟩

[54] ⟨Mt 7,7.⟩

[55] ⟨Vgl. Joh 14,18.⟩

[56] ⟨Über „Stellvertretung" hat Edith Stein bereits in ihren Frühschriften *Natur, Freiheit und Gnade* (mit dem falschen Titel *Die ontische Struktur der Person und ihre erkenntnistheoretische Problematik,* in: ESW VI, 137–197 veröffentlicht, und nicht, wie dort, S. XXVIII, „um 1932" entstanden, sondern bereits 1920–1922) und in US (veröffentlicht 1925;

Vertrauen auf die eigene Einsicht und selbst auf das eigene Gebet versagt, da hilft die Kraft des Gehorsams und die Kraft der Fürbitte.

Et Verbum caro factum est.[57] Das ist Wahrheit geworden im Stall zu Bethlehem. Aber es hat sich noch erfüllt in einer andern Form. „Wer mein Fleisch ißt und mein Blut trinkt, der hat das ewige Leben."[58] Der Heiland, der weiß, daß wir Menschen sind und Menschen bleiben, die täglich mit menschlichen Schwächen zu kämpfen haben, er kommt unserer Menschlichkeit auf wahrhaft göttliche Weise zu Hilfe. Wie der irdische Leib des täglichen Brotes bedarf, so verlangt auch der göttliche Leib in uns nach dauernder Ernährung. „Dieses ist das lebendige Brot, das vom Himmel herabgekommen ist."[59] Wer es wahrhaft zu seinem täglichen Brot macht, in dem vollzieht sich täglich das Weihnachtsgeheimnis, die Menschwerdung des Wortes. Und das ist wohl der sicherste Weg, das unum esse cum Deo dauernd zu erhalten, mit jedem Tage fester und tiefer in den mystischen Leib Christi hineinzuwachsen. Ich weiß wohl, daß das vielen als ein allzu radikales Verlangen erscheinen wird. Praktisch bedeutet es für die meisten, wenn sie es neu beginnen, eine Umstellung des gesamten äußeren und inneren Lebens. Aber das soll es ja gerade! In unserem Leben Raum schaffen für den eucharistischen Heiland, damit er unser Leben in sein Leben umformen kann: ist das zu viel verlangt? Man hat für so viele nutzlose Dinge Zeit: allerhand unnützes Zeug aus Büchern, Zeitschriften und Zeitungen zusammenzulesen, in Cafés herumzusitzen und auf der Straße Viertel- und halbe Stunden zu verschwatzen: alles „Zerstreuungen", in denen man Zeit und Kraft splitterweise verschleudert. Sollte es wirklich nicht möglich sein, eine Morgenstunde herauszusparen, in der man sich nicht zerstreut, sondern sammelt, in der man sich nicht verbraucht, sondern Kraft gewinnt, um den ganzen Tag davon zu bestreiten?

Aber freilich, es ist mehr dazu erforderlich als die eine Stunde. Man muß von einer solchen Stunde zur andern so leben, daß man wiederkommen darf. Es ist nicht mehr möglich, „sich gehen zu lassen", sich auch nur zeitweise gehen zu lassen. Mit wem man täglich umgeht, dessen Urteil kann man sich nicht entziehen. Selbst wenn kein Wort gesagt wird, fühlt man, wie die andern zu einem stehen. Man wird versuchen, sich der Umgebung anzupassen, und wenn es nicht möglich ist, wird das Zusammenleben zur Qual. So geht es einem auch im täglichen Verkehr mit dem Heiland. Man wird immer feinfühliger für das, was ihm gefällt und mißfällt. Wenn man

---

EPH [ESGA 7]) reflektiert. Siehe dazu C. M. Wulf, *Rekonstruktion und Neudatierung einiger früher Werke Edith Steins*, 262–265.⟩

57 ⟨*Und das Wort ist Fleisch geworden.* Joh 1,14.⟩

58 ⟨Joh 6,54.⟩

59 ⟨Joh 6,50 f. 58.⟩

vorher im großen und ganzen recht zufrieden mit sich war, so wird das jetzt anders werden. Man wird vieles zu ändern finden und wird ändern, was man ändern kann. Und manches wird man entdecken, was man nicht mehr schön und gut finden kann und was man doch nicht zu ändern vermag. Da wird man allmählich sehr klein und demütig; man wird geduldig und nachsichtig gegen die Splitter in fremden Augen, weil einem der Balken im eigenen zu schaffen macht;[60] und lernt es schließlich auch, sich selbst in dem unerbittlichen Licht der göttlichen Gegenwart zu ertragen und sich der göttlichen Barmherzigkeit zu überlassen, die mit all dem fertig werden kann, was unserer Kraft spottet. Es ist ein weiter Weg von der Selbstzufriedenheit eines „guten Katholiken", der „seine Pflichten erfüllt", eine „gute Zeitung" liest, „richtig wählt" usw., im übrigen aber tut, was ihm beliebt, bis zu einem Leben an Gottes Hand und aus Gottes Hand, in der Einfalt des Kindes und der Demut des Zöllners.[61] Aber wer ihn einmal gegangen ist, wird ihn nicht wieder zurückgehen.

So besagt Gotteskindschaft: Kleinwerden. Es besagt aber zugleich Großwerden. Eucharistisch leben heißt ganz von selbst aus der Enge des eigenen Lebens herausgehen und in die Weite des Christuslebens hineinwachsen. Wer den Herrn in seinem Haus aufsucht, wird ihn ja nicht immer nur mit sich selbst und seinen Angelegenheiten beschäftigen wollen. Er wird anfangen, sich für die Angelegenheiten des Herrn zu interessieren. Die Teilnahme am täglichen Opfer zieht uns unwillkürlich in das liturgische Leben hinein. Die Gebete und die Gebräuche des Altardienstes führen uns im Kreislauf des Kirchenjahres die Heilsgeschichte immer wieder vor die Seele und lassen uns immer tiefer in ihren Sinn eindringen. Und die Opferhandlung selbst prägt uns immer wieder das Zentralgeheimnis unseres Glaubens ein, den Angelpunkt der Weltgeschichte, das Geheimnis der Menschwerdung und Erlösung. Wer könnte mit empfänglichem Geist und Herzen dem heiligen Opfer beiwohnen, ohne selbst von der Opfergesinnung erfaßt zu werden, ohne von dem Verlangen ergriffen zu werden, daß er selbst und sein kleines persönliches Leben eingestellt werde in das große Werk des Erlösers?[62]

Die Mysterien des Christentums sind ein unteilbares Ganzes. Wenn man sich in eines vertieft, wird man zu allen andern hingeführt. So führt der Weg von Bethlehem unaufhaltsam nach Golgotha, von der Krippe zum Kreuz. Wir stehen jetzt gerade in der Mitte der weihnachtlichen Zeit: vor zwanzig Tagen haben wir das Geburtsfest des Erlösers begangen; in zwanzig Tagen ist

---

[60] ⟨Vgl. Mt 7,3.⟩

[61] ⟨Vgl. Lk 18,13. Siehe dazu oben Anm. 48.⟩

[62] ⟨Das entspricht genau Teresas von Ávila Idee von innerem Beten: Die Anliegen des Freundes werden zu den eigenen, so daß ein solches Beten von seinem Wesen her apostolisch ist.⟩

Lichtmeß, die Feier der Darstellung Jesu im Tempel, mit der die Weihnachtszeit abschließt. Als die Jungfrau das Kind zum Tempel hintrug, da ward ihr geweissagt, daß ihre Seele ein Schwert durchdringen werde, daß dieses Kind gesetzt sei zum Fall und zur Auferstehung Vieler, zum Zeichen, dem man widersprechen würde. Es ist die Ankündigung des Leidens, die Ankündigung des Kampfes zwischen Licht und Finsternis, der sich schon an der Krippe zeigte.

In diesem Jahre fallen Lichtmeß und Septuagesima[63] fast zusammen, die Feier der Menschwerdung und die Vorbereitung auf die Passion. In der Nacht der Sünde strahlt der Stern von Bethlehem auf. Auf den Lichtglanz, der von der Krippe ausgeht, fällt der Schatten des Kreuzes. Das Licht erlischt im Dunkel des Karfreitags, aber es steigt strahlender auf als Gnadensonne am Auferstehungsmorgen. Per passionem et crucem ad resurrectionis gloriam[64] ist der Weg des fleischgewordenen Gottessohnes. Mit dem Menschensohn durch Leiden und Tod zur Herrlichkeit der Auferstehung ist der Weg für jeden von uns, für die ganze Menschheit.

---

[63] ⟨Septuagesima war vor der Liturgiereform des Zweiten Vatikanischen Konzils der drittletzte Sonntag vor Aschermittwoch und Beginn der Vorfastenzeit. Im Jahr 1931 fiel er auf den 1. Februar, also noch vor den Abschluß des Weihnachtsfestkreises an Mariä Lichtmeß, 2. Februar.⟩

[64] ⟨*Durch Leiden und Kreuz zur Herrlichkeit der Auferstehung.* Aus dem Schlußgebet zum „Engel des Herrn", den Edith Stein jeden Tag dreimal lateinisch gebetet hat. Diesen Text zitiert sie auch in der *Kreuzeswissenschaft* (KW, ESGA 18, 46).⟩

2.
Elisabeth von Thüringen
Natur und Übernatur in der Formung einer Heiligengestalt
(1931)

Situierung

Edith Stein hat diesen Vortrag an 30. Mai 1931 im Rahmen einer großangelegten Feier zum 700. Todestag der hl. Elisabeth in Wien gehalten. „Für die als Abschluß des Kongresses vorgesehene Elisabethfeier hatte man den großen Sitzungssaal des niederösterreichischen Landtages in der Herrengasse 13 ausgewählt".[1]

Im ESAK gibt es eine Maschinen-Abschift auf 12 Blättern im Format 208 × 288 mm (Signatur A04–77 [B II 7b]). Auf dem Titelblatt steht: *Elisabeth von Thüringen. Natur und Übernatur in der Formung einer Heiligengestalt*. Von Dr. Edith Stein, Breslau.

Veröffentlicht in:
- *Das Neue Reich* 13, Nr. 37 vom 13. Juni 1931, 779–781, und 13, Nr. 38 vom 20. Juni 1931, 801 f.
- *Das bunte Blatt*, Beilage z. M. A. 19. November 1931. 3. Blatt, Nr. 1203 (1931), (ESAK Signatur B II 7c);
- ESW XII, 1990, 126–138.

Text

Mitten im Herzen der deutschen Lande, in echt deutsche Landschaft hineingebettet, liegen die Stätten, an die sich für das deutsche Volk bis heute die Erinnerung an die hl. Elisabeth knüpft: die Wartburg, Eisenach, Marburg.[2] Wenn man auf dem schmalen Rennsteig[3] zwischen hochragenden Tannen über die Höhen des Thüringerwaldes geht oder von einer der freien Bergkuppen über die lieblichen Hügel und weiten grünen Wälder hinschaut,[4]

[1] Siehe M. A. Neyer, *Edith Stein und Elisabeth von Thüringen*, bes. 346–350.

[2] ⟨Über die Landschaft um Göttingen, also unweit von den genannten Orten, schreibt sie: *„Wenn wir von oben ins Tal hinabschauten, fühlte ich mich so recht im Herzen von Deutschland: eine liebliche Landschaft – an den Abhängen sorgfältig bebaute Felder, schmucke Dörfer und rings ein Kranz grüner Wälder"* (LJF, ESGA 1,194).⟩

[3] ⟨Historischer Grenzweg auf dem Kamm des Thüringer Waldes, der im Mittelalter die Grenze des Herzogtums Franken zum thüringisch-sächsischen Herrschaftsbereich markierte.⟩

[4] ⟨Über Wanderungen in dieser Gegend an Pfingsten, 11. Mai 1913, berichtet Edith Stein in LJF, ESGA 1,194–196.⟩

dann wacht die ganze deutsche Märchenromantik in einem auf: Man meint, die lieben, vertrauten Gestalten aus den Märchen unserer Kindertage müßten nun zwischen den Bäumen hervortreten und zu uns reden[5] oder ein Hochzeitszug, wie ihn Ludwig Richter[6] gemalt hat, am Waldrand auftauchen und über die Lichtung dahinschreiten. Und steht man gar oben auf den Mauern und Türmen der Wartburg, so glaubt man die Heilige selbst zum Tor hinaus und ins Tal hinabsteigen zu sehen, etwa so, wie Moritz von Schwind[7] sie auf den Wänden der Wartburg dargestellt hat oder wie man sich eine deutsche Edelfrau des Mittelalters denkt: sanft und blond und blauäugig, zart und sittsam. Sie schlägt den Mantel zurück und enthüllt vor dem „hartherzigen" Gemahl das Rosenwunder.[8] Viel mehr wußte man bis vor kurzem ja durchschnittlich nicht von ihr: dies und daß der unheimliche *Konrad von Marburg*[9] sie in unbegreiflicher Weise gepeinigt habe. Die hl. Elisabeth ist eine der wenigen Heiligen, deren Erinnerung sich auch außerhalb der Kirche erhalten hat. Aber was weiß das arme deutsche Volk von seiner wirklichen Geschichte und was weiß es von Heiligkeit?

Der Reisende wendet sich ins Innere der Burg. Er schaut in die Halle, in der der Sängerkrieg stattfand, und denkt an Richard Wagner.[10] Und dann

---

[5] ⟨Edith Stein war sehr vertraut mit der deutschen Märchenwelt (siehe ihre Autobiographie LJF, ESGA 1,21.24.74: Hier spricht sie von einem *„Vorrat an Sagen und Märchen"*.149.239).⟩

[6] ⟨Ludwig Richter (1803 Dresden – 1884 ebenda), Maler und Zeichner, wurde 1835 Akademiedirektor in Dresden. Dort schuf er 1840 das erwähnte Ölgemälde „Brautzug im Frühling:" *„Es war, als könnte im nächsten Augenblick drüben am Waldrand ein Hochzeitszug heraustreten wie auf einem Bild von Ludwig Richter"* (LJF, ESGA 1,194).⟩

[7] ⟨Moritz von Schwind (1804 Wien – 1871 Niederpöcking bei München), Historienmaler und Illustrator, schuf in den Jahren 1854–55 den Zyklus zum Leben der hl. Elisabeth auf der Wartburg.⟩

[8] ⟨Nach der Legende wollte Elisabeth mit einem Korb voller Brot zu den Hungernden gehen. Ihr von ihren Neidern am Hof aufgehetzter Mann hielt sie auf und forderte, das über den Korb gelegte Tuch zurückzuschlagen. Als Elisabeth dies tat, erblickte ihr Mann nur Rosen.⟩

[9] ⟨Prediger und Inquisitor (um 1180/1190 Marburg/Lahn (?) – 1233 bei Marburg erschlagen) 1227 Kreuzzugsprediger für Friedrich II., in enger Beziehung zum Prämonstratenserkloster Arnstein (bei Obernhof/Lahn) stehend, kam 1225/26 als Beichtvater Elisabeths auf die Wartburg, wurde nach dem Tod Ludwigs vom Papst zu ihrem *Defensor – Verteidiger* gegenüber ihren Schwägern bestellt und betrieb bald nach ihrem Tod ihre Heiligsprechung. (BBKL 4, Sp. 418 f.).⟩

[10] ⟨Beim *Sängerkrieg* sollen sich im Jahre 1206 sechs Sänger und Dichter, darunter Wolfram von Eschenbach und Walther von der Vogelweide, zu einem nicht ganz friedlichen Wettstreit auf der Wartburg zusammengefunden haben. Literarisch fand er in einer schrittweise gewachsenen Sammlung mittelhochdeutscher Sangspruchgedichte des 13. Jahrhunderts seinen Niederschlag. Die Thematik wurde u. a. von Richard Wagner (1813 Leipzig – 1883 Venedig) für seine Oper *Tannhäuser* aufgegriffen. Moritz von Schwind hat ihn mit seinen Bildern auf der Wartburg festgehalten. Edith Stein über Wagner siehe LJF,

sucht er als größte Sehenswürdigkeit die Lutherstube auf und bestaunt den Tintenfleck an der Wand,[11] der an den Kampf des Reformators[12] mit dem bösen Feind erinnert. Mitten durch die Wartburg hindurch geht der Riß, der seit vier Jahrhunderten das deutsche Volk spaltet.[13] Was weiß er von der wirklichen hl. Elisabeth, und was weiß er von dem geheimen Wirken Gottes in einer Menschenseele?

I

Die nüchterne Geschichtsforschung unserer Tage hat die Ritter- und Märchenromantik zerstört. Sie schob die deklamierende Jungfrau von Orleans[14] Schillers[15] beiseite und zeigte uns das bezaubernde Naturkind Jeanne d'Arc mit seinem gallischen Mutterwitz, natürlich und urwüchsig und dabei bezwungen von der Kraft seiner himmlischen Sendung. Sie enthüllte uns auch ein neues Bild der hl. Elisabeth. Schwarzhaarig und dunkeläugig und bräunlich von Angesicht war das Kind, das in silberner Wiege und königlichem Prunkwagen von der ungarischen Königsburg in das ferne Thüringerland geleitet wurde. Fremdartig stand es unter den deutschen Gespielinnen, fremdartig durch seine äußere Erscheinung, noch fremdartiger durch die ungezähmte Glut seines Herzens, die alle Dämme durchbrach. Stolz und heißblütig müssen wir uns den Vater denken, König Andreas, der in mehreren Aufständen seinen Bruder vom Thron zu stoßen suchte und nach dessen

---

ESGA 1,129f. Edith Stein konnte darüber bei M. Maresch, *Elisabeth von Thüringen*, 31–35, lesen. Demnach fand der *Sängerkrieg* 1207 statt.⟩

[11] ⟨Luther soll sich, des Nachts durch den Teufel geweckt, mit einem Tintenfäßchen gegen den Satan verteidigt haben. Er meinte mit dieser Aussage jedoch eher seine auf der Wartburg angefertigte deutsche Bibelübersetzung.⟩

[12] ⟨Martin Luther (1483 Eisleben – 1546 ebenda), Augustinermönch, Professor für Hl. Schrift, Reformator.⟩

[13] ⟨Edith Stein hat unter dieser Spaltung gelitten, wie ihre jahrelange *Suche nach dem wahren Glauben* zeigt, die durch die Begegnung mit der verwitweten Anne Reinach in Göttingen im Frühjahr 1918 ausgelöst wurde. Ihr Ende fand diese Suche – zugunsten des Katholizismus – durch die Lektüre der Selbstbiographie der hl. Teresa von Ávila (LJF, ESGA 1,350), die sie sich Ende Mai 1921 auf Einladung von Anne und Pauline Reinach aus deren Bibliothek in Göttingen ausgesucht hat. Von dieser Spaltung war sie schon im Juli 1916 bei der Besichtigung Heidelbergs beeindruckt, als sie eine Simultankirche besuchte, *„die in der Mitte durch eine Wand geteilt ist und diesseits für den protestantischen, jenseits den katholischen Gottesdienst benützt wird."* (LJF, ESGA 1,332).⟩

[14] ⟨Jeanne d'Arc – die Jungfrau von Orleans – (1412 (?) Domrémy-la-Pucelle – 1431 Rouen), Kämpferin für Frankreichs Unabhängigkeit von England, als Ketzerin verbrannt, rehabilitiert, 1909 selig- und 1920 heiliggesprochen, Patronin Frankreichs.⟩

[15] ⟨Friedrich von Schiller (1759 Marbach – 1805 Weimar), Dichter, Dramatiker und Geschichtsschreiber.⟩

Tode die Herrschaft an sich riß.[16] Stolz und heißblütig war auch das Geschlecht der Herzöge von Meranien[17] und Königin Gertrud, die ihm entstammte.[18] Solche Sinnesart war das natürliche Erbteil des Königskindes, und frei und ungehindert konnte es wohl den Regungen seines Herzens folgen – hier im Osten, wo man freie und ungehemmte Bewegung liebte und sich noch nicht einschnüren ließ in den beengenden Idealtypus von höfischer Zucht und „maze" wie in den westlichen[19] Ländern Europas. Stürmisch durfte es seine Liebe zeigen zu Vater und Mutter und Gespielinnen, zu Pferden und Hunden; jubelnd sich freuen an Spiel und wildem Tanz; mit vollen Händen austeilen an die Armen, für die schon das Kinderherz in heißem Mitleid schlug. Wie wird sich dieses Kinderherz empört haben in wildem Schmerz, als es auf einmal losgerissen wurde von allem, womit es verwachsen war und woran es mit allen Fasern hing! Wir wissen nichts von den Tränen und Qualen dieser weiten Reise. Gewiß hat die kleine Prinzessin sich damals innig angeschlossen an die Gefährtin Guda, die ihr aus der Heimat mitgegeben wurde und sie durchs Leben begleitete. Dankbar und vertrauensvoll wird sie auch die treue Hand des Ritters Walter von Varila umklammert haben, der ihr Schützer sein wollte auf dieser Fahrt und für alle Zukunft. Zärtliche Kindesliebe erfüllte sie bald zu dem Landgrafen Hermann, der ihr als ein zweiter Vater entgegenkam. Aller Reichtum ihres Herzens aber floß dem zu, um dessentwillen sie alles hatte verlassen müssen, was ihr lieb war: dem blonden Knaben, in dessen Hand der Bischof die ihre zu feierlichem Verlöbnis legte. Es war ja nicht anders möglich: entweder sie bäumte sich auf gegen das Geschick, das in ihr Leben eingriff – dann hätte wohl ein wilder Haß sie erfüllen können gegen alles Neue und vor allem gegen den, an den sie gefesselt werden sollte.[20] Aber das lag dem reinen,

---

[16] ⟨Andreas II., geb. 1176, von 1205–1235 König von Ungarn.⟩

[17] ⟨Berthold IV. (gest. 1204), Elisabeths Großvater, war durch Verheiratung und Begünstigung durch Kaiser Friedrich Barbarossa (Friedrich I., 1123 Waiblingen – 1190 im Flusse Saleph bei Seleucia, aus dem Haus der Staufer, seit 1152 römisch-deutscher König, seit 1155 Kaiser des Heiligen Römischen Reiches) zum Herzog von Meranien geworden. Als ein machtvolles Reichsfürstenadelsgeschlecht besaß es außer seinem Stammsitz in Andechs mit seinen Besitzungen (darunter Innsbruck) bald Güter und Lehen in Burgund, Oberfranken, Niederbayern, Istrien und Slowenien.⟩

[18] ⟨Gertrud von Andechs-Meranien (ca. 1185–1213), Tochter Herzogs Bertholds IV. von Meranien und der Agnes von Rochlitz. Eine ihrer drei Schwestern ist die hl. Hedwig von Schlesien (gest. 1243), eine zweite die unten erwähnte Mechthild, Äbtissin von Kitzingen; einer ihrer vier Brüder der unten erwähnte Ekbert, Bischof von Bamberg.⟩

[19] ⟨Im masch. Ms steht *wesentlichen*.⟩

[20] ⟨Elisabeth ist ein Opfer gezielter Heiratspolitik, wie sie bis in die Neuzeit üblich war. Im Rahmen einer Fürstenkoalition gegen Otto IV., (geb. 1175/76, 1198 von der antistaufischen Partei 1198 zum römisch-deutschen König gewählt, 1209 zum Kaiser gekrönt) wurde sie 1211 – mit vier Jahren – mit Hermann verlobt und 1221 mit Ludwig IV. (1200-1227), dem Landgrafen von Thüringen verheiratet.⟩

liebevollen Kinderherzen fern. Dann blieb nur das andere übrig: Ludwig, der „liebe Bruder", der ihr im fremden Land entgegentrat, mußte ihr alles werden, was sie verlassen hatte, Vater und Mutter und liebe Heimat. Und so wurde es. Fest konnte sie sich an ihn anschließen und ihm alles sagen, was sie bewegte und was die anderen nicht verstanden. Enger wurde das Band, als der zweite große Schmerz sie traf, die Kunde von dem gewaltsamen Tod ihrer Mutter.[21] Der große Bruder gab ihr Halt und Trost. Er war älter und wohl unterrichtet und konnte ihr sagen, wo sie die tote Mutter zu suchen hatte und was sie für sie tun mußte. Bald brauchte sie auch Schutz gegenüber ihrer Umgebung. Immer zahlreicher und lauter wurden die Stimmen, die sich gegen die Fremde erklärten und sie zur Landgräfin nicht tauglich fanden. Sie entsprach nicht dem Schönheitsideal, das die deutschen Sänger priesen. Sie nahm keine höfische Zucht an, wollte Wort und Blick und Schritt nicht zügeln lassen durch die Regeln der Sitte. Sie liebte noch die wilden Kinderspiele, und ungezwungene Gespielinnen aus dem Volke waren ihr lieber als die kleinen Ritterfräulein, die von der Hofmeisterin abgerichtet waren. Sie zeigte eine ganz unfürstliche Hinneigung zu zerlumptem Bettlervolk. Und, was schlimmer war als alles, sie war eine Betschwester, und wenn sie die Herrin im Lande wurde, dann mußte man fürchten, daß es aus war mit den glänzenden Hoffesten auf der Wartburg. Solange Landgraf Hermann lebte, hielt er seine schützende Hand über sie.[22] Der ehrgeizige Machtpolitiker, dessen Gewissen von mancher Gewalttat befleckt war, der schließlich im Kirchenbann einen dunklen Tod starb, mochte auf die Fürbitte des heiligen Kindes vertrauen.

Als er starb, mehrte sich der Widerstand, und die Landgräfin gehörte zu denen, die die unwürdige Verbindung zu lösen, die Fremde ins Ungarland heimzuschicken oder in ein Kloster zu stecken wünschten. Das war wohl die bitterste Prüfung für Elisabeth, als ihre Schwägerin Agnes es ihr als eine feste und ganz bekannte Tatsache sagte, daß Ludwig nicht mehr daran dächte, sie zur Frau zu nehmen. Eine Weile mußte sie harren in der Qual der Ungewißheit. Dann brach der junge Landgraf sein Schweigen. Er hatte die Menschen reden lassen, aber er war unbeirrt geblieben. Was wußten sie von den geheimen Schätzen dieses reinen und glühenden Herzens, die er allein kannte? Was wog gegen diesen inneren Reichtum landläufige Schönheit und Sitte, Freude an Putz und Glanz und äußerer Prachtentfaltung? Mit einem raschen Entschluß machte Ludwig allen Intrigen ein Ende. Er vollzog die Vermählung.[23] Das volle Glück eines Lebens in ehelicher Liebe und Treue, bald auch

[21] ⟨1213 wird Gertrud von Andechs-Meranien von ungarischen Adeligen ermordet.⟩

[22] ⟨Hermann I., Landgraf von Thüringen und Pfalzgraf von Sachsen (1155–1217), Schwiegervater Elisabeths.⟩

[23] ⟨Das war 1221, Elisabeth war 14 Jahre alt.⟩

in jungen Mutterfreuden erfüllte Elisabeth und entschädigte sie im Übermaß für Jahre der Entbehrungen, der Einsamkeit und Demütigung. Noch einmal konnte sie, im Vertrauen auf das Vertrauen ihres Gatten, gestärkt durch seine Liebe, frei dem Zug ihres Herzens folgen: gegen den Landesbrauch an seiner Seite an der Tafel sitzen, hoch zu Roß auf seinen Fahrten ihn begleiten, seine Schätze austeilen und ihre Lieblinge, die Armen, in sein Haus führen, sie zu speisen, zu kleiden und zu pflegen. Zu reichster Blüte entfaltete sich in diesen Jahren des Glücks ihre Natur; die helle Fröhlichkeit, die herzbezwingende Güte und Liebenswürdigkeit ihres Wesens beglückte alles um sie her und brachte allen Widerspruch zum Verstummen, machte sie mehr noch als ihre fürstliche Stellung zur Herrscherin. Freilich entsprach sie jetzt auch mehr dem, was ihre Umgebung von der Landesfürstin erwartete: Sie liebte es, sich für ihren Gatten und nach seinen Wünschen zu schmücken und bei glänzenden Festen wie in den Tagen des Landgrafen Hermann durch Pracht und Schönheit die Gäste zu überraschen und zu entzücken. Doch vermochte der Wirbelsturm des Hoflebens Güte und Barmherzigkeit nicht zu ersticken. Noch immer erquickte sie die Armen am Burgtor mit Speise und Trank und liebreichen Worten; ihre Gebefreudigkeit kannte keine Grenzen, und in Zeiten der Not und des Hungers verteilte sie ohne Rücksicht auf den Widerspruch aller Hofbeamten und Hausgenossen kraft ihres Herrscherrechts in Abwesenheit ihres Gemahls alle Vorräte aus den landgräflichen Kammern. Sie brauchte Murren und Widerstand der andern nicht zu fürchten. Einmal mußte ja Ludwig von seinen Kriegszügen heimkehren, und seiner Zustimmung war sie sicher. Aber schwere Schatten auf ihren sonnenhellen Weg warfen diese Zerwürfnisse mit den Menschen in ihrer Nähe, denen sie doch allen mit Liebe entgegenkam; mit tiefem Schmerz empfand sie Not und Elend der Armen und nicht minder die Hartherzigkeit und Selbstsucht der Besitzenden; Leid brachten auch die immer länger werdenden Zeiten der Trennung von dem geliebten Gemahl, den Krieg und Politik in die Ferne zogen. Um ihn bewegte sich ja ihr Sinnen und Trachten, mit ihm stand und fiel ihr ganzes irdisches Glück. Das leidenschaftliche Übermaß ihrer Gattenliebe zeigt sich, als sie die Entdeckung machte, daß Ludwig die Kreuzfahrt gelobt hat;[24] ohnmächtig vor Schmerz sinkt sie nieder.

Sie fügt sich wohl dann in das Unvermeidliche, aber so weit es irgend statthaft ist, geleitet sie den Scheidenden, sogar über die Landesgrenzen hinaus, obwohl sie der Geburt ihres dritten Kindes entgegensieht.[25] Wie sinnlos

[24] ⟨1226 wird Ludwig von Kaiser Friedrich II. (1194 Iesi – 1250 Fiorentina, Enkel Barbarossas, ab 1220 Kaiser) zum Reichstag nach Cremona gerufen, wo er sich, gegen seinen Willen, zusammen mit dem Kaiser zum Kreuzzug verpflichtet.⟩

[25] ⟨Ludwig und Elisabeth hatten drei Kinder: Hermann (1222), Sophie (1224) und Gertrud (1227).⟩

von Schmerz stürmt sie laut klagend durch Hallen und Gemächer der Burg, als die Todesnachricht zu ihr gelangt ist.[26] Und nun? Fällt nun der schwarze Witwenschleier für immer über ihr junges Lebensglück? Ist ihr Leben fortan öder Trauer geweiht? Keineswegs! Die junge Witwe mit ihren drei Kindern – das Jüngste eben erst geboren – verläßt die Wartburg, von den Brüdern des Toten in unbegreiflicher Hartherzigkeit vertrieben,[27] oder, wie man heute annimmt, so behandelt, daß sie es vorzog, freiwillig zu gehen. Vergeblich pocht sie in Eisenach an die Türen derer, denen sie so oft Gutes erwiesen hat. Aber keine Trauernde ist es, die durch die Straßen irrt und schließlich erschöpft in der Scheune eines Gastwirts niedersinkt. Mit strahlendem Antlitz singt sie in der Franziskanerkirche[28] das Tedeum.[29] Elisabeth, die Landgräfin, ist tot. Elisabeth, die Tertiarin vom Orden des hl. Franziskus,[30] die Schwester des Armen von Assisi, beginnt das fröhliche Leben der heiligen Armut.

II

Es ist keine plötzliche Verwandlung, was sich hier vollzogen hat. Still und stetig ist es gewachsen, was jetzt rasch der Vollendung entgegengeht. Wundersam war der sichtbare Lebensweg dieses Menschenkindes, der in einem ungarischen Königsschloß begann[31] und in einer Lehmhütte in Marburg endete; wundersamer Gottes Walten, das sie geleitete und ihre Seele formte, bis sie der Himmelskrone würdig war. Ein Wagnis ist es, von den Geheimnissen Gottes den Schleier lüften zu wollen. Doch der Finger des Allerhöchsten schreibt das Leben seiner Heiligen, damit wir es lesen und seine Wunderwerke preisen.

Wunderbares berichten die alten Legenden von den Tagen, da in Ungarn die Königstochter Elisabeth geboren wurde. Kriege und Fehden hörten auf,

[26] ⟨Landgraf Ludwig bricht am 24. Juni 1227 von Schmalkalden aus zum Kreuzzug auf und stirbt am 11. September 1227 in Otranto (Süditalien) auf dem Weg ins Heilige Land. Elisabeth ist 20 Jahre alt.⟩

[27] ⟨Ludwigs Vater hatte aus erster Ehe zwei Töchter, Jutta und Hedwig, aus der zweiten Hermann, Ludwig, Heinrich Raspe IV., Konrad sowie Irmgard und Agnes.⟩

[28] ⟨Die Franziskaner kamen wahrscheinlich etwa um 1225 auf Betreiben Elisabeths nach Eisenach, also noch zu Lebzeiten des Ordensgründers Franziskus, der am 3. Oktober 1226 starb.⟩

[29] ⟨Lobgesang *„Dich, Gott, loben wir"*, Ambrosius von Mailand zugeschrieben. Siehe GT II, ESGA 20,237.⟩

[30] ⟨Nach dem Ersten Orden (für Männer) gründete Franz von Assisi den Zweiten Orden für die Frauen (Klara von Assisi) und schließlich den Dritten Orden (lat. tertius) für Laien.⟩

[31] ⟨1207 auf der Burg Sárospatak (Nordungarn).⟩

die Ernten gediehen wie noch nie. Der Magier Klingsor[32] las im fernen Thüringerland ihre Geburt und ihr künftiges Geschick in den Sternen. Die Hände des dreijährigen Kindes, die im Übermaß barmherziger Liebe einem blinden Pilgermönch die eigenen Augen schenken wollten, sollen seinen blinden Augen die Sehkraft gegeben haben. Es steht uns frei, den alten Berichten zu glauben oder nicht. Aber andere Tatsachen werden berichtet, einfache, nüchterne, mit denen man nicht so leicht fertig werden kann. Das vierjährige Kind begehrte gewiß heftig auf, als es hörte, daß es Heimat und Eltern verlassen und in ein fernes Land ziehen sollte. Wenn man dann sieht, wie leicht und gutwillig es sich in die neuen Verhältnisse fügt, so muß man schließen, daß eine Kraft in ihm lebt, die den stolzen Willen bezwingt und heißer brennt als die glühende Liebe zu Eltern und Heimat. – Das Kind hat gehört, daß der Heiland in Brotgestalt im Tabernakel der Burgkapelle wohnt. Nun ist ihm die Kapelle der liebste Ort. Mitten aus den wilden Kinderspielen, die es so liebt, wird es dorthin gezogen. Es ordnet ein Wetthüpfen zur Kirchentür an. So kann es unbemerkt wenigstens die Mauern streicheln, hinter denen der Herr sich verbirgt. Eine treue und sehnsüchtige, eine zarte und schamhafte Liebe ist in dem Kinderherzen aufgeblüht, die niemals wieder verschwinden wird.

Königin Gertrud ist ermordet worden.[33] Die Nachricht von ihrem Tode kommt auf die Wartburg. Wo ist nun die Mutter? Man belehrt die Kleine. Die Seelen der Verstorbenen kommen zu Gott in den Himmel. Aber fleckenlos rein müssen sie sein, damit sie eingelassen werden. Wenn wir für sie beten, helfen wir ihnen, daß sie rein werden und Einlaß finden. Seitdem kann das Kind die Toten nicht mehr vergessen. Es kniet in der Kapelle, wenn man es ihm nicht verwehrt. Es führt die Gespielinnen auf den Friedhof. „Hier sind die Gebeine der Toten. Diese Menschen waren lebend wie wir und sind nun tot, wie auch wir einst sein werden. Lasset uns Gott lieben!“ Sie kniet mit ihnen nieder und betet: „Herr, durch Deinen grausamen Tod und durch Deine geliebte Mutter Maria erlöse diese arme Seele von ihrer Pein. Herr, durch Deine heiligen fünf Wunden mache uns selig.“ Landgräfin Sophie[34] steigt mit ihrer Tochter Agnes und Elisabeth am Feste Maria Himmelfahrt[35] nach Eisenach hinab, um in der Kirche der Deutschherren[36] dem

---

32 ⟨Eine fiktive Gestalt im oben genannten Sängerkrieg auf der Wartburg, die in der Manessischen Liederhandschrift verewigt ist. Bei ihrem Besuch Heidelbergs im Juli 1916 hat Edith Stein sie bewundert. (LJF, ESGA 1,332).⟩

33 ⟨Das war 1213; Elisabeth ist sechs Jahre alt und seit zwei Jahren von zu Hause fort, als sie ihre Mutter verliert.⟩

34 ⟨Ab 1196 war Hermann I. mit Sophie, Tochter des Herzogs Otto I. von Bayern, verheiratet.⟩

35 ⟨15. August, heute Fest der Aufnahme Mariens in den Himmel genannt.⟩

36 ⟨1190 während des Dritten Kreuzzugs im Hl. Land ursprünglich als Krankenpflegeor-

Hochamt beizuwohnen. Alle drei sind in festlichem Staat, in prächtigen Gewändern und wallenden Mänteln, die Kronen auf dem Haupt. Vor allem Volk knien sie am Altar. Da blickt Elisabeth auf zum Bild des Gekreuzigten. Sein Haupt ist geneigt unter der Dornenkrone, die Wunden strömen über vom Blut. Zum erstenmal durchdringt es sie mit ganzer Gewalt, daß er um ihretwillen nackt und bloß am Kreuz hängt, um ihretwillen Marter und Tod ertragen hat. Wie kann sie vor diesem Bilde fürstlichen Schmuck tragen? Sie nimmt die Krone vom Kopf und legt sie auf den Boden. Sie verbirgt die stürzenden Tränen, indem sie die Augen mit dem Zipfel des Mantels bedeckt. Mit heftigen Worten verweist ihr die Landgräfin das unfürstliche Benehmen. Aber das kann an dem Geschehenen nichts ändern. Das Geheimnis des Leidens hat sich Elisabeth enthüllt. Von nun an wird sie den Herrn vornehmlich als den Mann der Schmerzen, den Kreuztragenden und Gekreuzigten sehen. Sie ist nicht die erste, der es so ergeht, aber es ist in ihrer Zeit noch etwas Ungewöhnliches. In der Geschichte des christlichen Glaubenslebens wie in dem des einzelnen Menschen treten die Glaubensgeheimnisse eins nach dem andern in den Mittelpunkt. In der Frühzeit und noch im romanischen Zeitalter sah man in Christus vornehmlich den Auferstandenen, den Sieger über Tod und Hölle, den König der Herrlichkeit. Erst die gotische Zeit, die Blütezeit der deutschen Mystik,[37] bringt den engen Anschluß an den Menschensohn, zugleich die Erkenntnis, daß nur durch Leiden und Kreuz der Weg zur Herrlichkeit der Auferstehung führt.[38] Elisabeth sieht den Heiland leiden nicht nur in rückgewandter Betrachtung seines Erdenlebens, sie sieht den mystischen Christus leiden in seinen Gliedern.[39] Wenn von früher Kindheit an ein natürliches Verlangen in ihr war, den Armen und Bedrängten zu helfen, so hat es nun diesen übernatürlichen Charakter angenommen.

„Was ihr dem Geringsten unter den Meinen getan habt, das habt ihr mir getan."[40] In jedem Hungernden, jedem Notleidenden und Kranken sieht Elisabeth den leidenden Heiland. Sie kann nicht anders, als zu ihnen hingehen, ihnen Brot und Kleider reichen, ihre Schmerzen lindern – mögen

---

den gegründet, aber bereits 1198 in einen den Templern ähnlichen geistlichen Ritterorden umgewandelt. Eigentlicher Name: Brüder vom Deutschen Haus St. Mariens in Jerusalem.⟩

[37] ⟨Eine Bewegung der Verinnerlichung, die im 13. und 14. Jahrhundert besonders unter Führung der Dominikaner (Meister Eckhart, Johannes Tauler, Heinrich Seuse) zur Blüte gelangte. Es ist auch die Zeit der großen Zisterzienserinnen von Helfta: Mechthild von Magdeburg (1207–1282), Mechthild von Hackeborn (1231–1291) und Gertrud von Helfta, der Großen (1256–1302), unweit der in Thüringen gelegenen Wartburg.⟩

[38] ⟨Dieser Satz scheint Edith Stein besonders zu beeindrucken. Siehe KW, ESGA 18,46 Anm. 37; 155.⟩

[39] ⟨In der Enzyklika *Mystici corporis* Pius' XII. wird diese Lehre offiziell verkündet.⟩

[40] ⟨Mt 25,40.⟩

auch alle sie schelten und verspotten. „Da Jesus die Seinen liebte, liebte er sie bis ans Ende."[41] Es war ihm nicht genug, ihnen Brot zu geben: er gab ihnen sein Herz, er nahm von ihrem Herzen die Last der Sünde, die Qual der Einsamkeit und Verlassenheit. Auch Elisabeth will mehr schenken als äußere Gaben. Sie küßt die eiternden Wunden, sie schließt die Kinder in die Arme und spielt fröhlich mit ihnen, bis sie alle Not vergessen; in den Seelen der Trostlosen weiß sie Himmelshoffnung zu entzünden.

Das alles sind einfache Tatsachen. Elisabeth tut eigentlich nichts anderes, als daß sie Ernst macht mit dem Glauben. Es sind die schlichten Worte des Evangeliums, die in ihr so wunderbare Wirkungen hervorrufen. Die Menschen in ihrer Umgebung kennen all diese Worte auch. Aber sie haben Augen und sehen nicht.[42] Es fällt ihnen nicht ein, die göttliche Wahrheit in Lebenswirklichkeit umzusetzen. Und die eine, die tut, was die praktische Folgerung aus den Lehren und dem Leben des Heilands, aus den Glaubenswahrheiten der Kirche ist, wird ihnen zum Stein des Anstoßes und Ärgernisses. Was gibt dem jungen Kind die Kraft, bitteren Tadel und Spott, Einsamkeit und Verlassenheit zu tragen ohne Widerspruch und Klage, fest zu beharren gegenüber allen Widerständen und bei allem Weh, das ihrem weichen, liebevollen und liebebedürftigen Herzen geschieht, frei von Bitterkeit zu bleiben, heiter und überströmend von Liebe, so daß sie wie aus unerschöpflichem Born Liebe und Freude spenden kann? Sie weiß, daß sie in Schmach und Demütigung und Einsamkeit mit dem Dornengekrönten und Kreuzbeladenen vereint ist. Und sie weiß das nicht nur mit einem toten Wissen. Wir können nicht daran zweifeln: der Herr hat das Kind, das er hinwegnahm aus seinem Volk und aus seiner Verwandtschaft, an sein Herz genommen. Aus den nie versiegenden Quellen des göttlichen Herzens[43] füllt sich das Herz seiner Getreuen immer aufs neue mit Trost und Freude und himmlischem Frieden.[44]

Eine starke menschliche Stütze hat Elisabeth auf dem Weg zum Himmel gegenüber allen Anfeindungen. Das ist *Ludwig*, ihr Gemahl, den der Volksmund nach seinem Tode *den Heiligen* nennt. Er will ihr kein Hindernis in den Weg legen, er will ihr helfen, den Weg bergan zu gehen, er will mit ihr gehen. In den Kinderjahren ist seine Belehrung und sein Rat ausreichend. Aber allmählich wird der Weg steiler und ist nicht immer deutlich zu erkennen. Elisabeth läßt sich nachts wecken zum Gebet und kniet auf dem kalten Steinboden nieder. Sie verläßt das Gemach, und eine ihrer treuen Gefährtinnen muß sie geißeln. Entspricht das noch Gottes Willen, oder ist es schäd-

---

41 ⟨Joh 13,1.⟩

42 ⟨Vgl. Mk 8,18 mit Verweis auf Jer 5,21 und Ez 12,2.⟩

43 ⟨Anklänge an die liturgischen Texte des Herz-Jesu-Festes.⟩

44 ⟨Bis hierher in Nr. 37 der oben angegebenen Zeitschrift *Das Neue Reich* veröffentlicht.⟩

liches Übermaß? Die ersten Minderbrüder sind nach Deutschland gekommen und haben die Lehren des Armen von Assisi ins Land getragen.[45] Nirgends konnte die Botschaft von der heiligen Armut fruchtbareren Boden finden als im Herzen der jungen Landgräfin. Aber wie war mit ihrer fürstlichen Stellung die Armut zu vereinen? War es recht, wenn sie den Bettler mit ihrem kostbaren neuen Mantel bedeckte? Und konnte man so ohne weiteres die allgemeine Klage abweisen, daß sie das fürstliche Gut sinnlos verschleuderte? Die Stimme des Herzens gab nicht immer untrügliche, nicht immer unzweideutige Antwort auf alle Zweifel und Fragen. Man mußte sich nach einem wegekundigen Führer umsehen. Landgraf Ludwig schrieb an den Heiligen Vater und bat um einen Seelenleiter für seine Gemahlin. Papst Honorius[46] sandte ihr den Meister *Konrad* von *Marburg*. Es war keine Franziskusseele, der Elisabeths Leitung anvertraut wurde, kein fröhlicher Liebhaber Gottes. Streng und finster war er anzusehen. Aber heilig ernst nahm er es mit seiner Aufgabe, diese Seele ans Ziel der Vollkommenheit zu führen. Und als einen Gottgesandten nahm ihn Elisabeth auf, demütig bat sie um seine Führung, deren sie sich gar nicht würdig fühle. Eine feste Hand führte sie nun auf einem gebahnten Weg. Oft wurde dem Ungestüm des liebenden Herzens gewehrt und die Maßlosigkeit eingedämmt. Auf der andern Seite wurde sie auf vieles hingewiesen, was ihr selbst entgangen war. Ihr Streben bekam feste Form und Richtung, der Bund der liebenden Seele mit dem Herrn wurde feierlich geschlossen und versiegelt, als Elisabeth und ihre Gespielinnen aus den Kindertagen, Guda und Isentrud, die Gelübde als Tertiarinnen des Franziskanerordens ablegten:[47] *Gehorsam* gegenüber Meister Konrad, *Armut*, wie Meister Konrad sie lehrte, gelobten sie; als Drittes die beiden Mädchen *Ehelosigkeit*, Elisabeth Verzicht auf Wiederverheiratung, wenn der Gemahl stürbe. Armut, wie Meister Konrad sie lehrte: er hat Elisabeth niemals gestattet, sich alles Gutes zu entäußern. Er wollte sie lehren, es als anvertrautes Gut für die Armen getreu zu verwalten; als ersten Schritt aber: von keinem *unrechten* Gut Gebrauch zu machen. Und das war schon viel schwerer durchzuführen, als es sich aussprach und anhörte. Woher stammten Speisen und Getränke auf den landgräflichen Tafeln? Waren sie

---

[45] ⟨*„Im Mittelpunkt der Lehre des heiligen Franz stand die freiwillige Armut, der freiwillige Verzicht auf jeden Besitz, und zwar nicht bloß für die einzelnen Ordensangehörigen, sondern für die Häuser selbst."* So konnte Edith Stein in dem von ihr benutzten Buch über Elisabeth lesen (M. Maresch, *Elisabeth von Thüringen*, 64.) Im Jahre 1225 sind Franziskaner unter Mitwirkung Elisabeths nach Eisenach gekommen (aaO. 66).⟩

[46] ⟨Honorius III. (Cencio Savelli, 1148 Rom – 1227 ebenda, von 1216–1227 Papst) bestätigte zwei Monate nach seiner Wahl den Dominikanerorden, 1223 den Franziskanerorden; 1226 erste Anerkennung des Karmelitenordens. Am 22. November 1220 in Rom Krönung Friedrichs II. zum Kaiser.⟩

[47] ⟨Das war am Karfreitag des Jahres 1228 (24. März).⟩

nicht darbenden Bauern gewaltsam entrissen? Kamen sie nicht von widerrechtlich erworbenem Besitz? Elisabeth sollte nichts mehr zu sich nehmen, wenn nicht geprüft und erwiesen war, daß es ihr rechtmäßig gehörte. Und das war manchmal schwer, ja unmöglich nachzuweisen. Oft genug mußte sie mit ihren Gefährtinnen hungrig von der reich besetzten Tafel aufstehen. (Gerade dieser stumme Protest gegen die soziale Ungerechtigkeit soll der Anlaß zum Verlassen der Wartburg gewesen sein: Ludwig hat sie auch darin unterstützt. Sein Bruder Heinrich Raspe sperrte der Witwe alle eigenen Einkünfte und suchte sie dadurch zu zwingen, an der landgräflichen Tafel zu essen.)

Sie sollte nicht mit vollen Händen ausstreuen, um die Gebefreudigkeit ihres Herzens zu befriedigen, sondern so, wie es sachgemäß und zweckentsprechend war, wie der abwägende Verstand des Meisters es vorschrieb. Das gab harte Kämpfe. Immer wieder riß sie ihr Ungestüm hin – wo blieb da der Gehorsam, den sie gelobt hatte? Sie mußte es lernen, daß es galt, den Willen des Herrn zu erfüllen und nicht der Neigung des Herzens zu folgen. In ernster Sorge um die anvertraute Seele schreckte Meister Konrad vor dem Mittel der körperlichen Züchtigung nicht zurück. Körperlichen Schmerz hatte Elisabeth längst freiwillig gesucht, um den Leib in Zucht zu nehmen. Ihren Stolz zu beugen, war sie von den Kindertagen her gewöhnt. Wir wissen, daß es zu ihren dringlichsten Anliegen gehörte, Demütigungen freudig ertragen zu können. Aber hart und schwer war es ihr zweifellos, auf die Eingebungen ihres liebenden Herzens zu verzichten. Doch Meister Konrad war der von Gott gegebene Führer. Es ist der Heiligen wohl nie in den Sinn gekommen, einen andern zu wählen. Ein weichlicheres Zeitalter mag sich über seine Methoden entsetzen; die Auffassung von Aszese[48] mag auch bei erfahrenen Seelenführern heute eine andere sein, als er sie hatte. Wenn wir von der göttlichen Führung fest überzeugt sind, können wir nicht daran zweifeln, daß dieser strenge und finstere Mann das erwählte Werkzeug des Himmels war, um Elisabeth zur Vollkommenheit zu führen; daß sie seiner, so wie er war, bedurfte, um von den Hemmnissen, die in ihrer eigenen Natur lagen, frei zu werden.

Der *Gegensatz zu ihrer Umgebung* bedeutete sicher lebenslangen Kampf und lebenslanges Leid für das liebevolle Herz der jungen Landgräfin. Härter werden die Kämpfe gewesen sein, die durch das schroffe Eingreifen Meister Konrads hervorgerufen waren. Aber wir können uns denken, daß es einen Konflikt in ihrer Seele gab, der alle andern übertraf. Seit ihrem vierten Lebensjahr stand Landgraf Ludwig an ihrer Seite, als ihr „lieber Bruder" zuerst,

---

[48] ⟨Damit sind konkrete „Übungen" für das christliche Leben gemeint, nach damaliger Sitte, die bis in die Zeit des Zweiten Vatikanischen Konzils hereinreichte, neben Fasten und anderen Bußübungen auch körperliche Züchtigungen.⟩

dann als ihr Gatte. Wir haben gesehen, wie sie sich von ganzem Herzen an ihn anschloß, und bei der tiefen Leidenschaftlichkeit ihrer Natur ist es selbstverständlich, daß die Liebe zu ihrem Gatten ihr Herz und ihr Leben ganz ausfüllen wollte. Auf der andern Seite hatte von den frühesten Kindertagen an Gott seine Hand auf sie gelegt, und ständig wuchs in ihr das Verlangen, ihm ganz anzugehören. So fern es Ludwig lag, sie auf ihrem Weg aufzuhalten, so sehr er vielmehr bemüht war, ihr in jeder Weise zu helfen und mit ihr voranzugehen – der *Zwiespalt zwischen irdischer und himmlischer Liebe* konnte nicht ausbleiben und mußte ein ständiger Pfahl im Fleisch sein.[49]

Das eheliche Band war ein heiliges, und wenn sie auch zeitweise bitter über diese Bindung klagte, die sie hinderte, ganz dem Drange ihres Herzens zu folgen, so dachte doch ihr Führer nicht daran, das Band zu lockern, als sie die Gelübde des 3. Ordens ablegte. Darum können wir verstehen, daß ihr trotz aller Kämpfe auf dem Grunde der Seele der Friede erhalten blieb. Trotzdem hat sie die Bindung als eine Fessel empfunden, und der härteste Schlag ihres Lebens, der Tod ihres Gemahls, der noch einmal in einem leidenschaftlichen Ausbruch ihre ganze Gattenliebe enthüllt, erweist sich in der Tat sehr bald als innere Befreiung. Wenn sie nach der Vertreibung von der Wartburg und der unfaßlichen Härte und Undankbarkeit der Eisenacher Bürger in die Franziskanerkirche zur Mette eilt und in strahlender Freude das Tedeum singt, so ist das gewiß keine heroische Geste, sondern der natürliche und ungezwungene Ausdruck der *„vollkommenen Freude"*, wie sie der hl. Franz dem Bruder Leo erklärt hat: der Seligkeit der christusliebenden Seele, die sich in Not und Elend und vollkommener Verlassenheit von allen Menschen ihrem Herrn so restlos verbunden fühlt wie noch nie in ihrem Leben.[50] Diese innigste Vereinigung ist es zweifellos gewesen, die ihr die Kraft gab, in der Folge jede neue natürliche Bindung abzuwehren. Die äußere Not und Verlassenheit dauerte nicht lange. Sie fand mit ihren Kindern gastliche Aufnahme bei ihrer Tante in der Abtei zu Kitzingen[51], später bei ihrem Oheim, dem Bischof von Bamberg.[52]

---

[49] ⟨Vielleicht denkt Edith Stein an einen ähnlichen Konflikt, den sie nach ihrer Konversion erlebt hat und folgendermaßen beschreibt: *„In der Zeit unmittelbar vor und noch eine ganze Weile nach meiner Konversion habe ich nämlich gemeint, ein religiöses Leben führen heiße, alles Irdische aufgeben und nur im Gedanken an göttliche Dinge leben."* (Brief vom 12. Februar 1928 in SBB II, ESGA 3, Br. 60).⟩

[50] ⟨Siehe diese Erzählung bei M. Maresch, *Elisabeth von Thüringen,* 89–91.⟩

[51] ⟨Um 745, zur Zeit des hl. Bonifatius (672/73–754), von Hadeloga, einer angeblichen Tochter Karl Martells (688–741), gegründetes Benediktinerinnenkloster, wo Mechthild, eine der drei Schwestern von Elisabeths Mutter, bis zu ihrem Tod 1254 Äbtissin war. Elisabeth kommt im Frühjahr 1228 dort an.⟩

[52] ⟨Ekbert Graf von Meran (auch Ekbert von Andechs-Meranien oder Ekbert von Bamberg genannt, geb. nach 1173 – 1237 Wien), Bruder von Elisabeths Mutter, ab 1203 bis zu seinem Tod Bischof von Bamberg, Erbauer des Bamberger Doms.⟩

Und in diesem Asyl erreichte sie (nach unverbürgter Überlieferung) das Angebot der höchsten irdischen Ehre: *Kaiser Friedrich* II.[53] warb um ihre Hand.[54] Es ist nicht anzunehmen, daß es sie einen Kampf gekostet hat, diese Werbung auszuschlagen. Die Frage war durch ihr Gelübde längst entschieden, und auch ohne dies Gelübde hätte wohl die Liebe zu dem Toten genügt, ihr eine zweite Ehe unmöglich zu machen. Schwerer war es, nach der Aussöhnung mit den Verwandten, nach der Rückkehr auf die Wartburg, diese Heimat und ihre Kinder zu verlassen und dem Ruf Gottes zu folgen. Sicherlich war es nicht Mangel an Mutterliebe, was sie zur Trennung veranlaßte, sondern die klare Erkenntnis, daß auch die Mutterliebe in ihr übermäßig stark und darum ein Hemmnis war. Sie wählte Marburg als Witwensitz, weil Meister Konrad dahin zurückberufen war. Die letzten Jahre sind ein Leben dienender Liebe, zugleich aber fortschreitender Selbstentäußerung, denn der strenge Führer macht unnachsichtig Jagd auf alles, was ihm noch als Trübung der heiligen Seele erscheint. Das braune Ordenskleid darf sie nun tragen; aber ihr Witwengut zu verschenken wird ihr nicht gestattet. Konrad baut davon ein Spital, in dem sie Pförtnerinnendienste tun darf. Ein Häuschen daneben, aus Holz und Lehm erbaut, ist ihre Wohnung und die ihrer beiden treuen Gefährtinnen Guda und Isentrud.

Zwei Dinge sind für Elisabeth tief beglückend: *die Kranken selbst zu pflegen* und *den Armen Almosen zu reichen.* Beides schränkt Konrad mehr und mehr ein und untersagt es schließlich ganz; streng bestraft er jede Übertretung. Es scheint nun, daß in ihrem Leben nichts mehr ist, woran eine natürliche Neigung Befriedigung finden könnte. Der scharfe Blick des Meisters findet noch etwas: die Gespielinnen ihrer Kindheit, die den ganzen Lebensweg mit ihr gegangen sind, trennt er von ihr und gibt ihr statt dessen eine sehr häßliche Magd und eine schwerhörige, zänkische Witwe als Hausgenossinnen. So ist ihr jede irdische Freude genommen, als die kurze letzte Krankheit kommt. Bei diesen letzten Anstrengungen des Seelenführers hat man doch ein wenig den Eindruck, daß sie offene Türen einrennen. Nicht übermäßig hart, aber überflüssig dünken sie uns. Die unzerstörbare himmlische Heiterkeit ihres Wesens während der letzten Tage weist darauf hin, daß es solches Eingreifens nicht mehr bedurfte. Der göttliche Meister hatte sein Kunstwerk vollendet, diese Seele völlig vom Irdischen losgelöst und zum Überfließen mit seiner Liebe erfüllt, als er sie durch himmlische Botschaft zu sich rief. Viele Menschen, Hohe und Niedrige, drängten sich an das Lager der Sterbenden, um noch ein Wort von ihr, einen Blick, ein Lächeln und damit einen Abglanz himmlischen Lichtes zu erhaschen.[55]

---

[53] ⟨Siehe zu ihm oben Anm 23.⟩

[54] ⟨In den neuesten Studien über Elisabeth ist dieser Umstand nicht erwähnt.⟩

[55] ⟨Elisabeth ist in der Nacht vom 16. zum 17. November 1231 gestorben.⟩

Eine Kostbarkeit besaß sie noch zum Verschenken: den Mantel des Armen von Assisi, den er der geistesverwandten Landgräfin von Thüringen einst auf Verlangen des Kardinals Hugolino von Ostia geschickt hatte. Gregor IX.,[56] dem ehemaligen Kardinal Hugolino, der mit scharfem Blick die innere Zusammengehörigkeit dieser heiligen Seelen erkannte, war es vergönnt, beide auf die Altäre zu erheben.[57] Die ihr im Leben nahegestanden hatten, die Zeugen ihres Wandels waren, durften sie noch als Heilige verehren. 24 Lebensjahre hatten genügt, diese Seele auf den Gipfel der Vollkommenheit zu führen, dreieinhalb Jahre nach ihrem Tode, dem Rufe ihrer Heiligkeit die kirchliche Bestätigung zu sichern. Sieben Jahrhunderte haben die Kraft ihrer Fürbitte und ihres Beispiels erfahren, und gerade in unserer Zeit bitterster äußerer und innerer Not ist sie berufen, als ein lichter Engel der Barmherzigkeit Trost und Hilfe zu spenden, trösten und helfen zu lehren.

Ihr Leben aber zeigt den Schwankenden und Irrenden eindringlich, wo die festen und ewigen Leitsterne sind. Sie, die ihr Leben lang in fremdem Lande fremd und unverstanden lebte, mahnt uns daran, daß wir alle in dieser Welt als Fremdlinge leben und daß es keine andere wahre Heimat gibt als das Reich des himmlischen Vaters; daß es keinen anderen Führer ins Vaterland gibt als den, der herabgestiegen ist in unser Elend, um es zu überwinden und uns mit sich hinaufzuführen über alle Sterne; daß wir in der Zeit unserer Pilgerschaft keinen anderen wahren Trost und Beistand haben als den Tröstergeist, den Paraklet. Der Weg, den sie unbeirrt und unaufhaltsam gegangen ist, ruft uns auf zur Nachfolge: von der Unnatur zurück zur Natur – über die Natur hinauf zur Übernatur, in den Schoß der Allerheiligsten Dreifaltigkeit.

Unter den neueren Werken über die hl. Elisabeth gaben mir besondere Anregung die von Elisabeth von Schmid-Paul und Maria Maresch.[58]

---

[56] ⟨Gregor IX. (Ugolino di Conti, um 1167 Anagni – 1241 Rom), Neffe Honorius' III., Graf von Segni, ab 1206 Kardinal von Ostia, 1227–1241 Papst.⟩

[57] ⟨Gregor IX. hat 1228 Franz von Assisi und 1235 Elisabeth heiliggesprochen. Zur Erhebung ihrer Gebeine am 1. Mai 1236 sollen 1,2 Millionnen Menschen zusammengeströmt sein, darunter Kaiser Friedrich II. (M. Maresch, *Elisabeth von Thüringen,* 119).⟩

[58] ⟨M. Maresch, *Elisabeth von Thüringen. Schutzfrau des deutschen Volkes*, und *Elisabeth. Landgräfin von Thüringen*. Den neuesten Stand der Forschung zu Elisabeth bieten die beiden Bände der 3. Thüringer Landesausstellung: D. Blume/M. Werner (Hg.), *Elisabeth von Thüringen.*⟩

3.
Lebensgestaltung im Geist der heiligen Elisabeth
(1931)

Situierung

Im ESAK (Signatur A04-76) wird das Ms von 40 Einzelblättern im Format 210 × 165 mm mit dem oben angegebenen Titel und der Unterschrift: Dr. Edith Stein (Breslau) aufbewahrt.

Edith Stein hat in der Schweiz am 18., 20., 25. und 27. Januar 1932 im Kasino Aussersihl, dem Pfarrsaal der Gemeinde St. Peter und Paul, und am 19., 21., 26. und 28. Januar 1932 im katholischen Gesellenhaus am Wolfbach jeweils vier Vorträge unter dem Gesamtthema *Christliches Frauenleben* gehalten[1]. Am Sonntag, 24. Januar 1932, hielt sie in der Züricher Tonhalle diesen Vortrag über Elisabeth von Thüringen.[2]

Veröffentlichungen:
- *Benediktinische Monatschrift* 13, 9/10 (1931) 366–377 mit dem obigen Titel, allerdings ohne die Gliederung, doch mit dem Zusatz: *Von Dr. Edith Stein/Breslau*[3]; (mit geringfügigen Textabweichungen von dem hier wiedergegebenen Text);
- *Frauenbildung und Frauenberufe.* Schnell und Steiner, München 1949, ²1951, ³1955, ⁴1956 (S. 105–120);
- E. Stein, *Die Frau in Ehe und Beruf. Bildungsfragen heute* (Herder-Taschenbuch Nr. 129). Freiburg 1962, ²1963 (S. 106–118);
- 1987 ESW XI, 27–39.

---

[1] Die Unterthemen waren: *Frauenseele, Frauenwirken, Frauenbildung, Frauenleben im Licht der Ewigkeit.* (Siehe F, ESGA 13, 79–114).

[2] Siehe dazu M. A. Neyer; *Edith Stein und Elisabeth von Thüringen*, 354.

[3] Edith Steins Vortrag wurde also schon gedruckt, noch bevor sie ihn gehalten hat. Das könnte bedeuten, daß sie diesen Vortrag auch bei ihrer Vortragsreise durch das Ruhrgebiet im Herbst 1931 gehalten hat. Siehe dazu M. A. Neyer, *Edith Stein und Elisabeth von Thüringen*, 351–353.

Text

Hl. Elisabeth[4]
A. Sinn des Jubiläums
B. I. Der äußere Lebensgang

II. Der Geist, der daraus spricht: Liebe, Heiterkeit, Natürlichkeit – strenge aszetische Lebensgestaltung
(Mahnungen des Lebens, Franziskusgeist, Gehorsam)

III. Natur – Freiheit – Gnade als Prinzipien der Lebensgestaltung.

I. Lebensgestaltung im Geist der heiligen Elisabeth

Warum wohl unsere Zeit eine so jubiläumsfreudige, man möchte fast sagen jubiläumssüchtige geworden ist? Vielleicht durch die drückende Last der Not, die das Verlangen erweckt, sich wieder und wieder für eine kurze Atempause der grauen, beklemmenden Gegenwartsatmosphäre zu entziehen und sich ein wenig zu wärmen an der Sonne besserer Tage? Aber eine solche Flucht aus der Gegenwart wäre eine unfruchtbare Art, Jubiläen zu feiern, und wir dürfen wohl annehmen, daß ein tieferes und gesünderes Verlangen, wenn auch seiner selbst nicht klar bewußt, die Blicke in die Vergangenheit lenkt: ein geistesarmes und nach Geist dürstendes Geschlecht wendet sich überall dahin, wo einmal Geist in Fülle strömte, um davon zu trinken. Und das ist ein heilsamer Trieb. Denn der Geist ist lebendig und stirbt nicht. Wo er einmal am Werk war, Menschenleben und Gebilde von Menschenhand zu gestalten, da hinterläßt er nicht nur tote Denkmäler, sondern führt darin ein geheimnisvolles Dasein, wie eine verborgene und wohlbehütete Glut, die hell aufflammt, leuchtet und zündet, sobald ein belebender Hauch darüber hinstreicht. Der liebevoll eindringende Blick des Forschers, der in den Denkmälern der Vergangenheit den verborgenen Funken aufspürt – das ist der belebende Hauch, der die Flamme aufschlagen läßt. Aufgeschlossene Menschenseelen sind der Stoff, worin er zündet und zur formenden Kraft wird, die das Leben der Gegenwart bezwingen und gestalten hilft. Und wenn es ein *heiliges* Feuer war, das einmal hier auf Erden gebrannt und Spuren seines Wirkens hinterlassen hat, dann stehen alle Stätten und Überreste dieses Wirkens in heiliger Hut, vom Urquell alles Feuers und Lichtes wird die verbor-

[4] ⟨Dem Ms liegt ein kleiner Zettel mit der Gliederung des Vortrags bei: Ein Doppelblatt im Format 150 × 110 mm.⟩

gene Glut geheimnisvoll genährt und erhalten, um als nie versiegende, befruchtende Segensquelle immer wieder hervorzubrechen.

Ein solcher Segensquell ist uns erschlossen durch das Gedächtnis der lieblichen Heiligen, die vor siebenhundert Jahren als eine Frühvollendete ihre Augen für diese Welt schloß, um einzugehen in die strahlende Herrlichkeit des ewigen Lichtes. Wie ein wundersames Märchen mutet ihre Lebensgeschichte an: die Geschichte von dem ungarischen Königskinde Elisabeth, das im Schloß zu Preßburg[5] geboren wurde, während zur gleichen Stunde der Magier Klingsor in Eisenach ihre Geburt in den Sternen las und ihren künftigen Ruhm und ihre Bedeutung für das Thüringer Land verkündete.[6] Wie aus Tausend und einer Nacht klingen die Schilderungen von[7] den Schätzen, die Königin Gertrud aufspeicherte, um ihr Töchterlein einst prächtig auszustatten, von den Wagen, auf die alle diese Herrlichkeiten verladen wurden, als Landgraf Hermann von Thüringen[8] die vierjährige Prinzessin als Braut seines Sohnes auf die ferne Wartburg abholen ließ. Reiches Heiratsgut verhieß die Königin später noch nachzusenden. Aber ihr ruheloses Trachten nach Reichtum, Glanz und Macht fand ein jähes Ende: sie wurde von Verschwörern ermordet, und ihr Kind, das sie in die Fremde geschickt hatte, um ihm eine Krone zu sichern, war eine mutterlose Waise.[9]

An die Innigkeit des deutschen Volksmärchens[10] erinnert die Erzählung von den Kindern Ludwig und Elisabeth, die in herzlicher Geschwisterliebe zusammen aufwachsen und mit unwandelbarer Treue aneinander festhielten, als alles sich verschwor, um sie voneinander zu trennen: als nach und nach alle von dem fremden und seltsamen Kinde sich abwandten, das lieber mit zerlumpten Bettlern sich abgab als frohe Feste zu feiern, das besser in ein Kloster zu passen schien als auf einen Fürstenthron, als zum Mittelpunkt

---

5 ⟨Nach dem heutigen Forschungsstand gilt die Burg Sárospatak im Nordosten des heutigen Ungarn als Elisabeths Geburtsort.⟩

6 ⟨Das konnte Edith Stein in den von ihr benutzten Büchern von M. Maresch über die hl. Elisabeth nachlesen: *Elisabeth. Landgräfin von Thüringen* und *Elisabeth von Thüringen*. Klingsors Lob auf Elisabeth lautet so: „Ihr sollt fürwahr wissen, daß meinem Herren, dem König von Ungarn, diese Nacht eine Tochter geboren wird, die Elisabeth genannt werden und ein heiliges Leben führen wird. Sie soll diesem jungen Fürsten, dem Sohn des Landgrafen Hermann, als Weib angetraut werden, und durch ihr rühmenswertes, heiliges Leben wird alles Erdreich und besonders dieses Land der Freude erfreut und getröstet werden" (S. 36 bzw. 33 f.).⟩

7 ⟨*von* zwischen die Worte geschrieben.⟩

8 ⟨Hermann I., Landgraf von Thüringen und Pfalzgraf von Sachsen (1155–1217), Schwiegervater Elisabeths.⟩

9 ⟨Gertrud von Andechs-Meranien (ca. 1185–1213), Tochter Herzog Bertholds IV. von Meranien und der Agnes von Rochlitz, wird 1213 von ungarischen Adeligen ermordet.⟩

10 ⟨Edith Stein war sehr vertraut mit der deutschen Märchenwelt (siehe in ihrer Autobiographie LJF, ESGA 1,21.24.74: Hier spricht sie von einem *Vorrat an Sagen und Märchen*. AaO. 149.239).⟩

eines üppigen, strahlenden Hoflebens, wie es die thüringische Ritterschaft seit den Tagen des[11] Landgrafen Hermann auf der Wartburg[12] gewöhnt war. Dann folgt der Ritterroman: die Schwertleite des jungen Landgrafen[13] und sein Regierungsantritt,[14] die glanzvolle Vermählung[15] und das junge Eheglück des fürstlichen Paares, Elisabeths Leben als Landesherrin an der Seite ihres Gatten: Feste, Jagden, Ritte kreuz und quer durch ihre Lande, dazwischen stille Fürsorge für die Armen und Kranken im Umkreis der Wartburg; dann der zunehmende Ernst der Herrschersorgen: Kriegsfahrten des Gemahls, Regentschaft in seiner Abwesenheit, Kampf gegen Hungersnot und Seuche, die das Volk dahinraffen, und zugleich gegen die Widerstände ihrer Umgebung, die ihr nicht gestatten will, mit aller Kraft der Not zu wehren. Schließlich das Kreuzzugsgelübde des Landgrafen,[16] der leidenschaftliche Schmerz des Abschiedes und der Trennung, das Zusammenbrechen der fassungslosen Witwe beim Eintreffen der Todesnachricht.[17] Ein Frauenschicksal wie viele – so scheint es.

Aber was nun kommt, ist neu und hat nicht seinesgleichen. Die in Trauer Versunkene erhebt sich als *mulier fortis*, wie die Festliturgie sie preist,[18] und nimmt ihr Geschick in die Hand. Sie verläßt bei Nacht und Sturm die Wartburg, wo man sie nicht mehr leben lassen will, wie ihr Gewissen es ihr vorschreibt. Sie sucht Zuflucht für sich und ihre Kinder in Eisenach, und da sie keine erträgliche Unterkunft findet, nimmt sie vorübergehend die Gastfreundschaft ihrer Verwandten von mütterlicher Seite an.[19] Und als die Aus-

---

[11] ⟨*des* nachträglich eingefügt.⟩

[12] ⟨Burg in Thüringen über der Stadt Eisenach, 411 m über dem Meer gelegen, 1067 von Ludwig dem Springer gegründet, seit 1999 Weltkulturerbe; der Name bedeutet Wach-, Wächterburg. Wie keine andere Burg Deutschlands ist sie mit der deutschen Geschichte verbunden: durch die hl. Elisabeth (1211–1229); Martin Luther, der sich 1521/22 als „Junker Jörg" hier versteckt hielt und in nur elf Wochen das Neue Testament ins Deutsche übersetzte; Johann Wolfgang von Goethe weilte mehrfach hier; am 18. Oktober 1817 fand auf der Burg mit dem ersten Wartburgfest das Burschenschaftstreffen der deutschen Studenten statt. Das zweite Wartburgfest wurde im Revolutionsjahr 1848 veranstaltet. Gilt seit dem 19. Jahrhundert als nationales Denkmal.⟩

[13] ⟨Am 6. Juli 1218.⟩

[14] ⟨Nach dem Tod des Vaters 1217 übernahm der erst Siebzehnjährige die Regierung.⟩

[15] ⟨Das war 1221, Elisabeth war 14 Jahre alt.⟩

[16] ⟨1226 wird Ludwig von Kaiser Friedrich II. zum Reichstag nach Cremona gerufen, wo er sich, gegen seinen Willen, zusammen mit dem Kaiser zum Kreuzzug verpflichtet.⟩

[17] ⟨Ludwig bricht am 24. 6. 1227 von Schmalkalden aus zum Kreuzzug auf und stirbt am 11. 9. 1227 in Otranto (Süditalien) auf dem Weg ins Heilige Land. Elisabeth ist 20 Jahre alt.⟩

[18] ⟨Die Festliturgie übernimmt hier das *Lob der starken Frau* von Spr 31,10–31. In der Einheitsübersetzung ist es die *tüchtige* Frau.⟩

[19] ⟨Im Frühjahr 1228 geht sie zu ihrer Tante Mechthild, einer Schwester ihrer Mutter, bis zu ihrem Tod 1254 Äbtissin des 745 gegründeten Benediktinerinnenkloster Kitzingen am

söhnung mit den Brüdern ihres Gatten erfolgt ist[20] und sie in allen Ehren und in geschwisterlicher Liebe auf die Wartburg zurückgeholt wird, da duldet es sie nicht lange dort: sie muß den Weg zu Ende gehen, der sich vor ihr aufgetan hat, den Platz auf der Höhe verlassen, um unter den Ärmsten der Armen zu leben als eine von ihnen, ihre Kinder fremden Händen übergeben, um selbst dem Herrn allein anzugehören und ihm zu dienen in seinen leidenden Gliedern. Von allem entblößt, gelobt sie sich dem Herrn an, der alles für die Seinen dahingab: am Karfreitag des Jahres 1229 legt sie die Hände auf den entblößten Altar der Franziskanerkirche in Marburg und nimmt[21] das Kleid des Ordens, dem sie seit Jahren schon als Tertiarin[22] angehörte,[23] ohne noch ganz aus seinem Geist leben zu können, wie es das Verlangen ihres Herzens war. Nun ist sie die Schwester der Armen und dient ihnen in dem Spital, das sie ihnen gebaut hat. Nicht allzu lange, denn schon nach zwei Jahren sind ihre Kräfte erschöpft und die Vierundzwanzigjährige darf eingehen in die Freude ihres Herrn.[24]

II.

Ein Leben, durch seine äußeren Tatsachen bunt und[25] reizvoll genug, um die Phantasie zu beschäftigen, um Staunen und Bewunderung zu erwecken. Aber nicht darum ist es uns zu tun. Zu dem, was hinter den äußeren Tatsachen steht, möchten wir vordringen, den Schlag des Herzens spüren, der solche Schicksale trug und solche Taten vollbrachte, den Geist in uns aufnehmen, der darin waltete. *Eins* verraten alle Tatsachen, die von Elisabeth[26] berichtet werden, alle Worte, die uns von ihr erhalten sind: ein glühendes Herz, das mit inniger, zärtlich anschmiegender und treuer Liebe alles umfaßt, was ihr nahe kommt. So hat sich die kleine Kinderhand in die Hand des Knaben gefügt, den politisches Machtstreben ehrgeiziger Eltern ihr zum Lebensgefährten gab,[27] um sie nie wieder loszulassen. So hat sie mit den Ge-

---

Main. Geholfen hat ihr damals auch ihr Onkel Ekbert Graf von Meran, Bruder ihrer Mutter, ab 1203 bis zu seinem Tod Bischof von Bamberg.⟩

[20] ⟨Im Sommer 1228.⟩

[21] ⟨Ursprünglich *nahm*.⟩

[22] ⟨Nach dem Ersten Orden (für Männer) gründete Franz von Assisi den Zweiten Orden für die Frauen (Klara von Assisi) und schließlich den Dritten Orden (lat. *tertius*) für Laien.⟩

[23] ⟨Karfreitag, 24. März, des Jahres 1228. Edith Stein schreibt 1229.⟩

[24] ⟨Elisabeth ist in der Nacht vom 16. zum 17. November 1231 gestorben.⟩

[25] ⟨*bunt und* zwischen den Zeilen ergänzt.⟩

[26] ⟨Ursprünglich *ihr*.⟩

[27] ⟨Elisabeth ist ein Opfer gezielter Heiratspolitik. Im Rahmen einer Fürstenkoalition gegen Otto IV., (geb. 1175/76, 1198 von der antistaufischen Partei zum römisch-deutschen König gewählt, 1209 zum Kaiser gekrönt) wurde sie 1211 – mit vier Jahren – mit

spielinnen, die man in den frühesten Kindertagen ihr beigesellte, ihr ganzes Leben geteilt, bis kurz vor ihrem Tode der strenge Führer sie von ihr nahm,[28] um das letzte Band irdischer Liebe zu lösen. So hat sie die Kinder im Herzen getragen, die sie, selbst noch fast im Kindesalter, gebar. Und wenn sie sie von sich gab, so geschah es wohl in mütterlicher Liebe, die sie den eigenen allzu harten Weg nicht teilen lassen wollte,[29] und in mütterlichem Pflichtgefühl, das sie ihrer durch die natürlichen Lebensverhältnisse gegebenen Bestimmung nicht eigenmächtig entziehen wollte; geschah aber auch, weil sie in sich ein Übermaß von Liebe fühlte, das eine Fessel in ihrem gottgewollten Beruf bedeutete. Von frühester Jugend an öffnet sich ihr Herz in heißer, barmherziger Liebe allen Notleidenden und Bedrängten. Es drängt sie, die Hungernden zu speisen, die Kranken zu pflegen – aber niemals genügt es ihr, die materielle Not abzuwehren, immer ist es ihr Verlangen, die frierenden Herzen an ihrem Herzen zu erwärmen. Die armen Kinder in ihrem Spital laufen ihr in die Arme und nennen sie Mutter, weil sie fühlen, daß echte Mutterliebe ihnen entgegenkommt. All dieser überströmende Reichtum kommt aus einer unerschöpflichen Quelle: aus der Liebe des Herrn, der ihr nahe gewesen ist, so lange sie denken kann. Als Vater und Mutter sie von sich ließen, da ging er mit ihr in das ferne, fremde Land. Seit sie weiß, daß er in der Burgkapelle wohnt, zieht es sie dahin, mitten aus ihren Kinderspielen hinweg. Hier ist sie zuhause. Wenn die Menschen sie schmähen und verspotten: hier findet sie Trost. So treu wie er ist keiner. Darum muß sie auch ihm treu sein und ihn lieben über alle und alles. Keines Menschen Bild darf sein Bild aus ihrem Herzen verdrängen. Darum überwältigt sie heftiger Reueschmerz, als das Wandlungsglöckchen sie aufschreckt und ihr zum Bewußtsein bringt, daß Auge und Herz dem Gatten an ihrer Seite zugewendet waren, statt dem heiligen Opfer zu folgen. Vor dem Bild des Gekreuzigten, der nackt und blutend am Kreuz hängt, kann sie nicht Schmuck und Krone tragen. Er hat die Arme weit ausgespannt, um alle an sich zu ziehen, die mühselig und beladen sind. Diese Liebe des Gekreuzigten muß sie zu allen Mühseligen und Beladenen tragen und wiederum Liebe zu dem Gekreuzigten in ihnen wecken. Alle sind sie Glieder am mystischen Leibe Christi. Sie dient dem Herrn, wenn sie ihnen dient. Aber sie muß auch dafür sorgen, daß sie durch Glauben und Liebe *lebendige* Glieder werden. Wer ihr nahekommt, den sucht sie zum Herrn zu führen, und sie übt ein gesegnetes Apostolat: das zeigt das Leben ihrer Gefährtinnen, davon legt der Werdegang

---

dem ältesten Sohn Hermann († 1216) und nach dessen Tod mit Ludwig IV. (1200–1227), dem Landgrafen von Thüringen, verlobt und 1221 verheiratet.⟩

[28] ⟨Konrad von Marburg befahl ihr, sich nach und nach von ihren Dienerinnen und schließlich auch von ihrer jüngsten Tochter zu trennen.⟩

[29] ⟨*die sie den eigenen allzu harten Weg nicht teilen lassen wollte* am Rande ergänzt.⟩

ihres Gatten ein beredtes Zeugnis ab und ebenso die innere Wandlung seines Bruders Konrad, der sich nach ihrem Tode, sichtlich unter ihrer Einwirkung, dem Ordensstande weihte.[30] – Liebe Christi, das ist der Geist, der das Leben Elisabeths erfüllt und gestaltet hat, dem ihre nimmer rastende Nächstenliebe entquillt.

Noch ein anderer Wesenszug Elisabeths ist aus derselben Quelle zu begreifen: ihre herzbezwingende Fröhlichkeit. Sie liebt wilde Kinderspiele und freut sich noch daran, als sie nach den landesüblichen Begriffen von Zucht und Sitte ihnen längst entwachsen sein sollte. Sie hat Freude an allem Schönen, sie versteht es sehr wohl sich zu schmücken, glanzvolle Feste zu veranstalten und die Gäste zu erfreuen, als ihre fürstliche Stellung ihr das zur Pflicht macht. Vor allem in die Hütten der Armen will sie Freude tragen. Den Kindern nimmt sie Spielzeug mit und spielt selbst mit ihnen. Sogar die grämliche Witwe, die sie in der letzten Zeit ihres Lebens als Hausgenossin hat,[31] kann ihre Heiterkeit nicht trüben und muß sich selbst ihre Scherze gefallen lassen. Und im tiefsten Herzen ist sie bewegt an jenem Tage der Armen, da sie Tausende nach Marburg lud, um den Rest ihres Witwengutes, das ihr in barem Geld ausgezahlt wurde, eigenhändig an sie zu verteilen. Vom Morgen bis zum Abend war sie durch die Reihen geschritten, um jedem das Seine zu geben. Als die Nacht hereinbrach, waren viele zurückgeblieben, die zu schwach und elend waren, um noch den Heimweg anzutreten. Sie lagerten im Freien, und Elisabeth ließ ihnen Feuer anstecken. Da wurde ihnen wohl, und Gesang stieg von den Lagerfeuern auf. Staunend hörte es die Fürstin, und es war ihr die Bestätigung dessen, was sie lebenslang geglaubt und geübt hatte: „Seht, ich habe es euch gesagt, man muß die Armen nur froh machen." Daß Gott seine Geschöpfe zur Freude geschaffen habe und daß es sich zieme, ein strahlendes Antlitz zu ihm zu erheben, davon war sie längst überzeugt. Und auch das wurde ihr bestätigt, da die Sterbende durch den süßen Gesang eines Vögleins zur ewigen Freude gerufen wurde.

Überströmende Liebe und Freude wirkten sich aus in einer freien Natürlichkeit, die sich in keine Konvention fügen konnte. Sollte man mit abgemessenen Schrittchen gehen und zierliche, fertig gedrechselte Redensarten lispeln, wenn draußen vor dem Burgtor das Zeichen erklang, das die Heimkehr des Herrn verkündete? Elisabeth vergaß unrettbar alle Regeln der Zucht, wenn ihr Herz stürmisch zu schlagen begann, und sie folgte dem Rhythmus und Takt ihres Herzens. Oder sollte man gar in der Kirche daran denken, in welchen Formen es gesellschaftlich erlaubt sei, seiner Andacht

[30] ⟨Einer der Brüder ihres Mannes Ludwig, der in den Deutschen Orden eintritt.⟩

[31] ⟨An Stelle ihrer Dienerinnen hat Konrad von Marburg ihr eine grämliche Witwe als Gefährtin zugewiesen.⟩

Ausdruck zu geben? Sie konnte nicht anders als tun, wie die Liebe ihr gebot, mochte es ihr auch scharfen Tadel eintragen. Nie und nimmer konnte sie begreifen, daß es unpassend sein sollte, den Armen selbst die Gaben hinauszutragen, mit ihnen freundlich zu sprechen, in ihre Hütten zu gehen und sie im eigenen Hause zu versorgen. Sie wollte nicht eigenwillig und ungehorsam sein und mit den Ihren in Unfrieden leben – aber gegen die gebietende Stimme in ihrem Innern konnten menschliche Stimmen nicht aufkommen. Darum konnte sie auf die Dauer nicht unter denen leben,[32] die im Bann der Konvention standen, die von altgewohnten Einrichtungen und eingewurzelten Lebensauffassungen sich nicht losmachen konnten und wollten. Sie vermochte es, solange ein heiliges Band sie festhielt und[33] ein treuer Beschützer ihr zur Seite stand, der dem Verlangen ihres Herzens verständnisvoll Rechnung trug und doch auch mit menschlicher Klugheit die Ansprüche der Umgebung berücksichtigte. Nach dem Tode des Gatten mußte sie die Kreise verlassen, in denen sie geboren und erzogen war, und ihren eigenen Weg gehen. Es war ein scharfer und schmerzlicher Schnitt, sicherlich auch für sie. Aber mit dem Herzen voller Liebe, das vor keinen Schranken halt machte, die von leidenden Brüdern und Schwestern trennten, fand sie den Weg, den heute so viele mit viel gutem Willen und Aufgebot ihrer ganzen Kraft vergeblich zu bahnen suchen: den Weg zu den Herzen der Armen.

Es geht durch alle Jahrhunderte ein Sehnen der Menschen, das niemals zur Ruhe kommt und bald leiser bald lauter sich ausspricht. Einer, der es besonders lebhaft empfand, hat eine zündende Formel dafür gefunden: Rückkehr zur Natur. Und einer, der in verzehrender Sehnsucht sein Leben lang diesem Ideal vergeblich nachjagte, bis er zusammenbrach, hat ein seltsam eindringliches Bild des Menschen gezeichnet, dessen gesamtes Verhalten in ungebrochener Bewegung aus dem Innersten hervorquillt, ohne Verstandeserwägung und Willensanstrengung, allein vom Gebot des Herzens gelenkt: die Anmut der Marionette wäre ihm eigen.[34]

Entspricht die heilige Elisabeth diesem Ideal? Die angeführten Tatsachen, die von ihrer spontanen Art zu handeln zeugen, scheinen dafür zu sprechen. Aber die Quellen berichten von anderen Tatsachen, die nicht minder deutlich von einem stahlharten Willen zeugen, von einem unerbittlichen Kampf gegen die eigene Natur: die liebliche, jugendlich-heitere, bezaubernd natürliche ist zugleich eine streng aszetische Heilige. Früh genug hat sie erkennen müssen, daß es nicht ohne Gefahr ist, sich dem Zug des Herzens hemmungslos[35] zu überlassen. Übermäßige Liebe zu ihren Verwandten, Stolz

[32] ⟨*leben* zwischen den Zeilen ergänzt.⟩
[33] ⟨*ein heiliges Band sie festhielt und* am Rande ergänzt.⟩
[34] ⟨Anm. am Rande:⟩ Heinrich von Kleist über das Marionettentheater.
[35] ⟨An Stelle von *gefahrlos*.⟩

und Habgier machten Königin Gertrud verhaßt beim ungarischen Volk und bereiteten ihr den jähen, unvorbereiteten Tod von Mörderhand.[36] Ungezähmte Leidenschaft führte Gertruds Schwester Agnes von Meran zur ehebrecherischen Verbindung mit dem französischen König und brachte das Interdikt über ganz Frankreich.[37] Rücksichtsloser politischer Ehrgeiz verstrickte Landgraf Hermann in ein ruheloses Fehdeleben und ließ ihn im Kirchenbann sterben.[38] Selbst den eigenen Gatten mußte Elisabeth zeitweise in ungerechten Machtkämpfen und im Bann sehen. Und war denn sie selbst frei von diesen unheimlichen Gewalten in der eigenen Brust? O nein, sie wußte es wohl, daß auch sie sich nicht gefahrlos der Führung des eigenen Herzens überlassen konnte. Wenn das Kind mit frommer List sich Spiele ausdenkt, bei denen es[39] zur Kapelle hüpfen kann oder sich zu Boden werfen und dabei heimlich seine Gebete verrichten, so ist gewiß ein mächtiger Zug der Gnade in dem Kinderherzen wirksam; es mag aber doch auch ein Ahnen darin sein, daß es[40] in Gefahr ist, sich im Spiel von Gott hinwegzuverlieren. Deutlicher ist das noch, wenn das junge Mädchen nach dem ersten Tanz mit ernstem Gesicht zurücktritt und spricht: *Ein* Tanz genügt für die Welt, auf die anderen will ich um Gottes willen verzichten. Wenn sie nachts vom Lager aufstand und hinkniete, um zu beten, oder gar das Zimmer verließ, um[41] sich von den Mägden geißeln zu lassen, so spricht daraus wohl nicht nur das allgemeine Verlangen, Buße zu tun und um des Herrn willen freiwillig zu leiden, sondern sie will sich retten vor der Gefahr, an der Seite des geliebten Gatten den Herrn zu vergessen. Sicherlich zog Elisabeths natürlicher Schönheitssinn hübsche Kinder den häßlichen vor und schreckte vor dem Anblick und Geruch ekelhafter Wunden zurück. Wenn sie immer wieder gerade solche elende Geschöpfe sich aussucht, um sie selbst zu pflegen, so spricht neben der barmherzigen Liebe zu diesen Ärmsten wohl auch der Wille[42] mit, den natürlichen Abscheu zu überwinden. Noch in ihren letzten Lebensjahren hat Elisabeth den Herrn um drei Dinge gebeten: um Verachtung aller irdischen Güter, um die Gabe, Demütigungen freudig zu ertragen, um Befreiung von der übermäßigen Liebe zu ihren Kindern. Sie konnte ihren Mägden berichten, daß sie in all dem erhört worden sei. Aber daß sie darum

---

[36] ⟨1213 von ungarischen Adeligen ermordet.⟩

[37] ⟨Agnes Marie, Schwester von Elisabeths Mutter, heiratete 1196 in Compiègne König Philipp II. August von Frankreich, der aber noch verheiratet war. Da er sich der päpstlichen Weisung, sich von ihr zu trennen, nicht fügte, wurde über ihn und ganz Frankreich der Kirchenbann verhängt. Erst auf die Androhung der Exkommunikation hin versöhnte er sich 1200 mit seiner rechtmäßigen Frau Ingeborg von Dänemark.⟩

[38] ⟨Ausschluß aus der kirchlichen Gemeinschaft.⟩

[39] ⟨Ursprünglich *sie*.⟩

[40] ⟨Ursprünglich *sie*.⟩

[41] ⟨Ursprünglich *und*.⟩

[42] ⟨Ursprünglich *das Verlangen*.⟩

bitten mußte, ist ein Zeichen, daß es nicht von Natur aus in ihr war und daß sie lange vergeblich danach gerungen haben mag.

Das Leben Gott wohlgefällig zu gestalten, dies Ziel erstrebt Elisabeth nicht nur für sich selbst und im Kampf gegen die eigene Natur. Ganz bewußt und mit der gleichen unbeugsamen Festigkeit sucht sie auf ihre Umgebung einzuwirken. Als Landgräfin bemüht sie sich, gegen die übermäßige Kleiderpracht zu wirken und die Edelfrauen zum Verzicht auf diese oder jene Eitelkeit zu bewegen.

Als sie anfängt, alle Speisen zu meiden, die aus unrechtmäßigen Einkünften stammen, und dadurch oft gezwungen ist, an der vollbesetzten fürstlichen Tafel zu hungern, da ist es ihr selbstverständlich, daß ihre treuen Gefährtinnen Guda und Isentrud ihre Entbehrungen teilen, wie sie ihr später auch in das Elend der freiwilligen Verbannung und Armut folgen. Und welcher Protest gegen die ganze Lebenshaltung ihrer Umgebung lag in der Beobachtung des Speiseverbotes! Die stärksten Zumutungen bedeutete ihre immer strengere Lebensgestaltung sicherlich für ihren Gemahl; mit anzusehen, wie sie mit äußerster Härte gegen sich selbst vorging, wie sie ihre Gesundheit gefährdete, sein Gut mit vollen Händen ausstreute und durch all das den Widerspruch seiner Familie und des ganzen Hofgesindes erregte, wie sie schließlich darum kämpfte, sich ihm innerlich zu entziehen, und sogar bitter beklagte, daß sie durch die Ehe gebunden war[43] – das forderte heroische Selbstüberwindung auch von seiner Seite, und man versteht es wohl, daß der junge Landgraf, der all das in Liebe und Geduld trug und treu bemüht war, seiner Gattin in ihrem Streben nach Vollkommenheit zur Seite zu stehen, beim Volk in den Ruf der Heiligkeit kam.

Zunächst sind es wohl die Lehren des Evangeliums und die allgemeine aszetische Praxis der Zeit gewesen, die Elisabeth in ihrem Vollkommenheitsstreben leiteten. Da und dort blitzt ihr eine Erkenntnis auf, und sie sucht sie in die Praxis umzusetzen. Als klar umrissenes Ideal und geschlossene Lebensform tritt ihr entgegen, was sie sucht, als die Franziskaner nach Deutschland kommen und Bruder Rodiger als ihr Gast auf der Wartburg sie über die Lebensweise des Armen von Assisi unterrichtet.[44] Nun weiß sie auf einmal ganz genau, was sie will und wonach sie sich immer gesehnt hat: ganz arm sein, von Tür zu Tür betteln gehen, durch keine Habe und kein menschliches Band mehr gefesselt, frei auch von eigenem Willen – ganz allein dem Herrn zu eigen. Das eheliche Band zu lösen, sie von sich gehen zu lassen – dazu konnte sich Landgraf Ludwig nicht entschließen. Aber zu

[43] ⟨Entsprechend der damaligen Geringschätzung der Ehe gegenüber dem Leben im Kloster.⟩

[44] ⟨Im Jahre 1225 sind Franziskaner unter Mitwirkung Elisabeths nach Eisenach gekommen (M. Maresch, *Elisabeth von Thüringen*, 66).⟩

einem geregelten, ihrem Ideal möglichst angepaßten Leben wollte er ihr verhelfen. Es war wohl besser, wenn kein Franziskaner ihr Führer wurde – sonst wären ihre unerfüllbaren Wünsche nicht zur Ruhe gekommen –, sondern einer, der ihr Übermaß mit ruhiger Vernunft dämpfte und doch für ihr innerstes Verlangen Verständnis hatte. Ein solcher Mann war Meister Konrad von Marburg, der dem Landgrafen als Führer für seine Gemahlin empfohlen wurde.[45] Ein Weltpriester, aber arm wie ein Bettelmönch, von äußerster Strenge gegen sich selbst wie gegen andere, ganz dem Dienst des Herrn geweiht – so durchzog er Deutschland als Kreuzzugsprediger und Kämpfer für die Reinheit des Glaubens. Ihm gelobte Elisabeth i.⟨m⟩ J.⟨ahre⟩ 1225 Gehorsam und blieb bis zum Tode unter seiner Leitung. Das war wohl die stärkste Brechung des eigenen Willens, daß sie sich ihm unterwarf und ihm dauernd unterworfen blieb, denn er nahm nicht nur ihrem eigenen Wunsch gemäß aufs schärfste den Kampf gegen die niedere Natur auf, sondern lenkte auch ihre Gottes- und Nächstenliebe in andere Bahnen, als es ihrem inneren Antrieb entsprach. Niemals gestattete er ihr, sich aller Güter zu entäußern – weder vor noch nach dem Tode ihres Gatten –, er wehrte ihrem wahllosen Almosengeben, schränkte es nach und nach ein und verbot es ihr schließlich ganz; er suchte sie auch von der Pflege ansteckender Kranker zurückzuhalten (der einzige Punkt, in dem Elisabeth sich bis zuletzt nicht ganz gefügt hat).

Sicherlich war sein Vollkommenheitsideal kein geringeres als das ihre. Er war sich von vornherein klar, daß es eine heilige Seele war, die seiner Leitung anvertraut wurde, und er wollte alles tun, was er vermochte, um sie zum Gipfel der Vollkommenheit zu führen. Über die Mittel dazu aber dachte er anders als sie. Zunächst aber wollte er sie lehren, *in ihrem Stande* das Ideal zu erstreben, wie er ja für sich selbst auch nicht den Eintritt in einen Orden als notwendig erachtet hatte. So erlaubte er ihr, sich[46] den Franziskanern als Tertiarin anzuschließen, und interpretierte ihr die Gelübde ihren Lebensverhältnissen entsprechend. Solange ihr Gatte lebte, sollte sie alle ehelichen Pflichten erfüllen, aber im Falle seines Todes auf Wiederverheiratung verzichten. Sie sollte arm leben, aber ihren Besitz nicht sinnlos verschleudern, sondern für die Armen vernünftig verwalten. Den Anfang dieses armen Lebens stellte das Speiseverbot dar, das ihr alle Nahrung untersagte, die nicht aus rechtmäßigen Einnahmen stammte. Die Durchführung dieses Verbotes soll es gewesen sein, die sie (nach neueren Forschungen) nach dem Tode

[45] ⟨Prediger und Inquisitor (um 1180/1190 Marburg/Lahn (?) – 1233 bei Marburg erschlagen), 1227 Kreuzzugsprediger für Friedrich II., in enger Beziehung zum Prämonstratenserkloster Arnstein (bei Obernhof/Lahn) stehend, kam 1225/26 als Beichtvater Elisabeths auf die Wartburg, wurde nach dem Tod Ludwigs vom Papst zu ihrem „Defensor" gegenüber ihren Schwägern bestellt und betrieb bald nach ihrem Tod ihre Heiligsprechung. (BBKL 4, Sp. 418 f.).⟩

[46] ⟨*sich* zwischen den Zeilen ergänzt.⟩

ihres Gatten veranlaßte, die Wartburg zu verlassen. Es wird angenommen, daß ihr Schwager Heinrich Raspe ihre Absonderung von der fürstlichen Tafel nicht länger dulden wollte und ihr die Einnahmen aus ihrem Witwengut sperrte, um sie gefügig zu machen (wohl auch, um ihr verschwenderisches Wohltun zu beenden). Nach der äußersten Not und Verlassenheit, in die sie durch diese freiwillige[47] oder unfreiwillige Verbannung geraten war, vermochte sie sich in die alten Verhältnisse nicht wieder einzugewöhnen. Nur vorübergehend kehrte sie nach der Aussöhnung mit der landgräflichen Familie auf die Wartburg zurück und begann sofort, mit Meister Konrad zu beraten, in welcher Form sie am besten ihr franziskanisches Ideal verwirklichen könnte. Er ging auf keinen ihrer Vorschläge ein, weder den Eintritt in ein Kloster noch ein Einsiedler- oder Bettlerleben gestattete er. Ihre Gelübde zu erneuern und sich mit dem Ordensgewand bekleiden zu lassen, das konnte er ihr nicht verwehren. Auch daß sie sich in ihrer Stadt Marburg, die sein eigener Wohnsitz war, ansiedelte, ließ er zu. Die Lebensform bestimmte er ihr nach seinem Ermessen, indem er von ihren Mitteln ein Spital in Marburg erbaute und ihr bestimmte Dienste darin zuwies. Daß sie von ihren Einkünften nichts für sich verwendete, sondern ihren dürftigen Unterhalt mit den eigenen Händen erarbeitete (durch Wollespinnen für das Kloster Altenburg[48]), war wohl von ihr selbst ersonnen, aber auch in ihres Führers Sinn.

Die schwerste und wichtigste Aufgabe nach Meister Konrads Auffassung war es, seinen Schützling im Gehorsam zu unterweisen. Daß Gehorsam besser sei als Opfer,[49] daß ohne Losschälung von allen eigenen Wünschen und Neigungen keine Vollkommenheit zu erreichen sei, war seine heilige Überzeugung. Und im Eifer für sein Ziel ließ er sich bei den immer wiederkehrenden Übertretungen seiner Befehle zu körperlichen Züchtigungen hinreißen. Elisabeth hat sicherlich im Innersten mit ihm übereingestimmt. Das beweist nicht nur die Geduld und Sanftmut, mit der sie diese harten Demütigungen ertrug. Sie hätte sicher in einem so wesentlichen Punkte wie dem Verzicht auf die ersehnte Lebensform nicht nachgegeben, wenn sie nicht von der Bedeutung des Gehorsams durchdrungen gewesen wäre. In dem Führer, den man ihr gegeben, den nicht sie selbst gewählt hatte, sah sie Gottes Stellvertreter. Untrüglicher als der Zug des eigenen Herzens gab sein Wort Gottes Willen kund. Darauf allein aber kommt es schließlich an: nach Gottes Willen sein Leben zu gestalten. Einen rücksichtslosen Kampf gegen die natürlichen Neigungen führen darum beide.

---

[47] ⟨*durch diese freiwillige* an Stelle von *unmittelbar nach.*⟩

[48] ⟨Das Augustiner-Chorherrenstift „Unsere Liebe Frau St. Marien" auf dem Berge vor Altenburg, dessen Gründung Kaiser Barbarossa zugeschrieben wird.⟩

[49] ⟨Vgl. 1 Sam 15,22.⟩

Bald ist es Elisabeth selbst, die vorangeht und nur die Billigung des Meisters findet; so bei der Übersiedlung nach Marburg, bei der Trennung von ihren Kindern. Bald gebietet Konrad, und Elisabeth fügt sich im Gehorsam; als er ihr die geliebten Gefährtinnen aus ihrer Jugend nimmt und sie durch schwer erträgliche Hausgenossinnen ersetzt; als er ihr die Freude, persönlich Almosen auszuteilen, mehr und mehr einschränkt und schließlich ganz untersagt. Nur in *einem* Punkt hat sie nicht ganz nachgegeben: Außer ihrem Dienst im Spital noch in ihrem eigenen kleinen Häuschen daneben ein krankes Kind mit einem besonders unleidlichen Übel bei sich zu haben und ganz allein zu versorgen. Ein krätzekranker Knabe saß noch an ihrem Totenbett, so berichtete Meister Konrad selbst an Papst Gregor IX.,[50] der ihm nach dem Tode des Landgrafen die Fürsorge für die Witwe ans Herz gelegt hatte und bei dem er sofort nach ihrem Tode mit Eifer ihre Heiligsprechung betrieb.[51]

III.

So scheint es ein zwiespältiges Bild, das wir von der Heiligen und von ihrer Lebensgestaltung gewinnen; auf der einen Seite ein stürmisches Temperament, das in spontanen Bewegungen den Eingebungen eines heißen, liebeerfüllten Herzens folgt, ungehemmt durch eigene Reflexionen wie durch fremde Einsprüche – auf der anderen ein gewaltsam zugreifender Wille, der unablässig bemüht ist, die eigene Natur zu bändigen, und nach festen Grundsätzen in bewußtem Gegensatz zu den Neigungen des Herzens das Leben in eine von außen übernommene, vorgebildete Form zwingt. Doch es gibt einen Punkt, von dem aus die Gegensätze zu begreifen sind[52] und sich schließlich in einer Harmonie auflösen, die erst jenem Sehnen nach Natürlichkeit wahre Erfüllung gibt. In dem Bekenntnis zur „unverbildeten menschlichen Natur" lebt der Glaube an eine formende Kraft im Menschen, die von innen heraus wirkend, ungestört durch Druck und Zug von außen, den Menschen und sein Leben zu einem harmonischen, formvollendeten Gebilde gestaltet. Aber die Erfahrung bestätigt diesen schönen Glauben nicht. Wohl ist die Form im Innern verborgen, aber verstrickt in wuchernde Gewebe, die eine reine Auswirkung hemmen. Wer seine Natur sich selbst überläßt, den treibt es bald dahin, bald dorthin, er kommt nicht zu klarer Formung und Gestaltung. Und Formlosigkeit ist nicht Natürlichkeit. Wer

---

[50] ⟨Ugolino di Conti (um 1170 Anagni – 1241 Rom), Neffe Honorius' III., Graf von Segni, ab 1206 Kardinal von Ostia, 1227–1241 Papst Gregor IX.⟩

[51] ⟨Gregor IX. hat 1228 Franz von Assisi und 1235 Elisabeth heiliggesprochen. Zur Erhebung ihrer Gebeine am 1. Mai 1236 sollen 1,2 Millionen Menschen zusammengeströmt sein, darunter Kaiser Friedrich II. (M. Maresch, *Elisabeth von Thüringen,* 119).⟩

[52] ⟨*sind* an Stelle von *ist.*⟩

nun die eigene Natur in Zucht nimmt, wuchernde Triebe beschneidet und ihr die Form zu geben sucht, die ihm gut dünkt, vielleicht eine Form, die er draußen fertig vorgefunden hat, der mag wohl hier und da der inneren Form Raum schaffen zu freier Auswirkung, aber es kann auch sein, daß er ihr Gewalt antut, und an Stelle der frei entfalteten Natur tritt Unnatur und Machwerk. Unsere Erkenntnis ist Stückwerk;[53] unser Wollen und Wirken, das auf sie allein baut, kann kein vollendetes Gebilde schaffen. Und so reckt sich jene innere Formkraft, die in Banden liegt, einem Licht entgegen, das sicherer leitet,[54] und einer Kraft, die sie frei macht und ihr Raum schafft. Das ist das Licht und die Kraft der göttlichen Gnade. Mächtig war der Zug der Gnade in der Seele des Kindes Elisabeth. Sie zündete darin, und hell stieg[55] die Flamme der Gottesliebe empor, alle Hüllen und Schranken durchbrechend. Da legte sich dieses Menschenkind in die Hände des göttlichen Bildners. Ihr Wille wurde ein gefügiges Werkzeug des göttlichen Willens, und von ihm geleitet konnte er daran gehen, die eigene Natur zu zähmen und zu beschneiden, der inneren Form freie Bahn zu schaffen, konnte auch eine äußere Form finden, die der inneren gemäß war, in die sie hineinwachsen konnte, ohne ihre natürliche Richtung zu verlieren. Und so stieg sie empor zu jenem vollendeten Menschentum, das reine Auswirkung der durch die Kraft der Gnade befreiten und verklärten Natur ist. Auf dieser Höhe ist es gefahrlos, dem Zug des Herzens zu folgen, weil das eigene Herz eingegangen ist in das göttliche Herz und in seinem Takt und Rhythmus schlägt. Hier kann das kühne Wort Augustins die Richtschnur der Lebensgestaltung sein:

Ama et fac quod vis.[56]

---

53 ⟨Vgl. 1 Kor 13,9.⟩

54 ⟨Anspielung auf das Gedicht *In einer dunklen Nacht* von Johannes vom Kreuz: „Und dieses [Licht] führte mich/Weit sichrer als das Licht des hellen Tages“ (KW, ESGA 18,36).⟩

55 ⟨*stieg* für *schlug.*⟩

56 ⟨Dieses oft zitierte Wort lautet korrekt *Dilige et quod vis fac* und wurde von Augustinus in einer Predigt am Ostersamstag des Jahres 407 zu Neugetauften und Gläubigen gesagt. (In epistolam Joannis tractatus VII,8, in: PL 35,2003). Augustinus hat öfter solche Formulierungen gebraucht. (Michael Wernicke OSA sei für diese Auskunft gedankt.)⟩

4.
Das Gebet der Kirche
(1936)

Situierung

Von dieser sehr verbreiteten Schrift Edith Steins ist nur die erste Seite im Format 205 × 160 mm als Autograph (Signatur A04 19; alte Signatur A II K) erhalten; da sie deren Rückseite nebst Briefen aus dem Jahre 1936 für Auszüge aus philosophischen Werken benutzt hat, kann geschlossen werden, dass diese Schrift 1936 entstanden ist. Es werden im ESAK darüber hinaus zwei Maschinen-Abschriften mit der Signatur A04 18 bzw. A04 20 aufbewahrt.

Veröffentlichungen:
- In der Reihe *Ich lebe und ihr lebt. Vom Strom des Lebens in der Kirche*, hg. von der Akademischen Bonifatius-Einigung, Bonifatiusdruckerei Paderborn, 1937, [2]1940, 69–84;[1]
- *Erbe und Auftrag* (von 1919 bis 1958 *Benediktinische Monatsschrift*) 38 (1962) 29–40;
- Schnell & Steiner, München 1962, 31 S.;
- Kölner Karmel, Steyl, 1965 (zwei Auflagen), 32 S.;
- 1987 ESW XI, 10–25.

Text

„Per ipsum et cum ipso et in ipso
est tibi Deo Patri Omnipotenti
in unitate Spiritus Sancti
omnis honor et gloria."[2]

---

[1] Das erwähnt Edith Stein in Briefen vom 3. September 1938 an Anna Lehner (SBB II, ESGA 3, Br. 565) und vom 28. April 1942 an Johanna van Weersth (aaO. 3, Br. 742). Die Bonifatius-Einigung hat bis 1939 die *Akademische Bonifatius-Korrespondenz* herausgegeben, ein „Organ zur Pflege des religiösen Lebens in der katholischen Studentenschaft." Vielleicht ist Edith Stein von ihr um diesen Beitrag gebeten worden.

[2] 〈*„Durch ihn, mit ihm und in ihm wird dir, Gott, allmächtiger Vater, in Vereinigung mit dem Heiligen Geiste alle Ehre und Verherrlichung zuteil!"* Auf der ersten (und einzigen erhaltenen handschriftlichen) Seite hat Edith Stein diesen lateinischen Text geschrieben; in den Veröffentlichungen steht dafür die deutsche Übersetzung.〉

Mit diesen feierlichen Worten schließt der Priester beim heiligen Meßopfer die Gebete ab, die das geheimnisvolle Geschehen der heiligen Wandlung zum Mittelpunkt haben. Zugleich ist darin in kürzester Form zusammengefaßt, was das *Gebet der Kirche* ist: *Ehre und Verherrlichung des Dreifaltigen Gottes durch, mit und in Christus.* Wenn auch die Worte an den Vater gerichtet sind, so gibt es doch keine Verherrlichung des Vaters, die nicht zugleich Verherrlichung des Sohnes und des Heiligen Geistes wäre. Gepriesen wird ja die Herrlichkeit, die vom Vater dem Sohn und von beiden dem Heiligen Geist von Ewigkeit zu Ewigkeit mitgeteilt wird.

Aller Lobpreis Gottes geschieht *durch, mit und in Christus. Durch* ihn, weil nur durch Christus die Menschheit einen Zugang zum Vater hat – und weil sein gottmenschliches Sein und sein Erlösungswerk die vollkommenste Verherrlichung des Vaters ist; *mit* ihm, weil jedes echte Gebet eine Frucht der Vereinigung mit Christus und zugleich eine Befestigung dieser Vereinigung ist – sodann, weil jedes Lob des Sohnes zugleich ein Lob des Vaters ist und umgekehrt; *in* ihm, weil die betende Kirche Christus selbst ist, jeder einzelne Beter ein Glied seines mystischen Leibes – und weil im Sohn der Vater ist und der Sohn der Abglanz des Vaters, der seine Herrlichkeit sichtbar macht. Der Doppelsinn des *durch*, *mit* und *in* ist der klare Ausdruck der Mittlerschaft des Gottmenschen.

Das Gebet der Kirche ist das Gebet des fortlebenden Christus. Es hat sein Urbild im Gebet Christi während seines menschlichen Lebens.

1. Das Gebet der Kirche als Liturgie und Eucharistie

Aus den evangelischen Berichten wissen wir, daß Christus gebetet hat, wie ein gläubiger und gesetzestreuer Jude betete.[3] Wie von Kindheit an mit seinen Eltern, so ist er später mit seinen Jüngern zu den vorgeschriebenen Zeiten nach Jerusalem gepilgert, um die Hochfeste im Tempel mitzufeiern. Gewiß hat er mit den Seinen in heiliger Begeisterung die Jubellieder gesungen, in denen die Vorfreude der Wallfahrer ausströmte: „Ich freute mich, da man mir sagte: Wir wollen zum Hause des Herrn gehen" (Ps 122,1). Daß er die alten Segenssprüche betete, wie sie noch heute über Brot, Wein und Feldfrüchte gebetet werden[4], bezeugt uns die Erzählung von seinem letzten Zusammensein mit seinen Jüngern, das der Erfüllung einer der heiligsten religiösen Pflichten gewidmet war: dem feierlichen Ostermahl, dem Ge-

---

[3] Das Judentum hat eine reich ausgebildete Liturgie für den öffentlichen wie für den häuslichen Gottesdienst, für die Hochfeste und für den Alltag.

[4] „Gepriesen seist du, Ewiger, unser Gott, König der Welt, der du aus der Erde Brot hervorbringst, ... der du die Frucht des Weinstocks schufst."

dächtnis an die Errettung aus der Knechtschaft Ägyptens. Und vielleicht gibt uns gerade dies Zusammensein den tiefsten Einblick in das Beten Christi und den Schlüssel zum Verständnis des Gebetes der Kirche.

„Während sie aber speisten, nahm Jesus das Brot, segnete und brach es, gab es seinen Jüngern und sprach: Nehmet hin und esset, dies ist mein Leib! Und er nahm den Kelch, dankte und gab ihnen denselben mit den Worten: Trinket alle daraus, denn dieses ist das Blut des Neuen Testamentes, das für viele vergossen werden wird zur Vergebung der Sünden."[5]

Segnung und Verteilung von Brot und Wein gehörten zum Ritus des Ostermahls. Aber beides bekommt hier einen völlig neuen Sinn. Damit nimmt das Leben der Kirche seinen Anfang. Wohl wird sie erst am Pfingstfest als geisterfüllte und sichtbare Gemeinschaft öffentlich hervortreten. Aber hier beim Ostermahl erfolgt das Einsenken der Reben in den Weinstock, das die Geistausgießung möglich macht. Die alten Segenssprüche sind im Munde Christi *lebenschaffendes Wort* geworden. Die Früchte der Erde sind sein Fleisch und Blut geworden, von seinem Leben erfüllt. Die sichtbare Schöpfung, in die er sich schon durch die Menschwerdung hineinbegab, ist nun auf eine neue, geheimnisvolle Weise mit ihm verbunden. Die Stoffe, die dem Aufbau des menschlichen Leibes dienen, sind von Grund aus umgewandelt, und durch ihren gläubigen Genuß werden auch die Menschen umgewandelt: in die Lebenseinheit mit Christus einbezogen und von seinem göttlichen Leben erfüllt. Die lebenschaffende Kraft des Wortes ist an das *Opfer* gebunden. Das Wort ist Fleisch geworden, um das Leben, das es annahm, hinzugeben; um sich selbst und die durch seine Selbsthingabe entsühnte Schöpfung dem Schöpfer als Lobopfer darzubringen. Durch das letzte Abendmahl des Herrn ist das Ostermahl des Alten Bundes übergeführt in das *Ostermahl* des Neuen Bundes: in das Kreuzesopfer von Golgota und jene Freudenmahle der Zeit zwischen Ostern und Himmelfahrt, bei denen die Jünger den Herrn am Brotbrechen erkannten, und in das Meßopfer mit der heiligen Kommunion.

Als der Herr den Kelch nahm, *dankte* er; wir können dabei an die Segensworte denken, die ja einen Dank an den Schöpfer enthalten. Wir wissen aber auch, daß Christus zu danken pflegte, wenn er vor einem Wunder „die Augen zum Vater im Himmel erhob."[6] Er dankt, weil er sich im voraus erhört weiß. Er dankt für die göttliche Kraft, die er in sich trägt und durch die er die Allmacht des Schöpfers vor den Augen der Menschen erweisen wird. Er dankt *für* das Werk der Erlösung, das er wirken darf, und *durch* dieses Werk, das ja selbst Verherrlichung der Dreifaltigen Gottheit ist, weil es ihr entstelltes Abbild in reiner Schönheit erneuert. So kann die ganze immerwährende

[5] Mt 26,26–28.

[6] Z. B. vor der Erweckung des Lazarus (Joh 11,41–42).

Opferhingabe Christi – am Kreuz, in der heiligen Messe und in der ewigen Herrlichkeit des Himmels – als eine einzige große Danksagung – als *Eucharistie* – aufgefaßt werden: als Dank für die Schöpfung, Erlösung und Vollendung. Er bringt sich selbst dar im Namen der ganzen geschaffenen Welt, deren Urbild er ist und in die er hinabgestiegen ist, um sie von innen heraus zu erneuern und zur Vollendung zu führen. Er ruft aber auch diese ganze geschaffene Welt auf, selbst mit ihm vereint dem Schöpfer die Dankeshuldigung darzubringen, die ihm gebührt. Ein Verständnis für diesen eucharistischen Charakter des Gebetes war schon dem Alten Bunde erschlossen: das Wundergebilde des Bundeszeltes, und später des Salomonischen Tempels, wie er nach göttlichen Weisungen errichtet war, wurde als Abbild der ganzen Schöpfung betrachtet, die sich in Anbetung und Dienst um ihren Herrn schart. Das Zelt, um das sich das Volk Israel während der Wüstenwanderung lagerte, hieß die „Wohnung der Vergegenwärtigung Gottes" (Ex 38,21). Es wurde als „Untere Wohnung" der „Oberen Wohnung" gegenübergestellt.[7] „Ich liebe den Ort deines Hauses, du, die Wohnstätte deiner Herrlichkeit", singt der Psalmist (Ps 26,8), weil das Bundeszelt „gleichgewertet ist mit der Schöpfung der Welt". Wie nach dem Schöpfungsbericht der Himmel gleich einem Teppich ausgespannt wurde, so waren Teppiche als Wände des Zeltes vorgeschrieben. Wie die Wasser der Erde von den Wassern des Himmels geschieden wurden, so schied der Vorhang das Allerheiligste von den äußeren Räumen ab. Dem Meer, das durch seine Küsten eingedämmt wurde, ist das „eherne" Meer nachgebildet. Für die Leuchten des Himmels steht der siebenarmige Leuchter im Zelt. Lämmer und Vögel vertreten das Gewimmel lebender Wesen, das Wasser, Erde und Luft bevölkert. Und wie die Erde dem Menschen übergeben wurde, so steht im Heiligtum der Hohepriester, „der gesalbt wurde, zu wirken und zu dienen vor Gott". Die vollendete Wohnung segnete, salbte und heiligte Mose, wie der Herr am siebenten Tage das Werk seiner Hände gesegnet und geheiligt hatte. Ein Zeugnis Gottes auf Erden sollte seine Wohnung sein, wie Himmel und Erde seine Zeugen sind (Dtn 30,19).

An Stelle des Salomonischen Tempels hat Christus einen Tempel aus lebendigen Steinen erbaut, die Gemeinschaft der Heiligen. In ihrer Mitte steht er als der ewige Hohepriester, auf ihrem Altar ist er selbst das immerwährende Opfer. Und wiederum ist die ganze Schöpfung einbezogen in die „Liturgie", den feierlichen Gottesdienst: die Früchte der Erde als die geheimnisvollen Opfergaben, die Blumen und die Leuchter, die Teppiche und der Vorhang, der geweihte Priester und die Salbung und Segnung des Gotteshauses. Auch die Cherubim fehlen nicht. Von der Hand des Künstlers ge-

---

[7] Vgl. N. Glatzer und L. Strauß, *Sendung und Schicksal. Aus dem Schrifttum des nachbiblischen Judentums*, Schocken-Verlag, Berlin 1931, 2 ff.

bildet, halten die sichtbaren Gestalten Wache zur Seite des Allerheiligsten. Und als ihre lebendigen Abbilder umgeben die „engelähnlichen Mönche“[8] den Opferaltar und sorgen dafür, daß das Gotteslob nicht verstumme, wie im Himmel, so auch auf Erden. Die feierlichen Gebete, die sie als der tönende Mund der Kirche verrichten, umrahmen das heilige Opfer, umrahmen auch und durchflechten und heiligen alles andere „Tageswerk“, so daß aus Gebet und Arbeit ein einziges *opus Dei*[9], eine einzige „Liturgie“ wird. Ihre Lesungen aus der Heiligen Schrift und den Vätern, aus den Gedenkbüchern der Kirche und den Lehrverkündigungen ihrer obersten Hirten sind ein großer, stets wachsender Lobgesang auf das Walten der Vorsehung und die fortschreitende Verwirklichung des ewigen Heilsplanes. Ihre morgendlichen Loblieder rufen die ganze Schöpfung wiederum zusammen, um sich im Preis des Herrn zu vereinen: die Berge und Hügel, die Flüsse und Ströme, Meere und Länder und alles, was sie bewohnt, Wolken und Winde, Regen und Schnee, alle Völker der Erde, alle Stände und Geschlechter der Menschen, schließlich auch die Himmelsbewohner, die Engel und Heiligen: sie sollen also nicht nur durch ihre Abbilder von Menschenhand oder in Menschengestalt, sondern in eigener Person teilnehmen an der großen Eucharistie der Schöpfung – oder vielmehr, wir sollen uns durch unsere Liturgie mit ihrem ewigen Gotteslob verbinden.

„Wir“ – d. h. nicht nur die Ordensleute, deren Beruf das feierliche Gotteslob ist, sondern das ganze christliche Volk. Wenn es an den Hochfesten in die Dom- und Abteikirchen strömt, wenn es im „Volkschoralamt“ und in den neuen „volksliturgischen“ Formen voll Freude tätigen Anteil am Gottesdienst nimmt, dann zeigt es, daß es sich seiner Berufung zum Gotteslob bewußt ist. Den stärksten Ausdruck findet die liturgische Einheit der himmlischen und irdischen Kirche, die beide „durch Christus“ Gott Dank sagen, in der Präfation und im Sanctus der heiligen Messe. Die Liturgie läßt aber auch keinen Zweifel darüber, daß wir noch keine Vollbürger des himmlischen Jerusalem sind, sondern Pilger auf dem Wege zu unserer ewigen Heimat. Wir bedürfen immer erst einer Zubereitung, ehe wir es wagen dürfen, unsere Augen zu den lichten Höhen zu erheben und in das „Heilig, Heilig, Heilig“ der himmlischen Chöre einzustimmen. Alles Geschaffene,

---

[8] Erik Peterson im Buch von den Engeln (Hegner, Leipzig 1935), das in unübertrefflicher Weise die Vereinigung des himmlischen und des irdischen Jerusalem in der Feier der Liturgie gezeigt hat. ⟨Erik Peterson Grandjean (1890 Hamburg – 1960 ebenda) lehrte zwischen 1924 und 1929 als Professor an der Evangelisch-Theologischen Fakultät in Bonn die Fächer Kirchengeschichte und Neutestamentliche Exegese. 1930 konvertierte er zur katholischen Kirche, lebte seit 1933 in Rom und befaßte sich als Ordinarius am Päpstlichen Institut für Christliche Archäologie besonders mit dem Verhältnis von Antike und Christentum.⟩

[9] ⟨„Gottes Werk“, nicht zu verwechseln mit der gleichnamigen Personalprälatur.⟩

was beim heiligen Dienst verwendet wird, muß dem profanen Gebrauch entzogen, muß geweiht und geheiligt werden. Der Priester muß sich, ehe er die Stufen zum Altare emporsteigt, durch das Sündenbekenntnis reinigen und die Gläubigen mit ihm; vor jedem neuen Schritt im Gang der Opferhandlung muß er die Bitte um Sündenvergebung wiederholen – für sich und die Umstehenden und für alle, denen die Früchte des Opfers zufließen sollen. Das Opfer selbst ist *Sühnopfer*, das mit den Gaben auch die Gläubigen umwandelt, den Himmel für sie aufschließt und sie zu einer Gott wohlgefälligen Danksagung befähigt. Alles, dessen wir bedürfen, um in die Gemeinschaft der seligen Geister aufgenommen zu werden, ist zusammengefaßt in den sieben Bitten des *Vaterunser*, das der Herr nicht in seinem eigenen Namen gebetet, sondern uns vorgesprochen hat. Wir sprechen es vor der heiligen Kommunion, und wenn wir es aufrichtig und von Herzen sprechen und die heilige Kommunion im rechten Geist empfangen, dann bringt sie uns die Erfüllung aller Bitten: sie erlöst uns von dem Übel, weil sie uns von Schuld reinigt und uns den Frieden des Herzens gibt, der allen andern „Übeln" ihren Stachel nimmt; sie bringt uns die Vergebung der begangenen Sünden[10] und stärkt uns gegen Versuchungen; sie ist selbst das Brot des Lebens, dessen wir täglich bedürfen, um hineinzuwachsen ins ewige Leben; sie macht unsern Willen zu einem gefügigen Werkzeug des göttlichen; damit begründet sie das Reich Gottes in uns und gibt uns reine Lippen und ein reines Herz, um Gottes heiligen Namen zu verherrlichen.

So zeigt sich aufs neue, wie *Opferhandlung*, *Opfermahl* und *Gotteslob* im Innersten zusammenhängen. Die Teilnahme am Opfer und Opfermahl macht ja die Seele zu einem lebendigen Baustein der Gottesstadt – ja jede einzelne zu einem Tempel Gottes.

2. Die einsame Zwiesprache mit Gott als Gebet der Kirche

Die einzelne Menschenseele ein Tempel Gottes – das eröffnet uns einen ganz neuen großen Ausblick. Das Gebetsleben Jesu sollte der Schlüssel zum Verständnis des Gebetes der Kirche sein. Wir sahen: Christus hat an dem öffentlichen und verordneten Gottesdienst seines Volkes (d. h. an dem, was man als „Liturgie" zu bezeichnen pflegt) teilgenommen, er hat ihn in die engste Verbindung mit seiner Opferhingabe gebracht und ihm so erst seinen vollen und eigentlichen Sinn – den der Dankeshuldigung der Schöpfung an den Schöpfer – gegeben; eben damit hat er die Liturgie des Alten Bundes in die des Neuen Bundes übergeführt.

[10] Es ist natürlich vorausgesetzt, daß man mit keiner schweren Sünde belastet ist; sonst könnte man ja nicht die heilige Kommunion „im rechten Geist" empfangen.

Aber Jesus hat nicht nur am öffentlichen und verordneten Gottesdienst teilgenommen. Vielleicht noch häufiger als davon berichten die Evangelien von *einsamem* Gebet in der Stille der Nacht, auf freier Bergeshöhe, in der menschenfernen Wüste. Vierzig Tage und Nächte des Gebets gingen der öffentlichen Wirksamkeit Jesu, voraus.[11] Ehe er seine zwölf Apostel auswählte und entsandte, zog er sich zum Gebet in die Bergeseinsamkeit zurück.[12] Durch seine Ölbergstunde bereitete er sich auf den Gang nach Golgotha vor. Was er in dieser schwersten Stunde seines Lebens zum Vater emporrief, ist uns in einigen kurzen Worten offenbart worden. Worte, die uns als Leitsterne gegeben sind für unsere Ölbergstunden. „Vater, wenn du willst, so laß diesen Kelch an mir vorübergehen. Aber nicht mein, sondern dein Wille geschehe!“[13] Sie sind wie ein Blitz, der für einen Augenblick das innerste Seelenleben Jesu vor uns aufleuchten läßt, das unergründliche Geheimnis seines gottmenschlichen Seins und seiner Zwiesprache mit dem Vater. Sicherlich war diese Zwiesprache eine lebenslange, niemals unterbrochene. Christus betete innerlich nicht nur, wenn er sich von der Menge zurückgezogen hatte, sondern auch, wenn er unter den Menschen weilte. Und einmal hat er uns einen langen und tiefen Einblick in diese geheime Zwiesprache gegeben. Es war nicht lange vor der Ölbergstunde, ja unmittelbar vor dem Aufbruch dahin: nach dem Abschluß des letzten Abendmahles, in dem wir die eigentliche Geburtsstunde der Kirche erkannten. „Da er die Seinen geliebt hatte …, liebte er sie bis zum Ende.“[14] Er wußte, daß es das letzte Zusammensein war, und er wollte ihnen noch so viel geben, wie er irgend konnte. Er mußte an sich halten, um nicht mehr zu sagen. Aber er wußte ja, daß sie nicht mehr ertragen konnten, ja daß sie nicht einmal dies Wenige zu fassen vermochten. Es mußte erst der Geist der Wahrheit kommen, um ihnen die Augen dafür zu öffnen. Und nachdem er ihnen alles gesagt und getan hatte, was er ihnen sagen und tun konnte, erhob er die Augen zum Himmel und sprach in ihrer Gegenwart zum Vater.[15] Wir nennen diese Worte das *hohepriesterliche Gebet* Jesu. Denn auch dieses einsame Sprechen mit Gott hatte sein Vorbild im Alten Bunde. Einmal im Jahre, am größten und heiligsten Tag des Jahres: am Versöhnungstag,[16] trat der Hohepriester ins Allerheiligste, vor das Angesicht des Herrn, „um für sich und sein Haus

---

[11] Mt 4,1–2.
[12] Lk 6,12.
[13] Lk 22,42.
[14] Joh 13,1.
[15] Joh 17.
[16] ⟨Edith Stein mag das mit besonderer Anteilnahme geschrieben haben, da sie am Versöhnungstag geboren war (1891 am 12. Oktober), was für sie und ihre Mutter von großer Bedeutung war.⟩

und die ganze Gemeinde Israel zu beten“[17], den Gnadenthron mit dem Blut des jungen Stieres und des Bockes zu besprengen, die er zuvor schlachten mußte, und so das Heiligtum von seinen und seines Hauses Sünden und „von den Verunreinigungen der Söhne Israels und von ihren Übertretungen und von allen ihren Sünden zu entsühnen.[18] Kein Mensch sollte im Zelt sein (d.h. im Heiligen, das vor dem Allerheiligsten lag), wenn der Hohepriester an diesen furchtbar erhabenen Ort der Gegenwart Gottes trat, den niemand außer ihm betrat und er selbst nur zu dieser Stunde; und auch jetzt mußte er Räucherwerk darbringen, „damit die Rauchwolke ... den Spruchthron ... verhülle und er nicht sterbe.“[19] In tiefstem Geheimnis vollzog sich diese einsame Zwiesprache.

Der Versöhnungstag ist das alttestamentliche Vorbild des Karfreitags. Der Widder, der für die Sünden des Volkes geschlachtet wurde, stellte das makellose Gotteslamm dar; (auch wohl jener andere, der durch das Los bestimmt und mit den Sünden des Volkes beladen in die Wüste hinausgetrieben wurde)[20]. Und der Hohepriester aus Aarons Geschlecht ist der Schatten des ewigen Hohenpriesters. Wie Christus beim letzten Abendmahl den Opfertod vorausnahm, so nahm er auch das hohepriesterliche Gebet voraus. Er braucht für sich kein Sündopfer darzubringen, denn er war ohne Sünde. Er braucht nicht die gesetzlich vorgeschriebene Stunde abzuwarten und nicht das Allerheiligste des Tempels aufzusuchen: er steht immer und überall vor Gottes Angesicht, seine eigene Seele ist das Allerheiligste; sie ist nicht nur Gottes Wohnung, sondern wesenhaft, unlöslich mit Gott vereint. Er braucht sich vor dem Herrn nicht durch eine schützende Rauchwolke zu bergen: er schaut in das unverhüllte Antlitz des Ewigen und hat nichts zu fürchten; der Anblick des Vaters wird ihn nicht töten. Und er entsiegelt das Geheimnis des Hohenpriestertums: alle die Seinen dürfen es hören, wie er im Allerheiligsten seines Herzens mit dem Vater spricht; sie sollen erfahren, worum es geht, und sollen lernen, in ihrem Herzen mit dem Vater zu sprechen.[21]

Das hohepriesterliche Gebet des Heilandes offenbart das Geheimnis des *inneren* Lebens: das Ineinander der göttlichen Personen und das Innewohnen Gottes in der Seele. In diesen geheimen Tiefen hat sich in Verborgenheit und Schweigen das Werk der Erlösung vorbereitet und vollzogen; und so wird es sich fortsetzen, bis am Ende der Zeiten wirklich alle zum Einssein vollendet sind. Im ewigen Schweigen des innergöttlichen Lebens wurde der

---

17 Lev 16,17.

18 Lev 16,16.

19 Lev 16,13.

20 ⟨Vgl. dazu Lev 16,8–10.⟩

21 Da mir der vorgeschriebene Umfang der Abhandlung verbietet, das hohepriesterliche Gebet Jesu im Wortlaut hier anzuführen, muß ich die Leser bitten, an dieser Stelle das Johannesevangelium zur Hand zu nehmen und das 17. Kapitel nachzulesen.

Ratschluß der Erlösung gefaßt. In der Verborgenheit des stillen Gemachs von Nazareth kam die Kraft des Heiligen Geistes über die einsam betende Jungfrau und bewirkte die Menschwerdung des Erlösers. Um die schweigend betende Jungfrau geschart, harrte die werdende Kirche auf die verheißene neue Geistausgießung, die sie zu innerer Klarheit und fruchtbarer äußerer Wirksamkeit beleben sollte. In der Nacht der Blindheit, die Gott über seine Augen gelegt hatte, erharrte Saulus in einsamem Gebet die Antwort des Herrn auf seine Frage: Was willst du, daß ich tun soll?[22] In einsamem Gebet wurde Petrus auf die Sendung zu den Heiden vorbereitet.[23] Und so bleibt es durch alle Jahrhunderte. In der stillen Zwiesprache gottgeweihter Seelen mit ihrem Herrn werden die weithin sichtbaren Ereignisse der Kirchengeschichte vorbereitet, die das Angesicht der Erde erneuern. Die Jungfrau, die jedes gottgesandte Wort in ihrem Herzen bewahrte, ist das Vorbild jener lauschenden Seelen, in denen das hohepriesterliche Gebet Jesu immer wieder auflebt. Und Frauen, die gleich ihr sich selbst völlig vergaßen über der Versenkung in das Leben und Leiden Christi, erwählte der Herr mit Vorliebe zu seinen Werkzeugen, um Großes in der Kirche zu vollbringen: eine heilige Brigitta,[24] Katharina von Siena.[25] Und als die heilige Teresa,[26] die machtvolle Reforma-

---

[22] Apg 9.

[23] Apg 10.

[24] ⟨Birgitta (1303 Finstad bei Uppsala – 1373 Rom) wurde mit 13 Jahren mit dem 18jährigen Adelsmann Ulf Gudmarsson, dem späteren Lagmann von Nerike, vermählt, Mutter von acht Kindern. Als Hofmeisterin bei König Magnus Eriksson übte sie bedeutenden Einfluß aus. Schon in ihrer Jugend erlebte sie Visionen, die sie in schwedischer Sprache aufschrieb, gründete 1346 in Vadstena ein Mönchs- und Nonnenkloster, begab sich 1349 nach Rom, wo sie 1370 von Urban V. und 1378 von Urban VI. die Bestätigung ihrer Stiftung, den Ordo Sanctissimi Salvatoris, erreichte. 1391 von Bonifaz IX. heiliggesprochen. (BBKL 1, Sp. 599 f.).1999 zusammen mit Katharina von Siena und Edith Stein von Johannes Paul II. zur Patronin Europas ernannt.⟩

[25] ⟨Caterina Benincasa da Siena (1347 Siena – 1380 Rom) Tertiarin des Dominikanerordens, zeigte schon sehr früh Anzeichen einer außergewöhnlichen Religiosität. Die Kraft ihrer Sprache, die sich in zahlreichen Gebeten und Briefen niederschlug, zog immer mehr Menschen in ihren Bann, so daß sich eine „famiglia" um sie scharte. Mit ihr zog sie durch ganz Italien, stets mit dem Ruf „Pace" auf den Lippen. Sie fühlte sich dazu berufen, die daniederliegende Kirche aufzurütteln und die Geistlichen an ihre Aufgaben zu erinnern, zog 1376 mit einer kleinen Schar nach Avignon und traf während des dreimonatigen Aufenthaltes auch mit Papst Gregor XI. zusammen, der bald darauf nach Rom zurückkehrte. Neben dem *Dialogo della divina provvidenza* sind 381 Briefe und 26 Gebete erhalten, die in ihrer Aussagekraft bis heute beeindrucken. 1461 heilig gesprochen, 1939 Hauptpatronin Italiens (neben Franz von Assisi), am 4. Oktober 1970 Kirchenlehrerin, 1999 Mitpatronin Europas. (BBKL 3, Sp. 1225–1229).⟩

[26] ⟨Teresa von Jesus oder von Ávila (1515 Ávila – 1582 Alba de Tormes), Gründerin des Teresianischen Karmel (Schwestern und Brüder), Verfaßerin zahlreicher Schriften über ihre mystische Erfahrung, 1614 selig-, 1622 heiliggesprochen, 1970 als erste Frau zur Kirchenlehrerin ernannt. Durch die bewußt ausgesuchte Selbstbiographie dieser Heiligen kam Edith Stein im Sommer 1921 zum Entschluß, katholisch zu werden.⟩

torin ihres Ordens in der Zeit des großen Glaubensabfalles, der Kirche zu Hilfe kommen wollte, sah sie das Mittel dazu in der Erneuerung wahren inneren Lebens. Die Kunde von der immer weiter um sich greifenden Abfallsbewegung betrübte sie sehr, „... und wie wenn ich etwas könnte oder wäre, bat ich den Herrn mit vielen Tränen und flehte, er möge diesem großen Übel abhelfen. Es schien mir, ich hätte gern tausend Leben daran gewagt, damit aus den vielen Seelen, welche verlorengingen, nur eine einzige gerettet werden möchte. Weil ich aber sah, daß ich ein Weib und untauglich war, etwas auszurichten, weil ferner mein Verlangen dahin zielte, daß wenigstens einige Seelen recht gut wären, so entschloß ich mich, zu tun, was möglich war, nämlich den evangelischen Räten mit aller möglichen Vollkommenheit zu folgen und zu trachten, daß die wenigen Nonnen, die hier beisammen sind, auf gleiche Weise handelten. ... Ich setzte meine Zuversicht auf die unendliche Barmherzigkeit Gottes, und wir sämtlich wollten in unablässigem Gebet für die, welche die Kirche beschützen, wie für die Prediger und Gelehrten, welche sie verteidigen, unserm Herrn helfen, so gut wir könnten, während seine Verfolger ihn gleichsam von neuem kreuzigen. Ach, liebste Schwestern, helft mir den Herrn bitten; denn zu diesem Zwecke hat er euch hier versammelt, dies ist euer Beruf ..."[27]

Es schien ihr nötig, „daß hier geschehe, was zur Zeit des Krieges geschieht, wenn die Feinde in das ganze Land eingedrungen sind. Da zieht sich nämlich der Fürst des Landes ... in eine Stadt zurück, die er sehr stark befestigen läßt. Von hier aus macht er zuweilen auf die Gegner einen Ausfall; und da die Besatzung der Stadt aus lauter auserlesenen Streitern besteht, so richten diese für sich allein mehr aus, als da sie sich unter vielen feigen Soldaten befanden, und es wird auf diese Weise oftmals der Sieg errungen. ... Aber wozu habe ich dies gesagt? Damit ihr, meine Schwestern, daraus ersehen mögt, um was wir Gott bitten sollen: daß nämlich von den noch guten Christen, die in der Festung sind, keiner zu den Feinden übergehe; daß ferner der Herr die Hauptleute der Festung ..., nämlich die Prediger und Gottesgelehrten, recht sehr fördern möge auf seinem Wege und daß er, weil die meisten davon Ordensleute sind, ihnen seine Gnade verleihe, in der Vollkommenheit, wozu sie berufen sind, große Fortschritte zu machen. ... Sie müssen unter den Menschen leben, mit ihnen verkehren ... und sich mitunter im Äußern sogar den Menschen anbequemen. Und meint ihr, meine Töchter, es gehöre wenig dazu, mit der Welt zu verkehren, in der Welt zu leben, sich mit Weltgeschäften zu befassen ... und dabei doch im Innern der Welt fremd ... zu bleiben, ... nicht wie ein Mensch, sondern wie ein Engel zu sein? Denn wären sie nicht so, dann verdienten sie den Namen Hauptleute nicht, und dann verhüte Gott, daß sie aus ihren Zellen

---

[27] ⟨*Weg der Vollkommenheit* 1,2–5.⟩

heraustreten, weil sie mehr schaden als nützen würden. In jetziger Zeit darf man keine Unvollkommenheiten an denen wahrnehmen, die als Lehrer auftreten müssen. … Denn mit wem haben sie es zu tun als mit der Welt? Diese aber, dessen dürfen sie überzeugt sein, wird keine Unvollkommenheit an ihnen unbeachtet lassen und ihnen nichts verzeihen. Von ihren guten Eigenschaften wird man vieles übersehen, ja es vielleicht nicht einmal für etwas Gutes halten; aber daß man ihnen etwas Fehlerhaftes oder Unvollkommenes nachsehe, das dürfen wir nicht hoffen. Ich wundere mich, wie unterrichtet jetzt die Weltleute in der Vollkommenheit sind, nicht, um sie zu üben … sondern um andere zu tadeln. … Ihr dürft also nicht glauben, es sei zu dem schweren Kampf, in den jene treten, nur eine geringe Hilfe Gottes nötig, vielmehr bedürfen sie einer sehr großen. … Ich bitte euch also um der Liebe des Herrn willen, flehet zu seiner Majestät, daß sie unser Gebet … erhöre. Obwohl armselig, bitte ich doch den Herrn darum, denn es handelt sich hier um seine Ehre und um das Wohl seiner Kirche, und dahin zielen meine Wünsche. … Wenn eure Gebete, eure Wünsche, eure Geißelungen und eure Fasten nicht das Ziel haben, wovon ich gesprochen, so glaubt ja nicht, den Zweck zu erfüllen, zu dem euch der Herr an diesem Ort versammelt hat."[28]

Was gab dieser Ordensfrau, die seit Jahrzehnten in einer Klosterzelle dem Gebet lebte, das glühende Verlangen, etwas für die Sache der Kirche zu wirken, und den scharfen Blick für die Not und die Erfordernisse ihrer Zeit? Eben daß sie im Gebet lebte, daß sie sich vom Herrn immer tiefer hineinziehen ließ ins Innere ihrer „Seelenburg", bis in jenes verborgene Gemach, wo er zu ihr sprechen konnte, „es sei nun Zeit, daß sie fortan sich seiner Angelegenheiten als der ihrigen annehme, er dagegen werde für die ihren Sorge tragen."[29] Darum konnte sie gar nicht mehr anders als „mit Eifer eifern für den Herrn, den Gott der Heerscharen" (Worte unseres heiligen Vaters Elija, die als Wahlspruch in das Ordenswappen aufgenommen wurden).[30] Wer sich dem Herrn rückhaltlos hingibt, den wählt er zum Werkzeug, um sein Reich zu bauen. Er allein weiß, wieviel das Gebet der heiligen Teresa und ihrer Töchter dazu beigetragen hat, Spanien vor der Glaubensspaltung zu bewahren, welche Macht es in den heißen Glaubenskämpfen in Frankreich, in den Niederlanden, im Deutschen Reich entfaltete.

Die offizielle Geschichtsschreibung schweigt von diesen unsichtbaren und unberechenbaren Mächten. Aber das Vertrauen des gläubigen Volkes und

---

[28] A. a. O., Kapitel 3. Die beiden angeführten Stellen werden in unserem Orden regelmäßig zu den Quatembertagen gelesen. *Weg der Vollkommenheit*, übers. von A. Alkofer, S. 34 f.⟩

[29] „Die Seelenburg" (Schriften der heiligen Teresa von Jesus, Bd. IV, Regensburg 1922), 7. Wohnung, Kapitel 2, S. 272. ⟨*7. Wohnung* 2,1.⟩

[30] ⟨1 Kön 17,1.15. In der EÜ mit *„in dessen Dienst ich stehe"* übersetzt.⟩

das lange prüfende und vorsichtig abwägende Urteil der Kirche kennen sie. Und unsere Zeit sieht sich mehr und mehr dahin gedrängt, wenn alles andere versagt, von diesen verborgenen Quellen die letzte Rettung zu erhoffen.

3. Inneres Leben und äußere Form und Tat

In Verborgenheit und Schweigen vollzieht sich das Werk der Erlösung. In der stillen Zwiesprache des Herzens mit Gott werden die lebendigen Bausteine bereitet, aus denen das Reich Gottes erwächst, die auserlesenen Werkzeuge geschmiedet, die den Bau fördern. Der mystische Strom, der durch alle Jahrhunderte geht, ist kein verirrter Seitenarm, der sich vom Gebetsleben der Kirche abgesondert hat – er ist ihr innerstes Leben. Wenn er die überlieferten Formen durchbricht, so geschieht es, weil in ihm der Geist lebt, der weht, wo er will: der alle überlieferten Formen geschaffen hat und immer neue schaffen muß. Ohne ihn gäbe es keine Liturgie und keine Kirche. War nicht die Seele des königlichen Psalmensängers eine Harfe, deren Saiten unter dem leisen Anhauch des Heiligen Geistes erklangen? Aus dem übervollen Herzen der gottbegnadeten Jungfrau strömte das Jubellied des „Magnificat". Der Prophetensang „Benedictus" öffnete die stumm gewordenen Lippen des priesterlichen Greises, als das geheime Engelwort sichtbare Wirklichkeit wurde. Was aus geisterfülltem Herzen aufstieg und sich Ausdruck schuf in Wort und Weise, das pflanzt sich fort von Mund zu Mund. „Divinum officium" ist es, dafür zu sorgen, daß es forttönt von Geschlecht zu Geschlecht. So formt der mystische Strom den vielstimmigen, immer anschwellenden Lobgesang auf den Dreifaltigen Gott, den Schöpfer, Erlöser und Vollender. Darum geht es nicht an, das innere, von allen überlieferten Formen freie Gebet als „subjektive" Frömmigkeit der Liturgie als dem „objektiven" Gebet der Kirche gegenüberzustellen. Jedes echte Gebet ist Gebet der Kirche: durch jedes echte Gebet geschieht etwas in der Kirche, und es ist die Kirche selbst, die darin betet, denn es ist der in ihr lebende Heilige Geist, der in jeder einzelnen Seele „für uns bittet mit unaussprechlichen Seufzern."[31] Eben das ist „echtes" Gebet: denn „niemand kann sagen ‚Herr Jesus' außer im Heiligen Geist."[32] Was wäre Gebet der Kirche wenn nicht die Hingabe der großen Liebenden an den Gott, der die Liebe ist?

Die schrankenlose liebende Hingabe an Gott und die göttliche Gegengabe, die volle und dauernde Vereinigung, das ist die höchste Erhebung des Herzens, die uns erreichbar ist, die höchste Stufe des Gebetes. Die Seelen, die sie erreicht haben, sind wahrhaft das Herz der Kirche: in ihnen lebt die

---

[31] Röm 8,26.
[32] 1 Kor 12,3.

hohepriesterliche Liebe Jesu. Mit Christus verborgen in Gott, können sie nicht anders, als die göttliche Liebe, von der sie erfüllt sind, ausstrahlen in andere Herzen und so mitwirken an der Vollendung aller zur Einheit in Gott, die das große Anliegen Jesu war und ist. So hatte Marie Antoinette de Geuser ihren Beruf verstanden.[33] Sie mußte diese höchste Aufgabe des Christen mitten in der Welt lösen, und ihr Weg ist sicher von vorbildlicher und stärkender Bedeutung für die vielen, die heute sich angetrieben fühlen, durch radikales Ernstmachen in ihrem inneren Leben für die Kirche einzustehen, und denen es nicht beschieden ist, diesem Ruf in der Geborgenheit eines Klosters zu folgen. Die Seele, die auf der höchsten Stufe des mystischen Gebets eingegangen ist in die „ruhevolle Tätigkeit des göttlichen Lebens“, denkt an gar nichts anderes mehr als daran, sich dem Apostolat hinzugeben, zu dem er sie berufen hat.

„Dies ist die Ruhe in der Ordnung und zugleich die von jeder Fessel befreite Tätigkeit. Im Frieden führt die Seele den Streit, weil sie ganz im Sinn der ewigen Ratschlüsse wirkt. Sie weiß, daß der Wille ihres Gottes sich vollkommen erfüllt zu seiner größeren Ehre, denn wenn auch oft der menschliche Wille für die göttliche Allmacht gleichsam Schranken errichtet, so siegt doch die göttliche Allmacht und schafft ein herrliches Werk aus dem Baustoff, der ihr verbleibt. Dieser Sieg der göttlichen Macht über die menschliche Freiheit, die er trotzdem schalten läßt, ist eine der wunderbarsten, anbetungswürdigsten Seiten des göttlichen Weltplans …“[34]

Als Marie Antoinette de Geuser diesen Brief schrieb, war sie der Schwelle der Ewigkeit nahe, nur ein zarter Schleier trennte sie noch von jener letzten Vollendung, die wir das Glorienleben nennen.

In den seligen Geistern, die in die Einheit des innergöttlichen Lebens eingegangen sind, ist alles eins: Ruhe und Tätigkeit, Schauen und Wirken, Schweigen und Reden, Lauschen und Sich-mitteilen liebend-empfangende Hingabe und Ausströmen der Liebe im dankenden Lobgesang. Solange wir noch auf dem Wege sind – und je ferner dem Ziel, um so stärker – unterstehen wir noch dem Gesetze der Zeitlichkeit und sind darauf angewiesen, daß im Nacheinander und in wechselseitiger Ergänzung der vielen Glieder das göttliche Leben mit seiner Fülle in uns Wirklichkeit werde. Wir bedürfen der Stunden, in denen wir schweigend lauschen und das göttliche Wort in uns wirken lassen, bis es dahin drängt, im Opfer des Lobes und im Opfer der Tat fruchtbar zu werden. Wir bedürfen der überlieferten Formen und der Teilnahme am öffentlichen und verordneten Gottesdienst, damit das innere

---

33 ⟨1889 Le Havre – 1918 ebenda. Siehe zu ihr R. Plus, *„Consummata“*.⟩

34 Marie de la Trinité, *Lettres de „Consummata“ à une Carmelite.* Carmel d'Avignon, 1930, Brief vom 27. September 1917 (Deutsch als „Briefe in den Karmel“, Pustet, Regensburg 1934, S. 263 ff. ⟨Siehe Edith Steins Rezension, unten S. 211–216.⟩

Leben geweckt und in den rechten Bahnen bewahrt bleibe und damit es einen angemessenen Ausdruck finde. Das feierliche Gotteslob muß seine Heimstätten auf Erden haben, wo es zur höchsten Vollendung ausgebildet wird, deren Menschen fähig sind. Von hier aus kann es für die ganze Kirche zum Himmel aufsteigen und auf die Glieder der Kirche einwirken: inneres Leben wecken und zum äußeren Einstimmen aneifern. Aber es muß von innen her belebt sein dadurch, daß auch an diesen Stätten der schweigenden Vertiefung Raum gegönnt wird. Sonst würde es zu starrem und totem Lippendienst entarten.[35] Und den Schutz gegen diese Gefahr gewähren die Heimstätten des inneren Lebens, wo die Seelen in Einsamkeit und Schweigen vor Gottes Angesicht stehen, um im Herzen der Kirche die alles belebende Liebe zu sein.[36]

Der Weg zum inneren Leben aber wie zu den Chören der seligen Geister, die das ewige „Sanctus“ singen, ist Christus. Sein Blut ist der Vorhang, durch den wir ins Allerheiligste des göttlichen Lebens eintreten. In der Taufe und im Sakrament der Buße reinigt es uns von Sünde, öffnet die Augen für das ewige Licht, öffnet die Ohren zum Vernehmen des göttlichen Wortes und die Lippen zum Lobgesang, zum Gebet der Sühne, der Bitte, des Dankes, die alle nur verschiedene Formen der Anbetung sind, d.h. der Huldigung des Geschöpfs vor dem Allmächtigen und Allgütigen. Im Sakrament der Firmung bezeichnet und stärkt es den Streiter Christi zum freimütigen Bekenntnis. Vor allem aber ist es das Sakrament, in dem Christus selbst gegenwärtig ist, das uns zu Gliedern seines Leibes macht. Indem wir am Opfer und Opfermahl teilnehmen, mit Jesu Fleisch und Blut genährt werden, werden wir selbst sein Fleisch und Blut. Und nur, wenn und soweit wir Glieder seines Leibes sind, kann sein Geist uns beleben und in uns herrschen: „… der Geist ist es, der belebt; denn der Geist macht die Glieder lebendig; doch nur die Glieder macht er lebendig, die er in eben dem Leibe, den der Geist belebt, vorfindet. … Nichts muß also der Christ so fürchten wie die Trennung vom Leibe Christi. Denn wenn er vom Leibe Christi getrennt wird, dann ist er nicht mehr sein Glied: wenn er nicht mehr sein Glied ist, wird er nicht mehr von seinem Geist belebt. …“[37] Glieder des Leibes Christi

---

[35] „… es gibt eine Anbetung im Innern …, die Anbetung im Geist, die den Tiefen des Wesens, in seinem Verstand und seinem Willen lebt; es ist die wesenhafte, vorzügliche Anbetung, ohne welche die äußere ohne Leben bleibt.“ („*O mein Gott, Dreifaltiger, den ich anbete.*“ Gebet der Schwester Elisabeth von der Heiligsten Dreifaltigkeit, Karmelitin, erläutert von Dom Eugène Vandeur O.S.B., Regensburg 1931, S. 23).

[36] ⟨Anklänge an Therese von Lisieux, die schreibt: *„Im Herzen der Kirche, meiner Mutter, werde ich die Liebe sein“* (T. Martin, *Selbstbiographische Schriften*, 200 f.⟩

[37] St. Augustinus (Tract. 27 in Joannem; Römisches Brevier, 3. Tag in der Fronleichnamsoktav, 8. und 9. Lesung). ⟨CC, *Aurelii Augustini Tractatus* XXVII 6 (S. 272). Ich danke M. Wernicke OSA für diesen Hinweis.⟩

aber werden wir „nicht nur durch die Liebe ..., sondern in aller Wirklichkeit durch Einswerden mit seinem Fleisch: denn das wird bewirkt durch die Speise, die er uns geschenkt hat, um uns sein Verlangen nach uns zu beweisen. Deshalb hat er sich selbst in uns eingesenkt und seinen Leib in uns hineingestaltet, damit wir Eines seien, wie der Leib mit dem Haupt zusammengefügt ist ...“[38]. Als Glieder seines Leibes, von seinem Geist beseelt, bringen wir uns „durch ihn, mit ihm und in ihm“ zum Opfer dar und stimmen ein in die ewige Danksagung. Darum läßt uns die Kirche nach dem Empfang des heiligen Mahles sprechen: „Mit so großen Gaben gesättigt, bitten wir, Herr, verleihe, daß die Gaben, die wir empfangen, zum Heil uns seien und daß niemals von deinem Lobe wir lassen.[39]

[38] St. Johannes Chrysostomus (Homilia 61 ad populum Antioch., a. a. O., 4. Lesung). ⟨Aus der Ausgabe *Joannis Chrysostomi ... ad populum Antiochenum Homiliae LXXX*. Basel 1525 und Antwerpen 1552. Dieser Text gilt heute als pseudo-johanneisch. Hinweis von C. Müller vom Zentrum für Augustinus-Forschung in Würzburg.⟩

[39] Römisches Meßbuch, Postkommunion zum 1. Sonntag nach Pfingsten.

Teil II
Texte zu Geschichte und Persönlichkeiten des Karmel

1.
Liebe um Liebe
Leben und Werk der heiligen Theresia von Jesus
(1934)

Im ESAK befindet sich ein Ms Edith Steins mit dem Titel *Liebe um Liebe. Leben und Werk der heiligen Theresia von Jesus* (Signatur A 04-71). Es besteht aus 67 Blättern im Format DIN A 4, die zum Format DIN A 5 gefaltet sind, dazu noch aus fünf Einzelblättern in diesem Format. Dabei handelt es sich um die Rückseiten eines Maschinen-Durchschlags der Übersetzung *Des heiligen Thomas von Aquino Untersuchungen über die Wahrheit.*

Im ESAK befindet sich eine Maschinen-Abschrift (Signatur A 04-72), die offensichtlich für den Verlag gedacht war. Edith Steins Titel ist durchgestrichen und durch *Theresia*[1] *von Jesus* ersetzt, und so ist es in den vier Auflagen auch erschienen. Von einer fremden Hand wurde der Name der Autorin angegeben: Sr. Ter.[2] Benedicta a Cruce (Dr. E.[3] Stein) O.C.D. Die Niederschrift begann sie am 2. Februar 1934, doch da Edith Stein am 15. April 1934 eingekleidet wurde, kam das Büchlein unter ihrem Ordensnamen heraus.

Auf einem auf das erste Blatt geklebten Zettel hat Edith Stein handschriftlich die Seitenzahlen der Maschinen-Abschrift angegeben, auf denen von ihr Kürzungen angegeben wurden.

Veröffentlichungen:
- In der Reihe *Kleine Lebensbilder*, Nr. 84, Kanisiuswerk, Freiburg (Schweiz), 1934; [2.3]1952; [4]1965 (16.–20. Tausend);[4]
- W. Herbstrith (Hg.), *Edith Stein. Wege zur inneren Stille,* Aschaffenburg 1978, 121–173.
- 1987 ESW XI, 40–88.

---

[1] In der Maschinen-Faßung heißt es *Teresia;* eine fremde Hand hat ein *h* (in deutscher Schrift) eingefügt.

[2] Von Edith Stein auf *Teresia* ergänzt.

[3] Von Edith Stein Dr. E. durchgestrichen und *Edith* darüber geschrieben.

[4] In einem Brief an Petra Brüning vom 17. Oktober 1934 erwähnt Edith Stein diese Schrift (SBB I, ESGA 2, Br. 342): „Ich darf Ihnen das Theresienbüchlein schicken, das ich unserer lieben Mutter zum Namenstag schrieb und das jetzt – allerdings grausam gekürzt – erschienen ist“.

Liebe um Liebe

Leben und Werk der heiligen Theresia von Jesus

Text

Inhalt:

Vorwort

Gestern hatten wir in unserer Klosterkirche die Feier des Ewigen Gebets. Von früh um sechs bis abends um zehn schart sich an solchen Tagen die treue Gemeinde, die unserem Karmel anhängt, um den Altar, singend und betend; dann wird die Kirche geschlossen, und während der Nacht halten die Schwestern abwechselnd im Chor Wache vor dem Allerheiligsten. Während draußen der tolle Wirbel des Karnevals die Menschen in Rausch und Taumel versetzt,[5] während der politische Kampf die Geister scheidet und harte Not die Gemüter so niederdrückt, daß viele es verlernen, den Blick zum Himmel zu erheben, sind an solchen stillen[6] Stätten des Gebets die Herzen dem Herrn geöffnet: für die Kälte, die Verachtung, die Ihm draußen widerfährt, bieten sie Ihm ihre warme Liebe als Ersatz; für die Beleidigungen, die das göttliche Herz täglich und stündlich erdulden muß, wollen sie ihm Sühne leisten; durch ihr beharrliches Flehen ziehen sie Gottes Gnade und Barmherzigkeit auf die in Sünden und Not versunkene Menschheit herab. In unserer Zeit, in der sich die Ohnmacht aller natürlichen Mittel zur Bekämpfung des alle Länder niederdrückenden Elends so sichtbar erwiesen hat, ist wieder ein ganz neues Verständnis für die Kraft des Gebetes, der Sühne und der[7] stellvertretenden Genugtuung erwacht. Daher der Zudrang des gläubigen Volkes zu den Stätten des Gebetes, daher auch das allenthalben aufflammende Verlangen nach beschaulichen Klöstern, deren[8] ganzes Leben dem Gebet und der Sühne gewidmet ist. So wird auch von dem stillen Karmel, der noch vor einigen Jahren ein nur wenigen bekanntes Land war, auf einmal an allen Ecken und Enden gesprochen. In[9] den verschiedensten Landesteilen ist der Wunsch nach Neugründungen aufgetaucht. Man fühlt sich fast zurückversetzt in die Zeit, da unsere heilige Mutter Theresia, die Stifterin des reformierten Karmel, Spanien von Norden nach Süden und von Westen nach Osten durchzog,[10] um neue Weinberge des Herrn zu pflanzen.[11] Man möchte etwas vom Geist dieser großen Frau, die in einem Jahrhundert der Kämpfe und Wirren eine wunderbare Aufbauarbeit geleistet hat, auch in unsere Zeit hineintragen. Möge sie selbst ihren Segen dazu geben, daß dieses

---

[5] ⟨Rosenmontag, Höhepunkt des Kölner Karnevals, war 1934 am 12. Februar.⟩

[6] ⟨*stillen* zwischen den Zeilen ergänzt.⟩

[7] ⟨*Sühne und der* zwischen den Zeilen ergänzt.⟩

[8] ⟨*Gebet* durchgestrichen.⟩

[9] ⟨Ursprünglich *Aus.*⟩

[10] ⟨Teresa hat außer ihrem ersten Karmel San José in Ávila 1562 von 1567 bis 1582 noch weitere 15 Klöster gegründet.⟩

[11] ⟨In einer alten Antiphon wird im Karmel gebetet: *Heilige Mutter Teresa, blick herab vom Himmel und siehe und besuche diesen Weinberg, den deine Rechte gepflanzt hat.*⟩

kleine Bild ihres Lebens und Wirkens[12] wenigstens einige Strahlen ihres[13] Geistes aufnehmen könne[14] und in die Herzen der Leser hineintrage; dann würde wohl der Wunsch erwachen, sie aus den Quellen – aus dem reichen Schatze ihrer eigenen Werke – näher kennen zu lernen; und wer erst einmal gelernt hat, aus diesen Quellen zu schöpfen, der wird nicht müde werden, sich immer wieder Mut und Kraft daraus zu holen.

* * *

Karmel Köln-Lindenthal, Mariä Lichtmeß 1934.

1. Kapitel
Heimat und Elternhaus

Im Jahrhundert der Glaubenskämpfe, der großen Kirchenspaltung hat Theresia ihre Wirksamkeit entfaltet, als Volks- und Zeitgenossin und Geistesverwandte des großen Glaubensstreiters St. Ignatius von Loyola.[15] Als sie zur Welt kam, waren erst etwa[16] zwanzig Jahre verflossen, seit die letzten Mauren aus Spanien vertrieben waren[17] und die ganze Halbinsel im katholischen Glauben geeint wurde. Acht Jahrhunderte unablässiger Kämpfe zwischen Kreuz und Halbmond lagen hinter dem spanischen Volke. In diesen Kämpfen war es zu einem Heldenvolk, zu einer Heerschar Christi des Königs herangeblüht.[18] Theresias engere Heimat, das alte Königreich Kastilien, war die feste Burg, von der aus das Kreuz in zähem Ringen allmählich nach Süden vorgetragen wurde; die kastilischen Ritter bildeten die Kerntruppe des Glaubensheeres. Aus einem solchen Heldengeschlecht stammt die kühne Gottesstreiterin. Eine auf Felsen gebaute Stadt, die Festung Ávila – „Ávila der Heiligen" genannt – war ihre Vaterstadt.[19] Von altem Adel waren die

---

[12] ⟨*ihres Lebens und Wirkens* am Rand ergänzt.⟩

[13] ⟨Ursprünglich *dieses.*⟩

[14] ⟨*könne* zwischen den Zeilen ergänzt.⟩

[15] ⟨Ignatius von Loyola (Iñigo López Oñaz y Loyola): Hl. (1491 Azpeitia – 1556 Rom), Gründer der Gesellschaft Jesu.⟩

[16] ⟨An Stelle von *erst etwa* ursprünglich *noch nicht.* Es waren seit ihrer Geburt 1515 genau 23 Jahre vergangen, seitdem im Jahre 1492 die letzten Mauren besiegt waren und somit die religiöse Einheit des Landes wiederhergestellt war, die durch den Einfall der Mauren 711 zerstört worden war.⟩

[17] ⟨*waren* zwischen den Zeilen ergänzt.⟩

[18] ⟨Ursprünglich *herangereift.*⟩

[19] ⟨Anspielung auf die noch heute erhaltenen und imposanten Stadtmauern von Ávila mit einer Länge von 2,5 km, 88 halbrunden Türmen und neun Toren.⟩

Eltern, Alonso Sánchez de Cepeda[20] und seine zweite Gemahlin, Beatriz de Ahumada. Nach der Sitte ihrer Zeit und ihres Landes wurde sie mit dem Namen der Mutter Theresia de Ahumada genannt.[21] Als sie in der Morgenfrühe des 28. März 1515 das Licht erblickte,[22] lud gerade die Glocke des neuerbauten Karmelitinnenklosters die Gläubigen zu einer großen Feier: zur Einweihung ihrer Kapelle.[23] Es war das Haus, das später für Jahrzehnte ihre Heimat werden sollte, in dem der Herr das Gefäß seiner Erwählung zu bilden gedachte.[24] Theresia war das sechste Kind ihres Vaters, das dritte ihrer jungen Mutter, die eine Tochter und zwei Söhne aus der ersten[25] Ehe ihres Gatten übernommen hatte.[26] Zu diesen fünf älteren kamen später noch sechs jüngere Geschwister.[27] Alonso von Cepeda war ein Mann von tiefer Frömmigkeit und strenger Tugend, sorgfältig überwachte er die Erziehung seiner Kinder[28], suchte ihnen jeden schädlichen Einfluß fernzuhalten, leitete sie zu allem Guten an und bot[29] ihnen selbst das beste Vorbild eines ernsten Christenlebens. Die zarte Donna[30] Beatriz, sanft und demütig, früh kränkelnd und in der Erziehung der großen Kinderschar auf die Hilfe ihrer Stieftochter Maria angewiesen, war von inniger Frömmigkeit; in den Herzen der Kinder, die an ihrem Leben teilnahmen, erblühte wie von selbst die Gottesliebe und die Liebe zum Gebet.

---

[20] ⟨Seit 1946 wissen wir, daß Teresas Vater aus einer Familie von Conversos, d. h. konvertierter Juden, stammt, die diesen gesellschaftlichen Makel durch einen gekauften und dank Zeugenbestechung gerichtlich bestätigten Adelstitel zu verschleiern versuchte; offiziell gehörte Teresa damit dem niederen Adel an (keineswegs, wie bis heute gelegentlich behauptet wird, dem Hochadel).⟩

[21] ⟨Keines der zahlreichen Kinder Don Alonsos übernahm seinen Nachnamen, aber nicht, weil das die Sitte ihres Landes und ihrer Zeit so erforderte, sondern um den durch die jüdische Vergangenheit des Vaters belasteten Namen zu vermeiden.⟩

[22] ⟨Don Alonso de Cepeda, Teresas Vater, überliefert es uns so: *„Am Mittwoch, dem achtundzwanzigsten März des Jahres fünfzehnhundert fünfzehn /1515/ um fünf Uhr früh, mehr oder weniger (es war ja schon fast Tagesanbruch an jenem Mittwoch), wurde meine Tochter Teresa geboren.“* (TyV 23).⟩

[23] ⟨Die Kapelle des Menschwerdungsklosters wurde am 2. April 1515, Teresas Tauftag, eingeweiht.⟩

[24] ⟨Teresa weilte – abgesehen von einigen Abwesenheiten – von 1535 bis Ende 1562 und von 1571 bis 1574 im Kloster der Menschwerdung.⟩

[25] ⟨Ursprünglich *aus erster.*⟩

[26] ⟨Teresas Vater hatte 1505, zwanzigjährig, Catalina del Peso geheiratet und mit ihr zwei (nicht drei) Kinder gehabt. Nachdem sie 1507 gestorben war, feierte der Don Alonso 1529 von neuem Hochzeit, diesmal mit der erst 14jährigen Beatriz de Ahumada, die in den ihr noch verbleibenden 19 Jahren zehn Kinder auf die Welt brachte; davon war Teresa das dritte. Sie schreibt selbst: *„Wir waren drei Schwestern und neun Brüder“* (*Leben* 1,3).⟩

[27] ⟨Nach Teresa hatte Don Alonso noch sieben Kinder.⟩

[28] ⟨*seiner Kinder* zwischen den Zeilen ergänzt.⟩

[29] ⟨Ursprünglich *war.*⟩

[30] ⟨Für *Doña.*⟩

2. Kapitel
Kindheit und Jugend

Mit glühender Liebe und Verehrung schloß sich das feurige Herz der kleinen Theresia an ihre edlen Eltern, mit herzlicher Vertraulichkeit an ihre Geschwister an. Ihre liebsten Gefährten mußten zunächst die Brüder sein; die ernste Maria, mit den Pflichten der Ältesten belastet, kam als Kameradin weniger in Betracht, und Johanna, das Nesthäkchen, war um viele Jahre jünger. Der Vertraute ihrer Kinderjahre wurde *Rodriguez*, der um vier Jahre älter war als sie.[31] Die frommen Erzählungen der Mutter, die erste Lektüre haben in der kleinen Spanierin einen heiligen Eifer entzündet. Trotz ihrer Lebhaftigkeit und Freude an fröhlicher Gesellschaft zieht sie sich gern in einen stillen Winkel des Gartens zurück, um einsam zu beten. Es macht ihr Freude, den Armen Almosen zu geben. Und eines Tages weiht die Siebenjährige[32] ihren Lieblingsbruder in einen geheimen Plan ein, den sie sich ausgedacht hat. Sie selbst erzählt darüber in ihrer Lebensbeschreibung: „Wir lasen zusammen das Leben der Heiligen. Wenn ich sah, welche Qualen die Märtyrer für Gott erduldeten, fand ich, daß sie um geringen Preis das Glück der Anschauung Gottes sich erworben, und ich brannte vor Verlangen, gleichen Todes zu sterben."[33] Vom Wunsch zu Entschluß und Tat war[34] es bei ihr nicht weit, und ihr Bruder wurde von ihrer Begeisterung angesteckt.[35] „Wir beschlossen, in das Land der Mauren zu reisen, um uns die Köpfe abschlagen zu lassen. Mir schien es, Gott gab uns trotz unseres zarten Alters genügende Kraft,[36] um unseren Plan auszuführen. Was uns am schwersten fiel, war die Trennung von den Eltern."[37] Aber der Gedanke an die ewige Freude siegte über den Trennungsschmerz. „Ewig! O Rodriguez, bedenke es wohl, die Märtyrer schauen Gott ewig; wir müssen Märtyrer werden."[38] Gleich am nächsten Morgen machten sie sich heimlich auf den Weg. Aber sie kommen nicht weit. Sie sind glücklich durch das Stadttor entschlüpft;

---

[31] ⟨Rodrigo war 1513/1514 geboren und von daher nur ein bis zwei Jahre älter als Teresa. Hier wie weiter unten schreibt Edith Stein Rodr[í]guez, was eigentlich der von Rodrigo abgeleitete Geschlechtsname ist.⟩

[32] ⟨Statt *die Siebenjährige* ursprünglich *sie.*⟩

[33] ⟨*Leben* 1,4.⟩

[34] ⟨Ursprünglich *ist.*⟩

[35] ⟨Ursprünglich *ist … worden.*⟩

[36] ⟨Ursprünglich *„… die Kraft, trotz unseres zarten Alters …"*⟩

[37] ⟨Teresa schreibt hier: *„Doch Eltern zu haben, schien uns dabei das größte Hindernis zu sein"* (*Leben* 1,4).⟩

[38] ⟨Teresas Text lautet so: *„Es beeindruckte uns sehr, wenn es in dem, was wir lasen, hieß, daß Pein und Herrlichkeit für immer andauern sollten. Es geschah immer wieder, daß wir viel Zeit mit Gesprächen darüber zubrachten, und es gefiel uns, oftmals zu sagen: für immer, für immer!"* (*Leben* 1,4).⟩

aber bald darauf begegnet ihnen ein Oheim und führt die kleinen Flüchtlinge zu den Eltern zurück. Man hat sie bereits vermißt und empfängt sie mit Vorwürfen. „Ich ging fort", entgegnet Theresia, „weil ich Gott sehen will, und weil man, um ihn zu sehen, erst sterben muß."[39] Heftig schmerzt es sie, daß ihr schöner Plan gescheitert ist. Ihr Eifer läßt nicht nach. Sie baut mit Rodriguez Einsiedeleien im Garten, sie spielt mit Vorliebe mit ihren Freundinnen Klosterleben, sie setzt ihre ausgedehnten Andachtsübungen fort.

Einen tiefen Einschnitt in Theresias Jugendleben bedeutete der frühe Tod der Mutter. Sie war damals dreizehn Jahre alt.[40] Sie selbst berichtet darüber: „Ich warf mich verzweifelnd vor einem Bild der Mutter Gottes nieder. Ich beschwor die Heilige Jungfrau unter vielen Tränen, meine Mutter zu werden. Dieses mit der Einfalt eines Kindes verrichtete Gebet wurde erhört. Seit dieser Stunde betete ich zur Heiligen Jungfrau niemals vergeblich."[41] Das junge Menschenkind ahnte wohl, daß es eines besonderen Schutzes bedurfte, da es die Mutter gerade zu einer Zeit verlor, in der sie ihm besonders nötig war. Theresia war zu einer jugendlichen Schönheit herangeblüht. Schwarze Locken umgaben ihre weiße Stirn; leuchtende dunkle Augen verrieten die Glut ihrer Seele; Gang und Haltung waren von natürlicher Anmut und Würde.[42] Die Lebhaftigkeit ihres Geistes, ihre[43] bezaubernde Liebenswürdigkeit gaben ihr im geselligen Verkehr einen Reiz, dem sich kaum jemand entziehen konnte. Die Gefahren, die in diesen Naturgaben an sich schon lagen, wurden verstärkt durch eine Neigung, die noch zu Lebzeiten der Mutter in dem jungen Mädchen erwacht war. Donna[44] Beatriz, die durch ihre Leiden beständig ans Haus gefesselt war, hatte gern etwas Zerstreuung in Ritterromanen gesucht und war schwach genug, auch ihren Kindern die Lektüre zu gestatten, obwohl das nicht den Absichten des Vaters entsprach.[45] Nach ihrem Tode überließ sich Theresia ungehemmt ihrer Leidenschaft und verschlang ein Buch nach dem andern, Tag und Nacht brachte sie damit zu. Die Romane jener Zeit sind heute vergessen,[46] aber wir

[39] ⟨Dieser Satz steht so nicht bei Teresa.⟩

[40] ⟨Teresa schreibt: *„Ich erinnere mich, daß ich kaum weniger als zwölf Jahre alt war, als meine Mutter starb"* (*Leben* 1,7). Tatsächlich war sie fast vierzehn Jahre alt.⟩

[41] ⟨*Leben* 1,7. Es war die *Virgen de la Caridad*, die damals in der St. Segundo Kapelle verehrt wurde, heute in der Kathedrale zu Ávila steht.⟩

[42] ⟨Es gibt keine historisch verbürgte Beschreibung des Aussehens Teresas.⟩

[43] ⟨Ursprünglich *die.*⟩

[44] ⟨Für *Doña.*⟩

[45] ⟨*Leben* 2,7. ⟩

[46] ⟨Einige sind durchaus noch bekannt und inzwischen z. T. wieder neu aufgelegt, wie *Amadís de Gaula, Esplandián, Florisandro,* usw. Francisco de Ribera, 1590 Teresas erster Biograph, berichtet sogar, daß sie zusammen mit ihrem Bruder Rodrigo einen solchen Roman verfaßt habe. (TyV 52).⟩

kennen ihren Charakter aus der großartigen Satire, die sie und ihre Wirkungen für alle Zeiten an den Pranger gestellt hat, aus Cervantes' Don Quijote. Der „Ritter von der traurigen Gestalt", der Windmühlen für Riesen hält und die Bauernmagd für eine Prinzessin, ist das Opfer jener phantastischen Zerrbilder des wirklichen Lebens.[47] Auch Theresias lebhafte Einbildungskraft wurde von diesen bezaubernden Schilderungen ritterlicher Heldentaten berauscht; ihre Farbenpracht ließ den zarten Reiz der frommen Legenden aus der Kinderzeit verblassen. Mit bitterer Reue hat sie selbst später auf diese jugendlichen Verirrungen zurückgesehen. „O wie ich jetzt leide, wenn ich bedenke, wie ich das Sehnen meiner Kindheit vergaß! Mein Gott, da Du anscheinend beschlossen hast, mich zu retten, so möge es Deiner Herrlichkeit gefallen, es zu tun. ... Weshalb mußte diese Seele, welche Du zu Deiner trauten Wohnung erwählen und mit Gnaden überhäufen solltest, sich also beflecken? Tief schmerzt es mich, es zu wiederholen, denn ich weiß wohl, an mir allein lag die Schuld. Du, o Herr, ließest nichts seit meinem frühesten Alter unversucht, mir die Augen zu öffnen."[48]

Es war nicht erstaunlich, daß das junge Mädchen begann, sich mit den Heldinnen ihrer geliebten Romane zu vergleichen. „Es kam die Stunde, da ich die natürlichen, mir vom Himmel verliehenen Gaben zu begreifen verstand. ... Bald fand ich Geschmack an schöner Kleidung; ich wollte schön geputzt erscheinen; ich verwandte viel Sorgfalt auf meine Hände und meine Haare; ich nahm meine Zuflucht zu allen Wohlgerüchen und allen Schönheitsmitteln, die ich mir verschaffen konnte. Ich liebte peinliche Sauberkeit über alles. In meinem Herzen hatte ich zwar dabei gar keine unlautere Absicht, und um alles in der Welt wollte ich bei niemandem den Gedanken aufkommen lassen, Gott hierdurch zu beleidigen."[49] An Bewunderern fehlte es der jungen Schönheit nicht. Fremden jungen Leuten gestattete allerdings der strenge Vater keinen Zutritt. Aber Vettern gleichen Alters durften im Hause verkehren. „Sie hatten mich gern, und wir verbrachten die Zeit miteinander. Ich ließ sie reden, was sie wollten. Ich belebte ihre Unterhaltung und fand, um ihnen Freude zu machen, Gefallen an ihren Zukunftsträumen, an ihren kindlichen Verkehrtheiten und anderen nichtigen Dingen. Das Ärgste aber war, daß ich Gefühle und Neigungen kennenlernte, die in der[50] Folge mein Unglück werden sollten."[51] Besonders unheilvoll war der Einfluß

[47] ⟨Miguel de Cervantes (1547 Alcalá de Henares – 1616 Sevilla), verfaßt mit seinem *Don Quijote* 1605 bzw. 1615 das bedeutendste Werk der spanischsprachigen Literatur.⟩

[48] ⟨*Leben* 1,7 f.⟩

[49] ⟨*Leben* 2,2.⟩

[50] ⟨Ursprünglich *später*.⟩

[51] ⟨*Leben* 2,2.⟩

einer jungen Verwandten. „Sie war so leichtfertig, daß meine Mutter, als hätte sie die schlimmen Folgen geahnt, alles aufbot, sie von mir zu entfernen[52]. Doch es war vergeblich. Sie kam immer wieder unter diesem oder jenem Vorwand. Bald wurden wir innig vertraut. Wir unterhielten uns immer. Sie machte mir Freuden, so viel ich wünschte, ließ mich an den ihren teilnehmen und vertraute mir ihre Geheimnisse und Eitelkeiten an. Ich konnte mich an ihr nicht satt hören. Ich zählte, glaube ich, etwas über vierzehn Jahre, als sich unsere unheilvolle Freundschaft anknüpfte. Mir scheint, ich habe in dieser meiner ersten Lebensperiode keine einzige Todsünde begangen. Was mich rettete, war die Furcht Gottes und, ich muß es sagen, die noch größere Furcht, meine Ehre zu beflecken; denn sie ging mir über alles, und nichts in der Welt, kein irdisches Gut hätte meinen Entschluß, sie rein zu bewahren, wankend machen können."[53] Immerhin war die Wirkung tiefgehend genug. „Diese Freundschaft veränderte mich so sehr, daß von meiner guten Natur bald nichts mehr übrig blieb. Meine Verwandte und eine ebenso leichtfertige Freundin von ihr schienen mir den Leichtsinn ihres Charakters eingeprägt zu haben."[54] Der Vater und die ältere Schwester, die mit mütterlicher Sorge die jüngeren Geschwister betreute, sahen mit ernster Besorgnis die Umwandlung und kamen zu einem einschneidenden[55] Entschluß. Als Maria[56] das väterliche Haus verließ, um einem frommen Edelmann als Gattin in sein Haus zu folgen, übergab Don Alonso seinen Liebling dem Augustinerinnenkloster[57] zur Erziehung. Plötzlich und ohne Abschied verschwand sie aus dem frohen Kreis, dessen Mittelpunkt sie gewesen war.[58]

3. Kapitel
Der Klosterzögling

Das Kloster Unserer Lieben Frau zur Gnade stand in Ávila in hohem Ansehen. Die ersten Familien der Stadt vertrauten ihm ihre Töchter an. Theresia kam sich in den ersten Tagen hinter den Klostermauern wie im Gefängnis vor. Dazu erwachte in der Einsamkeit bald eine heftige Reue über die ver-

---

52 ⟨Ursprünglich *fernzuhalten.*⟩

53 ⟨*Leben* 2,3.⟩

54 ⟨*Leben* 2,4.⟩

55 ⟨Für *ernsten.*⟩

56 ⟨María de Cepeda, Don Alonsos älteste Tochter, heiratete im Januar 1531 Martín Guzmán y Barrientos. (TyV 50f.).⟩

57 ⟨Santa María de Gracia en Ávila, 1508 gegründet. (TyV 54–57).⟩

58 ⟨Siehe *Leben* 2,6f. Das war im Juni 1531 (TyV 56).⟩

gangenen Monate; sie wurde von Gewissensqualen gepeinigt. Aber dieser schmerzliche Zustand währte nicht lange; sie fand ihre Seelenruhe wieder und war auch schnell in das Pensionatsleben eingewöhnt. Mit dankbarer Liebe schloß sie sich an die Pensionatsleiterin an, Maria Briceño, eine heiligmäßige Klosterfrau und hervorragende Erzieherin. „Unter den Klosterfrauen befand sich eine, welche bestimmt war, ganz besonders die Zöglinge zu beaufsichtigen. Ihr Bett stand in unserm Schlafsaal. Sie war es, welche Gott dazu bestimmte, mir die Augen zu öffnen. Ihre Unterhaltung erschien mir wohltuend. Sie sprach so schön von Gott! Ich hörte sie gern. Sie erzählte mir, wie sie bei Lesung der Worte des Evangeliums[59]: Viele sind berufen, aber wenige auserwählt,[60] den Beschluß faßte, die Welt zu verlassen. Sie schilderte mir auch die Freuden, welche Gott jenen aufbewahrt, die aus Liebe zu ihm alles verlassen. Während ich sie anhörte, vergaß ich die letzten Erinnerungen an die Vergangenheit; ich fühlte den Gedanken, das Sehnen nach ewigen Dingen in mir erwachen. Meine so große Abneigung gegen das Klosterleben schwand mehr und mehr ..."[61]

„Ich blieb in diesem Kloster nur ein und ein halbes Jahr, doch hatte ich große Fortschritte im Guten dort gemacht. Ich beschwor die Klosterfrauen um ihr Gebet zu Gott: Er möchte mir jene Lebensweise anweisen, in welcher ich Ihm am besten dienen könnte. Im Herzen bangte es mir, es könne der Klosterberuf sein; wiewohl ich auch vor dem Ehestand Furcht empfand.[62] Dennoch wandten sich meine Neigungen gegen Ende des Aufenthalts im Kloster mehr und mehr dem Ordensleben zu. Da ich mich jedoch einigen Übungen in diesem Kloster nicht gewachsen glaubte,[63] so konnte ich mich für dieses Kloster nicht entscheiden. Zudem hatte ich eine liebe Freundin in einer andern Klostergemeinde. Ein Haus zu wählen, wo ich bei jener sein konnte, war für mich ein ausschlaggebender Gedanke. Ich erwog weniger das Heil meiner Seele als die Neigungen meiner Natur. Diese guten Gedanken, Klosterfrau zu werden, tauchten ab und zu auf, schwanden aber wieder, ohne daß ich einen entscheidenden Entschluß fasste ..."[64]

[59] ⟨*des Evangeliums* am Rand ergänzt.⟩
[60] ⟨Vgl. Mt 22,14.⟩
[61] ⟨*Leben* 2,9; 3,1.⟩
[62] ⟨Angesichts des Lebensschicksals ihrer Mutter gut verständlich.⟩
[63] ⟨Teresa schreibt: *„... weil sie dort, wie ich später verstand, großartige Tugendübungen hatten, die mir aber damals allzu übertrieben vorkamen."* (*Leben* 3,2).⟩
[64] ⟨*Leben* 3,2.⟩

4. Kapitel
Berufsentscheidung

Ohne über ihren künftigen Lebensweg Klarheit erlangt zu haben, kehrte Theresia in das Haus ihres Vaters zurück.[65] Eine schwere Erkrankung gab den Anlaß dazu. In der Genesungszeit wurde sie zur Erholung in das Landhaus ihrer Schwester Maria geschickt, die sie mit zärtlicher Liebe umgab und am liebsten dauernd bei sich behalten hätte. Aber der Vater wollte ihre Gesellschaft nicht länger entbehren. Er holte sie selbst ab, ließ sie aber unterwegs für einige Wochen bei seinem Bruder *Peter Sanchez*[66] in Hortigosa, da er selbst noch einige dringende Geschäfte zu erledigen hatte. Der Aufenthalt bei ihrem Oheim sollte für Theresia von entscheidender Bedeutung sein. Sein Leben war ganz dem Gebet und der Beschäftigung mit geistlichen Büchern geweiht. Er bat Theresia, ihm vorzulesen. „In Wahrheit", schreibt sie, „langweilte mich das ein wenig. Ich gab mir dennoch den Anschein, es gern zu tun; denn um andern Freude zu machen, ging ich selbst zu meinem[67] Nachteil in der Gefälligkeit bis zum Übermaß."[68] Diesmal war es nicht zu ihrem Nachteil. Bald wurde sie von den Büchern, die der Oheim ihr in die Hand gab, ganz gepackt. Die Briefe des hl. Hieronymus,[69] St. Gregors[70] Moralia, die Schriften des hl. Augustin[71] nehmen ihren lebhaften Geist gefangen und erwecken in ihr aufs neue die heilige Begeisterung ihrer Kinderjahre. Oft wird die Lektüre unterbrochen, und im Anschluß daran besprechen der heilige Greis und die jugendliche Vorleserin miteinander die Fragen des ewigen Lebens. In dieser Umgebung reift Theresias Entschluß. Sie wirft einen Blick auf ihr vergangenes Leben. Was wäre aus ihr geworden, wenn der Herr sie mitten in der Zeit der Eitelkeit und Untreue aus dem Leben abberufen hätte? Dieser Gefahr will sie sich nicht wieder aussetzen. Das ewige Heil soll fortan ihr Ziel sein, und um es nicht mehr aus den Augen zu verlieren, will sie ihre Abneigung gegen das Klosterleben, ihre Freiheitsliebe und die zärtliche Anhänglichkeit an Vater und Geschwister heldenmütig überwinden. Dem inneren folgt ein harter äußerer Kampf. Trotz aller Frömmigkeit will sich Don Alonso von seiner Lieblingstochter nicht tren-

---

[65] ⟨Das war im Oktober 1532. (TyV 57).⟩

[66] ⟨1533. Don Pedro Sánchez de Cepeda, dessen Frau Catalina de Águila damals bereits gestorben war, trat später noch bei den Hieronymiten, einem eremitisch geprägten Orden, ein.⟩

[67] ⟨*meinem* zwischen den Zeilen ergänzt.⟩

[68] ⟨*Leben* 3,4.⟩

[69] ⟨Hieronymus, Hl., (um 342 Stridon [Štrigova] – 419/420 Bethlehem), Bibelübersetzer („Vulgata"), Kirchenlehrer.⟩

[70] ⟨Gregor der Große, Hl., (um 540 Rom – 604 ebenda), ab 590 Papst, Kirchenlehrer.⟩

[71] ⟨Augustinus, Hl., (354 Thagaste [Souk Ahras] – 430 Hippo Regius [Annaba]), Bischof, Kirchenlehrer.⟩

nen. Alle ihre Bitten, die Fürsprache des Onkels und der Geschwister sind vergebens. Aber Theresia gibt ihrem Vater an Entschlossenheit nichts nach. Da seine Einwilligung nicht zu erhoffen ist, verläßt sie heimlich das Vaterhaus. Wie bei jenem kindlichen Abenteuer ist einer ihrer Brüder ihr Begleiter; nicht mehr Rodriguez (er weilt nicht mehr in der Heimat, sondern hat in den spanischen Besitzungen in Amerika Dienste genommen)[72] – an seine Stelle ist Antonio, um zwei Jahre jünger als Theresia, getreten. Sie selbst berichtet: „Während ich mich in meinen Vorsätzen befestigte, bewog ich einen meiner Brüder, die Welt zu verlassen, indem ich ihn auf ihre Eitelkeiten hinwies. Wir vereinbarten, daß wir am frühen Morgen aufbrechen wollten und daß mich mein Bruder selbst in das Kloster führen werde. ... Als ich aber die Schwelle des Vaterhauses überschritt, erfaßte mich eine solche Angst, wie ich sie, so glaube ich, kaum in der Todesstunde empfinden werde. Mir war es, als ob sich meine Knochen von einander trennten. Die Liebe zu Gott war in mir nicht stark genug, um über die Liebe zu meinen Angehörigen zu triumphieren. Meine natürlichen Gefühle empörten sich mit solcher Gewalt, daß ich ohne Gottes Beistand trotz all' meiner Erwägungen auch nicht einen Schritt mehr gemacht hätte. Doch Gott gab mir Mut wider mich selbst und ich ging fort."[73] Antonio brachte die Schwester bis an die Pforte des Karmelitinnenklosters. Dann ging er selbst in das Dominikanerkloster zum hl. Thomas und bat um die Aufnahme.[74] Es war am Allerseelentage des Jahres 1533.[75]

---

[72] ⟨Rodrigo war am 24. August 1535, also drei Monate vor Teresas Eintritt ins Kloster, nach Südamerika zum Río de la Plata aufgebrochen, überquerte im Gefolge von Juan de Ayolas die Anden und starb am 10. August 1557 im Kampf gegen die Araukaner. Teresa hielt ihn für einen Martyrer. (TyV 66; 43).⟩

[73] ⟨*Leben* 4,1.⟩

[74] ⟨Meistens nimmt man an, daß Antonio de Ahumada gemeint ist, der bei den Dominikanern um Aufnahme gebeten haben soll, doch ohne die Zustimmung des Vaters nicht aufgenommen wurde. Später trat er bei den Hieronymiten in Ávila ein, mußte den Orden jedoch aus gesundheitlichen Gründen wieder verlassen. Schließlich zog er wie alle seine Brüder nach Amerika, wo er im Januar 1546 nach der Schlacht von Iñaquitos (Ecuador) an seinen Verwundungen starb. Davon abweichend sind Efrén de la Madre de Dios und Otger Steggink der Ansicht, daß der in den älteren Biographien nicht genannte Juan de Ahumada gemeint ist, der ca. zwei Jahre jünger als Teresa war. (TyV 43 f.; 68.)⟩

[75] ⟨Es war am 2. November 1535.⟩

5. Kapitel Im Kloster der Menschwerdung: Noviziat

Jenes Haus, dem Theresia in ihren kindlichen Überlegungen vor dem der Augustinerinnen den Vorzug gab, weil eine liebe Freundin darin lebte – Johanna Suarez, die leibliche Schwester ihrer Erzieherin Maria Briceño[76] – war das Karmeliterinnenkloster zur Menschwerdung. Es hatte noch manche anderen natürlichen Vorzüge, die ein empfängliches Gemüt bestechen konnten: seine herrliche Lage, seine schönen, weitläufigen Gebäude, seine[77] ausgedehnten Gärten, von klaren Bächen durchflossen. Aber es waren nicht mehr diese irdischen Beweggründe, die das entscheidende Wort sprachen. „Trotz meiner Vorliebe für das Kloster, in welchem meine Freundin lebte, fühlte ich mich zum Eintritt in jedes andere bereit, wenn ich die Hoffnung gehabt hätte, Gott dort besser zu dienen, oder wenn es der Wunsch meines Vaters gewesen wäre. Denn ich suchte ernstlich das Heil meiner Seele und schätzte die Ruhe des Lebens gering."[78] So war es offenbar Gottes geheimnisvolle Gnadenführung, die ihr die innere[79] Gewißheit gab, wohin sie ihre Schritte lenken sollte.

Der *Orden der allerseligsten Jungfrau vom Berge Karmel*, dem Theresia nun angehörte, sah schon auf eine lange und ruhmreiche Vergangenheit zurück. Er verehrt als seinen Gründer den Propheten *Elias*, der mit seinen Jüngern in den Höhlen des Karmelgebirges ein Einsiedlerleben in Gebet und Fasten führte. Als sein Gebet das Land Israel von jahrelanger Dürre befreite,[80] da erkannte sein Seherblick in der kleinen Wolke, die den erlösenden Regen ankündigte, das Bild der jungfräulichen Gottesgebärerin, der Bringerin der Gnade. Er wurde der erste Muttergottesverehrer, und auf den lieblichen Höhen des Karmelgebirges erstand das erste Marienheiligtum.[81] Zur Zeit der Kreuzzüge erhielten die Einsiedlerbrüder vom Berge Karmel eine ordensmäßige Organisation, der Patriarch Albert von Jerusalem gab ihnen um 1200[82] auf ihre Bitte eine Ordensregel: in Einsamkeit und Stillschweigen

---

[76] ⟨Es ist nicht ersichtlich, worauf Edith Stein diese Behauptung stützt.⟩

[77] ⟨*seine* zwischen den Zeilen ergänzt.⟩

[78] ⟨V 4,1.⟩

[79] ⟨*innere* zwischen den Zeilen ergänzt.⟩

[80] ⟨1 Kön 18,41–46.⟩

[81] ⟨Für die Jahre 1220–1229 ist eine „kleine Kirche Unserer Lieben Frau" bezeugt, von der die dort lebenden Einsiedler ihre Namen erhalten haben: *Brüder Unserer Lieben Frau vom Berge Karmel*" (U. Dobhan, *Marienverehrung im Karmel*, 7.⟩

[82] ⟨*um 1200* zwischen den Zeilen ergänzt. Historisch geht der Orden auf lateinische Einsiedler zurück, die mit den Kreuzfahrern ins Hl. Land kamen, sich am Karmel niederließen und um 1210 vom damaligen Patriarchen von Jerusalem Albertus von Avogadro, Hl. (um 1150 Castrum Gualterii – 1214 Akkon) eine Regel erhielten.⟩

sollen sie im Gesetz des Herrn betrachten Tag und Nacht, wie von altersher strenges Fasten beobachten und sich den bescheidenen Lebensunterhalt, nach der Mahnung des Apostels Paulus, mit ihrer Hände Arbeit erwerben.[83] Die Verfolgung der Ordensleute durch die mohammedanischen Eroberer des Heiligen Landes führte zur Verpflanzung des Ordens ins Abendland.[84] Hier widerfuhr ihm das gleiche Schicksal wie den andern Orden im Ausgang des Mittelalters: die strenge Zucht der alten Zeit wich einer gewissen Erschlaffung; Papst Eugen IV.[85] milderte die ursprüngliche Regel,[86] und nach diesen gemilderten Satzungen wurden im 15. Jahrhundert die ersten Frauenklöster des Ordens gegründet.[87] Sie galten auch im Kloster der Menschwerdung.[88] Es bestand erst seit wenigen Jahrzehnten,[89] als Theresia eintrat, und man konnte ihm keine Mißbräuche vorwerfen. Die bestehenden Satzungen wurden treu gehalten, unter seinen Bewohnerinnen waren Ordensfrauen von tiefer Frömmigkeit und vorbildlichem Wandel, aber von dem strengen Geist des ursprünglichen Karmel war kaum noch etwas zu spüren.[90] Die reiche Ausstattung des Klosters gestattete ein angenehmes Leben, die alten Fasten- und Bußübungen waren größtenteils abgeschafft, im Verkehr mit Weltleuten herrschte große Freiheit. Der Zustrom zu diesem anziehenden Ort war so groß,[91] daß das Kloster um 1560 hundertneunzig Or-

---

[83] ⟨Zur Karmelregel siehe K. Waaijman, *Der mystische Raum des Karmel.*⟩

[84] ⟨Seit dem Sieg von Sultan Saladin in der Schlacht bei Hattin 1187 war die Präsenz der Christen im Hl. Land nur noch auf einige befestigte Plätze beschränkt; unter den Einsiedlern am Berg Karmel, aus denen sich der Karmelitenorden entwickelt hat, begann allmählich der Rückzug nach Europa.⟩

[85] ⟨Eugen IV. (Gabriele Condulmer, 1383 Venedig – 1447 Rom), ab 1431 Papst.⟩

[86] ⟨Päpstliches Dokument vom 15. Februar 1432. Siehe dazu L. Saggi, *La mitigazione del 1432 della regola carmelitana.*⟩

[87] ⟨1452 nahm Johannes Soreth, Sel. (1394 Caen – 1471 Angers), von 1451 bis zu seinem Tod Ordensgeneral, die Beginen von Ten Elsen bei Geldern als erste Frauengemeinschaft in den Orden auf. Es folgten schnell andere, 1479 bereits das Menschwerdungskloster in Ávila.⟩

[88] ⟨Die Satzungen in den verschiedenen Frauenklöstern war keineswegs gleich.⟩

[89] ⟨Das Menschwerdungskloster war 1479 innerhalb der Stadtmauern von Ávila als *beaterio*, eine Art Beginenhaus, gegründet und 1515 an den heutigen Standort verlegt worden. (TyV 89–92).⟩

[90] ⟨Heute wissen wir, daß viele Faktoren zum damaligen Zustand des Menschwerdungsklosters beitrugen: die Isolierung des Ordens in Spanien vom Zentrum des Ordens in Rom, was verhinderte, daß die Reformbemühungen der Ordensgeneräle greifen konnten; die schlechte wirtschaftliche Ausstattung des Klosters angesichts der wachsenden Anzahl von Schwestern; die großen sozialen Unterschiede unter den Schwestern im Kloster. Es ging mit dem Kloster nicht ständig bergab, sondern aus einem Haus von frommen Frauen wurde allmählich ein Kloster. Siehe O. Steggink, *La reforma del Carmelo español,* 309–314.⟩

[91] ⟨Dieser „Zustrom" war vor allem der Tatsache zu verdanken, daß viele Frauen aufgrund

densfrauen zählte.[92] Immerhin bot der Rahmen, den seine Satzungen gaben, durchaus die Möglichkeit zu einem echten Gebetsleben: Theresia hat hier die Schule des inneren Lebens bis zur Vollendung durchlaufen.

Der letzte Schatten ihres jungen Novizenglücks schwand, als Don Alfons nachträglich seine Einwilligung zu ihrer Entscheidung gab und sich mit heiligem Eifer anschickte, mit seiner jungen Tochter um die Wette, ja unter ihrer Leitung den Berg der Vollkommenheit hinaufzusteigen. Mit derselben Entschlossenheit, mit der sie das Vaterhaus verlassen hatte, nahm sie das klösterliche Leben in Angriff, widmete sich mit Eifer dem Gebet, den Übungen des Gehorsams und der schwesterlichen Liebe. Überreich war der Lohn. Hatte bei Theresias entscheidendem Entschluß vor allem die Furcht vor Gottes Gericht und die Sorge um ihr ewiges Heil mitgewirkt, so treten diese ursprünglichen Beweggründe bald ganz zurück hinter der mächtig aufflammenden Gottesliebe. „Als ich das heilige Gewand empfing, zeigte mir Gott sogleich[93] seine Vorliebe für jene, die sich in seinem Dienst Gewalt antun. Zugleich fühlte ich mich in meinem neuen Stande so glücklich, daß dieses selige Gefühl noch andauert. Nichts konnte mir diese Wonne rauben. Gott verwandelte die Trockenheit, die mich zur Verzweiflung bringen konnte, in Liebe zu ihm."

„Alle Klosterübungen waren mir angenehm. Oft mußte ich den Boden kehren zu Stunden, wo ich ehedem mich schmückte oder belustigte. Schon der Gedanke allein, von allen diesen törichten Dingen frei zu sein, gab mir erneute Freude. Ich verstand nicht, woher mir soviel des Glückes kam."

„Denke ich daran, dann gibt es keine Schwierigkeit, die ich zu überwinden nicht den Mut hätte. Ich weiß es aus Erfahrung: sobald man gleich von Anfang zur Ehre Gottes fest entschlossen, ohne Rücksicht auf den Widerstand der Natur, sein Ziel verfolgt, ist man in kurzer Frist auch schon belohnt. Gott will, zur Vermehrung unserer Verdienste, daß die Seele eine nicht zu beschreibende Angst erfaßt, ehe man zum Werke schreitet. Je größer aber die Angst ist, um so größer ist die spätere Wonne."[94]

Mit heiliger Freude nahm die junge Novizin am Chorgebet teil. Aber die vorgeschriebenen Gebetszeiten genügten ihrem Eifer nicht. Sie verbrachte auch die freien Stunden am liebsten in stiller Betrachtung vor dem Tabernakel.[95] Es blieb nicht aus, daß ihr dies bei minder gebetsliebenden Seelen den

---

des Mangels an Männern im damaligen Spanien nicht zum Heiraten kamen und deshalb im Kloster eine Versorgung suchten.⟩

92 ⟨Siehe die Zahlenangaben bei U. Dobhan, *Gott – Mensch – Welt,* 138, Anm. 21, und O. Steggink, *La reforma del Carmelo español,* 203, Anm. 129.⟩

93 ⟨Ursprünglich *bald.*⟩

94 ⟨*Leben* 4,2.⟩

95 ⟨Ähnliches wird von Edith Stein berichtet: *„An Sonn- und Feiertagen kniete sie oft stundenlang vor dem Tabernakel. An Einkehrtagen konnte man sie den ganzen Tag im Chor*

Vorwurf der Übertriebenheit eintrug. Aber sie ließ sich durch nichts auf ihrem Wege aufhalten. Die Gottesliebe gab ihrer natürlichen Liebenswürdigkeit und Dienstbereitschaft im Umgang mit den Menschen einen neuen Ansporn und höhere Beweggründe. Ein Tag ohne ein Werk der Nächstenliebe wäre ihr als verloren erschienen. Die kleinste Gelegenheit dazu war ihr willkommen. Mit besonderer Freude widmete sie sich der Pflege der Kranken. Eine Ordensfrau, die von einem abscheuerregenden Leiden heimgesucht war und allen andern Ekel einflößte, umgab sie mit der zärtlichsten Sorgfalt und suchte ihr auf jede Weise zu zeigen, daß sie sich durchaus nicht abgestoßen fühle. Die Geduld dieser Kranken erregte so sehr ihre Bewunderung, daß ein Verlangen nach ähnlichen Prüfungen in ihr erwachte. „... Ich bat Gott, wenn Er mir gnädig diese Geduld verleihen würde, möchte Er mir auch die gräßlichsten Krankheiten senden. Ich hatte das Gefühl, keine zu fürchten. Ich empfand ein so heftiges Verlangen, die ewigen Güter zu erwerben, daß ich sie durch jedes Mittel erlangen wollte. jetzt wundere ich mich selbst darüber, denn ich hatte damals noch nicht jene Liebe zu Gott in mir, welche ich später im betrachtenden Gebet fand. Es war ein inneres Licht, das mich den geringen Wert alles Vergänglichen und den unendlichen Wert des Ewigen erkennen ließ.“[96] Bald sollten ihre Bitten erhört werden.

6. Kapitel[97]
Leidensschule. Inneres Leben

Nicht lange nach ihrer Profeßablegung (3. November 1534[98]) warf ein Herzleiden sie aufs Krankenlager nieder. Sie ertrug die Schmerzen, die erzwungene Untätigkeit, die Unfähigkeit zu den klösterlichen Übungen mit nicht geringerer Geduld als die von ihr bewunderte Kranke und gewann dadurch die Liebe aller Mitschwestern, auch derer, die vorher manches an ihr auszusetzen fanden und mißdeuteten. Der zärtliche Vater wollte kein Mittel unversucht lassen, und da die Ärzte nicht helfen konnten, beschloß er mit seiner Tochter eine heilkundige Frau aufzusuchen, deren Kuren ihm gerühmt wurden.[99] Da das Kloster der Menschwerdung keine Klausur hatte, bestand kein Bedenken, die junge Schwester der Fürsorge ihrer Familie zu

---

finden, am liebsten beim Allerheiligsten.“ (Bericht einer ehemaligen Mitschwester Edith Steins in Echt, in: ESAK E I,13, S. 7).〉

[96] 〈*Leben* 5,2.〉

[97] 〈Diese Überschrift ist am Rand ergänzt; die Einteilung geschah nachträglich.〉

[98] 〈Teresa legte am 3. November 1537 Profeß ab.〉

[99] 〈Teresa verließ zu diesem Zweck im Herbst 1538 das Kloster, die Kuren begannen im April 1539. (TyV 108.112).〉

überlassen. Die weite Reise führte zuerst an Hortigosa vorbei. Peter Sanchez[100] gab Theresia[101] ein Buch von Pater Osuna[102] über das Gebet der Sammlung mit, das bald ihr Führer werden sollte.[103] Den Winter verbrachten die Reisenden im Landhaus Maria de Cepedas. Obgleich sie hier wie in früheren Jahren von der Liebe der Ihren umgeben war und sich ihnen mit aller Herzlichkeit widmete, wußte Theresia[104] doch den Tag so einzuteilen, daß ihr genügend Zeit zu einsamem Gebet blieb, und wahrte die Treue gegenüber ihrem Ordensberuf auch außerhalb der Klostergemeinde. Ihre Krankheit aber steigerte sich beständig, so daß man froh sein mußte, als das Frühjahr kam, das die Meisterin von Becedas[105] für die Kur bestimmt hatte. Die weite Reise war eine Qual für die Kranke, noch schlimmer aber war die Kur, die statt der Heilung nur noch eine Steigerung[106] der Leiden brachte. Trotz aller qualvollen Schmerzen setzte sie beharrlich das betrachtende Gebet nach der Anleitung ihres Wegweisers fort, und Gott lohnte diese heldenmütige Treue, indem er sie damals schon zu einer hohen Stufe des inneren Lebens erhob.

Die Meisterin des Gebets hat später in ihren Schriften[107] in unvergleichlicher Klarheit das mystische Gnadenleben in all seinen Stufen dargestellt. Die Anfängerin, die sich im Gebet zu üben begann, wußte noch nicht, was in ihrer Seele vorging. Aber um ihren weiteren Werdegang verständlich zu machen,[108] ist es nötig, an dieser Stelle schon einige Worte über das innere Leben zu sagen.

Das Gebet ist der Verkehr der Seele mit Gott. Gott ist die Liebe, und Liebe ist sich selbst verschenkende Güte; eine Seinsfülle, die nicht in sich selbst beschlossen bleiben, sondern sich andern mitteilen, andere mit sich beschenken und beglücken will. Dieser sich selbst ausspendenden Gottesliebe

---

100 ⟨Teresas Onkel; siehe oben Anm. 66.⟩

101 ⟨Ursprünglich *ihr.*⟩

102 ⟨Francisco de Osuna (um 1492 Osuna – 1541), Franziskaner, geistlicher Schriftsteller; Vertreter des „Gebetes der Sammlung".⟩

103 ⟨Es handelt sich um das *Tercer Abecedario espiritual*, 1527 zum ersten Mal erschienen.⟩

104 ⟨Ursprünglich *sie.*⟩

105 ⟨Ein Dorf in der Sierra de Gredos zwischen Ávila und Salamanca.⟩

106 ⟨Ursprünglich *Verschlimmerung.*⟩

107 Vor allem: „Leben", „Weg der Vollkommenheit", „Seelenburg" (in der Pustetschen Ausgabe der Werke der hl. Teresa von Jesus, Bd. I, III und IV. Von dem 1. Band ist 1933 eine kritische Neuausgabe erschienen). Dem „Leben" sind alle bisher angeführten Zitate entnommen. Für den Leser, der sich noch nicht mit mystischen Schriften beschäftigt hat, ist aber zur Einführung als erstes der „Weg der Vollkommenheit" zu empfehlen. Die Auslegung des Vaterunsers, die darin enthalten ist, ist ein Musterbeispiel des betrachtenden Gebets. ⟨Die gesamte Anm. ist am Rand ergänzt. Siehe heute die neue Übersetzung aus dem Herder Verlag, Freiburg.⟩

108 ⟨Ursprünglich *verstehen.*⟩

verdankt die ganze Schöpfung ihr Dasein. Die höchsten aller Geschöpfe aber sind die geistbegabten Wesen, die Gottes Liebe verstehend empfangen und frei erwidern können: die Engel und Menschenseelen. Das Gebet ist die höchste Leistung, deren der Menschengeist fähig ist. Aber es ist nicht allein menschliche Leistung. Das Gebet ist eine Jakobsleiter, auf der des Menschen Geist zu Gott empor- und Gottes Gnade zum Menschen herniedersteigt. Die Stufen des Gebets unterscheiden sich nach dem Maß des Anteils, den die natürlichen Kräfte der Seele und Gottes Gnade daran haben. Wo die Seele nicht mehr mit ihren Kräften tätig ist, sondern nur noch ein Gefäß, das die Gnade in sich empfängt, spricht man von mystischem Gebetsleben.

Als niederste Stufe wird das sogenannte *mündliche Gebet* bezeichnet, das Gebet, das sich an bestimmt festgelegte sprachliche Formen hält: das Vaterunser, das Ave Maria, der Rosenkranz, das kirchliche Stundengebet. Das „mündliche" Gebet ist natürlich nicht so zu verstehen, als bestünde es nur im Hersagen der Worte. Wo nur Gebetsworte gesprochen werden, ohne daß der Geist sich zu Gott erhebt, da liegt nur dem äußeren Schein nach, nicht in Wahrheit ein Gebet vor. Die bestimmten Worte sind aber eine Stütze für den Geist und schreiben ihm einen festen Weg vor.

Eine Stufe höher steht das *betrachtende* Gebet. Hier bewegt sich der Geist freier, ohne Bindung an bestimmte Worte. Er versenkt sich z. B. in das Geheimnis der Geburt Jesu. Seine Phantasie versetzt ihn in die Höhle zu Bethlehem, zeigt ihm das Kind in der Krippe, die heiligen Eltern, die Hirten und Könige. Der Verstand erwägt die Größe des göttlichen Erbarmens, das Gemüt wird von Liebe und Dankbarkeit ergriffen, der Wille faßt Entschlüsse, sich der göttlichen Liebe würdiger zu machen. So nimmt das betrachtende Gebet alle Seelenkräfte in Anspruch, und mit treulicher Beharrlichkeit geübt, vermag es allmählich den ganzen[109] Menschen umzugestalten. Es pflegt aber der Herr die Treue im betrachtenden Gebet noch auf eine andere Weise zu belohnen: durch Erhebung zu einer höheren Gebetsweise.

Die hl. Theresia bezeichnet diese nächste Stufe als das *Gebet der Ruhe* oder der Einfachheit. An Stelle der mannigfaltigen Tätigkeit tritt eine Sammlung der Geisteskräfte. Die Seele ist nicht mehr imstande, verstandesmäßige Überlegungen anzustellen oder bestimmte Entschlüsse zu fassen; sie ist ganz und gar gefangen von etwas, was sich ihr unwiderstehlich aufdrängt: das ist die Gegenwart ihres Gottes, der ihr nahe ist und sie bei sich ruhen läßt. Während die niederen Gebetsstufen jedem Gläubigen zugänglich, durch menschliche Anstrengung, wenn auch mit der Gnade Gottes, erreichbar sind, stehen wir jetzt an der Grenze des mystischen Gnadenlebens, die nicht kraft menschlicher Energie zu überschreiten ist, über die nur Gottes besondere Huld hinweghebt.

[109] ⟨*ganzen* zwischen den Zeilen ergänzt.⟩

Ist schon die Wahrnehmung der göttlichen Gegenwart etwas, was die Seele ganz gefangen nimmt und unvergleichlich mit allen irdischen Freuden beglückt, so wird sie noch weit übertroffen von der *Vereinigung* mit dem Herrn, die ihr – anfangs gewöhnlich nur für sehr kurze Zeit – gewährt wird.

An diese Stufe der mystischen Begnadung schließen sich vielfach Zustände, die auch nach außen hin als außerordentliche kenntlich sind: die *Ekstasen* und *Visionen*. Die Kraft der Seele wird durch die übernatürlichen Einwirkungen[110] so angezogen, daß ihre niederen Vermögen, die Sinne, ihre Tätigkeit ganz einstellen: sie sieht und[111] hört nichts mehr, der Leib empfindet bei Verletzungen keinen Schmerz mehr, wird in manchen Fällen starr wie der eines Toten. Die Seele aber führt – gleichsam außerhalb des Leibes – ein gesteigertes Leben: bald zeigt sich ihr der Herr selbst in leiblicher Gestalt, bald die Gottesmutter, ein Engel oder Heiliger; sie schaut diese himmlischen Gestalten wie in leibhafter Wahrnehmung oder auch in der Einbildungskraft. Oder ihr Verstand wird übernatürlich erleuchtet und bekommt Einblick in verborgene Wahrheiten. Solche private Offenbarungen haben meist die Aufgabe, die Seelen über ihren eigenen Zustand oder auch den anderer zu unterrichten, sie mit den Absichten Gottes vertraut zu machen und sie für eine bestimmte Wirksamkeit, für die Gott sie ausersehen hat, heranzubilden. Sie fehlen selten im Leben der Heiligen, obwohl sie keineswegs zum Wesen der Heiligkeit gehören. Meistens treten[112] sie nur in einem bestimmten Stadium auf und verschwinden später wieder.

Die Seelen, die durch öftere zeitweilige Vereinigung mit dem Herrn, durch außerordentliche Erleuchtungen und zugleich durch Leiden und Prüfungen mannigfacher Art genügend vorbereitet und erprobt sind, will Er schließlich dauernd an sich knüpfen. Er geht ein Bündnis mit ihnen ein, das als *mystische Verlobung* bezeichnet wird. Er erwartet von ihnen, daß sie sich ganz seinem Dienst widmen, nimmt sich aber auch ihrer besonders an, sorgt für sie und ist stets bereit, ihre Bitten zu gewähren.

Die höchste Stufe der Begnadung schließlich hat Theresia *mystische Vermählung* genannt. Die außerordentlichen Zustände haben jetzt aufgehört, aber die Seele ist dauernd mit dem Herrn vereinigt; sie genießt seine Gegenwart auch mitten in äußeren Geschäften, ohne darin im mindesten behindert zu sein.

Alle diese Stufen hat die Heilige in einer vieljährigen Entwicklung durchlaufen, ehe sie sich darüber Rechenschaft und andern Aufschluß geben konnte. Die Anfänge aber fielen in jene Zeit der schwersten körperlichen

---

110 ⟨*übernatürlichen Einwirkungen* stand ursprünglich nach *Die Kraft der.*⟩
111 ⟨*und* zwischen den Zeilen ergänzt.⟩
112 ⟨*während* gestrichen.⟩

Leiden: „Es gefiel dem göttlichen Meister, mich mit solcher Liebe zu behandeln, daß er mir das Gebet der Ruhe verlieh; öfter aber erhob er mich auch bis zu dem der Vereinigung. Ich kannte leider weder die eine noch die andere Art; es wäre mir ja nützlich gewesen, ihren Wert zu kennen. Es ist wahr, diese Vereinigung war nicht von langer Dauer, ich glaube, kaum die Zeit eines Ave Maria. Doch war sie für mich von großem Einfluß. Ich zählte noch nicht zwanzig Jahre und glaubte schon die Welt besiegt unter meinen Füßen zu sehen. Tief beklagte ich alle jene, welche mit ihr selbst durch erlaubte Bande in Verbindung standen. Ich bemühte mich mit aller Kraft, mir Jesus, unsern Herrn, unser bestes Gut, unsern Meister wahrhaft in meiner Seele zu vergegenwärtigen. Dieses war meine Art zu beten: Dachte ich an eines der Geheimnisse seines göttlichen Lebens, so machte ich mir im Geiste ein Bild davon."[113]

Die Wirkung des Gebetslebens war eine immer steigende Liebe zu Gott und den Seelen. Hatten früher schon ihre natürlichen Gaben ihr einen ungewöhnlichen Einfluß auf ihre menschliche Umgebung verliehen, so gewann sie nun durch die übernatürliche Liebeskraft eine fast unwiderstehliche Gewalt. Der erste, der es erfuhr, war der Priester, bei dem sie in Becedas beichtete. Der Einblick in diese reine Seele, die sich wegen unschuldigen, kleinen Entgleisungen mit bitterster Reue anklagte, erschütterte ihn so sehr, daß er selbst seinem Beichtkind die schweren Sünden gestand, in denen er seit Jahren lebte. Nun hatte sie keine Ruhe, bis er sich aus diesen unwürdigen Fesseln gelöst hatte. Die Kraft ihrer Worte und ihrer Fürbitte verwandelte ihn in einen reumütigen Büßer.[114]

Nach der Rückkehr ins Vaterhaus zu Ávila verschlimmerte sich der Zustand der Kranken so sehr, daß keine Hoffnung mehr für ihr Leben schien. Vier Tage lang war sie ohne Bewußtsein; in der Stadt verbreitete sich die Nachricht von ihrem Tode, im Kloster der Menschwerdung wurde das Grab für sie ausgehoben, die Karmeliter von Ávila sangen ihr ein Seelenamt. Nur der Vater und die Geschwister hörten nicht auf, den Himmel zu bestürmen; und schließlich öffnete sie die Augen wieder.[115] Im Moment des Erwachens sprach sie einige Worte, die ahnen ließen, daß sie während des Scheintodes große Dinge geschaut hatte. In ihren letzten Tagen gestand sie, Gott habe ihr damals Himmel und Hölle gezeigt, außerdem ihr späteres Wirken im Orden, den heiligmäßigen Tod ihres Vaters und ihrer Freundin Johanna Suarez sowie ihren eigenen.[116]

---

113 ⟨*Leben* 4,7.⟩

114 ⟨Siehe *Leben* 5,4–6.⟩

115 ⟨Siehe Teresas anschaulichen Bericht in *Leben* 5,9 f.⟩

116 ⟨Typisch für die damalige Hagiographie; so zu finden bei einem der ersten Hagiographen Teresas Ribera, *Vida* I, Kap. 7 (TyV 120).⟩

Sobald eine leise Besserung eintrat, siedelte Theresia auf ihr dringliches Verlangen wieder in ihr Kloster über. Aber noch mehrere Jahre war sie ans Bett gefesselt, schien für immer gelähmt und litt unsägliche Schmerzen. Ihren Seelenzustand während dieser Prüfungszeit schildert sie selbst: „Ich ertrug diese Leiden mit großer Fassung, ja selbst mit Freude; ausgenommen am Anfang, wo die Schmerzen zu qualvoll waren. Was nachfolgte, schien mir weniger schmerzlich. Ich war vollständig ergeben in den Willen Gottes, wenn er mich auch für immer also belassen wollte. Ich wollte nur gesunden, so schien es mir, um mich in die Einsamkeit zurückzuziehen, wie es mir mein Buch vorgezeichnet; dies war schwer in der Krankenstube … Meine Mitschwestern bewunderten die mir von Gott verliehene Geduld;[117] wahrlich, ohne Ihn hätte ich unmöglich so Vieles mit so viel Freude ertragen können."[118]

„Jetzt begriff ich den Gnadenwert des Gebetes. Zuerst zeigte es mir, worin die wahre Liebe zu Gott besteht. Sodann fühlte ich neue Tugenden[119] in mir sich entwickeln, die allerdings noch sehr schwach waren … Über andere sagte ich nie etwas Böses. Im Gegenteil, ich entschuldigte jene, welche die Zielscheibe der üblen Nachrede waren; denn ich erinnerte mich stets, daß ich weder sagen, ja nicht einmal gern hören möchte, was ich nicht gern über mich hätte sagen hören. Treu bewahrte ich diesen Vorsatz. Einigemal, aber selten, fehlte ich dagegen. Den Mitschwestern und Leuten, die mich besuchten, riet ich, das Gleiche zu tun. Sie nahmen diese Gewohnheiten an. Man bemerkte es bald. Man sagte, die Abwesenden hätten nichts von mir noch von meinen Eltern und Freunden zu fürchten. …"[120]

Drei Jahre hatte Theresia gelitten, ohne um Genesung zu bitten. Wir haben keine Nachricht darüber, warum sie nun anderen Sinnes wurde. Sie berichtet nur, daß sie sich entschloß, den Himmel um Beendigung ihrer Leiden anzuflehen. Sie ließ in dieser Meinung eine Messe lesen und wandte sich an den Heiligen, zu dem sie während ihres ganzen Lebens ein unbegrenztes Vertrauen hatte und der ihrem Eifer das Aufblühen seiner Verehrung verdankt: „Ich verstehe nicht, wie man an die Königin der Engel, an alle ihre Schmerzen und Sorgen um das kleine Jesuskind denken kann, ohne dem heiligen Joseph zu danken für die Hingebung, mit welcher er beiden zu

117 ⟨Ursprünglich *meine Geduld.*⟩

118 ⟨*Leben* 6,2.⟩

119 ⟨Tugenden sind bei Teresa positive Grundhaltungen des Menschen Gott, seinen Mitmenschen und sich selbst gegenüber, z. B. Wahrhaftigkeit, Gerechtigkeitssinn, Demut, Hilfsbereitschaft usw. Sie sind weniger das Ergebnis moralischer Anstrengungen als vielmehr Früchte der wachsenden Gotteinung.⟩

120 ⟨*Leben* 6,3: *„Allmählich wurde klar, daß jede da, wo ich war, vor Gerede hinter ihrem Rücken sicher sein konnte, und so erging es auch denen, mit denen ich befreundet oder verwandt war und denen ich das beibrachte."*⟩

Hilfe kam."[121] Ihm schrieb sie ihre Heilung zu: „Er stand mir bald in ganz sichtbarer Weise bei. Dieser vielgeliebte Vater meiner Seele befreite mich schnell von den Schwächen und Leiden, welchen mein Körper überantwortet war … Ich wüßte nicht, daß er mir jemals etwas abgeschlagen hätte."[122]

„Der heilige Joseph ließ seine Macht und Güte an mir offenbar werden. Durch ihn erhielt ich meine Kräfte wieder; ich stand auf, ging, war frei von der Lähmung."[123]

7. Kapitel
Untreue

Theresias edelmütiges Herz war gewiß entschlossen, das neu geschenkte Leben ganz dem Dienst ihres geliebten Herrn zu widmen. Sie ahnte nicht, daß die Genesung ihr Gefahren bringen sollte, daß mit dem Verlassen der einsamen Krankenzelle ihre Höhenwanderung für lange Zeit ein Ende nehmen, ja daß alles Gewonnene wieder verloren gehen würde. „Mein größtes Unglück bestand darin, daß ich mich in einem Kloster ohne Klausur befand. Die lieben Ordensfrauen konnten sich ohne Zweifel in unschuldiger Weise der Freiheit erfreuen … Ich aber, die Schwachheit selber, würde darin den Weg zur Hölle gefunden haben, hätte mich nicht Gott durch besondere Gnaden dieser Gefahr entrissen."[124]

Es war begreiflich, daß Verwandte und Freundinnen die dem Leben Wiedergeschenkte mit Freuden begrüßten, daß sie häufig ins Sprechzimmer gerufen wurde, daß ihre Liebenswürdigkeit, ihr lebhafter Geist, ihre ungewöhnliche Unterhaltungsgabe die Besucher entzückten und immer wieder herbeilockten. Alle Nachforschungen haben ergeben, daß Theresias Verkehr mit Weltleuten, auf den sie selbst ihr ganzes Leben lang mit bitterster Reue zurückblickte, durchaus rein und keineswegs etwa ein Rückfall in weltliche Eitelkeit war. Sie übte auf ihre Besucher einen heilsamen Einfluß aus und sprach auch in dieser Zeit über nichts so gerne wie über göttliche Dinge. Dennoch ist ihre Reue begreiflich: der Verkehr mit den Menschen lenkte sie vom Verkehr mit Gott ab. Sie verlor den Geschmack am Gebet, und nachdem sie einmal so weit war, hielt sie sich einer solchen Gnade auch gar nicht mehr für würdig. „Unter dem Vorwand der Demut fürchtete ich Gebet und Betrachtung. Ich sagte mir, als Unvollkommenste sei es für mich besser, dem

[121] ⟨*Leben* 6,8.⟩
[122] ⟨*Leben* 6,6.⟩
[123] ⟨*Leben* 6,8.⟩
[124] ⟨*Leben* 7,3.⟩

allgemeinen Gebrauch zu folgen und mich auf die mündlichen Pflichtgebete zu beschränken. Ich wollte in meinem Zustand, der besser für die Gesellschaft der Teufel paßte, einen innigeren Verkehr mit Gott nicht anstreben. Ich fürchtete auch, die ganze Welt zu betrügen."[125] Auf ihre Mitschwestern machte Theresia in jener Zeit durchaus den Eindruck einer vorzüglichen Ordensfrau. „Trotz meiner Jugend und vielen Beziehungen zur Welt sah man, wie ich die Einsamkeit suchte, um dort zu lesen und zu beten. Ich sprach oft von Gott. Ich ließ gern an verschiedene Orte das Bild des Erlösers hinmalen. Ich hatte einen besonderen Ort zum Beten und schmückte ihn sorglich mit allem, was zur Andacht stimmen konnte. Niemals führte ich üble Nachreden. …"[126] Und alles das geschah „ohne jeden Schein von Berechnung, denn ich haßte stets die Heuchelei, den eitlen Ruhm, und ich glaube, der Herr sei gepriesen, Ihn dadurch niemals beleidigt zu haben. Sobald sich Eigenliebe in meinem Herzen regte, war ich so reumütig, daß der Teufel verlor und ich gewann. …"[127] Der Herr aber wollte mehr von ihr. „Als ich mich eines Tages mit einer Person unterhielt, mit der ich erst kürzlich bekannt geworden war, gab mir Gott zu verstehen, daß sich solche Bekanntschaften für mich nicht schickten, und gab mir eine Erleuchtung in meiner Finsternis. Unser Heiland Jesus Christus erschien mir traurig und ernst und bezeugte, wie sehr ich ihn betrübt. Ich sah ihn nur mit den Augen der Seele, doch weit deutlicher, als ich ihn mit den Augen des Leibes hätte sehen können. Sein Bild prägte sich so tief meinem Geiste ein, daß es jetzt noch, nach mehr als sechsundzwanzig Jahren, nicht verwischt ist. Von Angst und Verwirrung erfaßt, wollte ich diese Person nicht mehr empfangen. Zu meinem Unheil wußte ich aber damals nicht, daß die Seele sehen kann ohne die Vermittlung des körperlichen Auges. Der Teufel bediente sich meiner Unwissenheit, um mir das als unmöglich zu beweisen. Er stellte mir das Gesicht als Trug, als eine Teufelskunst vor. … Im Grunde meines Herzens aber hatte ich doch ein geheimes Gefühl, das von mir Gesehene käme von Gott. Da aber das meinen Neigungen nicht entsprach, so versuchte ich mich selbst zu betrügen. Ich wagte es nicht, mit jemand darüber zu sprechen. … Man sagte mir, es sei nicht Unrecht, diese Person zu empfangen; der Verkehr mit ihr würde mir niemals schaden, sondern für mich ehrenvoll sein. Endlich gab ich nach. …"[128]

Eine ernste Mahnung war das Verhalten ihres Vaters, der sich von seinem Kind auf dem Weg des inneren Gebetes hatte leiten lassen und treu dabei beharrte. Theresias gerade Natur brachte es nicht über sich, ihn in der Täu-

[125] ⟨*Leben* 7,1.⟩
[126] ⟨*Leben* 7,2.⟩
[127] ⟨*Leben* 7,1.⟩
[128] ⟨*Leben* 7,6 f.⟩

schung zu lassen, daß auch sie getreu sei. „Ich gestand ihm, jedoch ohne Angabe des tieferen Grundes, daß ich vom Gebet abgelassen hatte. Ich schützte bloß meine Gesundheit vor. In Wahrheit mußte ich, wiewohl von der schweren Krankheit genesen, stets noch viel leiden. Dies genügte aber nicht, mich zu rechtfertigen. Man bedarf für das Gebet nicht der körperlichen Kräfte, sondern nur der Liebe und der Standhaftigkeit. Mein Vater, welcher mich zärtlich liebte und sich in mir selbst täuschte, glaubte alles und beklagte mich. Da er in der Vollkommenheit schon weit vorgeschritten war, verweilte er nicht mehr so lange bei mir. Nach kurzem Zwiegespräch verließ er mich mit dem Bemerken, längeres Verweilen sei verlorene Zeit. Ich aber, welche in ganz anderer Weise Zeit verlor, sah nicht mit so scharfem Auge!"[129] Mindestens ein Jahr, vielleicht noch länger hat Theresia so verbracht. Sie fühlte sich keineswegs wohl dabei, war beständig in großer seelischer Unruhe, ließ sich aber immer wieder von der vermeintlichen Demut zurückhalten. „Ich weiß nicht, wie ich einen solchen Zustand ertragen konnte. Was mich vielleicht aufrecht erhielt, war die Hoffnung, wieder mein Gebet aufzunehmen; denn ich bewahrte in meinem Herzen stets den Willen, wieder dahin zu kommen. Ich wartete nur, bis ich besser geworden wäre. O, auf welch' einen schlechten Weg führte mich diese wahnwitzige Hoffnung!"[130]

8. Kapitel
Rückkehr

Am Totenbett ihres Vaters sollte Theresia Rettung finden. Auf die Nachricht von seiner schweren Erkrankung durfte sie zu ihm gehen und ihm in den letzten Tage beistehen. „Mit ihm verlor ich all mein Glück. Ich besaß indes noch die Kraft, ihm meinen Schmerz zu verbergen. Ich blieb ruhig bis zu seinem Tode, wiewohl ich bei dem langsamen Erlöschen eines so teuren Lebens das Gefühl hatte, man risse mir ein Stück von meinem Herzen. Gott gab ihm aber einen so heiligen Tod, daß ich Ihm nicht genug danken kann. Es war tief ergreifend, die übernatürliche Freude dieses guten Vaters zu sehen, die Ratschläge zu hören, welche er uns, nach Empfang der letzten Ölung, erteilte. Er beschwor uns, ihn Gott zu empfehlen und für ihn um Barmherzigkeit zu flehen, treu unsere Pflichten zu erfüllen und stets vor Augen zu haben, wie rasch die Dinge dieser Welt vorüberziehen und vergehen. Mit tränenvollem[131] Auge bekannte er uns seinen Schmerz, Gott

[129] ⟨*Leben* 7,11–13.⟩
[130] ⟨*Leben* 19,11.⟩
[131] ⟨Edith Stein schreibt *thränenvollem.*⟩

dem Herrn nicht besser gedient zu haben, und bedauerte in seinem letzten Augenblick, nicht in den strengsten Orden eingetreten zu sein.

Er litt viel; hauptsächlich an einem stechenden Schmerz in den Schultern, welcher ihm keinen Augenblick Ruhe ließ. Ich erinnerte mich seiner Andacht für das Geheimnis des kreuztragenden Heilands und sagte ihm, Gott wolle ihm gewiß etwas von den Schmerzen, welche Er in dieser Leidensstunde selbst gelitten, fühlen lassen. Dieser Gedanke gab ihm so vielen Trost, daß nicht die geringste Klage mehr über seine Lippen kam. Drei Tage lag er bewußtlos. Am Tage seines Todes jedoch gab ihm Gott zu unserm größten Erstaunen das Bewußtsein wieder, und er behielt es bis zu seinem Ende."

„Mitten im Credo, welches er selbst mit deutlicher Stimme betete, gab er sanft seinen Geist auf. Sogleich nahmen seine Züge eine übernatürliche Schönheit an. Er schien im Frieden der Engel zu ruhen. Nach meiner Meinung war er wohl durch die Reinheit seiner Seele und seiner Gesinnung im Augenblick des Todes ihr Bruder. Sein Beichtvater – aus dem Orden des heiligen Dominicus – sagte uns, er glaube, der Vater sei unmittelbar in die Seligkeit des Himmels eingegangen."[132]

Dieser Dominikaner – P. Vicenz Varron[133] – hatte durch die Art, wie er dem Sterbenden beistand, auf Theresia einen tiefen Eindruck gemacht. Sie bat ihn, bei ihm beichten zu dürfen, und gewährte ihm vollen Einblick in den Zustand ihrer Seele. Im Gegensatz zu allen, vor denen sie sich bisher angeklagt hatte, erkannte er sofort, was ihr nottat, und befahl ihr, das Gebet wiederaufzunehmen. „Ich gehorchte, und seit der Zeit habe ich es nicht mehr aufgegeben."[134]

Es folgte aber jetzt nicht etwa ungetrübter Friede, sondern es kamen Jahre heftigster Seelenkämpfe: „Das Leben, welches ich führte, war sehr beschwerlich, weil ich im Lichte des Gebetes meine Fehler in einer neuen Beleuchtung sah. Einerseits rief mich Gott; andererseits schmeichelte mir die Welt. O mein Gott, wie könnte ich beschreiben, was Deine Barmherzigkeit alles in diesen Jahren für mich getan hat, sowie diesen Kampf, den Deine Liebe wider meine Undankbarkeit bestand. Wie soll ich Worte finden, um alle Gnaden, mit welchen Du mich überhäuftest, aufzuzählen? Im Augenblick, da ich Dich am heftigsten beleidigte, führtest Du plötzlich meinen Geist durch tiefe Reue zum Genuß Deiner Gnaden und Deiner Tröstungen. O mein Erlöser! Es ist wohl wahr, daß Du mich kanntest. Du wußtest mich in der sanftesten und härtesten Weise zu strafen, indem Du mir meine Fehler

---

132 ⟨*Leben* 7, 14–16. Don Alonso starb am 24. Dezember 1543. (TyV 141).⟩

133 ⟨Vicente Barrón trat 1526 in Salamanca in den Orden ein, war 1543–1546 Professor in Ávila, berät Teresa 1569 in Toledo; gestorben 1574. (Edith Stein, *Obras completas* 5, 514, Anm. 59).⟩

134 ⟨*Leben* 7,17. Es geht ums innere Beten, denn die mündlichen Gebete hatte Teresa nie aufgegeben, wie sie in *Leben* 7,1 sagt.⟩

mit Wohltaten vergaltest. ... Bei meinem Charakter litt ich viel mehr, wenn ich nach den Fehltritten Belohnungen statt Strafen empfing. ... In einer Heimsuchung hätte ich wenigstens eine gerechte Strafe erkannt; ich hätte darin ein Mittel, meine vielen Sünden abzubüßen, gesehen. Mich aber, nach dem schmählichen Mißbrauch so vieler schon empfangener Gnaden, mit neuen überschüttet zu sehen – war für mich eine weit stärkere Qual, welche nur jene, wie ich sicher glaube, verstehen werden, die einige Kenntnis und Liebe zu Gott haben. ...“[135]

Es ist der gewöhnliche Lauf des inneren Lebens, wie ihn die meisten begnadeten Seelen erfahren, daß Gott sie zunächst an sich zieht, indem er sie die überirdische Freude seiner beglückenden Gegenwart genießen läßt, dann aber ihre Treue auf die Probe stellt, indem er ihnen alle Freuden entzieht und sie in Trockenheit schmachten läßt. „Ach, so oft, drei Jahre hindurch,[136] war ich weniger mit Gott und guten Gedanken beschäftigt als mit dem Wunsch, das Ende der Gebetsstunde zu sehen. Ich lauschte, wann endlich die Glocke läuten werde. Die härteste Buße wäre mir lieber gewesen als die Qual, zu den Füßen des Heilands gesammelt zu sein. Unbeschreiblich ist der Kampf, welchen ich mit dem Teufel und meinen schlechten Neigungen bestehen mußte, um mich in den Betsaal zu begeben. Sobald ich eintrat, befiel mich eine tödliche Traurigkeit, und ich mußte meinen ganzen Mut zusammennehmen, um mich selbst zu besiegen und mich dem Gebet hinzugeben. Endlich sandte mir Gott Hilfe; und wenn ich mir also Gewalt angetan hatte, genoß ich oft mehr der Tröstungen als an den Tagen, wo ich besser gefaßt war.“[137]

Vierzehn Jahre hat die Heilige in solchen Kämpfen ausgehalten, ohne je in der Treue zu wanken. Die Karwoche des Jahres 1555[138] brachte die erlösende Stunde: „Als ich eines Tages den Betsaal betrat, sah ich ein Bild des Heilands vor mir, welches man für ein kommendes Fest hingestellt hatte. Dieses Bild zeigte unsern göttlichen Meister, von Wunden bedeckt und mit einem so rührenden Ausdruck, daß ich davon ergriffen ward. Mehr als je begriff ich, was der Heiland für uns gelitten hatte. Zugleich empfand ich so bitter meine Undankbarkeit, daß mein Herz zu zerreißen drohte. Ich fiel meinem göttlichen Meister zu Füßen; ich beschwor Ihn unter einem Strom von Tränen, mir die Kraft zu verleihen, Ihn nicht mehr zu beleidigen. Ich rief den Beistand der heiligen Magdalena[139] an, welche ich stets innig liebte und deren

---

135 ⟨*Leben* 7, 17.19.⟩

136 ⟨Teresa schreibt *einige Jahre lang* (*Leben* 8,7).⟩.

137 ⟨*Leben* 8,7.⟩

138 ⟨Diese „endgültige Bekehrung“ ereignete sich in der Fastenzeit des Jahres 1554.⟩

139 ⟨Entgegen heutiger exegetischer Erkenntnisse wurde Maria von Magdala in der Heiligenlegende, aus der Teresa hier schöpft, sowohl mit der Sünderin aus Lk 7,36–50 (daher die Anspielung auf eine Bekehrung) als auch mit Maria von Bethanien identifiziert, von der es in Lk 10,39 heißt, sie habe sich *„dem Herrn zu Füßen gesetzt und seinen Worten*

Bekehrung ich verehrte. Sie kam mir zu Hilfe. Ohne meinen guten Vorsätzen zu trauen, setzte ich mein ganzes Vertrauen auf Gott. Ich sagte Ihm, wenn ich mich dessen noch recht entsinne, ich würde nicht eher aufstehen, als bis Er mir meine Bitte gewährt habe, und ich halte es für gewiß, daß Er mich erhören wolle – denn an diesem Tage begann für mich ein wahres Leben, und ich hörte nicht mehr auf, wirkliche Fortschritte zu machen.“[140]

Bald darauf wurde diese Gnadenwirkung durch eine zweite, ähnliche noch verstärkt: „Man gab mir die ‚Bekenntnisse‘ des heiligen Augustin.[141] Gott hat das zugelassen, denn ich dachte nie, sie zu verlangen, noch hatte ich sie je gelesen. Kaum hatte ich dieses Buch geöffnet, so glaubte ich mich selbst darin zu sehen. Ich empfahl mich mit allen meinen Kräften diesem großen Heiligen. … Ich hatte ihn stets sehr geliebt; erstens, weil jenes Kloster, in welchem ich erzogen ward, seiner Regel folgte;[142] zweitens, weil er lange ein armer Sünder war. Ich glaubte, weil ihm Gott alles verziehen hatte, so könnte auch ich meine Verzeihung erhalten. …“[143]

„Als ich den Bericht seiner Bekehrung las, als ich ihm in den Garten folgte, wo er die Stimme des Himmels gehört, da kann ich nicht beschreiben, was in meinem Herzen vorging. Mir schien es, als wenn Gott zu mir sprechen würde. Von Reue zermalmt, blieb ich lange in meinen Tränen aufgelöst. Der Herr sei ewig gepriesen. Er führte mich vom Tode wieder zum Leben. An meinen erneuten Kräften mußte ich erkennen, daß Er mein Rufen gehört, daß Ihn meine Tränen erbarmt haben.“[144]

9. Kapitel
Gott allein[145]

Theresia hatte das 40. Lebensjahr vollendet, als der Herr ihr treues Ausharren belohnte und sie aufs neue, diesmal für immer, an sich zog. Bisher hatte sie – nach einem Vergleich, den sie selbst in ihrem „Leben“ verwendet, um die verschiedenen Gebetsweisen zu schildern – in ihren Betrachtungen

---

zugehört.“ Der auch in der christlichen Kunst sehr häufig aufgegriffenen Legende zufolge hätte Maria Magdalena nach Jesu Tod und Auferstehung ein sehr strenges Büßerleben geführt.⟩

140 ⟨*Leben* 9,1–3.⟩

141 ⟨Siehe oben Anm. 71⟩

142 ⟨Das Augustinerinnenkloster Nuestra Señora de Gracia in Ávila, wo sie eineinhalb Jahre lang zur Erziehung geweilt hatte; siehe *Leben* 2,6 und oben Anm. 87.⟩

143 ⟨*Leben* 9,7. Ursprünglich *erlangen.*⟩

144 ⟨*Leben* 9,8 f.⟩

145 ⟨Teresa schreibt *Sólo Dios basta*, und meint damit, daß *nur Gott genügt*, daß nämlich nur Gott alle Sehnsüchte des menschlichen Herzens erfüllen kann.⟩

gleich einem Gärtner gearbeitet, der aus einem tiefen Brunnen mit vieler Mühe das Wasser für seinen Garten heraufholt: sie hatte sich am liebsten mit Hilfe der Phantasie den Herrn vorgestellt – besonders gern suchte sie ihn am Ölberg auf und hatte sich angestrengt, in seiner Nähe auszuharren.[146] Nun kam ihr Gott entgegen. Sie konnte, gleich dem Gärtner, der genügend Vorrat an Wasser hat, um es ausströmen zu lassen, von ihrer Anstrengung ruhen, Verstand und Gedächtnis konnten ihre Tätigkeit einstellen. In diesem Gebet der Ruhe ist „der Wille allein tätig, und ohne zu wissen wie, liefert er sich Gott als Gefangenen aus, damit Er ihn durch seine Liebe an sich ketten möchte."[147] „Die Seele, welche sich den göttlichen Reizen hingibt, erhebt sich in dieser Gebetsweise über ihr eigenes Elend und empfängt eine gewisse Kenntnis der himmlischen Glorie. Sie wächst, nähert sich Gott und erstarkt dadurch; sie verliert die Lust an den irdischen Dingen und warum? Sie sieht deutlich, daß sie auch nicht einen Augenblick diese übernatürliche Freude auf Erden genießen könnte; daß nicht Reichtümer, nicht Königreiche, nicht Ehren, nicht Freuden ihr auch nur für die Dauer eines Augenblicks dieses wahre Glück, das einzig und allein zufriedenstellen kann, zu bieten vermögen. Da sie nichts kannte, das diese Freude übertreffen könnte, glaubt sie keinen weiteren Wunsch zu hegen. Mit vollem Recht würde sie, gleich dem heiligen Petrus, sagen: Herr, laß uns hier Wohnung nehmen."[148]

Bald übernimmt der Herr selbst die Rolle des Gärtners: die Seele wird von der *Ruhe* (die Theologen nennen sie gewöhnlich „Beschauung") zur *Vereinigung* erhoben. „Diese Gebetsweise ist, nach meiner Ansicht, eine deutliche Vereinigung der ganzen Seele mit Gott: nur läßt Gott den Kräften die Freiheit zu erkennen, was Er Großes in ihnen vollbringt. Sie sind nur tätig, um sich mit Ihm zu beschäftigen, ohne für etwas anderes fähig zu sein. Keine darf es wagen, sich zu regen. Um sie von dieser göttlichen Beschäftigung abzulenken, würde es einer gewaltsamen Kraftanstrengung bedürfen, und trotzdem könnte es nie gelingen, sie ganz von ihrem göttlichen Gegenstande loszureißen. Die Seele, ganz außer sich, von der süßesten Begeisterung bewegt, möchte, ihre Stimme könnte in Lobgesängen austönen, alles in ihr könnte das Übermaß ihres Glückes lobpreisen."[149] Oft genug sind den Lippen der Heiligen solche Lobgesänge entströmt.

Die Dauer der Vereinigung war in der ersten Zeit ihres mystischen Lebens meist sehr kurz; Theresia sagt, kaum ein Ave Maria lang. Aber ihre Wirkung war erstaunlich. „Durch einen einzigen, noch so kurzen Besuch verändert

[146] ⟨Vgl. *Leben* 9,4.⟩
[147] ⟨*Leben* 14,2.⟩
[148] ⟨*Leben* 14,5; 15,1. Vgl. Mt 17,4.⟩
[149] ⟨*Leben* 17,3–5.⟩

Gott das Antlitz, das Aussehen des mystischen Gartens. ... Unbewußt sieht sich die Seele umgewandelt. Sie findet, ich weiß nicht, welche Kraft, große Dinge zu tun. Zugleich erkennt sie ihre Unfähigkeit, in vielen Jahren jene Tugenden zu erlangen, welche ihr der Herr soeben geschenkt hat, und sie fühlt in sich eine Demut entstehen, welche weit tiefer ist als die früher geübte."[150] „Erhebt Gott der Herr eine Seele bis zu dieser Gebetsstufe, dann fordert Er weiter nichts von ihr als eine einfache Einwilligung in die Gnaden, mit denen Er sie beschenkt und eine volle Hingabe in den Willen seiner göttlichen Weisheit. Er will über sie wie über sein Eigentum verfügen."[151]

Häufig steigerte sich die Vereinigung zur *Verzückung:* hingerissen von der Gewalt der Gnade und der überirdischen Freude, verliert die Seele den Gebrauch ihrer niederen Kräfte und die Herrschaft über den eigenen Körper. „Bei der Verzückung ist es fast immer unmöglich, der übernatürlichen Anziehungskraft zu widerstehen. Die Seele muß mehr Entschluß und Mut zeigen als in den vorhergehenden Zuständen; denn, wenn sie von der Verzükkung erfaßt wird, so fühlt man sich fortgetragen, ohne zu wissen, wohin man geht, noch was aus einem werden wird, und die schwache Natur empfindet in diesem, übrigens so wonnigen Augenblick, ich weiß nicht welchen Schauer. Nicht nur die Seele wird fortgetragen, sondern manchesmal folgt auch der Körper selbst dieser Bewegung, so daß er den Boden nicht mehr berührt.[152] Wollte ich wieder feststehen, so fühlte ich unter meinen Füßen staunenerregende Kräfte, welche mich gegen meinen Willen emporhoben. Es war ein furchtbarer Kampf; ich blieb wie vernichtet und ich sah wohl ein, daß wenn Gott will, jeder Widerstand gegen seine Allmacht nichts vermag. Die Wirkungen einer solchen außerordentlichen Gunst sind groß. Die erste beweist uns die Allmacht Gottes und lehrt uns, daß wir weder die Herren des Körpers noch unserer Seele sind, sondern daß wir einen göttlichen Herrn haben, welcher damit tut, was er will. Die andere Wirkung ist eine außergewöhnliche[153] Loslösung, welche darzulegen ich keine Worte finde: man fühlt sich den Dingen hier unten wirklich fremd.[154] In ihr entstehen um die Wette Versprechungen und heroische Entschlüsse; lebhafte Wünsche, aufrichtiger Abscheu vor der Welt; ein klarer Blick in ihre Nichtigkeit.[155] Endlich läßt

---

[150] ⟨*Leben* 17,2–3.⟩

[151] ⟨Vgl. *Leben* 17,1–2, wo es heißt: *„Nur der Wille gibt seine Zustimmung zu den Gnadengeschenken, die er genießt. Er soll sich allem, was die wahre Weisheit in ihm wirken will, hingeben. (...) Es möge Seine Majestät mit ihr verfahren, wie mit etwas Eigenem."* Edith Stein zitiert da nicht genau, was vielleicht auch an der Übersetzung liegt, die sie benutzt hat.⟩

[152] ⟨*Leben* 20,3 f.⟩

[153] ⟨Ursprünglich *außerordentliche.*⟩

[154] ⟨*Leben* 20,6–8.⟩

[155] ⟨*Leben* 19,2.⟩

dieses Gebet in der Seele eine so große Liebe zurück, daß sie vergehen möchte, nicht aus Schmerz, sondern unter den Freudentränen, welche sie vergießt."[156] „... die Verzückung von[157] einer Stunde, selbst von noch kürzerer Dauer genügt, um die Seele zur Herrin über sich selbst und über alle Dinge zu machen und um ihr eine Freiheit zu geben, in der sie sich selbst nicht mehr kennt."[158] „Welch eine Macht ist vergleichbar mit der Macht einer Seele, welche von Gott auf jene Höhe gehoben, unter sich die Dinge der Welt sieht, ohne auch nur im geringsten von ihnen beherrscht zu werden. Wie ist sie verwirrt über jene Zeit, als sie ihnen anhing! Wie staunt sie über ihre Blindheit! Wie ist sie um jene bekümmert, welche noch in derselben Finsternis leben! Sie möchte die Stimme erheben, um ihnen ihre Verirrung zu zeigen; sie möchte ihre Ketten brechen und sie dem Gefängnis dieses Lebens entreißen, wo sie selbst gleich ihnen eingeschlossen war. Dann aber, wenn sie auf sich selbst blickt, sieht sie nicht nur die Spinnengewebe oder die großen Sünden, sondern auch die kleinsten Stäubchen oder die kleinsten Flecken.[159] ... Betrachtet sie einerseits die unendliche Heiligkeit ihres Gottes, so ist sie von seiner Helle geblendet; sieht sie andererseits sich selbst an, dann findet ihr Auge sie mit dem Schlamm ihres Elends bedeckt.[160] ... O glücklich, ja tausendmal glücklich die Seele, welche Gott durch die Verzückung zur Erkenntnis der Wahrheit erhebt."[161]

Diese Bekenntnisse enthüllen uns ganz das Wesen der Heiligen: die Zartheit des Gewissens, das sich mit bitterer Reue anklagt, während niemand anders einen Flecken an ihr entdecken kann; die Glut der Liebe, die sie zu jedem Opfer für Gottes Ehre[162] bereit macht, die Sorge um die Seelen, die sie mit aller Kraft dem Verderben entreißen und in den Frieden des Herrn führen möchte. Aber ehe es ihr vergönnt war, als Gottes auserlesenes Werkzeug Großes zu wirken, mußte sie noch die bittersten Leiden kosten.

10. Kapitel
Neue Prüfungen

Die erste Schwierigkeit entsprang ihrer eigenen Unkenntnis der mystischen Theologie. In ihrer tiefen Demut konnte sie sich nicht denken, daß eine

---

156 ⟨*Leben* 19,1; statt *Liebe (amor)* ursprünglich *Zärtlichkeit (ternura)*.⟩
157 ⟨*von* ergänzt.⟩
158 ⟨*Leben* 20,23.⟩
159 ⟨*Leben* 20,25–28.⟩
160 ⟨*Leben* 20,29.⟩
161 ⟨*Leben* 21,1.⟩
162 ⟨*für Gottes Ehre* zwischen den Zeilen ergänzt.⟩

Unwürdige (wie sie nach ihrer Meinung war) mit so außerordentlichen Gnaden überhäuft werden sollte. Freilich, solange die Gebetsgnaden anhielten, konnte sie an der Echtheit nicht zweifeln. In der Zwischenzeit aber wurde sie von Befürchtungen gepeinigt, jene mystischen Zustände seien ein[163] Blendwerk des Teufels. Theresia selbst hat auf Grund ihrer Erfahrungen später immer wieder betont, wie notwendig für eine Seele, die den Weg des inneren Lebens geht, die Leitung durch einen gelehrten und erleuchteten Seelenführer sei. P. Vincenz Varron,[164] der ihr nach dem Tode ihres Vaters so wohltätig beigestanden hatte, war seit einiger Zeit von Avila abberufen. In ihrer Not wandte sie sich auf Rat und durch die Vermittlung eines treuen Freundes, des frommen Edelmannes Franz Salcedo[165], an einen Priester, der in der ganzen Stadt als ebenso heilig wie gelehrt angesehen wurde, Kaspar Daza.[166] Sein Urteil war vernichtend: er erklärte alle ihre Gebetsgnaden als Teufelstrug und riet ihr, ganz von dem bisherigen Weg abzulassen. Die Heilige geriet in die äußerste Not: vom Himmel mit Gnaden überschüttet – und nach dem Urteil des theologischen Sachverständigen in der größten Gefahr, angewiesen, sich den übernatürlichen Einwirkungen zu entziehen! In dieser Bedrängnis zeigte sich ihr noch ein Ausweg: vor kurzem war ein Kollegium der Gesellschaft Jesu in Ávila begründet worden. Theresia, die für den neuen Orden die lebhafteste Bewunderung hegte, hatte es mit Freuden gehört, hatte aber bisher nicht gewagt, sich mit einem der vielgerühmten Patres zu unterreden. Nun nahm sie zu ihnen ihre Zuflucht, und das war ihre Rettung. P. Johann von Pradanos[167] beruhigte sie völlig über den Ursprung ihrer mystischen Zustände und riet ihr, auf dem Weg fortzuschreiten; nur fand er es nötig, sich der Gnaden durch strenge Abtötung würdig zu machen. „Abtötung"[168] – das war, sie sagte, damals für sie ein fast unbekanntes Wort.

[163] ⟨*ein* ergänzt.⟩

[164] ⟨Zu Vicente Barrón siehe oben Anm. 130.⟩

[165] ⟨Francisco de Salcedo, ein typischer „Spiritueller" jener Zeit, der – obwohl Laie und verheiratet – zwanzig Jahre lang als Zuhörer an den theologischen Vorlesungen der Dominikaner in Ávila (Santo Tomás) teilnahm. Nach dem Tod seiner Frau im Jahr 1570 ließ er sich zum Priester weihen; gestorben 1580.⟩

[166] ⟨Magister Gaspar Daza († 1592), ein Weltpriester aus Ávila, der sich von diesem Zeitpunkt an Teresas annimmt und ihr später auch maßgeblich bei der Gründung von San José hilft.⟩

[167] ⟨Juan de Prádanos (1528 Calahorra – 1597 Valladolid), 1554 zum Priester geweiht, 1555 Rektor des Colegio de San Gil in Ávila.⟩

[168] ⟨*Mortificación* („Einübung ins Absterben"), womit nicht einzelne asketische Praktiken als solche gemeint sind, sondern die Überwindung des tief verwurzelten Egoismus des „alten Menschen" (nach Eph 4,22 und Kol 3,9) in der Nachfolge Christi, des Gekreuzigten, um zum „neuen", innerlich freien und selbstlos liebenden Menschen zu werden. Zu Teresas Lebzeiten und noch bis zum Zweiten Vatikanum waren jedoch vor allem in den Orden bestimmte asketische Übungen zu diesem Zweck weit verbreitet; im Rahmen einer Rigorismus-Mentalität konnten diese sich leicht verselbständigen, so daß sie häufig leib-

Aber mit der ihr eigenen Entschlossenheit[169] griff sie die Anregung auf und begann sich an harte Bußübungen zu gewöhnen. Über das Bedenken, daß ihre schwache Gesundheit ein so strenges Leben nicht ertragen würde, half ihr P. Pradanos leicht hinweg. „Ohne Zweifel, meine Tochter," sagte er, „sendet dir Gott so viele Krankheiten, um jene Kasteiungen zu ergänzen, welche du nicht übst. Fürchte daher nichts. Deine Kasteiungen können dir nichts schaden."[170] Tatsächlich kräftigte sich Theresias Gesundheit bei der neuen Lebensweise.

Wenn der neue Seelenführer an dem himmlischen Ursprung ihrer Gebetsgnaden keinen Zweifel hatte, so hielt er es doch für gut, ihr einen gewissen Zwang in ihrer Art zu betrachten aufzuerlegen und sie zum Widerstand gegen den Ansturm der Gnade anzuleiten. Doch auch diese Einschränkung sollte bald wieder fallen. Das Jesuitenkolleg erhielt den Besuch des hl. Franz von Borgias[171], und P. Pradanos bat ihn, mit Theresia zu sprechen, um sein Urteil zu hören. Sie selbst berichtet darüber: „Ich ließ ihn … meinen Seelenzustand erkennen. Nachdem er mich angehört, sagte er mir, alles, was in mir vorgehe, käme vom Geist Gottes. Er hieß mein bisheriges Betragen gut; doch meinte er, ich solle in Zukunft keinen Widerstand mehr entgegensetzen. Er riet mir, das Gebet stets mit der Betrachtung eines Geheimnisses der Leidensgeschichte zu beginnen. Wenn sodann der Herr ohne mein Zutun meinen Geist in einen übernatürlichen Zustand versetze, sollte ich mich seiner Leitung überlassen. … Er verließ mich ganz getröstet."[172]

War die Heilige selbst durch so gewichtige Zeugnisse beruhigt, so galt von ihrer Umgebung nicht dasselbe. Trotz des Zeugnisses des hl. Franz Borgias, trotz der verständnisvollen Führung, die sie bald nach der Abberufung des P. Pradanos bei seinem[173] noch sehr jungen, aber heiligmäßigen Mitbruder P. Balthasar Alvarez[174] fand, hörten ihre frommen Freunde nicht auf, sich um sie zu sorgen. Sie zogen andere zu Rate, und bald sprach man in der ganzen Stadt von den außerordentlichen Erscheinungen im Kloster der Menschwerdung und warnte den jungen Jesuiten, er solle sich nicht von

---

feindliche oder sogar geschmacklose Formen annahmen, frommes Leistungsdenken begünstigten und somit ihre eigentliche Intention verfehlten.⟩

[169] ⟨Siehe ihre *determinada determinación* – *entschloßene Entschloßenheit* (*Weg der Vollkommenheit* 35,2).⟩

[170] ⟨Vgl. *Leben* 24,2.⟩

[171] ⟨Francisco de Borja, Hl., (1510 Gandia – 1572 Rom), 1565 dritter General der Gesellschaft Jesu.⟩

[172] ⟨*Leben* 24,3. Teresa schreibt: *„Ich war sehr getröstet."*⟩

[173] ⟨Ursprünglich *dem.*⟩

[174] ⟨Baltasar Álvarez (1533 Cervera – 1580 Belmonte), nacheinander Rektor der Jesuitenkollegien von Medina del Campo, Salamanca und Villagarcía de Campos, mehrfach Provinzial und schließlich Visitator.⟩

seinem Beichtkind täuschen lassen. Obwohl er diesen Stimmen[175] keinen Glauben schenkte, hielt er es doch für angezeigt, Theresia auf harte Proben zu stellen: er untersagte ihr die Einsamkeit, entzog ihr einmal zwanzig Tage lang die Hl. Kommunion. Sie unterwarf sich allen Anordnungen; es war aber kein Wunder, daß auch in ihrem eigenen Herzen die Unruhe wieder erwachte, da alle andern an ihr zweifelten oder zu zweifeln schienen. Ihre Rettung war die Güte des Herrn, der sie immer wieder beruhigte, der sie mitten in den erzwungenen Gesprächen entrückte, da ihr das einsame Gebet genommen war. Vor allem bestärkte Er sie darin, treu auf dem Wege des Gehorsams auszuharren, wenn er auch noch so hart sei. Ihr Lohn waren neue, immer höhere Gnaden. Sie fühlte die Gegenwart des Heilands an ihrer Seite, oft ganze Tage lang; zunächst kam Er[176] unsichtbar, später aber auch in sichtbarer Gestalt. „Fast immer erschien mir der Heiland in sichtbarer Gestalt nach der Auferstehung. Sah ich Ihn in der heiligen Hostie, so war es in dieser Gestalt der Verklärung. Manchesmal, wenn ich entmutigt oder traurig war, zeigte Er mir zur Aufmunterung seine Wunden. Er erschien mir auch am Kreuz hängend. Ich sah Ihn im Garten;[177] endlich sah ich Ihn das Kreuz tragend. Wenn Er mir in solcher Gestalt erschien, so geschah es, ich wiederhole es, wegen der Nöte meiner Seele oder zur Tröstung irgendwelcher anderen Personen; doch war sein Leib stets verherrlicht."[178] Diese Erscheinungen steigerten Theresias Liebe und bestärkten sie in der Gewißheit, daß es niemand anders als der Herr sei, der sie mit seinen Gnaden heimsuche. Um so schmerzlicher mußte es ihr sein, als in der Abwesenheit des P. Alvarez ein anderer Beichtvater ihr[179] den Befehl gab, den „bösen Geist" jedesmal, wenn er sich zeige, mit dem Kreuzzeichen und mit einer Gebärde der Verachtung zurückzuweisen. Sie gehorcht auch diesem Befehl. Aber zugleich fällt sie dem Herrn zu Füßen und bittet Ihn um Verzeihung: „O Heiland, Du weißt es ja, wenn ich so handle Dir gegenüber, so geschieht es nur aus Liebe zu Dir, um mich jenen gehorsam zu unterwerfen, welche Du für deine Kirche bestellt hast, um für mich Deine Stelle einzunehmen." Und Jesus beruhigt sie: „Tröste dich, meine Tochter, du tust wohl daran, zu gehorchen; Ich werde die Wahrheit offenbaren!"[180]

Im Gehorsam gegen die Kirche hat die Heilige selbst stets den sichersten Prüfstein dafür gesehen, daß eine Seele auf dem rechten Weg sei: „Ich weiß gewiß, Gott wird nie erlauben, daß der Teufel eine Seele betrügt, welche sich selbst mißtraut und welche im Glauben so stark ist, daß sie für einen ein-

---

175 ⟨Ursprünglich *ihnen.*⟩
176 ⟨*kam Er* zwischen den Zeilen ergänzt.⟩
177 ⟨Im Garten Gethsemani (Mt 26,30).⟩
178 ⟨*Leben* 29,4.⟩
179 ⟨*ihr* ergänzt.⟩
180 ⟨*Leben* 29,6.⟩

zigen Glaubensartikel tausend Todesarten zu erdulden bereit wäre. Gott segnet diese edle Seelenverfassung, indem er ihren Glauben stärkt und immer feuriger macht. Diese Seele ist sorgsam bemüht, sich in allem nach den Lehren der Kirche umzuwandeln, und befragt zu diesem Zweck jene, welche sie aufklären können. Sie hängt so fest an ihrem Glaubensbekenntnis, daß alle nur erdenklichen Offenbarungen, sähe sie auch den Himmel offen, sie niemals in ihrem Glauben auch nur in dem kleinsten von der Kirche gelehrten Artikel wankend machen könnten!"[181] „Findet eine Seele nicht in sich selbst diesen gewaltigen Glauben und tragen ihre Andachtsentzückungen nicht dazu bei, ihre Anhänglichkeit an die heilige Kirche zu vermehren: dann, sage ich, befindet sich die Seele auf einem Wege voller Gefahren. Der Geist Gottes flößt nur Dinge ein, welche mit den heiligen Schriften in Einklang stehen. Käme die geringste Abweichung vor, so bin ich überzeugt, daß diese Dinge von dem Urheber der Lüge kommen."[182] Daß in ihr nach jeder neuen Gnade Demut und Liebe wuchsen, das mußte die Heilige selbst beruhigen und mußte auch erleuchteten Geistesmännern ein untrügliches Zeichen ihrer seelischen Verfassung sein.

In jener Zeit der außerordentlichen Gnadenerweisungen und der härtesten Prüfungen erhielt Theresia auch ein sichtbares Sinnbild der glühenden Liebe, die ihr Herz durchdrang: „Ich sah neben mir, an meiner linken Seite, einen Engel in körperlicher Gestalt. ... Nach seinen flammenden Gesichtszügen schien er jenen hohen Chören anzugehören, welche nur Feuer und Liebe sind. ... Ich sah in seinen Händen einen langen goldenen Pfeil, dessen äußerste Spitze feurig erglänzte. Von Zeit zu Zeit durchbohrte damit der Engel mein Herz; zog er ihn wieder heraus, dann war ich ganz von Liebe zu Gott entbrannt."[183] Das Herz der Heiligen, das im Kloster zu Alba aufbewahrt wird und noch heute unversehrt erhalten ist, zeigt eine lange, tiefe Wunde.[184]

---

[181] ⟨*Leben* 25,12.⟩

[182] ⟨*Leben* 25,12 f.⟩

[183] ⟨*Leben* 29,13.⟩

[184] ⟨Teresa betont unmißverständlich, daß es sich um keinen leiblichen, sondern um einen geistigen Schmerz handelt, der auf paradoxe Weise zugleich ein tiefes Wohlgefühl darstellt (vgl. *Leben* 29,12). In der Tradition ist diese visionäre Erfahrung Teresas dennoch als real-leibliches Geschehen gedeutet worden, bis hin zu dem Punkt, eine fragliche Läsion des konservierten Herzens als Pfeilwunde anzusprechen, wie Edith Stein es hier andeutet.⟩

11. Kapitel
Wirken für den Herrn

Wer liebt, den drängt es, etwas für den Geliebten zu tun. Theresia, die sich schon als Kind so kühn entschlossen und tatenfroh gezeigt hatte, brannte von Verlangen, dem Herrn ihre Liebe und Dankbarkeit durch die Tat zu beweisen. Als Nonne in einem beschaulichen Kloster schien sie von aller äußeren Wirksamkeit abgeschnitten. So wollte sie wenigstens in der Selbstheiligung ihr Möglichstes tun. Mit Erlaubnis ihres Beichtvaters (P. Alvarez) und ihrer höchsten Vorgesetzten im Orden legte sie das Gelübde ab, in allen Dingen stets das zu tun, was Gott am wohlgefälligsten wäre.[185] Um sie vor Unsicherheit und Gewissenszweifeln zu schützen, hat man die Fassung später dahin abgeändert, daß die Entscheidung darüber, was jeweils das Vollkommenste sei, ihrem Beichtvater zustehen solle.

Aber einer so liebevollen Seele konnte es nicht genügen, für ihr eigenes Heil Sorge zu tragen und durch eigene Vollkommenheit dem Herrn Freude zu bereiten. Eines Tages wurde sie durch eine furchtbare Vision in die Hölle versetzt. „Sogleich begriff ich, daß Gott mir den Platz zeigen wollte, welchen mir die Teufel bestimmt hatten und den ich für meine Sünden verdiente. Es dauerte kaum einen Augenblick. Würde ich aber noch viele Jahre leben, ich könnte es unmöglich vergessen.“[186] Sie erkennt, wovor Gottes Güte sie bewahrt hat. „Die Überschrift meines Lebens sollte lauten: Die Erbarmung Gottes.“[187] Aber die Gefahren, denen sie selbst entronnen ist – ungezählte andere sind ihnen beständig ausgesetzt: „Wie, ich könnte bei einem solchen Anblick auch nur einen Tag Ruhe finden! Ich könnte in Frieden leben, während so viele Seelen verloren gehen!“[188] Es war zu jener Zeit, als Deutschland durch die Glaubensspaltung zerrissen wurde, Frankreich sich in Religionskriegen selbst zerfleischte, ganz Europa durch die Irrlehren in Verwirrung war. „Zerrissenen Herzens, wie wenn ich etwas hätte tun können oder selbst etwas gewesen wäre, umschlang ich die Füße des Herrn und vergoß bittere Tränen und bat Ihn, solches Unheil zu beschwören. Gern hätte ich tausend Leben hingegeben, um eine einzige dieser verirrten Seelen zu retten. Doch wie konnte ein armes Weib, wie ich, der Sache ihres göttlichen Meisters dienen?“[189] In solchen Erwägungen kam ihr der Gedanke, sich von der gemilderten Regel ihres Klosters zu befreien, „um nach dem Beispiel der heiligen, ihr vorausgegangenen Einsiedler ganz in Gott ruhen zu können. Da sie

---

[185] ⟨Siehe ein ähnliches Gebet von Edith Stein vom 4. August 1939 (LJF, ESGA 1,376).⟩

[186] ⟨*Leben* 32,1.⟩

[187] ⟨*Leben* 32,3. Teresa schreibt: *„Der Herr wollte, daß ich mit eigenen Augen sähe, aus welchem Ort mich seine Barmherzigkeit befreit hatte.*⟩

[188] ⟨Vgl. *Leben* 32,5.⟩

[189] ⟨*Weg der Vollkommenheit* 1,1.⟩

nicht, wie sie es gewollt hätte, durch die ganze Welt Gottes Erbarmung lobsingen konnte, so wollte sie wenigstens einige auserwählte Seelen um sich versammeln, die der Armut, der Zurückgezogenheit, dem ständigen Gebet und der Strenge der ersten Satzungen sich weihen würden. Schon erfüllt von diesem Gedanken, welcher keine einfache Einbildung, sondern ein fester Entschluß war, stellte sie sich vor, wie sie eine kleine Schar edelmütiger Seelen um sich versammeln würde, welche mit ihr bereit wären, das Vollkommenste zu tun. Sie überlegte, in welcher Art sie Tag und Nacht beten könnte, um jenen ständig zu helfen, welche für das Heil der Seelen bestellt sind. ... Es war ihr, als befände sie sich schon in dem Zustand, welcher ihr als das Paradies erschien. Sie sah sich bereits in einem kleinen Hause wohnen; mit einem Sacke angetan; zwischen den Mauern eingeschlossen; nur mit Beten beschäftigt und mit ihren Genossinnen zum Dienst des Vielgeliebten eilen!"[190] Es sollte nicht gar zu lange dauern, bis dieser schöne Traum Wirklichkeit wurde.

12. Kapitel
St. Joseph zu Avila, das erste Kloster der Reform

In einem kleinen Kreise von Klosterfrauen und Besucherinnen, die am Fest der Allerseligsten Jungfrau vom Berge Karmel, am 16. Juli 1560, sich zum Gottesdienst im Kloster der Menschwerdung eingefunden hatten,[191] sprach man von den Hindernissen, die eine große Zahl von Klosterinsassen und häufige Besuche für das Gebetsleben bedeuteten. Da machte María von[192] Ocampo,[193] eine jugendliche Verwandte der Heiligen, eine gefeierte Schönheit, den Vorschlag, man solle doch ein Kloster gründen, in dem man das Leben der alten Einsiedler erneuern könnte. In allem Ernst bot sie ihre Mitgift dafür an. Am nächsten Tage erzählte Theresia ihrer vertrauten Freundin Donna Guiomar von Ulloa[194] (einer jungen Witwe, die gleich ihr unter der strengen Leitung des P. Balthasar Alvarez ein Leben des Gebets führte) von diesem Gespräch. Donna Guiomar griff den Gedanken begeistert auf. Das Entscheidende aber war, daß der Herr selbst zu dem Unternehmen aufrief. „Er versicherte mir, daß Ihm, wenn ich ein Kloster gründe, dortselbst sehr

[190] Allgemeine Geschichte des Karmel. Bd. I, Buch II, Kap 1. ⟨Als Anm. am Rande ergänzt.⟩

[191] ⟨Diese „Gründungssitzung" fand im September 1560 statt. (DST 607).⟩

[192] ⟨*von* ergänzt.⟩

[193] ⟨María Bautista de Ocampo (1543 Toledo – 1603 Valladolid), Tochter von Cousins Teresas, Profeß 1564 in Ávila.⟩

[194] ⟨Doña Guiomar de Ulloa, Freundin Teresas in Ávila (1527 Toro – 1585).⟩

gut gedient würde, daß dieses Haus ein im hellsten Licht strahlender Stern sein würde. Haben auch die Orden an ihrem früheren Eifer verloren, so leisten sie mir dennoch große Dienste, fügte Gott bei. Was würde die Welt, gäbe es keine Klöster mehr?"[195] Dem heiligen Joseph sollte nach dem Willen des Herrn das neue Haus geweiht werden.

Nun gab es für Theresia kein Zaudern mehr. Sie wandte sich zunächst an ihren Beichtvater. Er machte seine Erlaubnis von der Zustimmung des Karmeliter-Provinzials, P. Angelus von Salazar, abhängig.[196] Diese Zustimmung wurde leichter, als zu erwarten war, durch die Vermittlung von Donna Guiomar erlangt. Drei heiligmäßige Ordensleute, deren Rat Theresia einholte, gaben ermutigende Antworten: der Jesuit Franz Borgias, der Dominikaner Ludwig Bertrand,[197] der Franziskaner Petrus von Alcantara.[198] Die nächste Aufgabe war nun, ein Haus zu finden. Aber ehe das noch gelungen war, drang das Gerücht von Theresias Plänen in die Öffentlichkeit und erregte einen Sturm der Entrüstung gegen sie und ihre Freundin. Man begreift es wohl, daß es von den Klosterfrauen der Menschwerdung als frevelhafte Anmaßung empfunden wurde, wenn eine der Ihren ihr Haus verlassen wollte, um in größerer Vollkommenheit zu leben als die Gemeinde, in der sie erzogen war. Und diese Stimmung teilte die Bevölkerung der Stadt. Die beiden Frauen fanden die erste kräftige Unterstützung bei dem gelehrten und hochangesehenen Dominikaner P. Peter Ibañez.[199] Als der P. Provinzial auf das Drängen der Mitschwestern Theresias seine Erlaubnis zurückzog und die Heilige zur Untätigkeit zwang, setzten ihre Freunde die Vorbereitungsarbeiten fort: Donna Guiomar, von P. Ibañez geleitet, Don Franz von Salcedo und Kaspar Daza (die beiden, die ihr[200] einst durch ihre Zweifel so viele Seelenqualen verursacht hatten, nun aber ganz für sie gewonnen waren). Es wurde ein kleines Häuschen ausfindig gemacht, ihr Schwager Johann von Ovalle[201] – der Gatte ihrer jüngsten Schwester Johanna,[202] die im Kloster der Menschwerdung erzogen war und mit großer Liebe an Theresia hing – kaufte es und

[195] ⟨*Leben* 32,11.⟩

[196] ⟨Ángel de Salazar (1518 Herrera de Valdecañas – 1596/97) Profeß 1537, in den Jahren 1559–1567; 1571–1576; 1579–1583; 1592–1593 Provinzial der Karmeliten Kastiliens.⟩

[197] ⟨Luis Beltrán Exach, Hl. (1526 Valencia – 1581), Dominikaner, Missionar in Kolumbien.⟩

[198] ⟨Pedro de Alcántara, Hl. (1499 Alcántara – 1562 Arenas de San Pedro), Franziskaner; Gründer einer Reformkongregation.⟩

[199] ⟨Pedro Ibáñez (Calahorra – 1565 Trianos), Dominikaner, Beichtvater Teresas und Prüfer der Vida.⟩

[200] ⟨*ihr* ergänzt.⟩

[201] ⟨Juan de Ovalle (1527–1595), Schwager Teresas, Ehemann ihrer Schwester Juana de Ahumada.⟩

[202] ⟨Juana de Ahumada (1528–1587), jüngste Schwester Teresas.⟩

bezog es, um es zu hüten, bis es seinem eigentlichen Zweck übergeben werden könnte.

Ein großes Hindernis für ihre Pläne schien es, als die Heilige von ihrem P. Provinzial den überraschenden Befehl erhielt, sich in den Palast der Herzogin[203] Luisa de la Cerda[204] in Toledo zu begeben, da diese einflußreiche Dame im Schmerz über den Tod ihres Gatten[205] nach dem Trost der Heiligen verlangte. Ungern ließen die Freunde sie von Avila fort; aber der Aufenthalt in Toledo sollte reich gesegnet sein. Donna Luisa wurde eine mächtige und treue Gönnerin der Reform. In dem Kreis von Frauen und Mädchen, die sich in ihrem Palast um Theresia versammelten und ihren Rat begehrten, war eine, die bald zu den kräftigsten Stützen Theresias gehören sollte: die junge Maria von Salazar[206] (später Maria vom heiligen Joseph, Priorin von Sevilla). Vor allem[207] fand sie hier die Muße, einen Auftrag auszuführen, den ihr P. Ibañez[208] im Jahre vorher gegeben hatte: die Geschichte ihres inneren Lebens zu schreiben – jenes Buch, das ihren Namen in allen katholischen Ländern und durch alle Jahrhunderte bekannt machen und Ungezählten ein Wegweiser werden sollte.[209]

Auch für ihre Gründung in Avila war die Zeit nicht nutzlos. Im Hause der Herzogin de la Cerda suchte sie Maria von Jesus auf, eine Karmeliterin aus Granada,[210] die ähnliche Reformgedanken hatte wie Theresia und sich mit ihr darüber aussprechen wollte. Auch zu einer Beratung mit dem heiligen Petrus von Alcantara fand sie Gelegenheit, der schon früher ihren Seelenzustand geprüft und sie sehr getröstet hatte. Nun ermutigte er sie, das Kloster St. Joseph ohne Einkünfte zu gründen, wie es die ursprüngliche Regel vorschrieb.

Erst im Juni 1562 – nach sechsmonatiger Abwesenheit – durfte Theresia nach Avila zurückkehren. Eine glückliche Nachricht, die am Tage ihrer Ankunft eingetroffen war, erwartete sie dort: das päpstliche Breve, das Donna Guiomar und ihrer Mutter die Gründung eines Karmeliterinnenklosters nach der ursprünglichen Regel gestattete, es der Gerichtsbarkeit des Diöze-

---

[203] ⟨Ursprünglich stand *Donna.*⟩

[204] ⟨Luisa de la Cerda (gest. 1596 in Madrid), Angehörige des Hochadels, Freundin Teresas.⟩

[205] ⟨Antonio Arias Pardo de Saavedra, gest. 1561.⟩

[206] ⟨María de San José (Salazar) (1548 Toledo – 1603 Cuerva), Priorin in Sevilla und Lissabon, berühmte Schülerin Teresas.⟩

[207] ⟨An Stelle von *Vor allem* ursprünglich *Schließlich.*⟩

[208] ⟨Pedro Ibáñez (? Calahorra – 1565 ?), Dominikaner.⟩

[209] ⟨Edith Stein gelangte durch die Lektüre dieses Buches, das sie sich Ende Mai 1921 im Hause Reinach in Göttingen ausgesucht hatte, zum Entschluß, sich in der katholischen Kirche taufen zu lassen.⟩

[210] ⟨María de Jesús (Yepes), (1522 – 1580), Beatin des Karmel, lernt Teresa 1562 in Toledo kennen und gründet ihr Kloster im September 1562 in Alcalá de Henares.⟩

sanbischofs unterstellte, ihm dieselben Rechte erteilte wie den anderen[211] Klöstern desselben Ordens und jedermann untersagte, es irgendwie zu beunruhigen. Theresias Namen war in dem Schriftstück nicht genannt. Durch eine glückliche Fügung war Petrus von Alcantara damals gerade in Avila – zum letztenmal, denn bald darauf starb er.[212] Seinem Bemühen gelang es, den Bischof von Ávila, Don Alvaro de Mendoza[213], für die Gründung zu gewinnen. Er war von nun an einer der eifrigsten Förderer der Reform.

Die Erkrankung ihres Schwagers Johann von Ovalle erwirkte Theresia die Erlaubnis ihres Provinzials, in sein Haus, ihr künftiges Kloster, überzusiedeln, um ihn zu pflegen. Damit war ihr die Möglichkeit gegeben, die Bauarbeiten persönlich zu überwachen. Als die Arbeiter das Haus[214] verließen, war auch der Kranke geheilt, und ⟨es⟩ konnte das Kloster seiner Bestimmung übergeben werden. Das Wichtigste war nun, die geeigneten lebendigen Bausteine für die Neugründung zu finden. Es fanden sich vier Postulantinnen, von denen die heilige Mutter selbst sagt: „Meine ersten Töchter waren vier Waisen ohne Mitgift, doch große Dienerinnen Gottes. Ich fand sie so, wie ich sie mir gewünscht hatte. Denn mein heißestes Verlangen war, daß jene, welche zuerst eintreten würden, durch ihr Beispiel Grundsteine des geistigen Gebäudes und geeignet seien, unsere Absicht zu erfüllen und ein Leben der Betrachtung und Vollkommenheit zu führen."[215] Am 24. August, dem Fest des hl. Bartholomäus, kamen diese vier ersten Karmeliterinnen der Reform in das Klösterchen, in dem die Heilige sie erwartete.[216] Die Freunde, die zur Gründung geholfen hatten, fanden sich ein. Im Auftrag des Bischofs von Avila las Kaspar Daza die erste heilige Messe und setzte das Allerheiligste Altarsakrament in der Kapelle ein. Damit war die Gründung vollzogen. Nun bekleidete Theresia ihre Töchter mit dem Gewand der Unbeschuhten Karmeliterinnen („unbeschuht", weil sie statt der Schuhe die Fußbekleidung der Armen, Sandalen aus Hanf, tragen[217]): Ordenskleid und Skapulier aus grobem, braunem Tuch, ein Mantel aus weißem Tuch, eine Kopfhülle aus Leinwand und darüber vorläufig der weiße Novizenschleier. Überglücklich blieb

[211] ⟨Ursprünglich hieß es *wie den anderen Karmelitenklöstern und* .... Edith Stein strich *Karmeliten* durch und fügte zwischen den Zeilen *desselben Ordens* ein.⟩

[212] ⟨Gestorben am 18. Oktober 1562 in Arenas de San Pedro.⟩

[213] ⟨Álvaro de Mendoza (gest. 1586 Valladolid), 1560–1577 Bischof von Ávila, dann Palencia, Förderer Teresas.⟩

[214] ⟨*das Haus* ergänzt.⟩

[215] ⟨*Leben* 36,6.⟩

[216] ⟨Es waren Antonia de Henao (Antonia del Espíritu Santo), María de la Paz (María de la Cruz), Úrsula de Revilla (Úrsula de los Santos), María de Ávila (María de San José).⟩

[217] ⟨Dieses äußere Zeichen der Reformierten im damaligen Spanien sollte Teresas Gründung den Namen geben, auch wenn sie die damit verbundene Vorstellung von Ordensleben gerade nicht gewollt hat. Siehe dazu U. Dobhan, *Die* Christin *Teresa*.⟩

die Mutter mit ihren Töchtern in der Stille des Heiligtums zurück, als die Besucher sie verließen. Aber man ließ sie nicht lange in Frieden. Das Gerücht von der vollzogenen Gründung verbreitete sich schnell in der ganzen Stadt; die Gegner brachten die gesamte Bevölkerung in Unruhe: ein Kloster ohne jede Einkünfte würde die Almosen der Armen aufzehren. Die Priorin der Menschwerdung, von den empörten Schwestern gedrängt, sandte Theresia einen Befehl, sofort in ihr Kloster zurückzukehren. Die Heilige gehorchte unverzüglich. Sie ließ die vier Novizinnen unter der Leitung der Ältesten, Ursula von den Heiligen,[218] und im Schutz des hl. Joseph zurück. Am 26. August berief der Stadtrichter Magistrat und Kathedralkapitel zu einer Sitzung im Stadthause zusammen; man beschloß die Zerstörung des Klosters, und der Stadtrichter selbst begab sich dorthin. Aber Theresias junge Töchter ließen sich nicht einschüchtern. Sie antworteten durch[219] ihr Gitter, als man ihnen Gewalt androhte: „... Sie können Gewalt anwenden. Doch ... solche Handlungen haben zum Richter hier auf Erden Seine Königliche Majestät Philipp II. und im Himmel einen andern Richter, den Ihr weit mehr fürchten sollt, den allmächtigen Gott, den Rächer der Unterdrückten!“ Der Stadtrichter zog unverrichteter Sache ab und berief für den übernächsten Tag eine neue, erweiterte Versammlung. In flammender Rede erklärte er, diese Gründung sei eine Neuerung und als solche verdächtig; der Unterhalt der Nonnen würde den Adel von Avila ungebührlich belasten; die Eröffnung des Hauses ohne Erlaubnis der Stadt sei gesetzwidrig. Darum solle man seine Zerstörung beschließen. Der Redner hatte schon die große Mehrheit auf seiner Seite, als sich ein Dominikaner zum Wort meldete. Es war P. Dominikus Bañez,[220] erst seit kurzer Zeit in Ávila, aber berühmt durch seine Gelehrsamkeit. Er kannte Theresia nicht, aber die Liebe zur Gerechtigkeit zwang ihn, sich zum Wortführer ihrer Sache zu machen. „... Genügt schon zur Verwerfung, daß eine Sache neu sei? Waren nicht alle Ordensgemeinschaften zur Stunde, da sie aus dem Schoße der Kirche kamen, Neuerungen? Und als unser Herr und Gott die heilige Kirche gründete, trug da nicht auch sein Werk den Stempel der Neuheit? ... Dieses neugegründete Kloster der Karmeliterinnen ist eine Reform der alten Genossenschaft; es hebt auf, was gefallen; es erneuert eine abgeschwächte Regel; es strebt nach der Erbauung des Volkes, nach dem Ruhm des heiligen Glaubens. Aus diesen Gründen muß es von den Mächtigen der Stadt und des Staates nicht nur geduldet, sondern begünstigt und geschützt werden.“ „... wie kann jemand glauben, daß arme, in einen Winkel gebannte Frauen,

---

[218] ⟨Úrsula de los Santos (1521 Ávila – 1574 ebenda).⟩

[219] ⟨Ursprünglich stand *öffneten* für *antworteten durch*.⟩

[220] ⟨Domingo Báñez (1528 Valladolid 1528 – 1604 Medina del Campo), Dominikaner, Professor, Konzilstheologe in Trient, Beichtvater und Förderer Teresas.⟩

die zu Gott für uns beten, zu einer so schweren Last und zu einer Volksgefahr werden können? … Vier demütige und friedliebende Karmeliterinnen, die am äußersten Ende eines Vorortes untergebracht sind, sind das Schaudergespenst, der ganze Grund der Aufregung in Avila. … Es scheint mir für Avila wenig würdig, eine Junta aus einem so unbedeutenden Grunde zu berufen." „Was das Bestehen des Klosters anbelangt, so ist dasselbe unverletzlich, da es der hochwürdigste Herr Alvaro de Mendoza unter seinen Schutz genommen und der Heilige Stuhl durch ein Breve,[221] gegen welches ganz Avila nichts zu tun vermag, gutgeheißen hat. …" Auf diese Rede hin löste sich die Versammlung auf, und das Klösterchen war gerettet; es bedurfte aber noch monatelanger Verhandlungen und opfervoller Mühen aller Freunde, um alle Hindernisse zu überwinden. Erst am 5. Dezember 1562 erteilte der Provinzial Angelus von Salazar[222] Theresia die Erlaubnis, sich zu ihren Töchtern zu begeben.[223] Sie durfte sogar vier Nonnen aus dem Kloster der Menschwerdung mitnehmen. In überströmendem Dank gegen den Herrn weihte sie noch einmal sich und ihre kleine Ordensfamilie seinem Dienst. Nun legten sie und ihre Begleiterinnen das rauhe Gewand der Reform an und vertauschten ihre Schuhe mit den „Alpargatas", den groben Sandalen. Zugleich legten sie, um alle Erinnerungen an Rang und Stand in der Welt zu begraben, ihre Familiennamen ab und wählten ein Adelsprädikat, das vom Himmel kam. Seit jenem Tage hieß Theresia de Ahumada *Theresia von Jesus.*

Der erste Beichtvater von St. Joseph und treue Gehilfe der Heiligen bei dem Werk der Reform, der Kaplan *Julian von Avila,*[224] hat nach dem[225] Tode der Heiligen die Gründungsgeschichte dieses Hauses geschrieben. Er gibt uns ein Bild des paradiesischen Lebens in dieser Einsamkeit: „Gott wollte … ein Haus haben zu seiner Erholung, eine Wohnung zu seinem Trost. Er wünschte einen Garten mit Blumen, nicht von jenen Blumen, welche auf der Erde wachsen, sondern von jenen, welche sich im Himmel entfalten …, einen Blumengarten mit diesen auserwählten Seelen, in deren Mitte Er ausruhen, denen Er seine Geheimnisse enthüllen und sein Herz eröffnen wollte.". „Weil unser Herr und Heiland so viele Feinde und so wenig Freunde hat, so müssen wenigstens die letzteren recht gut sein", sagte die Heilige

[221] ⟨Teresa hatte insgesamt drei Breven bekommen, um ihre Vorstellungen bestätigt zu bekommen. Das erste, auf das sich P. Báñez hier bezieht, stammt vom 7. Februar 1562. Siehe *Leben* 33,13, Anm. 13.⟩

[222] ⟨ Siehe oben Anm. 196.⟩

[223] ⟨Teresa kehrte erst Ende 1562/Anfang 1563 endgültig nach San José zurück. Die offizielle Erlaubnis des Provinzials trägt das Datum vom 22. August 1563. (DST 608 f.).⟩

[224] ⟨Julián de Ávila (1527–1605), Weltpriester, ab 1563 Hausgeistlicher in San José.⟩

[225] ⟨*dem* ergänzt.⟩

selbst.[226] Und zu solchen guten Freunden des Herrn bildete sie die jungen Seelen heran, die sich ihren Händen anvertrauten. Jugendlich-schöne, reiche und glänzend begabte Mädchen eilten nach St. Joseph, um allen Schmuck abzuwerfen, um in unbegrenzter Opferbereitschaft und demütiger Unterwerfung sich dem Herrn zu weihen. Es kamen auch Postulantinnen ohne jede Mitgift und wurden ebenso freudig, ja noch lieber aufgenommen.[227] Denn es war der heiligen Mutter um den echten Ordensgeist in ihrem Hause, nicht um äußere Güter zu tun. Bald war die Zahl 13 erreicht, die Theresia ursprünglich nicht überschreiten wollte. (Später wurde sie auf 20 erhöht.[228]) Mit höchster Weisheit regelte sie das Leben im Hause.[229] Jede Schwester erhielt ein Amt, worin sie den Bedürfnissen der kleinen Klosterfamilie diente. Der Tag wurde streng zwischen Gebet und Arbeit geteilt. Und diese Arbeiten, die zum Lebensunterhalt beitragen sollten, mußten einfach und bescheiden sein, um keinen Stolz aufkommen zu lassen und um dabei die Sammlung in Gott bewahren zu können. In Einsamkeit und Stillschweigen werden die Arbeiten verrichtet. Nur in der Stunde der Erholung finden sich die Schwestern in herzlichem und ungezwungenem Gespräch zusammen. Theresia machte diese Stunde zu einer verpflichtenden Übung und legte den größten Wert darauf:[230] um dem Geist die Entspannung zu gönnen, nach der die Natur verlangt, und um ausreichende Gelegenheit zur Übung der schwesterlichen Liebe zu geben. Doch auch in der Stunde der Erholung gibt es keinen Müßiggang: bei munterem Gespräch oder fröhlichem Gesang arbeiten die fleißigen Hände um die Wette.

Der Geist ihrer kleinen Familie war Theresias schönster Lohn für alle Mühen und Opfer. Sie selbst steht mit Bewunderung vor ihren Töchtern: „O, wie erkenne ich alle Vorzüge meiner Mitschwestern mir gegenüber! Kaum gab ihnen Gott einige Erkenntnis, einige Liebe, so verachten sie schon ihr Leben um jenes willen, von welchem sie geliebt werden, und opfern sich Ihm auf. Sie finden ihre Wonne in der Einsamkeit. All ihr Glück liegt in dem Gedanken, im Dienst Gottes voranzuschreiten. Ihre Seligkeit ist, allein mit Ihm zu leben. Viele unter ihnen verbrachten ihre Jugend in der Eitelkeit der Welt; sie hätten hierin ihr Glück finden und nach diesen Gesichtspunkten urteilen können: gerade diese aber sind die fröhlichsten. Gott lohnt ihnen

---

[226] ⟨Siehe *Weg der Vollkommenheit* 1,2.⟩

[227] ⟨Siehe *Gründungen* 27,13.⟩

[228] ⟨Zur Anzahl der Schwestern siehe *Gründungen* 1,1, Anm. 8.⟩

[229] ⟨Anm. am Rand ergänzt⟩: Nachdem sie im Leben mit ihren Töchtern die geeignete Lebensordnung herausgefunden und erprobt hatte, schrieb sie ihre „Konstitutionen“, die noch heute geltenden Satzungen ihres Ordens. Sie sind im III. Band ihrer Schriften (in der Pustetschen Ausgabe) abgedruckt.

[230] ⟨Die Rekreation gehört zu den drei Elementen, auf die sie bei der Unterweisung des Johannes vom Kreuz im Sommer 1568 besonderen Wert legt. (*Gründungen* 13,5).⟩

mit wahrem Glück die falschen Freuden, welche sie für ihn verlassen haben. Ich kann nicht sagen, welchen Trost ich empfinde, in Gemeinschaft solcher unschuldigen, allem entsagenden Seelen zu leben."[231] Die Heilige hatte auch kein anderes Verlangen, als in dieser Weltabgeschiedenheit mit ihrer kleinen Familie zu leben, sie immer tiefer in den Geist des Gebetes einzuführen, zu heroischer Übung der Tugenden – der Demut, des Gehorsams, der vollkommenen Selbsthingabe, der Armut, der innigsten Gottes- und Nächstenliebe – anzuleiten und mit ihnen dieses ganze Leben des Gebets, des Opfers, der freiwilligen Bußübungen (bei denen sie aber auf weises Maß hielt und einem ungesunden Eifer wehrte)[232] aufzuopfern für die Ehre Gottes und seiner Kirche, zum Heil der Seelen und als Unterstützung der Priester, die im Kampf gegen die großen Irrtümer der Zeit standen. Es war ihr aber nicht beschieden, in der Stille von St. Joseph ihr Leben zu beschließen.

13. Kapitel
Ausbreitung der Reform

Wieder war es der glühende Eifer für das Heil der Seelen, der Theresia zu neuen Taten führte. Eines Tages besuchte sie ein Franziskaner,[233] der aus den Missionen kam, und erzählte ihr von der traurigen seelischen und sittlichen Verfassung der Menschen in den Heidenländern. Erschüttert zog sie sich in ihre Einsiedelei im Garten zurück: „Ich schrie zum Heiland; ich beschwor Ihn um die Mittel, Seelen für Ihn gewinnen zu können, weil Ihm der böse Feind so viele raubt. Ich bat Ihn, sich hierfür ein wenig meines Gebetes zu bedienen, weil ich Ihm eben nicht mehr bieten konnte."[234] Als sie viele Tage hintereinander in dieser Weise gefleht hatte, erschien ihr der Herr und sprach die tröstenden Worte: „Warte ein wenig, meine Tochter, und du wirst große Dinge sehen."[235] Sechs Monate später kam die Erfüllung dieser Verheißung. Im Frühling des Jahres 1567 erhielt sie die Nachricht von einem bevorstehenden Besuch des Karmelitergenerals Johannes Baptista Rubeo[236]

---

231 ⟨*Leben* 36,26.⟩

232 ⟨In diesem Verhalten, „*suavidad*" (Sanftheit, Milde) genannt, kommt die typische Eigenheit des teresianischen Lebensstils gegenüber dem Rigorismus ihrer Zeit zum Ausdruck.⟩

233 ⟨Es war Alonso Maldonado de Buendía (geb. ca. 1515 in Ledesma); der von 1551–1561 in Peru und Mexiko war und am 1. Juni 1566 nach San José kam. (DST 1018–1020).⟩

234 ⟨*Gründungen* 1,7.⟩

235 ⟨*Gründungen* 1,8.⟩

236 ⟨Giovanni Battista Rossi, hispanisiert Rubeo (1507 Ravenna – 1578 Rom), 1564 zum Ordensgeneral gewählt.⟩

in Spanien. „Das war etwas ganz Außergewöhnliches. Die Generäle unseres Ordens haben stets ihren Sitz in Rom; niemals noch war einer von ihnen nach Spanien gekommen.“[237] Die Nonne, die ihr Kloster verlassen und ein neues gegründet hatte, durfte sich wohl vor der Ankunft ihres höchsten Vorgesetzten fürchten. Er hatte die Macht, ihr Werk zu vernichten. Mit Zustimmung des Bischofs von Avila, dem ihr Haus unterstand, lud Theresia den General in ihr Haus ein. Er kam, und Theresia gab ihm in aller Offenheit Bericht über die ganze Geschichte ihrer Gründung. Er überzeugte sich mit eigenen Augen von dem Geist, der in diesem Klösterchen herrschte, und vergoß Tränen der Rührung. Was er hier sah, war die vollkommenste Verwirklichung des Zieles, um dessentwillen er nach Spanien gekommen war.[238] Er dachte an eine Reform des ganzen Ordens, an einen Rückgang auf die alten Überlieferungen, ohne daß er es gewagt hätte, so radikal vorzugehen, wie es Theresia getan hatte. Um in den Klöstern seines Landes die Zucht zu erneuern, hatte ihn König Philipp II. nach Spanien berufen.[239] Er hatte anderswo wenig freundlichen Empfang gefunden. Nun machte er Theresia zur Vertrauten seiner Sorgen. Sie ihrerseits brachte ihm die Liebe und das Vertrauen einer Tochter entgegen. Als er Avila verließ, ließ er ihr Freibriefe zurück, die ihr die Gründung weiterer Frauenklöster der Reform erlaubten. Alle diese Klöster sollten unmittelbar dem General unterstehen; kein Provinzial sollte das Recht haben, ihre Gründung zu hindern oder sich in ihre Angelegenheiten einzumischen. Bei seiner Rückkehr nach Madrid sprach P. Rubeo dem König mit Begeisterung von Theresia und ihrem Werk. Philipp II. empfahl sich ihrem und ihrer Töchter Gebet und war seitdem der mächtigste Freund und Schutzherr der Reform. Von seiner Rückreise[240] nach Rom aus sandte der[241] P. General der Heiligen noch eine weitere Vollmacht: zwei Männerklöster nach der ursprünglichen Regel zu gründen, falls sie die Zustimmung des gegenwärtigen Provinzials und seines Vorgängers erlangen könne.[242] Diese Zustimmung erwirkte ihr der Bischof von Avila, der selbst als Erster den Wunsch nach Männerklöstern der Reform geäußert hatte. Es war eine außerordentliche Lage, in der sich Theresia nun befand: statt eines stillen Klösterchens, in das sie sich mit einigen auserwählten Seelen zurückzog, sollte sie nun einen ganzen Männer- und Frauenorden gründen. „Und um dieses zu vollbringen, war nur eine arme Unbeschuhte Kar-

---

[237] ⟨*Gründungen* 2,1.⟩

[238] ⟨Ursprünglich *kam.*⟩

[239] ⟨Heute wissen wir, daß die Politik Philipps II. den ausländischen Ordensoberen mit großem Mißtrauen begegnete und für die Orden in Spanien vom Papst einheimische Obere und Visitatoren verlangte. (O. Steggink, *La reforma del Carmelo español,* 57–62.)⟩

[240] ⟨Ursprünglich *Rückkehr.*⟩

[241] ⟨*der* ergänzt.⟩

[242] ⟨Vgl. *Gründungen* 2,5.⟩

melitin da, zwar versehen mit Patenten und den besten Wünschen, doch ohne die geringsten Mittel, das Werk in Gang zu bringen, und ohne eine andere Stütze als jene des Herrn."[243] Aber diese[244] Stütze genügte. Das Wichtigste, was für ein Männerkloster nötig war: die ersten Ordensleute, fand sich bald. Bei der Gründung des ersten Tochterklosters in Medina del Campo stand Theresia der Prior des dortigen Karmelitenklosters der gemilderten Regel, P. *Antonius de Heredia*,[245] tatkräftig zur Seite. Als sie ihm ihren Plan mitteilte, erklärte er sich bereit, der erste Unbeschuhte Karmelit[246] zu werden. Theresia war überrascht und nicht unbedingt erfreut, da sie ihm die Kraft, bei der ursprünglichen Regel auszuhalten, nicht ganz zutraute. Aber er beharrte bei seinem Entschluß. Wenige Tage darauf fand sich ein Gefährte für ihn, der die Heilige vollauf befriedigte: ein junger Karmelit, damals *Johannes vom heiligen Matthias* genannt, der von früher Jugend an ein Leben des Gebets und der strengsten Abtötung geführt hatte.[247] Von seinen Oberen hatte er die Erlaubnis erlangt, persönlich die ursprüngliche Regel zu befolgen. Damit nicht zufrieden, dachte er daran, in den Karthäuserorden überzugehen.[248] Theresia bestimmte ihn, statt dessen der lebendige Grundstein des Karmeliterordens nach der ursprünglichen Regel zu werden.

Einige Zeit darauf wurde ihr in *Durvelo*, einem kleinen Weiler zwischen Avila und Medina del Campo, ein Häuschen[249] für die geplante Gründung angeboten.[250] Es war in erbärmlichem Zustand, aber weder die Heilige noch die beiden Patres schreckten davor zurück. Pater Antonius brauchte noch einige Zeit, um sein Priorat niederzulegen und alle seine Angelegenheiten zu ordnen.[251] P. Johannes schloß sich indessen der heiligen Mutter an, um unter ihrer persönlichen Leitung den Geist und die Lebensordnung der Reform kennen zu lernen.[252] Am 20. September 1568 begab er sich nach Durvelo, von Theresia mit dem Gewande der Reform ausgerüstet, das sie selbst für ihn verfertigt hatte. Wie die heilige Mutter es vorgesehen hatte, verwan-

[243] ⟨Am Rande ergänzt:⟩ „Klostergründungen" (II. Band der Schriften in der Pustetschen Ausgabe), Kap. 2. ⟨(*Gründungen* 2,6).⟩

[244] ⟨Für *jene*.⟩

[245] ⟨Antonio de Heredia (1510 Requena – 1601 Vélez Málaga), Gefährte des Johannes vom Kreuz in Durelo, mehrfach Oberer, Provinzvikar.⟩

[246] ⟨Mit Bleistift -er gestrichen; ursprünglich *Karmeliter.*⟩

[247] ⟨*Leben des* ergänzt; *geführt* ebenfalls ergänzt.⟩

[248] ⟨Davon sind wir nur durch Teresa unterrichtet; siehe *Gründungen* 3,16. Der Grund für diesen angedachten Ordenswechsel liegt nach heutiger Kenntnis in dem an der Universität herrschenden Kampf um Einfluß, Macht und Titel, was Johannes total widerstrebte. (E. Martínez, *Tras las huellas de San Juan de la Cruz*, 79–81.)⟩

[249] ⟨*kleines* vor *Häuschen* gestrichen.⟩

[250] ⟨*geboten* an *an* gehängt.⟩

[251] ⟨*zu ordnen* zwischen den Zeilen ergänzt.⟩

[252] ⟨Er kam mit Teresa am 10. August 1568 nach Valladolid.⟩

delte er das einzige Zimmer des elenden Hüttchens in zwei Zellen, eine Dachkammer in den Chor, den Vorhof in die Kapelle, in der er am nächsten Morgen die erste heilige Messe las. Bald wurde er von den Landleuten der Umgebung wie ein Heiliger verehrt. Am 27. November folgte ihm P. Antonius. Gemeinsam verpflichteten sich nun beide auf die[253] ursprüngliche Regel und änderten ihre Namen: sie heißen fortan *Antonius von Jesus* und *Johannes vom Kreuz.*

Einige Monate später konnte die heilige Mutter sie besuchen und ihre Lebensweise kennen lernen. Sie berichtet darüber: „Zur Fastenzeit des Jahres 1569[254] kam ich dorthin. Es war am Morgen. Pater Antonius, mit seiner immer gleich heiteren Laune, kehrte vor der Kirchentür. ‚Was soll das bedeuten, mein Vater', sagte ich, ‚und wo bleibt Ihr Ehrgefühl?' ... ‚O, verwünscht sei die Zeit, wo ich darauf achtete', antwortete er mir lachend. Ich trat in die Kapelle und war ergriffen, mit welchem Geist des Eifers, der Armut sie Gott erfüllt hatte. Nicht ich allein ward gerührt. Zwei mir befreundete Kaufleute, welche mich von Medina del Campo begleitet hatten, besahen mit mir das Haus; sie konnten nur weinen. Wir schauten überall nur Kreuze und Totenköpfe. Niemals werde ich ein kleines Holzkreuz über einem Weihwasserkessel vergessen, auf welches man ein Bild des Erlösers geklebt hatte. Dieses Bild war von einfachem Papier, doch flößte es mehr Andacht ein, als wenn es von hohem Wert und gut gearbeitet gewesen wäre. Der Chor, ein ehemaliger Dachraum, war in der Mitte erhöht, so daß die Patres das Offizium bequem beten konnten; doch mußte man sich beim Eintritt tief bücken. An[255] beiden Chorenden, auf der Kirchenseite, waren zwei kleine Einsiedeleien angebracht, wo sie nur sitzen oder liegen konnten, und selbst in diesem Fall berührten sie mit dem Kopf das Dach. Der Boden war so feucht, daß man ihn mit Stroh bedecken mußte. Ich erfuhr, daß die Patres, statt nach der Mette schlafen zu gehen, sich in diese Einsiedeleien zurückzogen und bis zur Prim in Betrachtung dort weilten, und zwar einmal mit solcher Andacht, daß, als Schnee durch die Dachspalten auf sie fiel, sie es gar nicht bemerkten, ja nach dem Chor zurückkehrten, ohne daß es ihnen einfiel, ihre Gewandung nur abzuschütteln."[256]

Durvelo war die Wiege des männlichen Zweiges des reformierten Karmel. Von hier aus hat er sich kraftvoll ausgebreitet, immer von dem Gebet und den erleuchteten Ratschlägen der heiligen Mutter begleitet, aber doch verhältnismäßig selbständig. Der demütige kleine Johannes vom Kreuz, der

[253] ⟨*auf die* zwischen den Zeilen ergänzt.⟩

[254] ⟨*1569* zwischen den Zeilen ergänzt. Teresa schreibt, daß sie „in der ersten darauf folgenden Fastenwoche" nach Durelo gekommen sei. Der erste Fastensonntag im Jahre 1569 war der 27. Februar.⟩

[255] ⟨Für *An* stand *Der.*⟩

[256] ⟨*Gründungen* 14,6–7.⟩

große Heilige und Kirchenlehrer, hat ihm den Geist eingeflößt. Aber er war ganz der Mann des Gebetes, der Buße, der übernatürlich erleuchteten Seelenführung.[257] Die äußere Leitung übernahmen andere: neben P. Antonius die leidenschaftlichen Italiener P. Mariano[258] und P. Nicolaus Doria,[259] vor allem aber die treueste Stütze der heiligen Mutter während ihrer letzten Lebensjahre und nach ihrer Überzeugung das auserlesene Werkzeug der Reform: der jugendliche, glänzend begabte *P. Hieronymus Gratian von der Mutter Gottes.*[260]

Theresia selbst war, seit sie zur Gründung des ersten Tochterklosters in Medina del Campo den Frieden von St. Joseph verließ, kaum noch eine Zeit stillen Klosterlebens beschieden. Bald wurde sie hierhin[261], bald dorthin gerufen, um ein neues Haus der Reform zu errichten. Trotz ihrer stets schwachen Gesundheit und des zunehmenden Alters unternahm sie unermüdlich die beschwerlichsten Reisen, so oft der Dienst des Herrn es verlangte. überall waren harte Kämpfe zu bestehen: bald Schwierigkeiten mit den geistlichen und weltlichen Behörden, bald Mangel an einem geeigneten Haus und dem Nötigsten für den täglichen Lebensbedarf, bald Auseinandersetzungen mit hochgeborenen Stiftern, die unerfüllbare Ansprüche an die Klöster stellten. Waren endlich alle Hindernisse überwunden, war alles so weit geregelt, daß das echte Karmelleben beginnen konnte, dann mußte die, die alles geschaffen hatte, rastlos weiter zu neuen Aufgaben.[262] Sie hatte nur den Trost, daß ein neuer Garten erblüht war, an dem der Herr seine Freude haben konnte.

14. Kapitel
Priorat im Kloster der Menschwerdung

Während die geistlichen Gärten der Mutter Theresia ihren lieblichen Duft über ganz Spanien verbreiteten, war es ihrer einstigen Heimstätte, dem Kloster der Menschwerdung, traurig ergangen. Die Einkünfte wuchsen nicht entsprechend der Zahl der Nonnen,[263] und da man gewöhnt war, behaglich

---

[257] ⟨Zunächst hieß es *Seelenhaltung;* sie strich *halt* durch und schrieb *führ* darüber.⟩

[258] ⟨Ambrosio Mariano de San Benito (Mariano Azarro, 1510–1594), italienischer Ingenieur im Dienst Philipps II.⟩

[259] ⟨Nicolás Doria (1539 Genua – 1594 Alcalá de Henares), erster Generaloberer des Teresianischen Karmel, Gegenspieler von Jerónimo Gracián, Verfechter des Rigorismus.⟩

[260] ⟨Jerónimo Gracián (1545 Valladolid – 1614 Brüssel), 1581 erster Provinzial des Teresianischen Karmel, Lieblingsschüler und enger Vertrauter Teresas.⟩

[261] ⟨Ursprünglich *dorthin*, dann *dort* gestrichen und *hier* darüber geschrieben.⟩

[262] ⟨Siehe ihre bewegenden Worte in *Gründungen* 18,4 und 27,18.⟩

[263] ⟨Zur schnell wachsenden Anzahl der Schwestern und den Gründen dafür siehe oben Anm. 91.92.⟩

zu leben und nicht – wie im reformierten Karmel – in der heiligen Armut die größte Freude fand, rissen Unzufriedenheit und Geisteserschlaffung ein. Im Jahre 1570 kam, als apostolischer Visitator[264] von Papst Pius V.[265] mit der Prüfung der Ordenszucht in den Klöstern Kastiliens betraut, P. Hernandez,[266] aus dem Orden des hl. Dominikus, in dieses Haus. Da er vorher einige Klöster der Reform gründlich kennen gelernt hatte, mußte sich ihm der Gegensatz erschreckend aufdrängen. Er verfiel auf ein radikales Heilmittel: Kraft seines Amtes ernannte er die Mutter Theresia zur Priorin des Klosters der Menschwerdung und forderte sie auf, sofort nach Avila zurückzukehren, um ihr Amt anzutreten. Mitten aus ihren[267] Arbeiten für die Reform heraus mußte sie die allem Anschein nach unlösbare Aufgabe übernehmen. Vom Herrn selbst dazu ermahnt, erklärte sie ihre Bereitschaft; sie gab nur, mit Zustimmung des P. Hernandez, die schriftliche Erklärung ab, daß sie persönlich die ursprüngliche Regel weiter befolgen werde. Man kann sich denken, wie leidenschaftlich die Empörung der Klosterfrauen war, denen man eine nicht von ihnen gewählte Priorin ins Haus führen wollte – als ihre Priorin die Mitschwester, die sie acht Jahre früher verlassen hatte und von ihnen als eine Abenteuerin, eine Unruhestifterin betrachtet wurde. Der Sturm brach los, als der P. Provinzial, P. Angelus von Salazar,[268] sie ins Haus einführte. Er vermochte sich in der lärmenden Versammlung kein Gehör zu verschaffen; das Tedeum, das er anstimmte, wurde von den Äußerungen der Empörung übertönt. Theresias Güte und Demut gelang es schließlich, die Ruhe so weit herzustellen, daß die Schwestern sich in ihre Zellen begaben und ihr Verbleiben im Hause duldeten.

Die entscheidenden Erklärungen sparten sie sich für die erste Kapitelversammlung auf. Aber wie groß war ihr Erstaunen, als sie auf das Glockenzeichen hin den Kapitelsaal betraten und auf dem Stuhl der Priorin die Statue Unserer Lieben Frau, der Königin des Karmel,[269] erblickten, in ihren Händen die Schlüssel des Klosters, zu ihren Füßen die neue Priorin. Die Herzen waren überwunden, ehe noch Theresia das Wort ergriff und ihnen in ihrer unwiderstehlich liebenswürdigen Weise auseinanderlegte, wie sie ihr Amt auffaßte und führen wollte. Unter ihrer weisen und maßvollen Leitung, vor allem durch den Einfluß ihres Wesens und Wandels wurde in kurzer Zeit der

---

[264] ⟨*apostolischer Visitator* am Rand ergänzt.⟩

[265] ⟨Pius V., Hl., Dominikaner (Michele Ghisleri, 1504 Bosco Marengo – 1572 Rom), ab 1566 Papst.⟩

[266] ⟨Pedro Fernández (1527 Vilvestre de la Ribera – 1580 Salamanca), Dominikaner, Konzilsvater in Trient, 1569–1574 Apostolischer Kommissar für die Karmeliten Kastiliens. (DST 903–905).⟩

[267] ⟨Ursprünglich *den*.⟩

[268] ⟨Siehe oben Anm. 196.⟩

[269] ⟨Einer der traditionellen Titel, die Maria im Karmel gegeben wurden.⟩

Geist des Hauses erneuert. Ihre beste Stütze war dabei P. Johannes vom Kreuz, den sie als Beichtvater des Klosters nach Avila rief.

Diese Zeit höchster Kraftanspannung, in der Theresia neben dem Priorat im Kloster der Menschwerdung die geistige Leitung ihrer 8 reformierten Klöster in der Hand behielt, war zugleich eine Zeit größter Gnadenbezeugungen. Damals wurde ihr die Vision zuteil, die sie selbst als „geistliche Hochzeit" bezeichnet hat: Am 18. November 1572 erschien ihr der Herr während der heiligen Kommunion. „Er bot mir seine rechte Hand und sprach: Sieh diesen Nagel: er ist das Zeichen unseres Bundes: von diesem Tage an bist du meine Braut. Bis jetzt hattest du es nicht verdient. Nun aber wirst du mich nicht nur als deinen Schöpfer, deinen König, deinen Gott betrachten, du sollst fortan als meine wahre Braut für meine Ehre Sorge tragen. Meine Ehre ist die deine; deine Ehre ist die meine."[270] Von jenem Augenblick an befand sie sich in der beseligenden Vereinigung mit dem Herrn, die ihr während des ganzen letzten Jahrzehnts erhalten blieb, dem eigenen Leben abgestorben, „voll der unaussprechlichen Freude, ihre wahre Ruhe gefunden zu haben, und im Gefühl, daß Jesus Christus in ihr lebe."[271] Als erste Wirkung dieses Bundes bezeichnet sie „ein so vollständiges Selbstvergessen, daß es wahrhaft scheint, als habe diese Seele ihr eigenes Sein verloren. Sie kennt sich nicht mehr; sie denkt nicht mehr ihretwegen an den Himmel, an das Leben, an Ehre. Sie ist nur mehr auf Gottes Ehre bedacht."[272] Die zweite Wirkung ist „ein inniger Wunsch zu leiden, ein Wunsch jedoch, welcher die Seele nicht mehr beunruhigt wie früher. Sie wünscht mit solcher Inbrunst, daß sich Gottes Wille an ihr erfüllen möchte, daß ihr alles gut erscheint, was dem göttlichen Meister gefällt. Will Er, daß sie leide, so ist sie glücklich; will Er es nicht, so geschehe sein Wille."[273]

„Folgendes aber überrascht mich am meisten. Diese Seele, welcher das Leben, bei ihrem heftigen Verlangen, die Anschauung Gottes zu genießen, ein Martyrium war, ist jetzt so sehr von dem Wunsch verzehrt, Ihm zu dienen, seinen Namen zu verherrlichen und andern Seelen nützlich zu sein, daß sie, weit entfernt, sich den Tod zu wünschen, viele Jahre in den größten Leiden leben möchte. …"[274]

„In dieser Seele gibt's keine inneren Schmerzen und keine Trockenheit mehr, sondern nur eine süße und beständige Freude. Ist sie nur kurze Zeit weniger aufmerksam auf die Gegenwart Gottes, sogleich weckt Er sie selbst auf. Er arbeitet an ihrer Vervollkommnung und erteilt ihr seine Lehren, ganz

---

270 ⟨Siehe Teresas *Bericht geistlicher Erfahrung* Nr. 25 (18. November 1572) in *Gesammelte Werke*, Bd. 3., 242.⟩

271 ⟨Am Rand ergänzt:⟩ „*Seelenburg*", VII. Wohnung, Kap. 3. ⟨7. *Wohnung* 3,1.⟩

272 ⟨7. *Wohnung* 3,2.⟩

273 ⟨7. *Wohnung* 3,4.⟩

274 ⟨7. *Wohnung* 3,6.⟩

im Verborgenen, inmitten eines so tiefen Friedens, daß es mich an Salomos Tempelbau erinnert. In Wahrheit, die Seele wird der Tempel Gottes, wo nur Gott allein und die Seele sich gegenseitig in größter Stille erfreuen!“[275]

15. Kapitel
Im Kampf um ihr Lebenswerk

Die höchste Gnade, die einer Seele widerfahren kann, war wohl erforderlich, um die Heilige für den Sturm zu stärken, der bald über die Reform hereinbrechen sollte. Noch während ihrer Prioratszeit mußte sie ihre Gründungsreisen wieder aufnehmen und eine Vertreterin in Avila zurücklassen. Nach Ablauf ihres Prioratsjahres[276] konnte sie die Klosterfrauen nur mit Mühe von der Wiederwahl zurückhalten: mit so großer Liebe hingen die an ihr, die sich gegen ihren Amtsantritt so gesträubt hatten. Ihrer Demut und Güte, ihrer übernatürlichen Klugheit und ihrem weisen Maßhalten war es gelungen, hier den Riß zwischen „Beschuhten“ und „Unbeschuhten“ zu überbrücken. Weniger glücklich waren ihre geistlichen Söhne. Sie hatten über die beiden Klöster hinaus, für die einst der Ordensgeneral P. Rubeo[277] Theresia Vollmacht erteilte, neue gegründet: auf Veranlassung des Apostolischen Visitators von Andalusien, P. Vargas,[278] aber ohne Verständigung mit dem Ordensobern. Ihre außerordentliche Bußstrenge (die die Heilige selbst oft mit Besorgnis erfüllte[279]) und ihr Seeleneifer erweckten bald die Bewunderung des Volkes. Dies sowie die sichtliche Bevorzugung der reformierten Klöster seitens des Apostolischen Visitators erregte[280] in den nichtreformierten die Befürchtung, daß sie selbst bald ganz in den Hintergrund gedrängt würden, ja daß dem ganzen Orden die Reform aufgezwungen werden könnte. Ihre Sendboten wußten den General in Rom ganz gegen die Unbeschuhten als Ungehorsame und Aufwiegler einzunehmen. Zur Unterdrückung ihres „Aufstandes“ wurde P. Tostado, ein portugiesischer Karmelit,[281] mit

---

275 ⟨7. *Wohnung* 3,10 f.⟩
276 ⟨Es war ein Triennium, also drei Jahre.⟩
277 ⟨Siehe oben Anm. 230.⟩
278 ⟨Francisco Vargas, Dominikaner, von Pius V. 1569 zum Apostolischen Visitator der Karmeliten Andalusiens ernannt.⟩
279 ⟨Vgl. *Gründungen* 14,12 oder den Brief vom 12. Dezember 1576 an Ambrosio Mariano (161,8). Wieder ein Indiz für Teresas Auffassung von Ordensleben, das sich von dem damals bei den „Descalzos – Unbeschuhten“ üblichen eindeutig unterschied.⟩
280 ⟨Ursprünglich *erweckte.*⟩
281 ⟨Jerónimo Tostado (geb. Lissabon – 1582 Neapel), portugiesischer Karmelit, 1576–1579 Visitator der Karmeliten Spaniens im Auftrag des Ordensgenerals und des Apostolischen Nuntius Felipe Sega, eines erklärten Gegners Teresas.⟩

außerordentlichen Vollmachten nach Spanien gesandt. Es entbrannte ein Kampf zwischen den beiden Zweigen des Ordens, der das demütige und friedliebende Herz der heiligen Mutter mit dem heftigsten Schmerz erfüllen mußte; dazu kam, daß ihrem ganzen Werk die Vernichtung zu drohen schien: sie selbst, von dem neuen Päpstlichen Nuntius[282] in Spanien als „eine Landstreicherin" bezeichnet, „eine Ungehorsame, eine Streberin, welche sich anmaßt, trotz des Verbotes des heiligen Paulus, die anderen wie ein Doktor zu belehren,"[283] erhielt den Befehl, eins der reformierten Klöster als ständigen Wohnsitz zu wählen und keine Reisen mehr zu unternehmen – wie dankbar[284] hätte sie die Ruhe im Kloster zu Toledo, das ihr P. Gratian[285] anwies, begrüßt, wenn nicht ein so feindlicher Wille hinter dem Befehl gestanden hätte – und allen Klöstern der Reform wurde die Aufnahme von Novizen untersagt, um sie so zum Aussterben zu verurteilen. Ihre geliebten Söhne wurden beschimpft und verfolgt; P. Johannes vom Kreuz, der sich allem Streit stets fern gehalten hatte, wurde sogar heimlich aufgegriffen und im Kloster der „Beschuhten" in Toledo in schmählicher Haft gehalten und grausam mißhandelt, bis ihn die heilige Jungfrau, seine Beschützerin schon seit seiner Kindheit, wunderbar befreite.[286] In diesem Sturm, in dem schließlich allen der Mut versagte, stand die heilige Mutter allein aufrecht. Mit ihren Töchtern vereint bestürmte sie den Himmel, unermüdlich war sie, in Briefen ihre Söhne zu ermutigen und zu beraten, ihre Freunde um Hilfe anzurufen, den P. General, der ihr einst so gewogen war, über die wahren Verhältnisse aufzuklären, den Schutz ihres mächtigsten Gönners, des Königs,[287] anzurufen. Und schließlich erreichte sie die Lösung, die sie als die allein mögliche beständig empfohlen hatte: die vollkommene Trennung der beschuhten und unbeschuhten Karmeliter in zwei Provinzen. Lange hatte sich die Ordenskongregation in Rom mit dem unglückseligen Streit beschäftigt. Ein gut unterrichteter Kardinal, den Papst Gregor XIII.[288] über den

[282] ⟨Filippo, spanisch: Felipe, Sega (1537 Bologna – 1596 Rom), Kardinal, ab August 1577 Päpstlicher Nuntius in Madrid, ab Oktober 1578 gleichzeitig Bischof von Piacenza.⟩

[283] ⟨Ab *von dem neuen* bis *Doktor zu belehren* am Rande ergänzt. In seiner *Reforma de los Descalzos* berichtet Francisco de Santa María, daß der Nuntius Teresa ein *„unruhiges, herumstreunendes … Weibsbild"* genannt habe, *„das … gegen die Anordnung des Konzils von Trient und der Oberen die Klausur verlässt"* (t. I, l. IV, cap. 30, n. 4, 661).⟩

[284] ⟨Ursprünglich *gern.*⟩

[285] ⟨Siehe oben Anm. 260.⟩

[286] ⟨Johannes vom Kreuz wurde in der Nacht vom 3. auf den 4. Dezember 1577 von Ávila nach Toledo entführt und ins Klostergefängnis gesperrt, damals eine normale Einrichtung in jedem Konvent; in der Oktav von Mariä Himmelfahrt (15. August) 1578 gelang ihm die Flucht.⟩

[287] ⟨Philipp II. (1527 Valladolid – 1598 El Escorial) ab 1556 König der spanischen Reiche.⟩

[288] ⟨Gregor XIII. (Ugo Buoncompagni, 1502 Bologna – 1585 Rom), 1564 Kardinal, 1572 Papst. Berühmt durch die „Gregorianische" Kalenderreform.⟩

Stand der Angelegenheit befragte, erwiderte: „Die Kongregation hat alle Gründe der Karmeliter gemilderter Satzung auf das genaueste geprüft; sie beschränkt sich auf Folgendes: jene gemilderte Satzung befürchtet, die Reform werde am Ende auch sie selbst reformieren.“[289] So entschied denn der Papst, daß die Klöster der Karmeliter und Karmeliterinnen der Reform eine eigene Provinz unter einem von ihnen gewählten Provinzial bilden sollten. Ein Breve vom 27. Juni des Jahres 1580[290] verkündete diese Entscheidung. Das Kapitel von Alkala[291] wählte im März 1581, nach den Wünschen der heiligen Mutter, den P. Hieronymus Gratián zum ersten Provinzial.

16. Kapitel
Das Ende

Mit überströmendem Dank begrüßte Theresia das Ende der Leidensjahre: „Gott allein erkannte die volle Bitterkeit, und auch nur Er allein erkennt die unendliche Freude, welche meine Seele erfüllt, da ich das Ende dieser vielen Qualen schaue. Ich möchte, die ganze Welt sollte mit mir Gott danken! Nun sind wir alle in Frieden, beschuhte und unbeschuhte Karmeliter, und nichts hindert uns, Gott zu dienen. Nun denn, meine Brüder und Schwestern, eilen wir, uns für den Ruhm des göttlichen Meisters, welcher unsere Gebete so gut erhört hat, zu opfern.“[292] Sie selbst opferte in der kurzen Spanne Zeit, die ihr noch gegeben war, ihre letzte Kraft auf neuen Gründungsreisen. Harte Mühen und viel Zeit kostete die Errichtung des Klosters in Burgos, das letzte, das die heilige Mutter ins Leben rief.[293] Am 2. Januar 1582 hatte sie Avila verlassen, um sich dorthin zu begeben. Erst im Juli konnte sie den Heimweg antreten, sollte aber das ersehnte Ziel nicht mehr erreichen. Nachdem sie mehrere andere Tochterklöster besucht hatte, holte sie P. Antonius von Jesus nach Alba,[294] um einem Wunsch der Herzogin Maria Henriquez,[295] der großen Gönnerin jenes Klosters, zu entsprechen. Völlig erschöpft langte sie am 20. September hier an. Nach verschiedenen Zeugenaussagen hatte sie schon

---

289 ⟨Siehe dazu TyV 826.⟩

290 ⟨Das Breve *Pia consideratione* trägt das Datum vom 22. Juni 1580. Um diese Zeit gab es bereits 200 Schwestern und 22 Konvente mit 300 Brüdern, die nach Teresas neuem Ordensideal lebten (TyV 827).⟩

291 ⟨Alcalá de Henares.⟩

292 ⟨*Gründungen* 29,31 f.⟩

293 ⟨Siehe ihren ausführlichen Bericht in *Gründungen* 31.⟩

294 ⟨*nach Alba* zwischen den Zeilen ergänzt.⟩

295 ⟨María Enríquez de Toledo, Herzogin von Alba, Frau des berühmten Herzogs Alba und Schwiegermutter der Herzogin María Enríquez de Toledo y Colonna, der Ehefrau ihres Sohnes Fadrique de Toledo.⟩

vor Jahren vorausgesagt, daß sie zu dieser Zeit und an diesem Ort heimgehen werde. Trotzdem der herbeigerufene Arzt ihren Zustand für hoffnungslos ansah, machte sie noch bis zum 29. alle klösterlichen Übungen mit. Dann mußte sie sich niederlegen. Am 2. Oktober hörte P. Antonius auf ihren Wunsch ihre letzte Beichte, am 3. verlangte sie nach der heiligen Wegzehrung. Eine Augenzeugin hat darüber berichtet: „Im Augenblick, als das Allerheiligste Sakrament in ihre Zelle getragen wurde, erhob sich unsere heilige Mutter, ohne daß sie jemand unterstützte, und ließ sich auf ihre Knie nieder. Sie wäre selbst aus ihrem Bett gestiegen, hätte man sie nicht daran verhindert. Große Schönheit umfing ihr Antlitz und ganz strahlend von göttlicher Liebe; mit lebhaftem Ausdruck der Freude, Frömmigkeit sprach sie zu dem Herrn so erhaben göttliche Worte, daß es uns alle mit mächtiger Andacht erfüllte."[296] Im Laufe des Tages wiederholte sie wieder und wieder die Worte aus[297] dem Psalm Miserere: „Cor contritum et humiliatum, Deus, non despicies." (Ein zerknirschtes und gedemütigtes Herz wirst du, Gott, nicht verachten).[298] Am Abend verlangte sie nach der heiligen Ölung. Über den letzten Tag, den 4. Oktober, haben wir wieder den Augenzeugenbericht der Schwester Maria vom heiligen Franziskus:[299] „Am Morgen, also am Fest des heiligen Franziskus, gegen sieben Uhr, legte sich unsere heilige Mutter auf die Seite, ein Kreuz in der Hand, das Antlitz so schön, so flammend, wie ich es noch nie in solcher Schönheit in der Zeit ihres Lebens gesehen habe, den Nonnen zugewandt. Ich weiß nicht, wie die Falten des Gesichts vergangen waren, wiewohl die heilige Mutter infolge ihres hohen Alters und ihrer ständigen Leiden sehr tiefe hatte. In diesem Zustand verweilte sie im Gebet voll tiefen Friedens und großer Ruhe. Nur manchesmal gab sie einige äußere Zeichen des Staunens oder der Bewunderung. Alles aber ging in großer Ruhe vor sich. Es schien, als vernehme sie eine Stimme, welcher sie antwortete.[300] Ihr Antlitz war so wunderbar verändert, daß es uns wie ein Gestirn erschien. So ging sie, im Gebet versunken, freudig und lächelnd aus dieser Welt in das ewige Leben ein."[301]

Die wunderbaren Begebenheiten, die sich beim Begräbnis der Heiligen abspielten, die Unversehrtheit des Leibes, die bei wiederholten Ausgrabungen immer wieder festgestellt wurde, die zahlreichen Wunder, die sie schon

[296] ⟨BMC 2,242. Das war María de San Francisco.⟩

[297] ⟨*aus* zwischen den Zeilen ergänzt.⟩

[298] ⟨Ps 51,19.⟩

[299] ⟨María de San Francisco (1572 Profeß in Medina del Campo – 1621 gestorben ebenda).⟩

[300] ⟨Hier ist folgender Satz gestrichen: *„Alles aber ging in großer Ruhe vor sich.*⟩

[301] ⟨BMC 2,243. In dieser hagiographisch aufbereiteten Beschreibung des Sterbens Teresa lassen sich deutliche Einflüsse der mittelalterlichen *Ars Moriendi*-Literatur über einen „seligen Tod" nachweisen; vgl. dazu B. Souvignier, *Die Würde des Leibes*, 223–232.⟩

während ihres Lebens und erst recht nach ihrem Tode wirkte, die begeisterte Verehrung des ganzen spanischen Volkes für seine Heilige – all das führte dazu, daß schon i.⟨m⟩ J.⟨ahre⟩ 1595 die vorbereitenden Untersuchungen für ihre Heiligsprechung beginnen durften. Die Seligsprechung gab Paul V.[302] durch das Breve vom 24. April 1614 bekannt, die Heiligsprechung erfolgte am 22. März 1622[303] durch Gregor XV.[304] Das Fest wurde auf den 15. Oktober festgelegt, weil durch die gregorianische Kalenderreform die zehn Tage nach ihrem Tode – der 5./14. Oktober 1582 – ausfielen.

Ludwig von Leon[305] hat von Theresia gesagt: „Ich habe die Heilige zu ihren Lebzeiten weder gesehen noch gekannt. Heute aber, wiewohl sie im Himmel ist, kenne ich sie und sehe ich sie in ihren zwei lebendigen Abbildern, ich meine ihre Töchter und ihre Schriften. ...“[306] In der Tat gibt es wenige Heilige, die uns menschlich so nahe kommen wie unsere heilige Mutter. Die Schriften, die sie auf Befehl ihrer Beichtväter im Gehorsam mitten zwischen all[307] ihren Lasten und Arbeiten niederschrieb, wie sie ihr in die Feder kamen, gelten als klassische Meisterwerke der spanischen Literatur. In einer unvergleichlich[308] klaren, schlichten und wahrhaftigen Sprache berichten sie von den Wundern der Gnade, die Gott in einer auserlesenen Seele gewirkt hat, erzählen von dem unermüdlichen Wirken einer männlich kühnen und starken Frau, enthüllen die natürliche Klugheit und himmlische Weisheit, die tiefe Menschenkenntnis und den urwüchsigen Humor eines reichen Geistes, die unendliche Liebesfülle eines bräutlich-zarten und mütterlich-gütigen Herzens. In der großen Ordensfamilie[309], die sie begründet hat, schauen alle, denen die übergroße Gnade geschenkt wurde, ihre Söhne

---

302 ⟨Paul V. (Camillo Borghese, 1552 Rom – 1621 Rom), ab 1605 Papst.⟩

303 ⟨Die Heiligsprechung erfolgte am 12. März 1622.⟩

304 ⟨Gregor XV. (Alessandro Ludovisi, 1554 Bologna – 1623 Rom), von 1621–1623 Papst.⟩

305 ⟨Als Anm. am Rand ergänzt:⟩ Ein gelehrter Augustiner, der die erste Druckausgabe von Teresas Schriften herausgab (1588) ⟨Luis de León (1527 Belmonte – 1591 Madrigal).⟩

306 ⟨So in dem Brief an Ana de Jesús Lobera und die Unbeschuhten Karmelitinnen von Madrid, den er seiner Erstausgabe der Werke Teresas 1588 voranstellte. (*Los libros de la Madre Teresa de Jesús*, Salamanca 1588, 1.⟩

307 ⟨*all* zwischen den Zeilen eingefügt.⟩

308 ⟨bei *unvergleichlich* ist *lich* nachträglich angefügt..⟩

309 ⟨Als Anm. am Rand:⟩ Teresa hinterließ bei ihrem Tode 14 Männer- und 16 Frauenklöster der Reform. Bald danach breitete sich der Orden nach Frankreich aus. Heute hat er Niederlassungen in der ganzen Welt. Durch den III. Orden und die Skapulierbruderschaft sind eine große Anzahl von Weltleuten ihm angegliedert. Der Theresien-Gebetsverein (Karmelitenkloster Würzburg) sammelt alle, die für die Anliegen der heiligen Kirche und des Heiligen Vaters eintreten wollen, zu einer großen Gebetsarmee und gibt ihnen Anteil an allen guten Werken des Karmeliterordens.

und Töchter zu heißen, mit dankbarer Liebe zu ihrer heiligen Mutter empor und kennen kein anderes Verlangen als von ihrem Geist erfüllt zu werden, an ihrer Hand den Weg der Vollkommenheit bis ans Ziel zu wandeln.

2.
Die heilige Teresia Margareta vom Herzen Jesu
(1934)

Situierung

Von diesem Lebensbild wird im ESAK der vollständige Autograph mit der Signatur A04–69 (alte Signatur P/D-I-5) aufbewahrt, bestehend aus 17 Blättern, die zum Format DIN A 5 gefaltet sind, und einem Einzelblatt mit der Druckerlaubnis des Provinzials;[1] Edith Stein hat dafür die Rückseiten der Blätter einer masch. Abschrift ihrer Übersetzung *Des heiligen Thomas von Aquino Untersuchungen über die Wahrheit* benutzt. Eine Maschinen-Abschrift im ESAK hat die Signatur A04–8.

Unter dem von Edith Stein geschriebenen Titel *Die hl. Teresia Margareta vom Herzen Jesu* folgt mit Bleistift ihre Unterschrift *von Schwester Teresia Benedicta a Cruce, O.C.D.*, und darunter die Druckerlaubnis des Bischöflichen Ordinariats von Würzburg.[2] Im Brief vom 26. Juni 1934 an Petra Brüning schreibt Edith Stein: *„Am 1.–3. Juli feiern wir die Heiligsprechung ihrer Patronin Teresia Margareta. Das kleine Lebensbild der neuen Heiligen habe ich schreiben dürfen.“*[3] Die Schrift ist also zwischen dem 19. März – dem Tag der Heiligsprechung – und Anfang Juli 1934 entstanden.

Veröffentlichungen:
- Rita-Verlag, Würzburg 1934, 32 S.;
- ESW XI, 1987, 89–100.

Text

Am 19. März 1934 hat Papst Pius XI.[4] die selige Teresia Margareta vom Heiligen Herzen Jesu in das Verzeichnis der Heiligen eingetragen. Die neue Heilige ist in Deutschland außerhalb unseres Ordens noch fast unbekannt. Ihr Leben war ein stilles und verborgenes. Sie starb am 7. März 1770 im Alter

[1] Imprimi potest. Ratisbonae, die 25. Aprilis 1934. P. Theodorus a S. Francisco, Provincialis. ⟨Georg Rauch, 1890 Alteglofsheim – 1972 Regensburg.⟩

[2] Die fragliche Druckerlaubnis für das obige Manuskript wird hiermit erteilt. Würzburg, den 28. April 1934. Bischöf.⟨liches⟩ Ordinariat: Dr. Miltenberger. ⟨Franz Miltenberger, 1930–1948 Generalvikar, 1867 Buchbrunn – 1959 Würzburg.⟩

[3] SBB II, ESGA 3, Br. 332.

[4] ⟨Pius XI. (Achille Ratti, 1857 Desio – 1939 Rom), ab 1922 Papst. Siehe das entsprechende Päpstliche Schreiben vom 19. März 1934 in: AAS 27 (1935) 235–246.⟩

von 22 Jahren, und von dieser kurzen Lebenszeit hat sie 5 Jahre[5] im Kloster der Karmelitinnen zu Florenz verbracht. Sie hat keine glänzenden, aufsehenerregenden Taten verrichtet, und ihr Ruf ist nicht in die weite Welt hinausgedrungen. Sie gleicht einer Lilie, die in einem stillen Tal, vor allen Stürmen geschützt, schlank und gerade emporsteigt und sich im warmen Licht der Sonne zu wunderbarer Blüte entfaltet. Ihr starker und süßer Duft entzückte alle, die in ihrer Umgebung lebten; doch er ist nach ihrem Tode nicht vergangen, sondern hat sich weiter und weiter verbreitet, und nun soll er die ganze Kirche Gottes erfüllen.

1. Kinderjahre[6]

Teresia Margareta wird gern mit dem heiligen Aloysius[7] verglichen. Sie war nicht nur, wie er, eine Frühvollendete, sie teilt auch mit ihm die engelgleiche Reinheit und die harte Bußstrenge. Ihre Heimat war *Arezzo* in der Toscana. Ihre Eltern, Ignatius *Redi* und Camilla Balleti, stammten aus edlen Familien.[8] Am Vorabend des Festes der allerseligsten Jungfrau vom Berge Karmel, am 15. Juli 1747, kam sie zur Welt. In der Taufe erhielt sie die Namen *Anna Maria*. Von früher Kindheit an zeigte sie ein ungewöhnliches Verlangen, von Gott sprechen zu hören. Redete jemand in ihrer Gegenwart von himmlischen Dingen, so heftete sie die Augen mit so gespannter Aufmerksamkeit auf seine Lippen, daß es die Anwesenden in Erstaunen und Rührung versetzen mußte. Als sie später ihr Beichtvater einmal fragte, ob sie wohl von dem Augenblick an, als sie Gott kennenlernte, auch angefangen habe, ihn zu lieben, erwiderte sie: „Das tun doch alle, und wie sollte man es nicht tun?" So selbstverständlich war es ihr, daß man Gott nur zu kennen brauche, um Ihn zu lieben. Ein andermal sagte sie: „Jesus weiß es, daß ich von Kindheit an nie einen andern Wunsch hatte, als Ihm zu gefallen und heilig zu werden." Man beobachtete, daß sie schon als Kind von 6 Jahren oft lange Zeit mit unverwandtem Blick, wie in tiefer Betrachtung, zum Himmel hinaufschaute. Von ihrem 7. Jahre ab verstand sie es, „Gott in allen Dingen zu finden",[9] in Sternen und Blumen, kurz in allen Geschöpfen eine Aufforderung zum

---

[5] ⟨*Jahre* zwischen den Zeilen ergänzt.⟩

[6] ⟨Die Zwischenüberschriften sind am Rande ergänzt.⟩

[7] ⟨Luigi Gonzaga (1568 Castiglione delle Stiviere – 1591 Rom), Page am Hof Philipps II., Jesuit, stirbt bei der Pflege Pestkranker; 1726 heilig gesprochen, Patron der Keuschheit.⟩

[8] ⟨Edith Stein hatte *alten Adelsgeschle* geschrieben, doch mitten drin aufgehört, sie durchgestrichen und *edlen Familien* darüber geschrieben.⟩

[9] ⟨Bekannter Wahlspruch des hl. Ignatius von Loyola, (1491 Azpeitia – 1556 Rom), Gründer der Gesellschaft Jesu.⟩

Lobe des Schöpfers zu lesen.[10] Mit 9 Jahren wurde sie von ihren frommen Eltern den Benediktinerinnen im Kloster St. Apollonia in *Florenz* zur Erziehung übergeben. Sie gewann sofort die Herzen der Vorgesetzten sowie der Gefährtinnen durch musterhaften Eifer und Gehorsam, durch natürliche Liebenswürdigkeit, Heiterkeit und Dienstbereitschaft. In kindlicher Unbefangenheit brachte sie ihre stete Gottverbundenheit ganz unwillkürlich zum Ausdruck: „Während wir uns unterhalten, denkt Jesus an uns", rief sie ihren Gespielinnen mitten in der Erholungsstunde zu. So ist es verständlich, daß ihr ungewöhnliches Vertrauen entgegengebracht wurde, daß man ihr oft die Aufsicht über ihre Gefährtinnen anvertrauen konnte, ohne daß dies irgendwelche Mißstimmung hervorrief.

Wenn sie die älteren Zöglinge zur Kommunionbank gehen sah, verriet ihr Verhalten ein so inniges Verlangen nach der Vereinigung mit dem Herrn, daß man ihr mit 10 Jahren – für die damalige Zeit schon früh – die Erlaubnis zum Empfang der ersten hl. Kommunion gab. Sie selbst hatte nicht darum gebeten, wie sie auch sonst nie einen Wunsch zu äußern pflegte. Sie sprach sich auch nicht über die Wirkungen aus; aber ihre vermehrte Treue, die ängstliche Scheu vor jedem Schatten einer Sünde, die sie oft wegen eines vermeintlichen Fehlers schlaflose Nächte verbringen ließ, legten ein beredtes Zeugnis ab.

Ihr reiches inneres Leben verlangte nach einer kundigen Seelenleitung. Da sie im Institut nicht durch längeres Verweilen im Beichtstuhl Aufsehen erregen wollte, kam sie auf den Gedanken, sich ihrem eigenen Vater anzuvertrauen. In ausführlichen Briefen gab sie ihm Rechenschaft über ihr Seelenleben. Sie sprach dabei die Bitte aus, daß er diese Briefe sofort vernichten möge. Da er dies gewissenhaft tat, ist uns nichts von diesen Zeugnissen erhalten geblieben als die Aussage des Vaters, daß sie voll erhabenster Gottesliebe und zartester christlicher Vollkommenheit waren.

Wohl auf Veranlassung ihres Vaters sprach sie sich später auch gegenüber dem Beichtvater des Instituts, Monsignore Pellegrini, aus und erhielt von ihm Anleitung zum Gebet und Regelung der Bußübungen, mit denen sie schon im Elternhaus aus innerem Antrieb begonnen hatte.

Ein besonderer Zug ihrer Frömmigkeit war die Liebe zur Gottesmutter, die sie auch schon von früher Kindheit an hegte. Im Institut glitt sie einmal auf der Treppe aus, während sie ein mit glühenden Kohlen[11] gefülltes Wärmebecken in der Hand trug. Sie rief mit lauter Stimme zur Jungfrau Maria, deren Bild sich am Fuß der Treppe befand, und kam völlig unversehrt unten an; die Kohlen hatten nicht einmal ihre Kleider beschädigt.

Die ständige Geistessammlung zeigte sich in dem ruhigen, sanften Gleich-

---

[10] ⟨*lesen* für ursprünglich *finden.*⟩

[11] ⟨An Stelle von *Glut.*⟩

maß ihres Wesens trotz natürlicher Lebhaftigkeit. Und die Frucht der Gottesliebe war eine unermüdliche, liebevolle Bereitschaft, allen zu dienen, nicht nur den Klosterfrauen[12] und Mitpensionärinnen, sondern auch den Dienstboten, denen sie gern in unauffälliger Weise und wie zu ihrem eigenen Vergnügen die mühseligsten Arbeiten abnahm.

2. Klosterberuf

Anna Maria schätzte sich glücklich, mit dem Herrn unter einem Dach zu wohnen; sie nahm mit heiliger Freude an den klösterlichen Übungen teil. So war es nur natürlich, daß in ihr das Verlangen erwachte, ihr ganzes Leben im Hause des Herrn zu verbringen. Sie hatte jedoch noch keine Klarheit, welchen Orden sie wählen solle. Auf eigentümliche Weise wurde ihr darüber Aufschluß zuteil. Sie war 16 Jahre alt, als sie im September 1763 eines Tages mit den Klosterfrauen ins Sprechzimmer gerufen wurde. Es handelte sich um den Abschiedsbesuch einer Jugendfreundin aus ihrem Heimatort, die eben im Begriff war, in das Karmelitinnenkloster zur hl. Teresa in Florenz einzutreten. Auf dem Rückweg ins Innere des Klosters fühlte sich Anna Maria in eigentümlicher Weise erhoben und beglückt, und plötzlich vernahm sie eine Stimme, die zu ihr sprach: „Ich bin Teresia, und ich will dich unter meinen Töchtern haben." Im Zweifel, ob sie diese Worte als eine himmlische Eingebung auffassen dürfe, eilte sie in die Kapelle, um sich vor dem Allerheiligsten volle Klarheit zu erbitten. Hier ertönte zum zweitenmal und noch deutlicher jene Stimme: „Ich bin Teresia von Jesus, und ich sage dir, daß du dich bald in meinem Kloster befinden wirst." Nun kehrte volle Ruhe in die Seele des jungen Mädchens ein, und ihr Entschluß, sich im Karmel Gott zu weihen, war gefaßt. Sie sprach vorläufig mit keinem Menschen darüber. Und als sie ihr Vater bald darauf ins Elternhaus zurückholte, bewahrte sie noch mehrere Monate lang ihr Geheimnis. Sie benützte diese Zeit, um zu erproben, ob sie der strengen Lebensweise des Karmel gewachsen sein würde. Ohne im mindesten die Pflichten gegenüber der Familie zu vernachlässigen, hielt sie sich soviel wie möglich in ihrem Zimmer [auf], um sich ins Gebet zu versenken und geistliche Bücher zu lesen. Soweit es die Rücksicht auf die Umgebung zuließ, übte sie sich im Stillschweigen. Sie nahm für ihre eigene Person keinerlei Dienstleistungen in Anspruch, suchte vielmehr, wo sie konnte, der Dienerschaft Arbeiten abzunehmen. Sie überließ es andern, ihre Kleidung zu bestimmen, ohne ihren eigenen Geschmack zur Geltung zu bringen, und vermied es nach Möglichkeit, im Laufe des Tages die Kleider

---

[12] ⟨Ursprünglich *Vorgesetzten.*⟩

zu wechseln. Sie wußte heimliche Abtötungen bei den Mahlzeiten zu üben und manches, was sie sich entzog, den Armen zuzuwenden. Ja, auch vor harten Bußübungen, die den Leib empfindlich trafen, schreckte sie nicht zurück.

Nachdem sie sich einige Monate lang auf diese Weise selbst geprüft hatte, schien es ihr an der Zeit, die nötigen Schritte zur Ausführung ihres Entschlusses zu tun. Der erste, dem sie sich anvertraute, war der Jesuitenpater Hieronymus Maria Cioni. Er riet ihr zu einer Aussprache mit ihrer Mutter. Sie wählte dafür ihren 17. Geburtstag.[13] Die Mutter[14] machte ohne Wissen des Kindes dem Vater davon Mitteilung. Beide Eltern waren trotz ihrer Frömmigkeit schmerzlich betroffen, es fiel ihnen aber nicht ein, ihre Zustimmung schlechthin zu versagen. Nur eine gründliche Prüfung durch erfahrene Geistesmänner hielt Graf Redi für notwendig. Als alle, die zu Rat gezogen wurden, sich entschieden für die Echtheit des Berufs aussprachen, erhielt Anna Maria die Erlaubnis, in einem Brief an die Mutter Priorin des Klosters zur hl. Teresia um Aufnahme in den Orden zu bitten. Einwände, die von Hausgenossen und Verwandten erhoben wurden, konnten die junge Klosterkandidatin nicht im mindesten beirren. Eine härtere Probe bereitete ihr, fast ohne es zu wollen, ihr Vater. Er und sein liebstes Kind pflegten oft abends, wenn die übrige Familie schon zur Ruhe gegangen war, noch allein miteinander wach zu bleiben, um ihre Gedanken über geistliche Fragen auszutauschen. Diese Stunden waren für beide die größte Freude. Eines Abends saßen sie wieder so beisammen. Bisher hatte es Graf Redi vermieden, mit Anna Maria über ihre Pläne zu sprechen; sie wußte nicht einmal, daß er davon unterrichtet war. An diesem Abend übermannte ihn plötzlich der Schmerz. Er brach in Tränen aus und fragte: „Willst du mich wirklich verlassen, meine geliebte Tochter?" Anna Maria liebte ihren Vater zärtlich; es war nicht nur das natürliche Kindesverhältnis, was sie an ihn band, sondern zugleich die übernatürliche Liebe zu ihrem geistlichen Führer und Vertrauten. So mußte sie dieser überraschende Ausbruch tief treffen. Graf Redi hat selbst ihr Verhalten in diesem Augenblick geschildert: „Bei dieser Erschütterung, der heftigsten wohl, die unter solchen Umständen auf ihr zartfühlendes Herz einstürmen konnte, blieb sie eine Weile, wie von einem höheren Geiste beseelt, unbeweglich vor mir stehen. Dann zog sie sich, ohne ein Wort zu sagen, in ihr Zimmer zurück."

Als die Antwort aus Florenz einlief, die Anna Maria die Aufnahme als Postulantin gewährte, beschloß ihr Vater, sie selbst ins Kloster zu bringen. Vorher wurde ihr noch auf Veranlassung der Mutter eine besondere Freude

---

13 ⟨Dieser Satz ist am Rand ergänzt.⟩

14 ⟨Ursprünglich *Diese*.⟩

bereitet: eine Wallfahrt nach den nahen Bergen von Alverna,[15] an die heilige Stätte, wo St. Franziskus[16] die Wundmale empfing.

Es war ein Tag in der zweiten Augusthälfte des Jahres 1764, als Anna Maria das Elternhaus für immer verließ. Die Mutter lag krank zu Bett. Die scheidende Tochter kniete vor ihr nieder, um noch zum Abschied ihren Segen zu erbitten. Gräfin Redi vermochte kein Wort zu erwidern, sie hatte nur Tränen als Antwort. Anna Maria verhielt sich wieder ganz still und wußte ihren Schmerz vollkommen zu beherrschen. Nach ein paar tröstenden Worten an seine Gattin führte sie Graf Redi zum Wagen. „Nachdem wir darin Platz genommen hatten", so berichtete er später im Prozeß, „sah ich die Tochter, ohne sie merken zu lassen, daß ich sie beobachtete, eine gute Stunde lang ernst, unbeweglich und schweigsam. Dann nahm sie ihr heiteres Wesen wieder an, wendete sich an mich mit munteren und geistreichen Gesprächen und setzte in vollkommenster Ruhe die Reise fort."

In Florenz besuchte Anna Maria noch einmal die Klosterfrauen von St. Apollonia, die sie erzogen hatten, um von ihnen und von ihren beiden jüngeren Schwestern, die jetzt als Zöglinge dort waren, Abschied zu nehmen. Dann überschritt sie die Schwelle des Klosters zur hl. Teresia, das nun ihre Heimat sein sollte.

3. Ordensleben

Die junge Schwester hat das Ordenshaus, in dem sie Aufnahme fand, stets das „Haus der Engel" genannt. Sie betrachtete alle ihre Mitschwestern als Engel; in dem Brief, in dem sie um die Aufnahme bat, hatte sie es als ihr Ziel bezeichnet, mit ihnen „zu wetteifern in der heiligen Liebe Gottes". Sie hielt es für eine ganz unverdiente Gnade, dieser Gemeinschaft anzugehören, und bewahrte den Klosterfrauen dafür stets die innigste Dankbarkeit. Immer war sie überzeugt, als eine ganz Unwürdige in ihrer Mitte zu leben. In voller Aufrichtigkeit sagte sie einmal zu ihrem Beichtvater: „Glauben Sie mir, mein Vater, diese Klosterfrauen sind lauter Heilige und wahre Engel. Es macht mich zittern, wenn ich bedenke, daß ich ihnen so unähnlich[17] und von ihren Beispielen so weit entfernt bin. Glauben Sie mir, daß ich wirklich unwürdig bin, mich unter ihre Füße zu legen und ihnen als Fußboden zu dienen. Ich tauge nur, um ihnen zu steter Übung der Tugend der Geduld Gelegenheit zu

---

[15] ⟨Auch La Verna genannt, ca. 1128 m hoch, in der Provinz Arezzo, in der Toskana.⟩

[16] ⟨Franz von Assisi, Hl., (Francesco Bernardone, 1181/82 Assisi – 1226 ebenda), Gründer der Franziskanerorden.⟩

[17] ⟨*bin* von hier an das Ende des Satzes verschoben.⟩

bieten[18] durch das beständige Ärgernis, das ich gebe. Ich weiß nicht, wie sie es anfangen, daß sie mich ertragen können." Dabei glich ihr Verhalten vom Tage ihres Klostereintritts dem einer erprobten Ordensfrau, so daß von dieser Seite her kein Zweifel an ihrer endgültigen Aufnahme nach Ablauf der Probezeit entstehen konnte. Aber als das Ende dieser Prüfungsmonate herannahte, stellte ein anderer Umstand das glückliche Ergebnis in Frage: eine bösartige Geschwulst über dem rechten Knie, die längere Zeit nicht weichen wollte. Sie suchte das Übel zunächst zu verbergen und kniete, wie sonst, ohne Unterstützung auf dem Boden. Als aber Fieber eintrat, ließ sich die Krankheit nicht länger verheimlichen. Mehr Qualen noch als die körperlichen Schmerzen bereitete ihr die Notwendigkeit, das kranke Glied vor dem behandelnden Arzt zu entblößen. Die schmerzhafte Operation nahm sie geduldig hin im Gedanken an den leidenden Heiland. Endlich wich das Leiden und damit das Hindernis, das ihrer Einkleidung im Wege gestanden hatte. Die Schwestern versammelten sich im Kapitel, um die Bitte der Postulantin um Annahme entgegenzunehmen. Voller Furcht, sie könnte ihrer Unwürdigkeit wegen ausgeschlossen werden, kniete sie vor der Mutter Priorin, bat um Verzeihung für ihre Fehler[19] und versprach, sich bessern zu wollen. Hochbeglückt hörte sie die tröstlichen Versicherungen der Schwestern, die im Herzen überzeugt waren, in ihr eine vollkommene Tochter der heiligen Teresia gewonnen zu haben. Nach damaligem Brauch mußte sie aber auf die endgültige Abstimmung noch zwei Monate warten und für diese Zeit sogar die Klausur verlassen. Sie verbrachte sie in stiller Zurückgezogenheit bei einer mütterlichen Freundin, Isabella Mozzi in Florenz.

Für die Einkleidung wurde der 11. März 1765 gewählt. Am Vorabend durfte Anna Maria ins Kloster zurückkehren. Eine große Schar von Gefährtinnen und fast der ganze florentinische Adel empfingen sie in der Kirche, wo eine vorbereitende Andacht stattfand, und gaben ihr das Geleit zur Klausurtür. Ebenso groß war die Beteiligung an der Einkleidungsfeier am nächsten Morgen. Dabei erhielt sie ihren Klosternamen *Teresia Margareta Marianna vom heiligsten Herzen Jesu.*[20]

Die Meisterin, deren Händen die junge Klosterfrau übergeben wurde, *Teresia Maria Guadagni*, hatte es sich zum Ziel gesetzt, ihre Schützlinge nach dem Urbild unserer ältesten Ordensväter, der strengen Einsiedler vom Berge Karmel, zu formen. je höher sie von der Vollkommenheit dachte, zu der die neue Novizin fähig und berufen sei, desto schärfere Waffen glaubte sie anwenden zu dürfen, um sie in den Grundtugenden der Ordensfrau, in Demut, Gehorsam, Selbstverleugnung, zu üben und zu befestigen. Sie wußte an

[18] ⟨Ursprünglich *geben.*⟩

[19] ⟨*für ihre Fehler* zwischen den Zeilen ergänzt.⟩

[20] ⟨*Marianna* zwischen den Zeilen eingefügt.⟩

allem, was Margareta tat, Fehler und Mängel zu entdecken, und rügte sie in[21] den schärfsten Worten. Und wenn die junge Schwester nach Ordensbrauch die Zurechtweisung zur Erde niedergeworfen entgegennahm, so eilte sich die Meisterin keineswegs, ihr das Zeichen zum Aufstehen zu geben. Aber niemals war an Margareta eine Spur von Erbitterung oder Empfindlichkeit zu bemerken. Doch als sie sich endlich erheben durfte,[22] so geschah es mit freundlicher und heiterer Miene und mit den Worten: „Gott vergelte Ihnen das gute Werk."

Vor der Gelübdeablegung hatte sie ähnliche Leiden durchzumachen wie vor der Einkleidung: das gleiche körperliche Übel, und nachdem dieses glücklich geheilt war, die Befürchtung, man würde sie ihrer vielen Fehler und Unvollkommenheiten wegen nicht zur Profeß zulassen. Sie konnte es kaum glauben, als sie endlich der Zulassung versichert wurde, und strömte über von Dank für die unverdiente Gnade. Mit allem Eifer erforschte sie ihr Inneres, um zu entdecken, ob noch irgendeine Anhänglichkeit in ihr sei, die der vollkommenen Vereinigung mit dem Herrn im Wege stehen könnte. Das Einzige, was ihr noch Zweifel erweckte, war die große Liebe zu ihrem Vater. So beschloß sie, den Briefwechsel, wie sie ihn bisher noch mit ihm geführt hatte, zum Opfer zu bringen. Sie kündigte ihm an, daß sie von nun an nur noch im Herzen Jesu sich treffen und an Gottesliebe miteinander wetteifern wollten. Als gelegentlich einmal unmittelbar nach einem Besuch ihres Vaters eine Mitschwester sie fragte, ob der Abschied ihr nicht schwergefallen sei, zeigte sie ihr lächelnd ein Zettelchen, auf dem die Worte des hl. Augustin standen: „Minus te amat, qui tecum aliquid amat." „Zu wenig liebt dich, wer noch etwas außer dir liebt."[23]

Von ihrem Profeßtag, dem 12. März 1766, berichtet ein Augenzeuge: „In dem feierlichen Augenblick der Profeß schien sie in einen Seraph verwandelt, und so tief und mächtig war der liebliche Eindruck, den ihre äußere Erscheinung auf ihre Umgebung, den Kreis der Schwestern übte, daß diese vor Rührung und Bewunderung sich der Tränen nicht erwehren konnten."

Die Grundlage ihres Ordenslebens war ihr tiefer und lebendiger Glaube. Wie als Kind so war sie auch später stets voll Verlangen, von Gott zu hören und ihre Erkenntnis zu bereichern, und mehr noch als durch Bücher und priesterliches Lehrwort wurde dies Verlangen durch höhere Erleuchtung gestillt. Aus diesem lebendigen Glauben entsprang eine heilige Ehrfurcht[24] vor allem, was[25] mit den Dingen des Glaubens zusammenhing: vor den Prie-

[21] ⟨Ursprünglich *mit.*⟩

[22] ⟨Ursprünglich *Durfte sie sich endlich erheben.*⟩

[23] ⟨Augustinus, *Bekenntnisse*, 10. Buch, XXIX (S. 551).⟩

[24] ⟨Ursprünglich *Scheu.*⟩

[25] ⟨Zwischen den Zeilen ergänzt.⟩

stern, vor ihren Mitschwestern als Bräuten Christi, vor allem Altargerät, das sie als Sakristanin zu betreuen hatte, vor allen Verrichtungen beim Gottesdienst. Frucht des lebendigen Glaubens war vor allem der ständige Wandel in Gottes Gegenwart. Ihr Beichtvater und Seelenführer während ihrer Ordensjahre, P. Ildefons, hat im Prozeß ausgesagt, nach seinem Urteil habe „ihr Gebet jene Stufe der Vereinigung im Glauben erreicht, wo derartige Seelen natürlicherweise nicht lange mehr scheinen leben zu können, von wo sie nach den gewöhnlichen Wegen der göttlichen Vorsehung bald in die bessere Welt abberufen zu werden pflegen, um dort unverschleiert jenen Urgrund alles Seins und aller Wesen, jenen höchsten Herrn zu schauen und zu genießen, den sie auf dieser elenden Erde so eifrig zu erkennen suchten."

Ihr Lieblingsspruch war: *„Gott ist die Liebe."*[26] Und diese göttliche Liebe mit Gegenliebe zu vergelten, das war ihr ja von Kindheit an selbstverständlich. Der Gedanke, was der Herr für uns gelitten hat, erweckte in ihr das heiße Verlangen, „auch etwas Weniges für ihn zu leiden", ließ[27] ihr keine Prüfung zu schwer erscheinen und[28] machte sie erfinderisch in immer neuen Opfern und Bußübungen. Sie wußte aber auch, daß der Herr als Prüfstein der Liebe zu Ihm die Liebe ansieht, die wir den Seinen erweisen. Das schönste Betätigungsfeld für ihre Nächstenliebe fand sie, als ihr nach ihrer Profeß der *Krankendienst* übertragen wurde. Sie war unermüdlich in der Sorge für ihre Patientinnen, und keine Ungeduld, keine Unleidlichkeit und Undankbarkeit der Kranken konnte ihre liebevolle Sorgfalt vermindern. Ihre strenge Meisterin, deren Pflege ihr übertragen wurde, wußte sie auf die härtesten Proben zu stellen, hatte trotz all ihres Eifers an allem etwas auszusetzen, und doch blieb sie[29] immer gleich liebenswürdig und geduldig. Die kranke Mutter Priorin mußte sich gewaltsam beherrschen, um ihrer Bewunderung und Dankbarkeit für die unermüdliche Pflegerin keinen Ausdruck zu geben. Doch sie versagte es sich, weil auch sie es für ihre Pflicht hielt, ihre junge Tochter in der Demut und Geduld zu üben. Ein wahres Martyrium nahm sie mit der Pflege einer geisteskranken Schwester auf sich. Als man ihr aber diese Last wieder abnehmen wollte, bat sie so dringend, die Kranke weiter betreuen zu dürfen, daß[30] es ihr gestattet wurde. Wenn das Kloster von einer Epidemie heimgesucht wurde, dann schienen ihre Kräfte sich zu vervielfachen. Ja, es war augenscheinlich, daß übernatürliche Gaben ihr in ihrem Amt zu Hilfe kamen. Sie spürte es an den entferntesten Orten, wenn jemand

[26] ⟨1 Joh 4,16.⟩
[27] ⟨Eine fremde Hand hat *ließ* gestrichen und *und bewirkte, daß* darüber geschrieben.⟩
[28] ⟨Im Zuge der vorigen Verbesserung statt *erscheinen erschien;* das folgende *und* wurde gestrichen.⟩
[29] ⟨Auch hier hat dieselbe fremde Hand eingegriffen und den Satz mit *aber die Pflegerin blieb …*⟩
[30] ⟨Ursprünglich *bis.*⟩

von ihren Kranken ihrer bedurfte, und war dann sofort zur Stelle. Eine schwerhörige alte Schwester, der sich niemand mehr verständlich machen konnte, der darum auch der Beichtvater keinen Trost mehr zu spenden vermochte, vernahm alles, was Teresia Margareta, wenn auch mit leiser Stimme, zu ihr sprach. So konnte sie die Pflege ohne Hemmnis durchführen, und von ihr erhielt die Kranke auch den geistlichen Zuspruch, wonach sie sich sehnte.

Eines Tages befand sie sich im Refektorium mit einer Schwester zusammen, die schon lange an heftigen Zahnschmerzen litt. Sie sah ihr an, daß sie eben wieder heftig gepeinigt wurde. Voll Mitleid erhob sie sich, eilte zu der Leidenden hin, und – ganz im Gegensatz zu ihrer sonstigen äußersten Zurückhaltung, wie sie auch die Satzungen des Ordens verlangen[31] – drückte sie einen Kuß auf die schmerzende Stelle. Dann kehrte sie auf ihren Platz zurück. Im selben Augenblick war der Schmerz verschwunden und kehrte nicht wieder.

4. Tod und Verherrlichung

Mitten aus dieser aufopfernden Liebestätigkeit heraus wurde sie selbst abberufen. Am 4. März 1770 bat sie ihren Beichtvater, eine größere Beichte ablegen[32] und die hl. Kommunion am nächsten Morgen so empfangen zu dürfen, als ob es die letzte wäre. Offenbar war es eine Vorahnung des plötzlichen Todes, der ihr den Empfang der letzten Wegzehrung nicht mehr gestatten sollte. Am Abend des 6. März hielt sie der Krankendienst noch so lange fest, daß sie nicht mit der Kommunität zu Tisch gehen konnte. Sie begab sich etwas später ins Refektorium, um die kleine Fastenkollation einzunehmen. Da wurde sie plötzlich von heftigen kolikartigen Schmerzen befallen. Sie wollte in ihre Zelle gehen, konnte sich aber nur noch bis zu einem Raum in der Nähe des Refektoriums schleppen.[33] Erst nach einer Weile ließ der Schmerz so weit nach, daß sie bis in ihre Zelle gelangen konnte. Dort brach sie zusammen und mußte um Hilfe rufen. Sie wurde zu Bett gebracht und sollte es nicht mehr verlassen. Die ganze Nacht und den nächsten Tag hatte sie unsägliche Schmerzen, aber keinen Augenblick verlor sie die Geduld, und jede Mühe, die für sie aufgewandt wurde, schien ihr zuviel. Sie duldete nicht, daß eine Schwester nachts bei ihr wachte. Nur im Gehorsam ließ sie es zu, daß eine Magd bei ihr blieb;[34] und an diese richtete sie nur die

31 ⟨*Konstitutionen* 28, in: Teresa von Ávila, *Gedanken zum Hohenlied*, 402–439.⟩
32 ⟨*zu dürfen hier gestrichen.*⟩
33 ⟨Hier ist *konnte* gestrichen.⟩
34 ⟨Ursprünglich *wachte.*⟩

eine Bitte, sich ruhig zu verhalten, um niemanden in der Nachtruhe zu stören. Am Morgen war es ihre erste Sorge, daß das Mädchen den versäumten Schlaf nachholen müsse. Mitten in den heftigsten Schmerzen gab sie den Schwestern Anweisungen für die Pflege ihrer Kranken. Als sie vor Schmerzen nicht mehr sprechen konnte, heftete sie den Blick auf das Kreuz, das sie in der Hand hielt, und drückte die Lippen auf die Wunden des Gekreuzigten. Um 3 Uhr nachmittags, um die Stunde, da unser Herr starb, verlor sie Bewegung und Sprache. Der herbeigerufene[35] Beichtvater konnte ihr nur noch die letzte Ölung spenden. Bald darauf entschlief sie still und friedlich.[36]

Infolge der Krankheit, die sie hinweggerafft hatte, war die Leiche der Verstorbenen kurz nach dem Tode sehr entstellt, Gesicht und Hals bläulich gefärbt und der Leib stark angeschwollen. Fast scheute man sich, sie – wie üblich – am Gitter der Kirche aufzubahren. Aber schon beim Übertragen trat eine erstaunliche Veränderung ein: die bläuliche Farbe wich einer zarten Blässe, das Antlitz begann rosig zu schimmern, der Leib wurde schlank und biegsam. Am 9. März erschien die Tote schöner und blühender als im Leben. Daraufhin gestattete der P. Provinzial[37] eine Verschiebung der Beisetzung. Bis zum 22. März, also 15 Tage, behielten die Klosterfrauen ihre tote Schwester in der Kirche, ohne daß eine Spur von Verwesung eintrat. An diesem Tage besuchte der Erzbischof von Florenz[38] mit mehreren Begleitern, darunter auch ärztliche Sachverständige, die Leiche. Was außer der wunderbaren Erhaltung der Leiche überraschte und große Scharen von Gläubigen anzog, war – ähnlich wie beim Tode unserer hl. Mutter Teresia – der eigentümliche Duft, den die Leiche ausströmte.[39] Er teilte sich allen Gegenständen mit, die mit der Toten in Berührung kamen, ja auch die Sachen, die sie während ihres Lebens berührt hatte, strömten ihn aus.

Der heilige Leib, der bis heute unversehrt geblieben ist, ruht jetzt in einem Glasschrein in der Klosterkirche zu Florenz. Zahlreiche Gebetserhörungen und Krankenheilungen führten dazu, daß die Erhebungen für den Seligsprechungsprozeß schon sehr früh begonnen wurden und der eigene Vater und Beichtvater sowie mehrere Mitschwestern der Heiligen darin vernommen werden konnten.

---

35 ⟨*außerordentliche* gestrichen.⟩

36 ⟨Ursprünglich *schlief sie … ein.*⟩

37 ⟨Gregorio Maria di S. Elena (Giovanni Battista Italiani, 1704 Arezzo – 1779 Florenz), von 1769 bis 1772 Provinzial der Ordensprovinz Toskana.⟩

38 ⟨Francesco Gaetano Incontri (1704 Volterra – 1781 Florenz), ab 1741 Erzbischof von Florenz.⟩

39 ⟨Das typische Sterben einer Heiligen in jener Zeit; Ähnliches berichtet Edith Stein in der *Kreuzeswissenschaft* auch über das Sterben des Johannes vom Kreuz (KW, ESGA 18, 263).⟩

Papst Gregor XVI.[40] hat 1839 ihre Tugenden für heroisch erklärt. Der Seligsprechungsprozeß ist aber erst unter Papst Pius XI.[41] i.⟨m⟩ J.⟨ahre⟩ 1929[42] zum Abschluß gekommen, und das Jubeljahr unserer Erlösung hat nun die Heiligsprechung der treuen Kreuzesnachfolgerin gebracht, am 19. März 1934.[43]

---

40 ⟨Gregor XVI. (Bartolomeo Alberto Cappellari, 1765 Belluno – 1846 Rom), ab 1831 Papst.⟩

41 ⟨Pius XI. (Achille Ratti, 1857 Desio – 1939 Rom), ab 1922 Papst.⟩

42 ⟨*i.⟨m⟩ J.⟨ahre⟩ 1929* zwischen den Zeilen ergänzt.⟩

43 ⟨*am 19. März 1934* von fremder Hand ergänzt.⟩

3. Über Geschichte und Geist des Karmel (1935)

Situierung

Im ESAK gibt es eine Abschrift dieses Artikels mit der Signatur B II 59a. Unter dem Titel steht: „Von Schw. Theresia Benedicta a Cruce O.C.D. (Edith Stein)". Sie berichtet davon in einem Brief vom 9. August 1935 an Gisela Naegeli: „*Der Aufsatz ist am Sonntag Laetare*[1] *in der Sonntagsbeilage der Augsburger Tagespost erschienen*".[2]

Veröffentlichungen:
- In der Zeitschrift *Zu neuen Ufern. Sonntagsbeilage der Augsburger Postzeitung*, Nr. 13, vom 31. März 1935.
- TREFFPUNKT – Kontaktblatt des Teresianischen Karmel in Deutschland 6 (1976) 13–17;
- W. Herbstrith (Hg.), *Wege zur inneren Stille.* Aschaffenburg 1987, 192–202;
- ESW XI, 1987, 1–9.

Der hier folgende Text wurde direkt der Postzeitung vom 31. März 1935 entnommen[3].

Text

Bis vor einigen Jahren drang wenig aus unseren stillen Klöstern in die Welt hinaus. Heute ist das anders geworden. Es wird viel vom Karmel gesprochen, und es besteht der Wunsch, etwas von dem Leben hinter den hohen Mauern zu erfahren. Hauptsächlich ist das wohl der großen Heiligen unserer Zeit zuzuschreiben, die sich mit erstaunlicher Schnelligkeit die ganze katholische Welt erobert hat: der heiligen *Theresia vom Kinde Jesu*⟨s⟩.[4] Die intellektuel-

---

[1] 31. März 1935.

[2] SBB II, ESGA 3, Br. 411. Das dort erwähnte Heftchen, in dem er nochmals abgedruckt werden sollte, scheint nicht erschienen zu sein. Es war nicht die *Augsburger Tagespost*, sondern die *Augsburger Postzeitung*.

[3] Ich danke Teresa Rösch für die Besorgung einer Kopie des Originaltextes aus der Bayerischen Staatsbibliothek in München.

[4] ⟨Therese von Lisieux; siehe unten Anm. 8. Bis zum Jahre 1934, als Edith Stein dies schrieb, waren allein in deutscher Sprache an die 300 Veröffentlichungen über sie erschienen, darunter vor allem viele Ausgaben ihres Hauptwerkes *Geschichte einer Seele*, das bereits 1900 zum ersten Mal in deutscher Übersetzung herauskam. Siehe U. Dobhan, *Deutschsprachige Bibliographie zu Therese von Lisieux.*⟩

len Kreise Deutschlands hat *Gertrud von le Forts* Karmelnovelle (Die Letzte am Schafott, Kösel 1931) nachdrücklich auf unseren Orden hingewiesen, sodann ihr schönes Vorwort zu den Briefen Marie Antoinette de Geusers (Briefe in den Karmel, Pustet 1934).[5]

Was weiß der Durchschnittskatholik vom Karmel? Daß er ein sehr strenger, vielleicht der strengste Bußorden ist, und daß aus ihm das heilige Kleid der Gottesmutter, das braune Skapulier,[6] stammt, das viele Gläubige in der Welt mit uns verbindet. Das Hochfest unseres Ordens, das Skapulierfest am 16. Juli, wird von der ganzen Kirche mitgefeiert. [7] Die meisten kennen auch, wenigstens dem Namen nach, neben der „kleinen"[8] die *„große" hl. Theresia*, die wir unsere heilige Mutter nennen. Sie wird im allgemeinen als die Gründerin der Unbeschuhten Karmeliten angesehen.[9] Wer mit der Kirchen- und Ordensgeschichte etwas näher vertraut ist, weiß allerdings, daß wir als unseren Führer und Vater den Propheten *Elias* verehren. Aber das betrachtet man als eine „Legende", die nicht viel zu bedeuten hat. Wir, die wir im Karmel leben und unseren heiligen Vater Elias in unseren täglichen Gebeten anrufen,[10] wissen, daß er für uns keine schattenhafte Gestalt aus grauer Vorzeit ist. Sein Geist ist durch eine lebendige Überlieferung unter uns wirksam und bestimmt unser Leben. Unsere heilige Mutter hat die Behauptung, sie habe einen neuen Orden begründet, mit aller Entschiedenheit zurückgewiesen. Sie wollte nichts als den ursprünglichen Geist der alten Regel wieder zum Leben erwecken.[11]

---

[5] ⟨Siehe dazu Edith Steins Rezension auf S. 211–216 in diesem Band.⟩

[6] ⟨Das Skapulier ist ein Teil des Ordensgewandes der Karmelitinnen und Karmeliten und zeugt von dem besonderen Schutz Mariens. Siehe R. Bruderhofer/A. Reiter, *Das Skapulier. Mit Maria im Geist des Karmel leben*.⟩

[7] ⟨Der offizielle Name lautet *Hochfest Unserer Lieben Frau vom Berge Karmel*. Der Hauptgedanke ist der Dank des Ordens an seine Patronin. Dieses Fest war um die Mitte des 14. Jahrhunderts in England aufgekommen und auf den 16. Juli festgelegt worden. Siehe U. Dobhan, *Marienverehrung im Karmel*, 10f.⟩

[8] ⟨Therese von Lisieux (Therese Martin, 1873 Alençon – 1897 Lisieux), trat mit päpstlicher Dispens schon mit 15 Jahren in den Karmel von Lisieux ein und wurde nach ihrem frühen Tod vor allem durch ihre *Geschichte einer Seele* berühmt. Sie wurde 1923 selig- und 1925 heiliggesprochen, 1927 zusammen mit dem hl. Franz Xaver zur Patronin der Missionen, 1944 zusammen mit Jeanne d'Arc zur Patronin Frankreichs und 1997 zur Kirchenlehrerin ernannt.⟩

[9] ⟨Teresa von Ávila (Teresa de Ahumada, 1515 Ávila – 1582 Alba de Tormes), trat 1535 in das Karmelitinnenkloster ihrer Heimatstadt ein, gründete 1562 das Kloster San José nach ihren neuen Vorstellungen, die sie mit Hilfe des hl. Johannes vom Kreuz ab 1568 auch auf den männlichen Zweig des Ordens ausbreitete, der ab 1581 eine eigene Provinz und ab 1594 ein eigener Orden wurde. Dem damaligen Brauch in Spanien folgend wurden sie *descalzos – Unbeschuhte* genannt.⟩

[10] ⟨In einer bis heute verwendeten Antiphon heißt es: *Heiliger Prophet Gottes, Elija, Führer und Vater der Karmeliten …*⟩

[11] ⟨Teresa wollte mit der Gründung von San José in Ávila 1562 eine ihr entsprechende

In dem ersten Wort, das uns die Heilige Schrift von unserem heiligen Vater Elias berichtet, ist in aller Kürze das Wesentlichste unseres Lebens ausgesprochen. Er sagt zum götzendienerischen König Ahab (III. Buch der Könige 17,1): „So wahr der Herr, der Gott Israels, lebt, *vor dessen Angesicht ich stehe*, es soll diese Jahre weder Tau noch Regen fallen außer auf mein Wort hin.“[12]

Vor dem Angesicht des lebendigen Gottes stehen – das ist unser Beruf. Der heilige Prophet hat ihn uns vorgelebt. Er stand vor Gottes Angesicht, weil dies der unendliche Schatz war, um dessentwillen er alle irdischen Güter preisgab. Er hatte kein Haus; er wohnte, wo ihm jeweils der Herr seinen Platz anwies: in der Einsamkeit am Bach Kerit,[13] im Häuschen der armen Witwe zu Sarepta Sidonia[14] oder in den Höhlen des Karmel.[15] Sein Gewand war – wie das des anderen großen Büßers und Propheten, des Täufers – ein Tierfell[16]: das Fell des toten Tieres mahnt daran, daß auch des Menschen Leib dem Tod verfallen ist. (Vgl. Erik *Peterson*, Theologie des Kleides, Benediktinische Monatsschrift 1934, H.⟨eft⟩ 9/10, S. 354).[17] Elias kennt keine Sorge um das tägliche Brot. Er lebt im Vertrauen auf die Fürsorge des himmlischen Vaters und wird wunderbar erhalten: ein Rabe bringt ihm in der Einöde die tägliche Mahlzeit[18], in Sarepta ernährt ihn der wunderbar vermehrte Speisevorrat der frommen Witwe[19], vor der langen Wanderung zum heiligen Berg, wo ihm der Herr erscheinen sollte, stärkt ihn ein Engel mit Himmelsbrot[20]. So ist er uns ein Muster der evangelischen *Armut*, die wir gelobt haben, ein echtes Vorbild des Heilandes.

Elias steht vor Gottes Angesicht, weil dem Herrn seine ganze *Liebe* gehört. Er lebt außerhalb aller natürlich-menschlichen Beziehungen. Wir hören nichts von Vater und Mutter, nichts von Weib und Kind. Seine „Angehörigen“ sind die, die gleich ihm den Willen des Vaters tun[21]: Elisäus, den ihm Gott zum Nachfolger bestimmt hat, und die „Prophetensöhne“, die ihm als

---

Umgebung schaffen, wo sie ihre Berufung besser leben könnte. Dabei kam es ihr vor allem darauf an, das innere Beten als Freundschaft mit dem menschgewordenen Gott üben zu können. Nicht zuletzt aufgrund der damaligen kirchenpolitischen Situation mit dem Gegensatz zwischen der römischen Kurie und dem königlichen Hof in Madrid entstand daraus ein neuer Orden.⟩

12 ⟨Heute 1 Kön 17,1.⟩

13 ⟨1 Kön 17,5.⟩

14 ⟨1 Kön 17,9–16. Sarepta in Sidon.⟩

15 ⟨1 Kön 18,19–46.⟩

16 ⟨Mt 3,4.⟩

17 ⟨Zu Erik Peterson siehe oben S. 48, Anm. 8⟩

18 ⟨1 Kön 17,4–6.⟩

19 ⟨1 Kön 17,8–16.⟩

20 ⟨1 Kön 19,5–8.⟩

21 ⟨Mt 12,49f.⟩

ihrem Führer folgen[22]. Die Ehre seines Gottes ist seine Freude; der Eifer für seinen Dienst verzehrt ihn: „Von Eifer entbrannte ich für den Herrn, den Gott der Heerscharen." (3 Kön 19,10.14.[23] Diese Worte wurden als Wahlspruch in das Wappen des Ordens aufgenommen.) Durch sein Bußleben sühnt er die Sünden seiner Zeit. Die Schmach, die dem Herrn durch den Götzendienst des irregeführten Volkes angetan wird, schmerzt ihn so sehr, daß er sich den Tod wünscht. Und der Herr tröstet ihn so, wie er nur seine auserwählten Lieblinge tröstet: Er selbst erscheint ihm auf einsamen Berge, offenbart sich ihm im sanften Säuseln nach dem Gewittersturm und gibt ihm in klaren Worten seinen Willen kund.[24]

Der Prophet, der in vollkommener Herzensreinheit und Entblößung von allem Irdischen dem Herrn dient, ist auch ein Muster des *Gehorsams*. Er steht vor Gottes Angesicht wie die Engel vor dem ewigen Thron, seines Winkes gewärtig, stets zum Dienst bereit. Er hat keinen anderen Willen als den seines Herrn. Wenn Gott gebietet, dann tritt er vor den König hin, wagt es unerschrocken, ihm schlimme Botschaft zu melden, die seinen Haß wekken muß.[25] Wenn Gott es will, dann weicht er vor der Gewalt aus dem Lande; er kehrt aber auch, ohne daß die Gefahr geschwunden wäre, zurück auf Gottes Geheiß.

Wer Gott so unbedingt die Treue wahrt, der kann aber auch der göttlichen Treue gewiß sein. Er darf sprechen „wie einer, der Macht hat"[26], darf den Himmel schließen und öffnen[27], den Wogen gebieten, daß sie ihn trocken hindurchschreiten lassen[28], Feuer vom Himmel herabrufen, um sein Opfer zu verzehren[29], das Strafgericht an den Feinden Gottes vollziehen[30] und einem Toten neues Leben einhauchen[31]. Mit allen Gnadengaben, die der Heiland den Seinen verheißen hat, sehen wir seinen Vorläufer ausgerüstet[32]. Und die höchste Krone ist ihm noch vorbehalten: vor den Augen seines treuen Jüngers Elisäus ward er in einem feurigen Wagen entrückt an einen geheimen Ort, fern aller Stätten der Menschen[33]. Nach dem Zeugnis der Geheimen Offenbarung wird er wiederkehren, wenn das Ende der Welt

---

22 ⟨2 Kön 2,1–18.⟩
23 ⟨Heute 1 Kön 19,10.14.⟩
24 ⟨1 Kön 19,9–13.⟩
25 ⟨1 Kön 17,1.⟩
26 ⟨Mt 7,29.⟩
27 ⟨1 Kön 18,41–46; Sir 48,3.⟩
28 ⟨1 Kön 2,8.⟩
29 ⟨1 Kön 18,36–38.⟩
30 ⟨1 Kön 18,39 f.⟩
31 ⟨1 Kön 17,17–20.⟩
32 ⟨Anspielung auf Mt 11,14 und 17,11–13, wo Jesus vom Propheten Elija als dem Vorläufer von Johannes dem Täufer spricht.⟩
33 ⟨2 Kön 2,11; Sir 48,9.⟩

naht, um im Kampf gegen den Antichrist für seinen Herrn den Märtyrertod zu erleiden[34]. An seinem Fest, das wir am 20. Juli feiern, geht der Priester in rotem Gewand zum Altar. An diesem Tage ist das Kloster unserer Patres auf dem Berge Karmel, das die Elias-Höhle birgt, das Ziel gewaltiger Pilgerscharen: Juden, Mohammedaner u⟨nd⟩ Christen aller Konfessionen wetteifern in der Verehrung des großen Propheten. Wir gedenken seiner noch in der Liturgie eines anderen Tages, in der Epistel und Präfation des „Berg-Karmel-Festes", wie wir das Skapulierfest zu nennen pflegen[35]. Wir danken an diesem Tag dafür, daß Unsere Liebe Frau uns mit dem „Gewande des Heils" bekleidet hat[36]. Das geschah erst in viel späterer Zeit im Abendlande. Im Jahre 1251 erschien die Allerseligste Jungfrau dem Ordensgeneral Simon Stock, einem Engländer, und überreichte ihm das Skapulier[37]. (Für die liturgischen Texte vgl. die „Eigenmessen der Unbeschuhten Karmeliten", Verlag Skapulier, Linz a.⟨n der⟩ D.⟨onau⟩.) Aber die Präfation erinnert uns daran, daß es Unsere Liebe Frau *vom Berge Karmel* war, die ihren Kindern fern von der ursprünglichen Ordensheimat dieses sichtbare Zeichen ihres mütterlichen Schutzes verlieh: sie, die dem Propheten Elias im Bilde der regenverkündenden kleinen Wolke offenbar wurde[38] und der die Prophetensöhne auf dem Berge Karmel das erste Heiligtum erbauten[39]. Die Ordenslegende berichtet, daß die Gottesmutter gern bei den Einsiedlerbrüdern auf dem Karmel geweilt habe[40]. Wir verstehen wohl, daß sie sich an den Ort hingezogen fühlte, wo ihr von alters her Verehrung gezollt wurde und wo der

---

[34] ⟨Vielleicht Anspielung auf Off 17,6. Zur Wiederkunft des Elija bzw. seines Geistes siehe Mal 3,1.23; Sir 48,10; Mt 11,10.14; Mk 1,2; Lk 1,17.76.⟩

[35] ⟨Gemeint ist das Hochfest Unserer Lieben Frau vom Berge Karmel. Siehe oben S. 128.⟩

[36] ⟨Bis in die Zeit des 2. Vatikanischen Konzils hinein wurde in den Klöstern des Ordens jeden Samstag die Votivmesse zu Unserer Lieben Frau vom Berge Karmel gesungen, in deren Introitus es heißt: „*... denn Er kleidete mich mit dem Gewande des Heils*"; siehe Jes 61,10.⟩

[37] ⟨Nach dem heutigen Stand der Forschung ist diese Vision legendär und stellt eine spätere Zuweisung (Ende des 14. Jahrhunderts) an Simon Stock dar, über den es keine zuverlässigen Angaben gibt, nach Art ähnlicher Legenden in anderen Orden. (J. Smet/U. Dobhan, *Die Karmeliten*, 46f.; DC 819).⟩

[38] ⟨Vgl. 1 Kön 18,44.⟩

[39] ⟨Tatsächlich bezeugt ein Pilgerführer aus der Zeit von 1220 bis 1229: *„Auf der Seite eben dieses Berges liegt ein sehr schöner und lieblicher Ort,wo die lateinischen Einsiedler wohnen, die Brüder vom Karmel heißen, und wo es eine kleine Kirche Unserer Lieben Frau gibt."* (C. Kopp, *Elias und Christentum auf dem Karmel;* 108).⟩

[40] ⟨Diese Legende geht auf den Theologen Jean de Cheminot (Anfang des 14. Jahrhunderts) zurück, nach der *„Elija, Elischa und viele der Prophetensöhne jungfräulich gelebt hätten; Elija und Maria stammten beide aus dem Geschlecht Aarons; Maria habe die Einsiedler am Berg Karmel oft besucht, denn Nazareth sei ja nur 4–5 km entfernt. Nachdem die Karmeliten Maria ihre Kapelle geweiht hatten, hätte man begonnen, sie Brüder des Ordens Unserer Lieben Frau vom Berge Karmel zu nennen, um sie von den Benediktinern von St. Margaret zu unterscheiden."* (J. Smet/U. Dobhan, *Die Karmeliten*, 91).⟩

heilige Prophet in demselben Geist gelebt hatte, der auch sie erfüllte, seit sie auf der Erde weilte: losgelöst von allem Irdischen anbetend vor Gott zu stehen, ihn aus ganzem Herzen zu lieben, seine Gnade auf das sündige Volk herabzuflehen und genugtuend für dieses Volk einzustehen, als Magd des Herrn seines Winkes gewärtig zu sein[41] – das war ihr Leben.

Als Söhne des großen Propheten und „Brüder der Allerseligsten Jungfrau"[42] lebten die Einsiedler des Karmel. Der heilige Bertholdus[43] organisierte sie als Zönobiten, und auf Veranlassung des heiligen Brocardus[44] wurde der Geist, den sie von ihren Vorfahren enpfangen hatten, niedergelegt in unserer *hl. Regel.* Sie wurde dem Orden vom heiligen Albertus, Patriarchen von Jerusalem, um 1200 gegeben[45] und von Papst Innozenz IV. 1247 bestätigt.[46] (Regel und Satzungen der unbeschuhten Nonnen des Ordens der Allerseligsten Jungfrau Maria vom Berge Karmel, Rita-Verlag, Würzburg 1928.) Auch sie faßt in einem kurzen Satz den ganzen Sinn unseres Lebens zusammen: „Es bleibe ein jeder in seiner eigenen Zelle ..., Tag und Nacht im Gesetz des Herrn betrachtend und im Gebete wachend, sofern er daran nicht durch andere Arbeiten rechtmäßig verhindert ist"[47]. „Im Gebete wachend" – das besagt dasselbe, was Elias mit den Worten ausdrückte: „Vor dem Angesicht des Herrn stehen"[48]. Das Gebet ist das Aufschauen zum Antlitz des

---

41 ⟨Vgl. Lk 1,38.⟩

42 ⟨Zum ersten Mal vom Papst in der Bulle *Ex parte dilectorum* 1252 so genannt. (AOCarmC 2 (1911–1913).⟩

43 ⟨Die heutige Geschichtsschreibung weiß wenig über diese Persönlichkeit; evtl. gab es sogar zwei wichtige Männer mit diesem Namen auf dem Berg Karmel: Einmal den hier von Edith Stein erwähnten, der dann der erste Prior auf dem Berg Karmel gewesen wäre, sodann einen zweiten, der dem ebenfalls hier erwähnten Brokard nachgefolgt wäre. (J. Smet/U. Dobhan, *Die Karmeliten*, 26 f.; DC 83).⟩

44 ⟨Er gilt als der Empfänger der Karmelregel. Im ältesten erhaltenen Text der Regel wird dieser nur „B" genannt wird; erst in der zweiten Hälfte des 14. Jahrhunderts wird daraus der Name Brokard. Historisch ist von dieser Person nichts bekannt. (DC 109).⟩

45 ⟨Albert von Jerusalem, auch Albert von Avogadro genannt, Hl., (ca. 1150 „Castrum Gualterii" [Parma oder Reggio Emilia] – 1214 Akkon), 1170 Chorherr von Mortara, 1180 ebenda Prior, 1184 Bischof von Bobbio, bald darauf von Vercelli, 1204 zum Patriarchen von Jerusalem gewählt, 1205 Päpstlicher Legat für das Hl. Land und den Nahen Osten. Die Verfassung und Übergabe der Regel fiel in die Jahre 1206–1214. (DC 13 f.).⟩

46 ⟨Innozenz IV. (Sinisbaldo Fieschi, um 1195 Genua – 1254 Neapel), Papst von 1243–1254, approbierte 1247 die Karmelregel, nachdem sie auf Wunsch der Karmeliten für die abendländischen Verhältnisse angepaßt worden war. Heute spricht man von der „albertinischen" und der „innozenzischen" Regel. Letztere wurde 1432 von Eugen IV. (Gabriele Condulmer, 1383 Venedig – 1447 Rom) gemildert, d. h. durch Zusätze zur Regel wurden bestimmte Vorschriften abgeschwächt. Zur Regel siehe K. Waaijman, *Der mystische Raum des Karmel*).⟩

47 ⟨Karmelregel Nr. 10.⟩

48 ⟨1 Kön 17,1; 18,15; Edith Stein zitiert nach der Vulgata-Übersetzung. Heute heißt es: *„In dessen Dienst ich stehe".*⟩

Ewigen. Wir können es nur, wenn der Geist bis in die letzten Tiefen wach ist, herausgelöst aus allen irdischen Geschäften und Genüssen, die ihn betäuben. Körperliches Wachsein verbürgt dieses Wachsein nicht, und die Ruhe, nach der die Natur verlangt, hindert es nicht. „Im Gesetz des Herrn betrachten" – das kann eine Form des Gebetes sein, wenn wir Gebet in dem üblichen weiten Sinn nehmen. Denken wir aber beim „Wachen im Gebet" an das Versinken in Gott, wie es der Beschauung eigen ist, dann ist die Betrachtung nur ein Weg dazu[49].

Was ist mit dem „Gesetz des Herrn" gemeint? Der 118. Psalm,[50] den wir an allen Sonntagen und hohen Festen in der Prim[51] beten, ist ganz erfüllt vom Verlangen, das Gesetz zu erkennen und sich von ihm durchs Leben leiten zu lassen. Der Psalmist mag wohl dabei an das Gesetz des Alten Bundes gedacht haben. Seine Kenntnis verlangte ja tatsächlich ein lebenslanges Studium und seine Erfüllung eine lebenslange Willensanstrengung. Von dem Joch dieses Gesetzes aber hat der Herr uns freigemacht. Als das Gesetz des Neuen Bundes können wir das große Liebesgebot des Heilandes betrachten, von dem er sagt, daß es das ganze Gesetz und die Propheten in sich schließe:[52] die vollkommene Gottes- und Nächstenliebe wäre wohl ein würdiger Gegenstand für die Betrachtung eines ganzen Lebens. Noch besser aber verstehen wir unter dem Gesetz des Neuen Bundes den Herrn selbst, da er uns ja das Leben, das wir leben sollen, vorgelebt hat. Dann erfüllen wir unsere Regel, wenn wir das Bild des Herrn stets vor Augen haben, um uns ihm nachzugestalten. Das Evangelium ist das Buch, das wir niemals ausstudieren können[53].

---

[49] ⟨Betrachtung und Beschauung sind die deutschen Begriffe für *meditatio* und *contemplatio*. Ersterer meint die diskursive Betrachtung von Glaubenswahrheiten, Schriftstellen usw., bei welcher der Hauptakzent auf die nachdenkende und einfühlende Tätigkeit des Menschen fällt. Ziel der Meditation ist es, Gott besser kennen und lieben zu lernen. Bei der Meditation überwiegt die Leistung des Menschen; sie ist die Vorstufe zur Kontemplation, bei der die Leistung des Menschen zurücktritt und die Selbstmitteilung Gottes in das Zentrum rückt. Sie ist die frei geschenkte Selbstmitteilung Gottes, die dem im Gebet der Ruhe bzw. der Gotteinung immer mehr zum schweigenden Empfänger werdenden Beter ohne sein eigenes Zutun auf je umfassendere und unmittelbarere Weise zuteil wird. Sie ist nicht machbar, sondern reines Geschenk, auch wenn der Mensch sich für sie bereit machen kann.⟩

[50] ⟨Nach der heutigen Zählung ist es Psalm 119.⟩

[51] ⟨Eine der Tagzeiten – Horen – des Kirchlichen Stundengebets, das damals aus Mette (Matutin, frühmorgens oder kurz nach Mitternacht gebetet), Laudes (Morgengebet), Prim (Gebet zur ersten Stunde [6 Uhr]), Terz (Gebet zur dritten Stunde [9 Uhr]), Sext (Gebet zur sechsten Stunde [12 Uhr]), Non (Gebet zur neunten Stunde [15 Uhr]), Vesper (Abendgebet) und Komplet (Nachtgebet) bestand. Die Prim wurde im Zuge der liturgischen Erneuerung des Zweiten Vatikanums abgeschafft.⟩

[52] ⟨Mt 22,38–40.⟩

[53] ⟨Vielleicht denkt Edith Stein hier an Teresa, die berichtet, daß ihr der Herr gesagt habe,

Wir haben den Heiland aber nicht nur in den Zeugenberichten über sein Leben. Er ist uns gegenwärtig im Allerheiligsten Sakrament, und die Stunden der Anbetung vor dem Höchsten Gut, das Lauschen auf die Stimme des eucharistischen Gottes sind „Betrachten im Gesetz des Herrn" und „Wachen im Gebet" zugleich. Die höchste Stufe aber ist erreicht, wenn „das Gesetz mitten in unserem Herzen wohnt" (Ps 39,11)[54]: wenn wir so vereint sind mit dem dreifaltigen Gott, dessen Tempel wir sind, daß sein Geist all unser Tun und Lassen regelt. Dann bedeutet es kein Verlassen des Herrn, wenn wir die Arbeiten verrichten, die der Gehorsam uns aufträgt[55]. Arbeiten werden unvermeidlich sein, solange wir dem Gesetz der Natur und des Lebens Notdurft unterworfen sind. Unsere heilige Regel befiehlt uns, nach dem Wort und Beispiel des Apostels Paulus durch unserer Hände Arbeit unser Brot zu verdienen[56]. Aber diese Arbeiten haben für uns nur dienenden Charakter, dürfen niemals Selbstzweck sein. Unser eigentlicher Lebensinhalt bleibt das Stehen vor Gottes Angesicht.

Die Eroberung des Heiligen Landes durch den Islam vertrieb die Einsiedlerbrüder vom Karmel.[57] Erst seit 300 Jahren steht wieder ein Muttergottesheiligtum unseres Ordens auf dem Heiligen Berg[58]. Der Übergang aus der Einsamkeit in das bewegte Leben des abendländischen Kulturkreises brachte dem Orden eine Verfälschung seines ursprünglichen Geistes.[59] Die schützenden Mauern der Abgeschiedenheit, der Bußstrenge, des Stillschweigens fielen, und durch die geöffneten Tore drangen die Freuden und die Sorgen der Welt herein. Ein solches Ordenshaus nach der gemilderten Regel war das Kloster der Menschwerdung in Avila, in das unsere heilige Mutter i.⟨m⟩

---

nachdem 1559 alle geistlichen Bücher in der Muttersprache verboten waren: *„Sei nicht betrübt, denn ich werde dir ein lebendiges Buch geben"* (*Leben* 26,5), denn dieses lebendige Buch war für sie der Herr.⟩

[54] ⟨Heute Psalm 40,9.⟩

[55] ⟨Siehe dazu Teresa, *Gründungen* 5,3.⟩

[56] ⟨2 Thess 3,7–12; in der Karmelregel in Nr. 20.⟩

[57] ⟨Der Niedergang der christlichen Präsenz im Hl. Land begann mit dem Sieg Saladins des Großen (1138–1193) im Jahre 1187; in den Händen der Christen blieb nur noch Tyrus. In den folgenden Jahre konnte zwar manches wieder zurückgewonnen werden, doch fiel 1244 Jerusalem erneut und endgültig in die Hände der Sarazenen. Der Patriarch von Jerusalem residierte seit der Niederlage ohnehin in Akkon; 1291 bedeutete das Ende der christlichen Präsenz im Hl. Land und somit auch die der Karmeliten. (J. Smet/U. Dobhan, *Die Karmeliten*, 19–21).⟩

[58] ⟨Die Rückkehr des Ordens auf den Berg Karmel im Jahre 1633 ist Próspero del Espíritu Santo (1583 Nalda – 1653 Berg Karmel) zu verdanken. (V. Zubizarreta, *Próspero del Espíritu Santo*, XXVIII).⟩

[59] ⟨Heute wird der Niedergang des Ordens im 15. und 16. Jahrhunderet differenzierter, vor allem aber im Kontext der gesamtkirchlichen Entwicklung gesehen. Erinnert sei an das abendländische Schisma (1387–1417), die schwarze Pest mit ihren verheerenden Folgen, usw. Zum Zusammenhang siehe J. Smet/U. Dobhan, *Die Karmeliten*, 99–123.⟩

J.⟨ahre⟩ 1536 eintrat[60]. Jahrzehnte hindurch litt sie unter dem Zwiespalt der Verstrickung in weltliche Beziehungen und des Zuges zur ungeteilten Hingabe an Gott[61]. Aber der Herr ließ ihr keine Ruhe, bis sie alle hemmenden Fesseln gelöst hatte und praktisch Ernst machte mit der Erkenntnis: *Gott allein genügt*[62]. Die große Glaubensspaltung, die zu ihrer Zeit Europa zerriß, der Verlust so vieler Seelen erweckte in ihr das glühende Verlangen, dem Unheil zu wehren und dem Herrn Ersatz zu bieten. Da gab ihr Gott den Gedanken ein, mit einer kleinen Schar auserwählter Seelen ein Kloster nach der ursprünglichen Regel zu gründen und ihm dort mit der größten Vollkommenheit zu dienen.[63] Nach unsäglichen Kämpfen und Schwierigkeiten gelang ihr die Gründung des Klosters zum hl. Joseph in Avila. Von da aus erwuchs ihr großes Reformwerk: bei ihrem Tode hinterließ sie sechsunddreißig Frauen- und Männerklöster der strengen Observanz[64], den neuen Ordenszweig der „unbeschuhten" Karmeliten[65]. Die Klöster der Reform sollten

---

[60] ⟨Teresa war am 2. November 1535 ins Karmelitinnenkloster ihrer Heimatstadt eingetreten, das aus einem *Beaterio*, einer Art Beginenhaus hervorgegangen war. Der weibliche Zweig des Ordens war erst 1451 offiziell entstanden und hat in Spanien eine sehr eigene Entwicklung genommen. Siehe dazu U. Dobhan, *Die* Christin *Teresa.*⟩

[61] ⟨Teresas Problem bestand vor allem in einer Krise ihres Vertrauens auf Gott. Konnte denn Gott, dem sie in Freundschaft verbunden war, angesichts ihres Versagens und ihrer Inkonsequenz mit ihr zufrieden sein? Sie sagt: *„Ich schämte mich sogar, mich in einer so besonderen Freundschaft, wie es das Verweilen im Gebet ist, Gott erneut zuzuwenden. … Das war der schrecklichste Irrtum, zu dem mich der Böse unter dem Anschein von Demut verleiten konnte, daß ich nämlich begann, mich vor dem inneren Beten zu fürchten, da ich mir so verloren vorkam. Es schien mir besser zu sein, mich so zu verhalten wie die vielen … und nur mündlich die Gebete zu verrichten, zu denen ich verpflichtet war, und nicht mehr mit dem inneren Beten und dem innigen Verweilen bei Gott weiterzumachen"* (*Leben* 7,1).⟩

[62] ⟨Schlußvers einer Poesie Teresas *Sólo Dios basta*, was richtig bedeutet: *Nur Gott genügt*, d.h. nur er genügt allen Ansprüchen des menschlichen Herzens im Sinne des bekannten Wortes des hl. Augustinus (354 Thagaste – 430 Hippo): *„Unruhig ist unser Herz, bis es seine Ruhe findet in dir, o Gott."*⟩

[63] ⟨Der Anstoß zur Gründung ihres ersten Klosters kam nicht von außen, sondern war Frucht ihrer Gotteserfahrung, insbesondere ihres inneren Betens. Siehe dazu Teresa, *Gründungen* 2,3.⟩

[64] ⟨1562 San José in Ávila, 1567 Medina del Campo, 1568 Malagón und Valladolid und – mit Hilfe des Johannes vom Kreuz – Duruelo als erste männliche Gemeinschaft ihres neu erstehenden Ordens, 1569 Toledo und Pastrana (Schwestern und Brüder), 1570 Salamanca, 1571 Alba de Tormes, 1574 Segovia, 1575 Beas de Segura und Sevilla, 1576 Caravaca (in Teresas Auftrag durch Ana de San Alberto), 1580 Villanueva de la Jara und Palencia, 1581 Soria, 1582 Granada (in Teresas Auftrag durch Johannes vom Kreuz und Ana de Jesús); 1582 Burgos. Bis zu ihrem Tod waren 16 Männerklöster entstanden, so daß man insgesamt von 33 (nicht 36) Gründungen zu ihren Lebzeiten sprechen kann. Siehe einen Überblick bei U. Dobhan, *Gott – Mensch – Welt*, 10–14.⟩

[65] ⟨Der Ausdruck *Unbeschuhte* (descalzos) ist nicht typisch für Teresa, sondern galt in der damaligen Zeit in Spanien für ein erneuertes Ordensleben mit ganz bestimmten äußeren Merkmalen, von denen sich Teresa aber fast gänzlich distanzierte. Siehe dazu U. Dobhan, *Die* Christin *Teresa.*⟩

Stätten sein, an denen der Geist des alten Karmel wieder auflebte. Die wiederhergestellte ursprüngliche Regel und die von der Heiligen selbst ausgearbeiteten Satzungen bilden den Zaun, mit dem sie ihre Weinberge gegen Gefahren von außen schützen wollte. Ihre Schriften über das Gebet, die vollkommenste und lebensvollste Darstellung des inneren Lebens, sind das kostbare Vermächtnis, durch das ihr Geist unter uns fortwirkt.[66] (Sämtliche Schriften der heiligen Teresa von Jesus sind bei Pustet in Regensburg 1912–1922 erschienen. Vom 1. Band, ihrem *Leben*, ist eine neue, kritische Ausgabe 1933 bei Kösel u.⟨nd⟩ Pustet in München herausgekommen. Eine ganz knappe Darstellung ihres Lebens habe ich in der Sammlung „Kleine Lebensbilder“ des Kanisiuswerkes, Freiburg (Schweiz), 1934 veröffentlicht.)[67] Es ist der alte Geist des Karmel, nur unterstrich sie, unter dem Eindruck der Glaubenskämpfe ihrer Zeit, den Gedanken der Sühne und der Hilfeleistung gegenüber den Dienern der Kirche, die in der vordersten Linie gegen den Feind stehen, stärker, als es dem ursprünglichen Karmel eigen war.[68]

Als unseren zweiten Vater und Führer verehren wir den ersten Unbeschuhten Karmeliten der Reform, den heiligen *Johannes vom Kreuz*[69]. In ihm finden wir den alten Einsiedlergeist in reinster Ausprägung. Sein Leben macht den Eindruck, als hätte er keine inneren Kämpfe gekannt[70]. Wie er von frühester Kindheit an unter dem besonderen Schutz der Gottesmutter stand, so zog es ihn vom Erwachen der Vernunft an zur Bußstrenge, zur Einsamkeit, zur Loslösung von allem Irdischen und zur Vereinigung mit Gott[71]. Er war das auserwählte Werkzeug, um in dem neuerstandenen Kar-

---

[66] ⟨Siehe in diesem Band oben S. 76–79.⟩

[67] ⟨Siehe die neue Gesamtausgabe bei Herder, Freiburg.⟩

[68] ⟨Der Gedanke der Sühne war Teresa fremd, das Wort kommt bei ihr gar nicht vor. Sie beabsichtigte, einen für sie und ihre Schwestern günstigen Lebensraum zu schaffen, in dem sie unbehelligt von außen leben (daher die strenge Klausur) und das innere Beten als Freundschaft mit Gott halten konnten, im Gegensatz zu den vielen, oft von außen aufgetragenen frommen Übungen. Die apostolische Dimension als Gebet für die Anliegen von Kirche und Welt ergibt sich aus ihrer Art des Betens als einer Freundschaft, die die Interessen des anderen immer zu den eigenen macht. Siehe: Teresa, *Leben* 34,8.⟩

[69] ⟨Johannes vom Kreuz (Juan de Yepes, 1542 Fontiveros – 1591 Úbeda) begann 1568 in Duruelo als erster Mitbruder nach Teresas Ordensideal zu leben. Durch das Wirken beider entstand ein neuer Zweig des Karmelitenordens, „Unbeschuhte“ Karmeliten oder Teresianischer Karmel genannt, ab 1581 eigene Ordensprovinz. Johannes – Heiliger (1726), Kirchenlehrer (1925), Klassiker der spanischen Literatur und Mystik, Patron der spanischen Dichter (1952) – wird in seinem Orden bis heute „Vater“ genannt.⟩

[70] ⟨Diese Feststellung befremdet angesichts biographischer Tatsachen wie seiner Berufungskrise 1567, die dazu führte, daß er sich Teresas Neubeginn anschloß; der dunklen Nacht, in die ihn seine Inhaftierung durch die eigenen Mitbrüder 1577/1578 stürzte; und die von einer Verleumdungskampagne während seiner letzten Lebensmonate ausgelösten inneren Nöte, von denen einige Briefe aus dieser Zeit zeugen. Edith Stein übernimmt hier unkritisch das zu ihrer Zeit verbreitete Bild des Johannes vom Kreuz.⟩

[71] ⟨Nach dem heutigen Stand der Forschung gilt Johannes vom Kreuz als einer der weni-

mel den Geist des hl. Vaters Elias vorzuleben und zu lehren[72]. Er hat die erste Generation der Unbeschuhten Karmeliten und Karmelitinnen zusammen mit der heiligen Mutter Theresia geistig geformt, und durch seine Schriften (Des hl. Johannes vom Kreuz sämtliche Werke in deutscher Übersetzung sind in fünf Bänden bei Kösel u.⟨nd⟩ Pustet erschienen.)[73] leuchtet er auch uns voraus beim „Aufstieg zum Berge Karmel".

Töchter der hl. Theresia, von ihr und Vater Johannes persönlich herangebildet, haben die ersten Klöster der Reform in Frankreich[74] und Belgien[75] gegründet; von dort ist der Orden bald auch ins Rheinland vorgedrungen[76]. Die große französische Revolution[77] und der Kulturkampf in Deutschland[78] haben ihn mit Gewalt unterdrücken wollen; aber sobald der Druck nachließ, erstand er zu neuem Leben[79]. In diesem Garten ist die „kleine weiße Blume" erblüht, die so schnell – weit über die Grenzen des Ordens hinaus – die Herzen erobert hat, nicht nur als wundertätige Nothel-

---

gen Männer, die damals das neue Ordensideal Teresas – einen nach dem Evangelium ausgeprägten Humanismus mit dem Akzent auf dem inneren Beten, der bewußten Einübung ins Ich-Sterben und der Übung der sozialen Tugenden – verstanden und sich zu eigen gemacht hatten.⟩

[72] ⟨So im Verständnis des Johannes vom Kreuz zur Zeit Edith Steins.⟩

[73] ⟨Siehe die neue Gesamtausgabe bei Herder, Freiburg.⟩

[74] ⟨Anna von Jesus (Lobera) und die sel. Anna vom hl. Bartholomäus gründeten 1604 in Paris den ersten Teresianischen Karmel, dem bald weitere folgten (1605 Dijon und Pontoise, 1606 Amiens, 1608 Tours, 1609 Rouen, usw. Siehe in MC den entsprechenden Eintrag).⟩

[75] ⟨Anna von Jesus gründete 1607 in Brüssel das erste Kloster in Belgien, dem weitere folgten, sie starb 1621 in Brüssel; 1611 folgte ihr Anna vom hl. Bartholomäus nach, die 1612 in Antwerpen ein Kloster gründete, wo sie 1626 starb. (DST 709–712; 71 f.).⟩

[76] ⟨1613 wurde durch Tomás de Jesús in Köln das erste Männerkloster des Teresianischen Karmel in Deutschland gegründet (siehe zu ihm unten, S. 147), 1630 kamen die ersten Karmelitinenn nach Köln und ließen sich in der Kupfergasse nieder; siehe dazu unten S. 151.⟩

[77] ⟨Durch den Reichsdeputationshauptschluß von 1803 wurden, abgesehen von wenigen Ausnahmen, alle Klöster in Deutschland aufgelöst.⟩

[78] ⟨Auseinandersetzung zwischen Staat und katholischer Kirche, die in Preußen und im Deutschen Reich seit 1871 geführt wurde, ausgelöst durch die Frontstellung der katholischen Kirche gegen die liberale Staatslehre (*Syllabus errorum* 1864, Unfehlbarkeitsdogma 1870 Pius' IX.) und die oppositionelle Haltung der Zentrumspartei im neu gegründeten Deutschen Reich. Dadurch im Reichstag Annahme des *Kanzelparagraphen* 1871 und der *Jesuitengesetzes* 1872; in Preußen 1871 Auflösung der katholischen Abteilung des Kultusministeriums, 1872 Annahme des Schulaufsichtsgesetzes. Im Mai 1875 folgte das *Klostergesetz* (Auflösung aller Klostergenossenschaften außer den krankenpflegerischen in Preußen) u. a. Mit Papst Leo XIII. Ausgleichsverhandlungen, so daß durch die Friedensgesetze von 1880 und 1887 der Kulturkampf beendet wurde.⟩

[79] ⟨Das zeigt gut der Kölner Karmel selbst. Nach der Säkularisation 1802 wurde der Karmel 1850 wieder gegründet, 1875 in Folge des Kulturkampfes aufgelöst, 1899 wieder gegründet. 1844 war allerdings schon in Würzburg von Gmunden/Österreich her ein Karmelitinnenkloster gegründet worden, das vom Kulturkampf nicht betroffen war.⟩

ferin, sondern auch als Führerin der „kleinen Seelen" auf dem Weg der „geistigen Kindheit"[80]. Viele haben diesen Weg durch sie kennengelernt, aber wenige wissen, daß er nicht eigentlich eine neue Erfindung, sondern der Weg ist, zu dem die Lebensbedingungen des Karmel hindrängen. Die Größe der jungen Heiligen war es, daß sie ihn mit genialer Folgerichtigkeit erkannte und mit heldenmütiger Entschlossenheit bis zu Ende ging. Die Mauern unserer Klöster umschlingen einen engen Raum. Wer darin das Gebäude der Heiligkeit errichten will, muß tief graben und hoch aufbauen: tief hinabsteigen in die dunkle Nacht des eigenen Nichts, um hoch erhoben zu werden ins Sonnenlicht der göttlichen Liebe und Barmherzigkeit. Nicht jedes Jahrhundert erfordert ein gewaltiges Reformwerk wie das unserer hl. Mutter. Nicht in jedem Zeitalter gibt uns eine Schreckensherrschaft Gelegenheit, das Haupt für unseren Glauben und unser Ordensideal auf den Richtblock zu legen wie die 16 Karmelitinnen von Compiègne[81]. Aber jede, die in den Karmel eintritt, muß sich dem Herrn gänzlich ausliefern. Nur wer sein Plätzchen im Chor vor dem Tabernakel höher schätzt als alle Herrlichkeit der Welt, kann hier leben, findet freilich dann ein Glück, wie es keine Herrlichkeit der Welt zu bieten vermag. Unsere Tagesordnung sichert uns Stunden einsamer Zwiesprache mit dem Herrn, und sie sind es, auf die sich unser Leben aufbaut. Wir beten mit den Priestern und den andern alten Orden der Kirche das große Brevier, und dieses Officium Divinum gilt uns wie ihnen als unsere erste und heiligste Pflicht. Aber es ist für uns nicht der tragende Grund. Was Gott in den Stunden des inneren Gebets in der Seele wirkt, das entzieht sich jedem menschlichen Blick[82]. Es ist Gnade um Gnade. Und alle anderen Stunden des Lebens sind der Dank dafür. Es gibt für die Karmelitin in ihren durchschnittlichen Lebensbedingungen keine andere Möglichkeit, Gottes Liebe zu vergelten, als daß sie ihre täglichen Pflichten bis ins kleinste treu erfüllt, all die kleinen Opfer, die eine bis in alle Einzelheiten ausgebaute Tages- und Lebensordnung von einem lebhaften Geist fordert, Tag um Tag und Jahr um Jahr freudig bringt; alle Überwindungen, die das nahe Zusammenleben mit andersgearteten Menschen beständig verlangt, mit dem Lä-

---

[80] ⟨Gemeint ist Therese von Lisieux; zu ihr siehe oben S. 128, Anm. 8⟩.

[81] ⟨Sie wurden am 24. Juni 1794 verhaftet, nach Paris gebracht und am 17. Juli 1794 durch die Guillotine enthauptet. 1906 selig gesprochen, durch Gertrud von le Fort, die mit Edith Stein befreundet war, durch ihre Novelle *Die Letzte am Schafott* auch in Deutschland berühmt geworden.⟩

[82] ⟨In diesem Punkt hat Edith Stein das Ordensideal der hl. Teresa bestens verstanden, obwohl in dieser Zeit sehr viel Wert auf die Observanz der Vorschriften und Normen geachtet wurde. Siehe ihren Brief vom 15. Dezember 1934, wo sie schreibt: *„Ich habe das Gefühl, daß das eigentliche Noviziat erst vor kurzem begonnen hat, seitdem das Eingewöhnen in die äußeren Verhältnisse – Zeremonien, Bräuche u. dergl. – nicht mehr so viel Kraft verbraucht."* (SBB II, ESGA 3, Br. 353). Um diese Zeit war sie schon 14 Monate im Karmel.⟩

cheln der Liebe leistet, keine Gelegenheit, andern in Liebe zu dienen, vorbeigehen läßt. Dazu kommt schließlich, was der Herr der einzelnen Seele an persönlichen Opfern auferlegen mag. Das ist der „kleine Weg“[83], ein Strauß von unscheinbaren kleinen Blüten, der täglich vor dem Allerheiligsten niedergelegt wird – vielleicht ein stilles, lebenslanges Martyrium[84], von dem niemand etwas ahnt, zugleich eine Quelle tiefen Friedens und herzlicher Fröhlichkeit und ein Born der Gnade, der ins Land hinaussprudelt – wir wissen nicht wohin, und die Menschen, zu denen er gelangt, wissen nicht, woher er kommt.

---

83 ⟨Anspielung auf den „kleinen Weg“ der hl. Therese von Lisieux.⟩

84 ⟨Anspielung auf die Worte Teresas von Ávila: *„Wißt ihr denn nicht, Schwestern, daß das Leben des echten Ordenschristen oder eines Menschen, der zu den vertrauten Freunden Gottes gehören will, ein langes Martyrium ist?“* (*Weg der Vollkommenheit* 12,2).⟩

4.
300 Jahre Kölner Karmel
(1937)

Situierung

Zur 300-Jahrfeier des Kölner Karmel im Jahre 1937 schrieb Edith Stein einen kleinen Artikel für die Zeitschrift *Die katholische Frau.* Ein in der gleichen Nummer dieser Zeitschrift über das von Edith Stein zitierte Buch von Teresia Renata de Spiritu Sancto (Posselt) veröffentlichter, nicht signierter Artikel scheint nicht von Edith Stein verfasst worden zu sein. Ein Exemplar dieser Zeitschrift befindet sich im ESAK mit der Signatur B II 86.

Veröffentlichung:
Die katholische Frau 10 (Oktober 1937) 69f.

Text

Jedes Jahr in den Tagen von 30.9. bis 3.10. strömen die Verehrer der hl. Theresia von Lisieux[1] aus Köln und auch von weiter her zum Karmel Köln-Lindenthal. Der 30. September ist ihr Sterbetag, am 3. Oktober feiert die Kirche ihr Fest.[2] Die Liebe und Dankbarkeit gegen die liebenswürdige, stets hilfsbereite Heilige begnügt sich nicht mit einem Gedenktag, sie feiert die vier Tage durch.

In diesem Jahr wird nun diese Gedenkfeier mit einer andern verbunden: mit der Jubelfeier des Kölner Karmels, der auf 300 Jahre segensreicher und bewegter Vergangenheit zurückblicken darf.[3]

---

[1] ⟨Therese von Lisieux [Therese vom Kinde Jesus, „Kleine Therese" genannt] (Therese Martin, 1873 Alençon – 1897 Lisieux), 1888 Karmelitin in Lisieux, berühmt durch ihren „Kleinen Weg der geistlichen Kindheit" und die *Geschichte einer Seele* (Autobiographische Schriften), 1923 Seligsprechung, 1925 Heiligsprechung, 1927 Patronin der Weltmissionen, 1997 Kirchenlehrerin.⟩

[2] ⟨Seit der Liturgiereform des Zweiten Vatikanischen Konzils wird ihr Fest am 1. Oktober begangen.⟩

[3] Vgl. die Festschrift *Unter dem Zepter der Friedenskönigin. 300 Jahre Kölner Karmel 1637–1937* (von Sr. Teresia Renata de Spiritu Sancto) herausgegeben vom Karmel Köln-Lindenthal, gedruckt bei Bachem, Köln 1937, 202 Seiten mit 12 zweiseitigen Bildtafeln, kart. 2,80 RM. Im Karmel Köln-Lindenthal (Dürener Straße 89) sind auch Andachtsbildchen der Friedenskönigin und ein Andachtsbüchlein zu je 15 Pf. erhältlich.

Der Orden U. L. Frau vom Berge Karmel hat seine Heimat bekanntlich im Heiligen Land.[4] Er verehrt als seinen Vater und Führer den Propheten Elias, der mit seinen Prophetenschülern in den Höhlen des Karmelgebirges ein Leben des Gebetes führte.[5] Die Einsiedler auf dem Karmel durften sich rühmen, die ersten Verehrer der allerseligsten Jungfrau Maria zu sein.[6] Zur Zeit der Kreuzzüge erhielten sie eine Ordensregel[7] und wurden nicht lange danach ins Abendland verpflanzt.[8] In den folgenden Jahrhunderten wurde die ursprüngliche strenge Regel mit päpstlicher Genehmigung in manchen Punkten gemildert.[9] Als aber im 16. Jahrhundert die große Glaubensspaltung die Einheit der Christenheit zerriß, als in Deutschland und Frankreich und den nördlichen Ländern Europas viele Kirchen und Klöster zerstört wurden, da erwachte in den Herzen einer spanischen Karmelitin der brennende Wunsch, dem Herrn Genugtuung zu leisten durch restlose Hingabe an seinen Dienst. Das war die *große heilige Theresia von Jesus.*[10] Sie erhielt die Erlaubnis, Klöster nach der ursprünglichen Regel ihres Ordens zu gründen. Sie selbst hat die Reform in Spanien durchgeführt. Zwei ihrer treuesten Gefährtinnen, die selige *Anna vom hl. Bartholomäus*[11] und *Anna von Jesus,*[12]

---

[4] ⟨Siehe oben S. 127–139 Edith Steins Schrift *Über Geschichte und Geist des Karmel* mit den Anm.⟩

[5] ⟨Entstanden aus einer Gruppe von Einsiedlern, die im Gefolge der Kreuzfahrer gegen Ende des 12. Jahrhunderts ins Hl. Land kamen, um dort *„in der Gefolgschaft des Herrn,"* wie es in ihrer Ordensregel heißt, im Andenken an den Propheten Elija am Berg Karmel zu leben.⟩

[6] ⟨Historisch belegt ist für die Jahre 1220 – 1230 eine Kapelle zu Ehren Marias an dem Ort, wo die lateinischen Einsiedler wohnten.⟩

[7] ⟨Um 1210 erhielten sie vom damaligen Patriarchen von Jerusalem Albertus von Avogadro eine Regel. Zu Albertus siehe oben S. 132, Anm. 45, zur Karmelregel K. Waaijman, *Der mystische Raum des Karmel.*⟩

[8] ⟨Infolge des Vordringens der Sarazenen kehrten diese Einsiedler, Brüder Unserer Lieben Frau vom Berge Karmel genannt, nach Europa zurück, wo sie sich als ein weiterer Mendikantenorden schnell ausbreiteten.⟩

[9] ⟨Das geschah 1432 durch Papst Eugen IV. Dabei wurde die Regel als solche allerdings nicht angetastet, sondern durch Zusatzbestimmungen in einigen Punkten, besonders hinsichtlich des Fasten- und Abstinenzgebotes, gemildert.⟩

[10] ⟨Teresa von Ávila [Teresa von Jesus, „Große Theresia" genannt] (Teresa de Ahumada, 1515 Ávila – 1582 Alba de Tormes), 1535 Karmelitin, 1562 Neugründung eines Klosters in Ávila, Verfasserin bedeutender Schriften zur Mystik, 1614 Seligsprechung, 1617 Patronin Spaniens, 1622 Heiligsprechung, 1970 erste Kirchenlehrerin.⟩

[11] ⟨Anna vom hl. Bartholomäus (1549 El Almendral – 1626 Antwerpen), 1570 Karmelitin in San José in Ávila, Sekretärin und Krankenpflegerin Teresas, gründet zusammen mit Ana de Jesús Klöster in Paris (1604), Pontoise, Tours, Antwerpen (1612), Seligsprechung 1917.⟩

[12] ⟨Ana de Jesús [Lobera] (1545 Medina del Campo – 1621 Brüssel), 1570 Karmelitin in San José in Ávila, Priorin in Beas de Segura, 1578 in Granada, 1586 in Madrid, 1596 in Salamanca, 1604 zieht sie mit Anna vom hl. Bartholomäus nach Paris, 1607 nach Brüssel.⟩

gründeten die ersten Klöster der Reform in Frankreich und den Niederlanden. Durch ihre Vermittlung konnte der Geist der großen spanischen Heiligen siegreich nach Deutschland vordringen. Am 5.11.1637 kamen die ehrwürdige Mutter *Theresia von Jesus*[13] aus dem Brüsseler Karmel und die ehrwürdige Mutter *Isabella vom Heiligen Geist*[14] aus dem Karmel von Antwerpen nach Köln und begannen zunächst in einem Miethaus das klösterliche Leben. Nicht lange danach fand die vertriebene französische Königin *Maria Medici*[15] eine Zuflucht in Köln. Sie brachte ein liebliches Muttergottesbild mit. Bei ihrem Tod hinterließ sie es den Karmelitinnen als kostbares Erbe. In einer Zeit blutiger Glaubenskämpfe und politischer Wirren hat Isabella vom Heiligen Geist Maria in diesem Bildnis zuerst als *Friedenskönigin* gegrüßt und ihr zu Ehren die Kirche und das Kloster Maria zum Frieden in der Schnurgasse erbaut. Hier hat das klösterliche Leben geblüht, bis ihm die große Französische Revolution ein Ende machte. 1802 wurde es aufgehoben.

Einer begeisterten Verehrerin der großen heiligen Theresia gelang es nach jahrzehntelangen Mühen,[16] 1850 aufs neue einen Karmel in Köln zu gründen, aber auch dieses Kloster fiel einem Glaubenskampf zum Opfer. 1875 wurde es im Kulturkampf geschlossen. Die Schwestern flüchteten nach Holland.[17] Von dort aus konnten einige 1890 ins Rheinland zurückkehren. 1896 wurde von Aachen der dritte Kölner Karmel gegründet,[18] wiederum von einer *Theresia von Jesus* (Helene Hohmann).[19] Sie hatte einst von Mutter *Franziska von den unendlichen Verdiensten Jesu Christi* (Katharina Esser), der Stifterin des zweiten Kölner Karmels, das heilige Kleid empfangen und durfte nun in ihre alte Ordensheimat zurückkehren. Sie hat den Karmel Köln-Lindenthal[20] erbaut und seine ersten Bewohnerinnen erzogen. Eifer

[13] ⟨Theresia von Jesus (Violante de Croy-Solre, 1593 Schloß Tournay – 1658), 1609 Karmelitin in Brüssel, bis 1621 Sekretärin von Ana de Jesús, weilte von 1637 bis 1641 in Köln.⟩

[14] ⟨Isabella vom Heiligen Geist (Charlotta de Urquina, 1606 Brüssel – 1675 Köln), 1629 Karmelitin in Antwerpen, 1637 zusammen mit Theresia von Jesus (Croy-Solre) Gründerin des Kölner Karmel.⟩

[15] ⟨Maria de' Medici (1575 Florenz – 1642 Köln), verheiratet mit Heinrich IV. von Frankreich, Mutter Ludwigs XIII.⟩

[16] ⟨Franziska von den unendlichen Verdiensten Jesu Christi (Katharina Esser, 1804 Köln – 1865 ebenda); zu ihr siehe unten S. 163–175.⟩

[17] ⟨Die Schwestern ließen sich in Echt nieder (20. Juli 1875); am 31. Dezember 1938 kam Edith Stein dorthin, Ende 1939 ihre Schwester Rosa.⟩

[18] ⟨1896 gründeten Karmelitinnen aus Aachen in Köln zum dritten Mal ein Kloster, zunächst in der Steinfelder Gasse, 1899 zogen sie nach Köln-Lindenthal. (MC 575).⟩

[19] ⟨Theresia a Jesu (Helene Hohmann, 1835 Koblenz – 1913 Köln).⟩

[20] ⟨Dieses Kloster, in das Edith Stein am 14. Oktober 1933 eingetreten ist, wurde 1944 völlig zerstört; 1949 konnten die Schwestern an den ursprünglichen Ort an der Schnurgasse/Vor den Siebenburgen in das neu erbaute Kloster zurückkehren.⟩

für den Herrn der Heerscharen[21] und innige Liebe zur Gottesmutter sind das Erbe des Karmels. In den Kämpfen dieser Zeit blickt er vertrauensvoll auf zur Königin des Friedens, die das Schifflein Petri mit starker Hand durch die Fluten steuern wird.

S. T. B.[22]

[21] ⟨Anklänge an den berühmten Ausspruch des Propheten Elija *Zelo zelatus sum pro Domino Deo exercituum – Mit Eifer habe ich geeifert für den Herrn, den Gott der Heerscharen* (1 Kön 19,10.14), der zum Wappenspruch des Ordens geworden ist.⟩

[22] ⟨Schw. M. Amata Neyer hat unter diese Buchstaben geschrieben: *Sr. Teresia Benedicta OCD.*⟩

5.
Zur Geschichte des Kölner Karmel
(1937)

Situierung

Im ESAK wird ein Ms Edith Steins vom Format 210 × 160 mm aufbewahrt, in dem sie offensichtlich Material aus alten Chroniken zusammengestellt hat, wie es aussieht, teils wörtlich übernommen, teils zusammengefaßt. Die erste Seite und die ersten vier Zeilen mit zwei Wörtern der fünften Zeile der zweiten Seite stammen von Schw. Mechthildis,[1] die damals Chronistin war. Es handelt sich aller Wahrscheinlichkeit nach um Materialien, die Edith Stein zur Abfassung der Festschrift von Teresia Renata Posselt zum 350jährigen Jubiläum des Kölner Karmel mit dem Titel *Unter dem Zepter der Friedenskönigin* gesammelt hat. Die Maschinen-Abschrift hat den Titel *Beiträge zur Ordenschronik von Köln: Karmeliten im Dau, Karmelitinnen in der Schnurgasse, Wiederherstellung der belgischen Ordensprovinz nach 1822* (Signatur B-I-9c).

Neue Signatur A04-6 mit dem Titel *Zur Geschichte des Kölner Karmel* (Edith Stein hatte ihrer Übersetzung keinen Titel gegeben).

Text

Der allgütige, große Gott regte die Herzen der Gläubigen wunderbar an, dem Mangel der Patres abzuhelfen.

Am 19. März 1620, am Fest des hl. Joseph, des besonderen Patrons des Ordens,[2] wurden die Grundsteine zur Kirche und zum Kloster gelegt; in den

---

[1] Mechtildis von der Schmerzhaften Mutter (Helene Welter; 1885 Grefrath – 1957 Köln). Siehe SBB II, ESGA 3, Br. 603, Anm. 1.

[2] ⟨Dieses Attribut entspricht der besonderen Verehrung des hl. Josef im Karmel, welche 1479 vom belgischen Karmeliten Arnoldus Bostius ins Wort gebracht wurde und ab 1480 in einem eigenen Offizium im Brevier und ab 1500 auch mit einer Eigenmesse im Missale seinen Ausdruck fand. Im Generalkapitel O. Carm. von 1680 wurde der hl. Josef zum Hauptpatron des Ordens erklärt, während dem OCD im gleichen Jahr vom Papst die Feier des Josefschutzfestes am zweiten Sonntag nach Ostern gewährt wurde, was spätestens ab 1703 auch im O. Carm. und 1847 in der ganzen Kirche gefeiert wurde. 1913 wurde es auf den Mittwoch nach dem zweiten Sonntag nach Ostern verlegt (Josefschutzfest) – so feierte es Edith Stein –, durch die Liturgiereform des Zweiten Vatikanischen Konzils gestrichen, doch durften beide Orden dem Titel des Festes am 19. März *Protector Ordinis – Schutzherr des Ordens* hinzufügen, und der OCD hat das Gedächtnis des hl. Josef am 1. Mai, dem Mann der Arbeit, als gebotenem Gedenktag beibehalten. (DC 445).⟩

Grundstein der Kirche war das Wappen des Kurfürsten von Köln eingemeißelt und die folgende Inschrift:

Dem Allmächtigen und Allgütigen Gott, der Allerseligsten Jungfrau Maria sowie dem hl. Joseph, dem Nährvater Christi, und der seligen Jungfrau Teresia, den Patronen dieser Kirche.[3] Im Namen des Durchlauchtigsten und Hochwürdigsten Herrn Erzbischof und Kurfürsten Ferdinand von Köln[4] legten den Grundstein der Erlauchteste und Hochwürdigste Päpstliche Nuntius Antonius Albergatus, Bischof von Vigiliae,[5] den der Erzbischof zu seinem Stellvertreter ernannt hatte, und der Hochwürdige Doktor der Theologie Adolphus Scultemius,[6] des Kurfürsten von Köln Generalvikar in geistlichen Dingen. Den Grundstein zum Kloster aber mit dem Wappen der Stadt und der obigen Inschrift legten im Namen des Hochwohllöblichen Magistrats von Köln die Hochwohlgeborenen ... Herren und Doktoren Johannes Therlaen Lennep, Bürgermeister Konstantin von Lyßkirchen, Johannes Hardenrath und Wilhelm Hackstein, zu jener Zeit Quaestoren, der frühere Bürgermeister Johannes Rolandt; Johannes Michael Kronenburgh, beider Rechte Doktor u.⟨nd⟩ Winold Kiver, Lizentiat beider Rechte, beide Syndici;[7] Kaspar

---

[3] ⟨Bereits das Generalkapitel des Jahres 1611 hat am 27. April die Errichtung von zwei Konventen in Deutschland, speziell in Köln, beschloßen, was Paul V. mit mehreren Schreiben an den Erzbischof und die Stadtbehörden unterstützte. (ACG OCD 1, 36 mit Anm.). Am 30. April 1614 wurde vom Generaldefinitorium P. Joannes Ludovicus ab Assumptione schon zum Subprior gewählt. (ADG OCD 1,24). Teresa war 1614 seliggesprochen worden, die Heiligsprechung erfolgte 1622, also zwei Jahre nach diesem Ereignis der Grundsteinlegung.⟩

[4] ⟨Ferdinand von Bayern (1577 München – 1650 Arnsberg), Bischof von Hildesheim, Lüttich und Münster 1612, Bischof von Paderborn 1618, Erzbischof und Kurfürst von Köln 1612, Sohn von Herzog Wilhelm V. von Bayern, in Ingolstadt von Jesuiten, u. a. Petrus Canisius, erzogen, folgte seinem Onkel Ernst von Bayern (1554–1612) als Bischof von Lüttich und Hildesheim und Köln nach. Dieser hatte sich im Kölner Krieg (1583–1585) gegen den zum Protestantismus übergetretenen Kölner Erzbischof Truchseß von Waldburg (1577–1583) mit Hilfe seines Bruders aus München durchgesetzt, der seinem Sohn Ferdinand die standesgemäße Versorgung sichern wollte. Der Ausgang des Krieges bedeutete nicht nur die Bewahrung des Katholizismus am Niederrhein, sondern war der Beginn einer bis 1761 dauernden wittelsbachischen Sekundogenitur in Kurköln. Nachdem sich Ernst von Bayern, nicht ohne Druck von Seiten seines Bruders Wilhelm in München, 1612 nach Lüttich zurückgezogen und die Kurwürde aufgegeben hatte, war der Weg für Ferdinand frei, Erzbischof und Kurfürst von Köln zu werden. Unter ihm setzte nun verstärkt die Gegenreformation ein, nach innen u. a. durch Unterstützung von Reformorden und die Umsetzung der Beschlüsse des Trienter Konzils. Von daher die Förderung der Unbeschuhten Karmeliten, die als Reformorden galten. (BBKL 21, Sp. 87–90.)⟩

[5] ⟨Antonio Albergati, von 1609 bis 1627 Bischof von Bisceglie, von 1610–1621 Nuntius in Köln, Verwandter Papst Gregors XV.⟩

[6] ⟨Adolf Schulcken(ius) (1569 Geldern – 1626 Köln), von 1616 bis zu seinem Tod Generalvikar in Köln.⟩

[7] ⟨Sie waren für die Rechtsgeschäfte der Stadt zuständig, und somit Berater des Bürgermeisters und des Rates in juristischen Angelegenheiten.⟩

Gail und Kaspar Acht, Stimmeister des Magistrats von Köln.[8] Der Klosterbau wuchs von 1620 bis 1622 zur Höhe empor, es waren schon die Räume für die Küche[9] und für die Zellen bestimmt: da brach am 12. März durch den Neid des Teufels[10] ein Feuer aus, ergriff das Strohdach und verzehrte das Gebäude mit der Bibliothek und allem Hausgerät, das die fromme[11] Freigebigkeit der Bürger vorher den armen Ordensleuten übergeben hatte)[12] und einige anliegende Häuser in kurzer Zeit im selben Jahr und im genanten Monat[13] mit unersättlicher Flamme. Es fehlte auch nicht an einem Wunder bei dieser Feuersbrunst, denn während alles andere zu Asche wurde, blieben mitten zwischen den glühenden Kohlen und der glimmenden Asche die silbernen heiligen Gefäße für das verehrungswürdige Sakrament und das heilige Öl unversehrt; ein süß duftender Rauch, der aus der Asche aufstieg, verriet, wo sie waren. Dann beschimpften die geschädigte Nachbarschaft und andere Bewohner der Stadt die Patres und verlangten einstimmig, dass sie aus der Stadt ausgewiesen würden. Aber bald wurden sie durch die Sanftmut und Frömmigkeit der Ordensleute besiegt, legten alle Wut ab und vermehrten ihre Almosen so, dass nach Verlauf weniger Jahre ihr Kloster vollendet war; im J.⟨ahre⟩ 1628 am Sonntag Laetare[14] weihte es der Hochwürdigste Herr Otto Gereon, Bischof von Cirene[15] in Gegenwart des Durchlauchtigsten Fürsten Ferdinand von Bayern und Kurfürsten von Köln, dem Magistrat und einer großen Menge von Adligen. Es wurde reich bedacht durch besondere Wohltaten, vor allem ⟨durch⟩ den Erzbischof Ferdinand, durch Erzherzog Albert und Isabella von Belgien[16] und den Grafen Eitel Friedrich von Hohenzollern, Dompropst von Köln, später Kardinal und Bi-

---

[8] ⟨„Die beiden Stimmeister aus dem sitzenden Rat waren für die Stadtverteidigung verantwortlich. Sie befehligten die städtischen Söldner. Nach Art der Censoren im antiken Rom übten sie eine allgemeine Sittenaufsicht aus. Im Zuge dieser Tätigkeit ermittelten sie gegen Ketzer und Hexen." Siehe: *Beschlüsse des Rates der Stadt Köln*, II, XVIII.⟩

[9] ⟨Man könnte auch *Kirche* lesen, doch da vom Klosterbau die Rede ist, scheint *Küche* wahrscheinlicher.⟩

[10] ⟨Da es sich beim Klosterbau um ein gutes Werk handelte, schrieb man Störungen, wie dieses Feuer, und Ähnliches dem Wirken des Bösen zu, der auf das viele Gute, das da gewirkt würde, neidisch war. Vom Neid des Teufels auf das Gute, das Gott wirkt, ist auch bei Johannes vom Kreuz die Rede. (Vgl. Johannes vom Kreuz, *Geistlicher Gesang* CA 25,2; *Lebendige Liebesflamme* LB 3,5), ebenso bei Teresa von Ávila, z. B. *Gründungen* 25,14.⟩

[11] ⟨*fromme* am Rand ergänzt.⟩

[12] ⟨Es ist nicht ersichtlich, wo die Klammer geöffnet wurde.⟩

[13] ⟨Also im März 1622.⟩

[14] ⟨2. April 1628.⟩

[15] ⟨Otto Gereon Freiherr von Gutmann zu Sobernheim (1571/72 Koblenz – 1638 Köln) 1616 zum Titularbischof von Cyrene und Weihbischof in Köln erhoben.⟩

[16] ⟨Erzherzöge Albert (1559 Wiener Neustadt – 1621 Brüssel), Sohn von Kaiser Maximilian II., und Isabella (1566 Balsaín – 1633 Brüssel), Tochter Philipps II. von Spanien.⟩

schof von Osnabrück,[17] sowie den Magistrat von Köln: So erfüllte sich das prophetische Wort der Mutter Anna vom hl. Bartholomaeus[18] ... trotz zahlloser Hindernisse und Widersprüche werde das Kloster der Unbeschuhten Väter zu Köln einst glücklich errichtet werden.

II. Kapitel: Mönche aus dem Kloster der Unbeschuhten Karmeliten zu Köln[19]

1. *Thomas von Jesus*, Spanier von Geburt, bekleidete mehrere Ämter im Orden.
   † 25. März 1627.[20]
2. *P. Elias vom hl. Franciscus* (Jakob le Doverain), vornehmer Bretone, in Paris aufgenommen und Profeß, später in Köln. Ausgezeichnet durch tiefe Demut, blinden Gehorsam, vollkommene Selbstverleugnung. Als Sakristan brachte er nach der hl. Regel Tag u. Nacht in Gebet und Betrachtung zu. Wurde beim hl. Opfer oft plötzlich von feurigem Glanz umstrahlt gesehen. Wurde 24 Jahre nach seinem Tode unversehrt aufgefunden im Januar *1624*.[21]
3. *P. Dominicus a Jesu Maria* (Ruzola), Spanier, 1619 nach Böhmen gesandt. In der Schlacht am Weißen Berge[22] eiferte er wie sein Urvater Elias.[23] 29. Juni 1621 in Köln unter solchem Volksandrang empfangen wie einst

[17] ⟨Eitel Friedrich von Hohenzollern (1582 Sigmaringen – 1625 Schloss Iburg), 1610 Dekan des Kölner Domkapitels, 1612 Dompropst, 1621 Kurienkardinal und Mitglied der Päpstlichen Missionskongregation „De Propaganda Fide", 1623 Bischof von Osnabrück.⟩

[18] ⟨Anna vom hl. Bartholomäus, sel., (1549 Almendral de la Cañada – 1626 Antwerpen), trat 1570 in San José in Ávila ein, war in den letzten Lebensjahren Teresas deren Krankenschwester und besondere Vertraute, pflanzte, zusammen mit Ana de Jesús, den Karmel in Frankreich (1604) und Belgien (1612) ein und drängte auf die Gründung der Schwestern in Köln, was 1637 geschah.⟩

[19] ⟨Von Edith Stein am Rand vermerkt: *Von hier ab Auszug.*⟩

[20] ⟨Im Autograph heißt es: *1677.* Tomás de Jesús (Diego Sánchez Dávila, 1564 Baeza – 1627 Rom) 1597–1600 Provinzial von Kastilien, 1600–1603 Definitor der spanischen Kongregation, 1607 nach Rom gerufen, wo er mit Schrift und Tat den Missionsgedanken, u.a. auch mit der Idee einer Kongregation für die Ausbreitung des Glaubens, förderte. Nach Frankreich, Belgien und Deutschland geschickt, wurde er 1613 in Köln zum Gründer des ersten Männerklosters des Teresianischen Karmel in Deutschland und 1617 zum Provinzial der Provinz Belgien (DC 960f.).⟩

[21] ⟨In den Professakten der Ordensprovinz Paris heißt es, daß er 1588 geboren wurde, am 9. März 1614 Profess machte und am 9. November 1616 in Köln starb, sein Leichnam aber 1642 unverwest aufgefunden wurde. (Edith Stein, *Obras* V, 913 Anm. 6.).⟩

[22] ⟨In der Schlacht am Weißen Berg 1620 besiegten die Streitkräfte des Kaisers Ferdinand II. und der katholischen Liga die Truppen Böhmens, Mährens, Schlesiens und Niederösterreichs. (O. Chaline, *Die Schlacht am Weißen Berg,* 95).⟩

[23] ⟨Anspielung auf das Gottesgericht am Karmel (1 Kön 1,20–40).⟩

der hl. Bernhard[24]. Wunderbare Heilung eines Chorsängers von St. Andreas und Beseitigung des Hindernisses für den Priesterberuf. Seine italienischen Predigten wurden von den Deutschen verstanden. † in Wien 6. Febr⟨uar⟩. 1630 „Während ich dies schreibe, wird in Rom seine Seligsprechung betrieben."[25]

4. Fr. *Seraphin*, Chorbruder, Irländer, ein Muster aller Tugenden, sprach nur im hl. Gehorsam und wurde durch sein Schweigen sehr unbeholfen im Sprechen. Starb nach wenigen Ordensjahren und wurde in seiner letzten Krankheit durch Engelserscheinungen gestärkt. Wurde neben P. Elias begraben. Bevor sein Leib zur Kirche getragen wurde, hörte man Engelsgesang wie beim Begräbnis des hl. Albertus.[26]
5. P. *Gabriel* von Lüttich, in Köln aufgenommen und Profeß, wurde wegen seiner Neigung zu Einsamkeit u. Gebet in unsere belgische Einsiedelei geschickt.[27] Wegen seiner Liebe zur Beschaulichkeit wurde er oft von andern als von Sinnen bezeichnet und zur Heilung nach Namur gebracht. Starb dort, nachdem ihm durch eine Offenbarung sein Tod verkündet war, von allen für heilig geachtet.
6. *P. Fulgentius vom hl. Nikolaus* aus der Eiffel.[28] Ausgezeichnet durch Gehorsam und Treue im Kleinen. 1667 und 1670 Prior. Mild und sanft gegen andere (er verstand einzigartig mit Worten zu trösten), gegen sich selbst hart und streng. Bei seinem Tode begann ein Baum in unserm Vorhof, der ganz erstorben war, wieder zu grünen. Er sollte einige Zeit vorher abgehauen werden und durfte auf Bitten des Paters stehen bleiben. Am Tage seines Todes wurde in Roermond ein Dämon in einer Besessenen befragt, wo er die 5 Tage gewesen sei, in denen er die Besessene in Ruhe ließ. Er sagte, bei einem sterbenden Mönch in Köln. Dieser hätte diesem Kind ein anderes Kind gezeigt (es war nämlich bei dem Exorzismus eine Mutter mit ihrem Kind zugegen), dem er vorher in unserm Kloster unser Ordenskleid angelegt hatte. Weiter befragt, wurde der Vater der Lüge gezwungen, die Wahrheit zu gestehen: Wir haben vergeb-

---

[24] ⟨Bernhard von Clairvaux (um 1090 Fontaine-lès-Dijon – 1153 Clairvaux), Zisterzienser, Kirchenlehrer, Mystiker.⟩

[25] ⟨Dominicus a Jesu Maria (Domingo Ruzola, 1559 Calatayud – 1630 Wien), Ehrw., Mystiker, Wundertäter, Prediger, Ratgeber von Päpsten und Fürsten, trug zur Ausbreitung des Ordens in Deutschland und Österreich und 1620 zum Sieg am Weißen Berg bei, nahm 1622 in Rom an der Gründung der Kongregation *„De Propaganda Fide"* teil.⟩

[26] ⟨Alberto degli Abati, Hl., (ca. 1240 Trapani – ca. 1307 Messina), berühmte Persönlichkeit aus der Anfangszeit des Ordens. Nach der Legende hätten Engel bei seiner Begräbnismesse die Messe der hl. Bekenner *(„Os iusti")* angestimmt.⟩

[27] ⟨Der Einsiedlerkonvent Marlagne, 1619 von Tomás de Jesús gegründet, 1796 aufgelöst. (MC 167).⟩

[28] ⟨Fulgentius a S. Nicolao, Peter Sartori (Sartorius), (1618 Cronenberg [Leodii] – 1675 Köln), 1664 und 1667 Prior in Köln. (APG 745).⟩

lich gearbeitet, wir wollten betrügen und sind betrogen worden, denn er ist geradeswegs in den Himmel gegangen.[29] Durch sein Verdienst und das seiner Untergebenen soll unser Kloster 1665/66 von der Pest verschont geblieben sein. Er wurde am 27. Juli 1675 begraben, im 55. Lebensjahr und 34. J.⟨ahr⟩ nach seiner Profeß. Nach Bekanntwerden seines Todes strömte eine unzählbare Menschenmenge zu seiner Verehrung ins Kloster.

III. Kapitel (letztes).

Reliquienschatz, (Bruderschaften und Hauptfeste der Kirche).

1. Büste des hl. Josef, darin ein Stück seines Gürtels.
2. Büste der hl. M. Teresia, darin Reliquien von ihrem Fleisch.
3. In einer silbernen Kapsel Reliquien des hl. Albertus, Bekenners unseres Ordens.[30]
4. Viele andere Reliquien aus der Gesellschaft der hl. Ursula.[31]
5. 30. März 1727 erhielten wir von P. Stephan, unserem apostolischen Missionar, der aus Algier nach Köln kam,[32] ein beträchtliches Stück Fleisch unseres hl. Vaters Johannes.[33] Es wird in einer silbernen vergoldeten Monstranz aufbewahrt u.⟨nd⟩ am Fest des hl. Vaters Johannes zur öffentlichen Verehrung ausgesetzt.

2 Erzbruderschaften: Skapulierbr.⟨uderschaft⟩ und Bruderschaft von der Vermählung der Allerseligsten Jungfrau Maria und des hl. Joseph.[34] Die zweite entstand 1683. Während der Belagerung Wiens durch die Türken[35] erwuchs die Verehrung des hl. Joseph; damals kamen in der Kirche unserer

---

[29] ⟨*Vater der Lüge:* der Teufel.⟩

[30] ⟨Siehe oben Anm. 26.⟩

[31] ⟨Legendäre Gestalt, Anführerin einer Schar von „elftausend Jungfrauen", die in Köln das Martyrium erlitten haben sollen. Gedenktag 21. Oktober. Die Zahl „elftausend" kam durch einen Lesefehler zustande: Aus „XI M", wobei „M" für martyres – Märtyrinnen steht, wurde elftausend, denn bei den römischen Ziffern bedeutet „M" tausend.⟩

[32] ⟨Stephanus a SS. Petro et Paulo (Antonio Ruffi, 1692 Brescia – 1767 ebenda), von 1721–1723 in Verapoly (Indien), geriet auf der Rückreise nach Rom in die Hände von Piraten, wurde nach Algier verschleppt, nach mehr als zwei Jahren Sklavenhaft von der portugiesischen Königin freigekauft und kam am 30. November 1727 nach Rom. Offensichtlich führte ihn sein Weg über Köln nach Rom. (NM 340).⟩

[33] ⟨Johannes vom Kreuz war am 27. Dezember 1726 von Benedikt XIII. heiliggesprochen und zum Patron des Kaiserhauses in Deutschland erklärt worden. (DC 426).⟩

[34] ⟨Das Fest der Vermählung Marias mit Joseph, anfangs nur von den Franziskanern gefeiert, 1725 von Benedikt XIII. allgemein eingeführt und auf den 23. Januar festgelegt.⟩

[35] ⟨Die Zweite Wiener Türkenbelagerung fand vom 15. Juli bis 12. September 1683 statt; Fest Mariä Namen.⟩

Patres jeden Mittwoch die Kinder zusammen und beteten den Rosenkranz und andere Gebete zu Ehren des hl. Joseph.

Hauptfeste:

1. Alle Feste der Allers.⟨eligsten⟩ J.⟨ungfrau⟩ Maria mit vollkommenem Ablaß.
2. Titularfest: Desponsatio B.M.V. et S. Jos.⟨eph⟩ 23. Jan.⟨uar⟩,[36] wird auf den folgenden Sonntag verschoben (wenn es nicht auf einen Sonntag fällt). Vollk.⟨ommener⟩ Ablaß, auch an den 3 Tagen nach dem Sonntag zu gewinnen.
3. Fest des hl. Josef. 19. März. Vollk.⟨ommener⟩ Ablaß
4. Schutzfest des hl. Josef. 4. Sonntag nach Ostern.[37] Vollk.⟨ommener⟩ Ablaß
5. Fest des hl. Angelus. 5. Mai,[38] vollk.⟨ommener⟩ Ablaß
6. Simon Stock, 16. Mai[39]
7. Elisaeus, 14. Juni[40]
8. Berg Karmel, 16. Juli,[41] vollk.⟨ommener⟩ Ablaß
9. Elias, 20. Juli, [42] vollk.⟨ommener⟩ Ablaß
10. Anna, 26. Juli,[43] vollk.⟨ommener⟩ Ablaß
11. Albertus, 7. August,[44] vollk.⟨ommener⟩ Ablaß
12. Herzdurchbohrung, 27. August[45]
13. Ordenskirchweih, 31. August

---

[36] ⟨Siehe oben Anm. 34.⟩

[37] ⟨Zur bes. Verehrung des hl. Josef im Karmel siehe oben Anm. 2. Im allgemeinen wurde das Josefschutzfest am zweiten Sonntag nach Ostern gefeiert.⟩

[38] ⟨Angelus von Sizilien, Hl., der Überlieferung nach einer der ersten Karmeliten, die vom Berg Karmel nach Europa kamen, in der ersten Hälfte des 13. Jahrhunderts in Licata von Mörderhand umgebracht.⟩

[39] ⟨Der Überlieferung nach Ordensgeneral, der 1251 in einer Marienvision das Skapulier als Teil des Ordensgewandes erhalten habe. Historisch nicht belegt. Ab 1435 in Bordeaux verehrt, wurde seine Memoria 1972 aus dem Kalender gestrichen, doch 2000 als nichtgebotener Gedenktag wieder zugelassen.⟩

[40] ⟨Als Schüler und geistlicher Erbe des Propheten Elija (2 Kön 2,1–18) wurde Elisäus, heute Elischa, in Konstantinopel bereits im 8. und 9. Jahrhundert verehrt, im Westen führten die Karmeliten in 14. Jh. seine Gedächtnisfeier ein, die 1971 gestrichen, doch auf Bitten von O.Carm. 1992 wieder gestattet wurde. (DC 329).⟩

[41] ⟨Hochfest Unserer Lieben Frau vom Berge Karmel, Hauptfest des gesamten Karmel.⟩

[42] ⟨Neben Maria die zweite große biblische Gestalt, die den Orden in seiner Entstehung nachhaltig prägte. Sein Fest taucht zum ersten Mal in einem Missale von 1551 auf. Das Datum geht auf seine Verehrung in der byzantinischen Kirche zurück.⟩

[43] ⟨Nach außerbiblischen Quellen die Mutter Marias, ihr Gemahl der hl. Joachim.⟩

[44] ⟨Siehe oben Anm. 26.⟩

[45] ⟨Siehe Edith Steins eigene Aussagen zur Herzverwundung der hl. Teresa in GT II, ESGA 20,198 f.⟩

14. Hl. M. Teresia, 15. Okt.⟨ober⟩, [46] vollk.⟨ommener⟩ Ablaß
15. Hl. Vater Johannes, 24. Nov.⟨ember⟩,[47] vollk.⟨ommener⟩ Ablaß

x x x x
x x x
x x
x

XXI. Kirche zur Allerseligsten Jungfrau: Karmelitenkloster.

Stifter Bruno *Bernhoff*, der siegreich gegen die Saracenen[48] in Asien gekämpft hatte und 1098 Mönche vom Berge Karmel nach Köln brachte.[49] – 1433 wurde die Kirche der Allerseligsten Jungfrau geweiht und bald darauf ihr zu Ehren eine Bruderschaft errichtet. – Angabe der Reliquien. Darunter beträchtliche Teile des hl. Kreuzes. – Außerdem ist die Kirche ausgezeichnet durch einen der Muttergottes geweihten Altar von seltener Arbeit.

Außerdem wird sie geschmückt durch einen anschließenden Kreuzgang, der durch die Freigebigkeit der Bürger ausgemalt wurde. Diese haben auch, als am 7. Febr.⟨uar⟩ 1606 die Kirche wegen ihres großen Alters zur Hälfte bis fast auf den Grund einstürzte, ohne Zaudern den Mönchen hilfreiche Hand geboten …; am 1. Sonntag nach dem Fest des hl. Georg[50] wurde Kirchweih gefeiert.

---

[46] ⟨Teresa von Ávila, am 4. Oktober 1582 gestorben; ihr Fest wurde von Anfang an am folgenden Tag, damals wegen der Gregorianischen Kalenderreform der 15. Oktober, gefeiert.⟩

[47] ⟨1675 von Clemens X. selig gesprochen, wurde sein Fest zunächst am 14. Dezember, seinem Todestag, gefeiert, ab 1732 dann am 24. November – an diesem Tag feierte es auch Edith Stein –, doch 1972 wieder auf den 14. Dezember zurückverlegt.⟩

[48] ⟨Sarazenen: Sammelname für die islamischen Gegner der Christen bei den Kreuzzügen.⟩

[49] ⟨Nach MC 573 sollen 1198 die ersten Karmeliten durch Bruno von Bonnerhoff nach Köln gekommen sein, was eher unwahrscheinlich ist, eher 1249, also keinesfalls 1098; 1321 wird in Köln ein studium generale des Ordens eingerichtet, 1391 der Konvent der neuen Universität inkorporiert, 1461 die Reform des sel. Johannes Soreth eingeführt, 1802 der Konvent aufgelöst.⟩

[50] ⟨Fest des hl. Georg: 23. April.⟩

Kirche, Kapelle und Kloster der Unbeschuhten Karmelitinnen in der Kupfergasse.[51]

Als zu Beginn des 17. Jh.'s Herzogenbusch von den Protestanten[52] besetzt wurde, mußte die Priorin des dortigen Unbesch.⟨uhten⟩ Karm.⟨elitinnen⟩[53] Klosters, Anna von Jesus, aus vornehmer brabantischer Familie, Tochter Adams van der Duyn,[54] das von ihr gegründete Kloster verlassen und zog sich mit den Ihren in das Antwerpener Kloster des selben Ordens zurück und wurden dort einige Monate lang mit großer Liebe verpflegt. Dann ging ein Teil nach Alostum[55], ein Teil nach Köln 1630, um dort ein Kloster zu gründen. Die ehrwürdige Mutter mit den Ihren kam glücklich dorthin und mietete in dem immensen Gebiet der Bischofsstadt und wohnte 6 Jahre darin; dann kaufte sie die Curia Arapolitana, die als Versammlungsraum für die Protestanten diente, und weihte sie der jungfräulichen Gottesmutter, dem hl. Joseph und der hl. Mutter Teresia. Durch viele Wunderzeichen erwies sich, dass die göttl.⟨iche⟩ Vorsehung sie zu einer besonderen Stätte der Verehrung der Allerseligsten Jungfrau bestimmt hatte. Unverdächtige Zeugnisse aus unserm Archiv:

1. Gottgeweihte Jungfrauen, deren Namen, Lebensführung, Ruf und Frömmigkeit niemandem verdächtig waren, hörten an jenem Ort, wo einst ein Haus z. T. den Besprechungen der Ordenspersonen, z. T. einer Witwe gedient hatte, die umsonst dort wohnte, nun aber nach einem Umbau eine

[51] ⟨Das erste Kloster der Karmelitinnen auf deutschen Boden wurde 1630 von Schwestern aus s'Hertogenbosch gegründet, die nach der Einnahme der Stadt durch die Kalvinisten von dort vertrieben wurden. Mit ihrer Priorin Anna von Jesus begaben sie sich zunächst in den „englischen Konvent" von Antwerpen, dann aber nach Köln, wo 1635 in der Kupfergasse Kirche und Kloster gebaut werden (MC 88.574.63). Die „englischen Konvente" waren für Frauen aus England gegründet worden, die wegen der Katholikenverfolgung unter Elisabeth I. (1533–1603) und ihrem Nachfolger Jakob I. (1603–1625 König von England) dort kein Klosterleben führen konnten. 1613/14 kam es wegen der freien Wahl der Beichtväter zu einem Problem, das auf dem Kapitel der Provinz Flandern 1622 nicht gelöst werden konnte und deshalb nach Rom geleitet wurde. Die entsprechende Kongregation entschied die Frage, indem sie diese Konvente 1622 den Ortsordinarien unterstellte, was Gregor XV. 1623 bestätigte. So kam es zu einer ersten Spaltung unter den Karmelitinnenklöstern, die erst durch die Aufhebung aller Klöster 1802 beendet wurde. Siehe dazu M. A. Sondermann, in: Isabella de Spiritu Sancto, *Herzbücher*, 33*–48*.⟩

[52] ⟨Es waren die Kalvinisten.⟩

[53] ⟨*Unbesch. Karm.* zwischen den Zeilen eingefügt.⟩

[54] ⟨Profess in Brüssel 1613. 1619 ging sie zur Gründung des „englischen Konvents" nach Antwerpen. Gestorben 1646. Nach Meinung der sel. Anna vom hl. Bartholomäus ist sie die Schuldige für die in diesem Konvent entstehenden Probleme. Edith Stein, *Obras V*, 916, Anm. 14.⟩

[55] ⟨Aalst, 1631/1632 gegründet für englische Schwestern, durch Joseph II. 1783 aufgelöst, 1836 wieder gegründet.⟩

Kapelle zu sehen ist, wiederholt die Lauretanische Litanei von Engelsstimmen singen.

2. Ein frommer Priester aus dem Franziskanerorden der strengen Observanz, der die genannte Witwe besuchte, sah über dem Dach 3 Fackeln gleich Sternen leuchten, die ohne Zweifel die künftige Heiligkeit des Ortes ankündigten, wodurch die Heilige Familie die Kapelle, die das Haus von Nazareth darstellte, auszeichnen wollte.
3. Die Ehrw. M. Priorin Norberta Teresia von Jesus, 2. Oberin des Klosters, die 1668 im Rufe der Heiligkeit starb,[56] hatte vorausgesagt, daß nach ihrem Tode an einem neuen Ort eine Kapelle erbaut werden würde und oft die Stelle des Hochaltars gezeigt.[57] Tatsächlich hat 1675 der frühere Bürgermeister Johann Jakob von Wissins die Kapelle ganz neu erbaut und angemessen ausgestattet. 1715, als der Grundstein unserer Kirche im Namen der Kaiserin Eleonore Magdalena Teresia[58] durch den Dompropst Herzog von Eutemar Sachsen-Zeitz[59] gelegt wurde, weihte der Kurfürst Joseph Clemens, Herzog von Bayern,[60] die Kapelle und den Hochaltar zu Ehren des hl. Joseph. Ihn haben wir als starken Verteidiger unseres Hauses und einzigartigen Beschützer unseres Ordens in verschiedenen Gefahren mit dem gleichen Trost erfahren, wie die genannte ehrw. M. Norbertina Teresia den Heiligen erscheinen sah und die gnadenvollen Worte hörte, er werde ihnen nicht nur mit seiner Hilfe, sondern auch mit seinem Schutz immer beistehen. Dem Schutz des hl. Joseph schreiben wir auch das väterliche Wohlwollen des päpstlichen Nuntius, Kardinal Fabio Chigi,[61] des späteren Papstes für uns und unsere Töchterklöster[62] zu, besonders die

[56] ⟨Maria von Binsfeld; durch sie erhielten die Schwestern den Neuenahrer Hof an der Kupfergasse, wo sie 1635 Kirche und Kloster errichteten. Von 1640 bis zu ihrem Tod 1668 Priorin.⟩

[57] ⟨Ab *und* am Rand ergänzt.⟩

[58] ⟨Eleonore Magdalene Therese von Pfalz-Neuburg (1655 Düsseldorf – 1720 Wien), als Frau von Kaiser Leopold I. Kaiserin des Heiligen Römischen Reiches; 1689 gekrönt.⟩

[59] ⟨*Sachsen-Zeitz* am Rand ergänzt. Dompropst in Köln war von 1696–1725 Herzog Christian August von Sachsen-Zeitz (1666 Zeitz – 1725 Regensburg), 1696 bis 1725 Bischof von Raab, 1706 Kardinal, 1707 Erzbischof von Esztergom (Gran) und damit Kardinal-Primas von Ungarn.⟩

[60] ⟨Joseph Klemens von Bayern (1671 München – 1623 Bonn), 1688–1723 Kurfürst und Erzbischof von Köln, 1685–1717 Fürstbischof von Regensburg, 1685–1694 von Freising, 1694–1723 von Lüttich, 1702–1723 von Hildesheim.⟩

[61] ⟨Fabio Chigi (1599 Siena – 1667 Rom), 1639 von Urban VIII. zum päpstlichen Nuntius in Köln ernannt, weilte als Gesandter des 1644 neugewählten Papstes Innozenz X. von 1644 bis 1649 in Münster, wo er als Mediator an den Verhandlungen zum Westfälischen Frieden teilnahm. 1655 Papst Alexander VII.⟩

[62] ⟨Vom Kloster in der Kupfergasse in Köln wurde von Norbertina Teresia a Jesu 1662 ein Kloster in Aachen gegründet. Weitere „englische Konvente“ sind Antwerpen (1619), Düsseldorf (1643), Münstereifel (1659).⟩

Bulle vom 13. Juli 1663, wodurch er sie bestätigte und mit denselben Vorrechten wie die dem Orden unterstellten Klöster ausstattete.[63]

8. Sept. 1675 feierlich Beginn der gottesdienstlichen Handlungen mit Aussetzung des Allerheiligsten, 2 Predigten für das Volk, feierliche Vesper mit Musik. Die Feierlichkeiten wurden die Oktav hindurch fortgesetzt. Nachdem der Generalvikar von Aussem[64] in der Intention des Kurfürsten[65] das hl. Messopfer in unserer Kapelle dargebracht hatte, wurde der Jungfrau-Mutter[66] im ⟨Na⟩men des Fürsten eine Kette aus 65 Gliedern mit seinem Bildnis als Weihegeschenk gegeben. 1676 wurde das wundertätige Bild mit Erlaubnis des Kurfürsten durch die in Erz gegrabene Inschrift ausgezeichnet: *Echtes und wundertätiges Bild der Allerseligsten Jungfrau Maria von Loreto in der Kapelle der Discalceatessen*[67] unter dem Ordinarius von Köln.[68]

Seitdem großer Zustrom der Gläubigen und wunderbare Heilungen (Einzelne Fälle angeführt).

Nun noch einige Wohltaten, die den Klosterfrauen selbst gewährt wurden. Die erste Gründerin unseres Klosters, *Anna von Jesus*, war durch Gottes Güte mit so außerordentlichen körperlichen und geistigen Vorzügen ausgestattet, daß der Prinz von Orleans sie als Braut begehrte. Aber sie verschmähte die weltliche Heirat, wählte den himmlischen Bräutigam, trat in Brüssel in unsern Orden ein[69]; dort wurde sie von der Ehrw. Mutter Anna von Jesus, der Gründerin jenes Klosters und eine der ersten Gefährtinnen der hl. M. Teresia, die sie bei ihren Klosterstiftungen so eifrig unterstützte, daß die Seraphische Mutter[70] sie ihre Tochter und ihre Krone nannte[71], angenommen und unterwiesen und erhielt ihren Namen Anna von Jesus. Jene sagte voraus, daß sie ihre Nachfolgerin sein werde und die ursprünglichen Regeln und Satzungen auszubreiten und unversehrt zu erhalten ⟨sic⟩; tatsächlich halten sie unser Kloster und die andern, die daraus hervorgegangen sind, bis auf den heutigen Tag; deshalb werden sie auch von der Seraphi-

[63] ⟨Rechtlich sind sie damit den anderen Klöstern gleichgestellt, doch Tatsache ist, dass Teresa von Ávila ihre Klöster dem Orden unterstellte und das auch so wollte.⟩

[64] ⟨Paul von Aussem (um 1616 Köln – 1679), 1662 Generalvikar, von 1657 bis 1678 zugleich Rektor der Universität, 1676 Weihbischof in Köln.⟩

[65] ⟨Maximilian Heinrich von Bayern, (1621 München – 1688 Bonn), von 1650 bis 1688 Erzbischof von Köln; er war auch Bischof von Hildesheim, Lüttich und Münster.⟩

[66] ⟨Maria, die Mutter Jesu.⟩

[67] ⟨Latinisierter Name für *Unbeschuht.*⟩

[68] ⟨Dieser Zusatz dient zur Unterscheidung von den anderen Karmelitinnen, „unter dem Orden", für die 1637 in der Schnurgasse ein Kloster gegründet worden war.⟩

[69] ⟨Anna von Jesus (van der Duyn), siehe oben Anm. 54.⟩

[70] ⟨Seraphische Mutter: Teresa von Ávila.⟩

[71] ⟨Ana de Jesús (Lobera), (1545 Medina del Campo – 1621 Brüssel), 1569 Einkleidung in San José (Ávila), 1570 Profess in Salamanca, 1575 Priorin in Beas, 1582 Gründerin eines Klosters in Granada, 1604 in Paris, 1605 in Dijon, 1607 in Brüssel und Löwen, 1608 in Mons.⟩

schen Mutter als ihre treuen und echten Töchter anerkannt, die nicht um Nagelbreite von den ursprünglichen Regeln abgewichen sind;[72] denn sie läßt uns das teresianische Vorrecht genießen, daß unsere Nonnen, die kein Leinen tragen, alle Zeit von Ungezieferplage sicher sind[73]. Unsere ehrw. Mutter Stifterin und Priorin war nach glücklicher Begründung unseres Klosters nach Antwerpen zurückgekehrt; sie starb dort fromm im Herrn, und ehe ihr Tod noch hier bekannt wurde, erschien sie einem Domherrn, der im Dom zelebrierte, in großer Glorie.

Nicht weniger bemerkenswert an Tugend und Gnade ist die zweite ehrw. Mutter Priorin unseres Klosters, *Norbertina Teresia*, Tochter des Herrn Johannes Baron von Binsfeld und der Baronin von Nesselrode, einst Chorfrau zu Münstereifel;[74] sie befestigte unser Kloster, stiftete die beiden zu Düsseldorf[75] und Aachen und starb am 21. Febr.⟨uar⟩ 1668, im 58. Lebens- und 33. Professjahr im Rufe der Heiligkeit.

Maria vom hl. Joseph, Tochter des Barons Peter von Roon und der Baronin Gertrud von Huyter, in Holland geboren. Wegen ihrer hervorragenden Anlagen wurde sie von der Oberin für Geschäfte verwendet, ging von hier nach Düsseldorf, von dort nach Münstereifel,[76] um die dort begonnenen Stiftungen zu fördern. Dort starb und ruht sie. Ihr Leib wurde von päpstlichen Kommissaren, die auf Bitten der Kaiserin Eleonora Magdalena Teresia[77] eigens ernannt waren, unverwest aufgefunden.

Margarete von Jesus, Tochter des Hugo Jakob Lutzmann und der Christine Dorhovens, zu Köln geboren, sagte nicht nur die päpstliche Würde des Nuntius Fabio Chigi[78] voraus, sondern auch in Gegenwart der Priorin, bei bester körperlicher und geistiger Gesundheit drei Tage vorher[79] ihren eigenen Tod, der am 29. Januar 1675 eintrat, im 71. Lebensjahr und 44. Professjahr in unserm Kloster.

Maria vom hl. Albertus, einzige[80] Tochter des Barons Lothar von Böning-

---

[72] ⟨Hier kann man erkennen, wie Edith Steins Text eine Zusammenfassung der Chroniken aus den „englischen Konventen" ist; den genauen historischen Kontext mit allem, was diese Spaltung damals verursachte und bedeutete, kannte sie nicht.⟩

[73] ⟨Vgl. dazu P 28 in Teresa von Ávila, *Gedanken zum Hohenlied*, 376–378; im dicken Wollstoff, den die Schwestern in Teresas Gründungen an Stelle von Leinen verwendeten, konnte sich Ungeziefer leichter einnisten.⟩

[74] ⟨Siehe oben Anm. 53.⟩

[75] ⟨Nach MC 391 wurde das Kloster in Düsseldorf 1643 vom Antwerpener Karmel gegründet.⟩

[76] ⟨Gegründet 1643 bzw. 1659.⟩

[77] ⟨Siehe oben Anm. 58.⟩

[78] ⟨Siehe oben Anm. 61.⟩

[79] ⟨*drei Tage vorher* am Rand ergänzt.⟩

[80] ⟨Zwischen den Zeilen ergänzt.⟩

hausen, Kaiserlicher Generalfeldmarschall,[81] und der Baronin Anna von Bottberg, hatte schon als Kind daran gedacht, das väterliche Haus zu verlassen, um in einem Krankenhaus freier den Kranken zu dienen; nachdem sie sich hatte beraten lassen, hielt sie es für angebracht, heimlich sich aus dem Haus zu schleichen, Kranke zu besuchen, zu trösten, zu erquicken und mit dem Nötigen zu versehen, ohne jede Scheu vor den schrecklichsten Krankheiten.

Mit 11 J.⟨ahren⟩ erfuhr sie zu ihrem Leidwesen von ihrem Vater, daß sie zu einer vorzeitigen Heirat bestimmt sei und sehr bald mit dem Grafen v.⟨on⟩ Imperial verlobt werden sollte. Der unvermutete Spruch traf sie wie ein Blitz; sie widersetzte sich, soweit es die Ehrfurcht erlaubte, fügte sich aber schließlich dem väterlichen Befehl. Der Ausgang entsprach ihren frommen Wünschen, denn das jugendliche Ehepaar gab ein staunenswertes Beispiel; es wahrte nicht nur die Jungfräulichkeit, sondern beide kamen überein, daß der überlebende Teil in den Orden der Unbeschuhten Karmeliten oder Karmelitinnen eintreten sollte und dort Gott sein Leben lang dienen[82]. Dies war würdig einer Blutsverwandten des hl. Karl Borromäus[83] und fügte zum Adel des Blutes den Glanz der Tugend; das Beispiel der einzigen Tochter und Erbin eines so großen Vaters, die der liebende Vater nach ihrem 9. Jahr bei keinem Geschäft, auch bei Feldzügen, nicht von seiner Seite ließ, sondern er wollte, daß sie mitten beim Trompetengeschmetter und Trommelwirbel lebe. Wunderbar war es, wie ein Mädchen von so zartem Alter zwischen blitzenden Waffen und andern glänzenden Eitelkeiten der Welt die Tugend pflegte und streng bewahrte. Ihrem Gatten erfüllte sie das Gelöbnis, indem sie nach seinem Tode 1636 das heilige Ordenskleid nahm und strebte mit solchem Eifer nach Tugend, daß sie durch Gottes Güte zum Gipfel der Frömmigkeit erhoben wurde und außerordentliche Gnaden erlangte. So ausgerüstet, starb sie am 30. Dez.⟨ember⟩ 1683 im Herrn.

Im selben Jahr am 19. März trat in den Orden ein[84] die Fürstin Amalie Sophie Elisabeth, Tochter des Fürsten Christian August, Pfalzgrafen bei Rhein u.⟨nd⟩ Herzogs von Sulzbach, und der Fürstin Maria Magdalena, geb. Fürstin von Nassau – Siegen,[85] Blutsverwandte der Kaiserin Eleonore Mag-

[81] ⟨Lothar Dietrich Freiherr von Bönninghausen (1598 Apricke – 1657) war kaiserlicher Feldmarschallleutnant im Dreißigjährigen Krieg.⟩

[82] ⟨Typisch für die damalige Mentalität, nach der der Ordensstand über der Ehe stand.⟩

[83] ⟨Carlo Borromeo (1538 Arona am Lago Maggiore – 1584 Mailand), Hl., reformeifriger Erzbischof von Mailand, Kardinal. Inwiefern sie mit dem hl. Karl Borromäus blutsverwandt war, ist nicht bekannt.⟩

[84] ⟨Zwischen den Zeilen ergänzt.⟩

[85] ⟨Christian August 1632–1660 Pfalzgraf, 1660–1708 Fürst von der Pfalz-Sulzbach II (1622 Sulzbach – 1708 ebenda), 1649 verheiratet mit Amalie, Gräfin von Nassau (1613 Siegen – 1669 Sulzbach); ihre Tochter Amalie (Marie Therese), Pfalzgräfin von der Pfalz

dalena Teresia. Sie verachtete die Welt und wählte den heiligen Ordensstand, gab der Welt ein erbauliches Beispiel, vergaß bald nach ihrem Eintritt ihre Herkunft und ihren Namen und legte Hand an die niedrigsten häuslichen Arbeiten, zog dürftige Speise und Trank allen Leckerbissen vor, hatte Freude am Gewöhnlichsten. Todesstunde und -ursache scheint sie durch Gottes Gnade vorausgesehen zu haben. Nach Beichte und Empfang der himmlischen Wegzehrung, erwartete ⟨sie⟩ standhaft den Tod und starb fromm im Herrn am 11. Dez.⟨ember⟩ 1721, 71 J.⟨ahre⟩ alt. Ihre größte Freude und Trost im Leben war es, die Tochter ihres Bruders Gerhard, des regierenden Herzogs von Sulzbach, und der geb. Landgräfin von Hessen, Amalie Auguste Maria Anne, den Spuren ihrer Tante im Orden folgend, am 14. Sept.⟨ember⟩ 1714 das Ordenskleid nehmen und 1715 die feierlichen Gelübde ablegen zu sehen. Diese ist jetzt Priorin in Düsseldorf.[86] Ihre Bescheidenheit erlaubt uns nicht, vor ihrem Tode mehr zu sagen.

Am 23. Jan.⟨uar⟩ 1710 trat hier in unsern Orden ⟨ein⟩ die Gräfin *Sidonie Elisabeth*, Tochter des Erbgrafen Sebastian Wunibald von Zeil, Herrn in Wurzach, und der Frau Katharina geb. Gräfin Salm in Reifferscheidt,[87] in der Welt Chorfrau der Kapitel von Essen[88] und von der hl. Ursula; sie wurde *Maria Josepha Teresia* von Jesus genannt. Sie sah den Tag ihres Eintritts und ihres Todes wunderbar voraus und starb im J.⟨ahre⟩ 1722, dem 41. ihres Alters.

============

P. Amatus von der hl. Familie. Geb. zu Ypern am 1. Januar 1800. Er trat in Rom am 9. Juni 1821 ein, machte am 16. Juli 1822 Profeß. Nach Beendigung der Studien und der Priesterweihe 1824 kehrte er nach Ypern zurück, wo er

---

(1651 Sulzbach – 1721 Köln), das zweite ihrer fünf Kinder, war Karmelitin in Köln. ((http://genealogy.euweb.cz/wittel/wittel5.html, *T: Tafel* 98).⟩

[86] ⟨Theodor Eustach, Pfalzgraf von der Pfalz (1659 Sulzbach – 1732 Dinkelsbühl) verheiratet mit Eleonore Marie Amalia, Prinzessin von Hessen (1675 Rheinfels – 1720 Sulzbach); ihre älteste Tochter Amalia Augusta Maria Anna, Pfalzgräfin von der Pfalz (1693 – 1762 Köln) war Karmelitin in Köln, die dritte Tochter, Ernestine Elisabeth Johanna, Pfalzgräfin von der Pfalz (1697 Sulzbach – 1775 Neuburg an der Donau) war Karmelitin im Karmelitinnenkloster zu Neuburg; 1748 Priorin.(http://genealogy.euweb.cz/wittel/wittel5.html, *T: Tafel* 98).⟩

[87] ⟨Sebastian Wunibald von Waldburg-Zeil-Wurzach (1636–1700) verheiratet mit Maria Katharina Maximiliana von Salm-Reifferscheidt (1651–1687). (www.gen.Heinz-Wember.de/waldburg).⟩

[88] ⟨Um das Jahr 845 gründete der sächsische Adelige Altfrid (gestorben 874) auf dem Gut Astnidhi (= Essen) das Essener Stift für hochadelige Frauen. Als erste Äbtissin setzte er seine Schwester Gerswit ein. Die Grundsteinlegung zum Bau der Stiftskirche vollzog Altfrid, inzwischen vierter Bischof von Hildesheim, im Jahre 1803 im Zuge der Säkularisation aufgelöst.⟩

einige alte Ordensleute vorfand und mit ihnen in völliger Zurückgezogenheit lebte. Kaum hatte die provisorische Regierung einen Erlaß veröffentlicht, durch den es den Bürgern[89] erlaubt war, sich nach ihrem Gutdünken zusammenzuschließen – da legte P. Amatus 2 Tage später sein Ordenskleid wieder an und zeigte sich in den Straßen von Ypern mit geschorenem Kopf, bloßen Füßen und sogar mit dem weißen Mantel des Karmel. Einige zollten Beifall, andere beschimpften ihn, die Polizei wollte ihn festnehmen. Er selbst setzte sein ganzes Vertrauen auf die göttliche Vorsehung, und sobald er sicher war, daß eine Sache gut sei und nach dem Herzen Gottes, dann ging er voran, ohne zurückzuweichen, und überließ den Kleinmütigen das unglückliche: „Was werden die Leute sagen?“ 1838 wurde P. Amatus zur Leitung der Provinz bestimmt. Da die Reorganisation des Vlämisch-belgischen Karmel sich mehr und mehr befestigte,[90] wurde er 1853 kanonisch zum Provinzial gewählt, ein Amt, das er zu allgemeiner Befriedigung 3 × ausübte. Sein wachsames Auge ruhte niemals, und er wachte sorgfältig darüber, daß die reguläre Observanz überall beobachtet wurde. Obwohl von Natur sanft und liebenswürdig, schöpfte er doch aus seinem Eifer für das Gesetz eine gewisse Festigkeit. „Es ist der Beweis der wahren Liebe,“ sagte er, „und der väterlichen Ergebenheit, seinen Kindern immer die Wahrheit zu sagen.“ Es wäre ein ganzer Band nötig, um die Züge seiner seltenen Klugheit seiner nachsichtigen Güte und dieses so tief frommen Geistes, der ihm eigen war, zu verzeichnen.[91] Er war der neue und einfältige Diener, für den es keinen andern Gesichtspunkt gibt als das göttliche Wohlgefallen. Ja Vater – Dein Wille geschehe wie im Himmel so auch auf Erden, waren seine Lieblingsworte; den Blick immer auf diesen göttlichen Wollen gerichtet, hat er durch sein Beispiel gezeigt und durch seinen Willen gelehrt, was ein echter Unbeschuhter Karmelit ist. Der ehrwürdige Pater mußte lange Jahre in dieser beständigen Hingabe an seine liebe Provinz leben. 1871 feierte man im Gent das 50j.⟨ährige⟩ Jubiläum seines Ordenslebens. Folgendermaßen rühmte P. Berthold in einem Teil der Festrede seine Tugenden:

„Wer könnte sagen, was ein solches Leben, 50 J.⟨ahre⟩ lang edelmütig durchgeführt, in ständigem Gebet, in vollkommener Selbstverleugnung, strenger, ununterbrochener Buße, kurz: in der Übung aller Tugenden – was er zum Ruhm Gottes, für die Ehre Mariens, der Königin des Karmels, zur Erleichterung der streitenden Kirche und für Sie selbst, lieber Vater, an Verdiensten und Ansprüchen auf den Lohn gewirkt hat, den unser Herr denen versprochen hat, die alles verlassen, um Ihm zu dienen! Hauptsächlich Ihrem Mut, Ihrem Eifer, Ihrer ruhigen Klugheit verdankt die belgische Pro-

---

89 ⟨*den Bürgern* zwischen den Zeilen ergänzt.⟩

90 ⟨1850 wurde die Flämische Provinz wieder errichtet (MC 129).⟩

91 ⟨*zu verzeichnen* zwischen den Zeilen ergänzt.⟩

vinz, deren Oberer sie fast immer waren, was sie seit ihrer Wiedererrichtung gewesen ist und was sie heute geworden ist. Ach, ich wiederhole es, unser Ziel ist nicht, Sie zu loben, es genügt uns, daß in Belgien, Holland und Polen Ihre Werke das Loblied auf Ihr Leben bilden, an der Schwelle aller Häuser, die Sie erbaut und getröstet, aller Klöster, die Sie gegründet haben, kurz aller derer, die Sie so lange geleitet haben und bei denen Sie noch immer das kostbare anvertraute Gut der hl. Observanz aufrecht erhalten."

8 J.⟨ahre⟩ später, 1876, nachdem P. Aimé[92] alle Ämter der Provinz bekleidet hatte, ernannte ihn der Hw. ⟨Hochwürden⟩ P. General Lucas vom hl. Joh.⟨annes⟩ v.⟨om⟩ Kreuz[93] zum Generalvisitator des Ordens in Holland und Belgien. Danach blieb er noch viele Jahre hindurch der Freund, Führer, Ratgeber und Vater all unserer Klöster. In diesen heldenmütigen, übernatürlichen Gefühlen kam er ans Ziel seiner heiligen Laufbahn. – Das Auge des Glaubens auf seinen anbetungswürdigen Erlöser gerichtet, das Herz brennend vom Verlangen, Ihn zu sehen und zu besitzen, bis zum Ende seines Geistes mächtig und in der erbaulichsten Vereinigung mit Gott. Endlich, am 21. März 1888, entschlief er friedlich im Herrn.

---

92 ⟨P. Amatus.⟩

93 ⟨Lucas a S. Joanne a Cruce (Giuseppe Ranise, 1811 Dolcedo – 1884 Rom), 1853–1859 Generalprokurator, 1865 Erster Generaldefinitor; 1872–1881 Generaloberer (ACG OCD 4,117.147.168.181).⟩

6.
Mater omnipotens
(1637 – 1937)
(1937)

Situierung

In drei Chronogrammen (Signatur A04–32; alte Signatur B-I-33j) feierte Edith Stein das 300jährige Jubiläum ihres Klosters: Das *erste* – MDCXXXVII – 1637 – geschrieben auf ein Blatt im Format 96 × 144 mm, erinnert an das Gründungsjahr; das *zweite* – MCMXXXVII – 1937 – mit Bleistift auf einem Blatt im Format 115 × 140 mm niedergeschrieben, hält das gegenwärtige Jahr, 1937, fest; das *dritte* gibt beide Jahreszahlen wieder: MDCXXXVII durch die Anfangsbuchstaben und MCMXXXVII durch die Endbuchstaben, ebenfalls mit Bleistift auf ein Blatt im Format 94 × 140 mm niedergeschrieben.

Es gibt außerdem noch zwei Konzeptentwürfe im Format 116 × 141 mm und 94 × 140 mm (Signatur A04-33).[1]

Text

Mater omnipotens, tuis precibus, Pacis Regina,
Deditos tuos ab omni malo semper defende,
Cordi purissimo suo fideliter eos inscribe.
Xristo divino sponso filias suas conjunge,
Xristum solum diligere doce nos, decus Carmeli,
Xristum sequi constanter et crucem Eius amare,
Verbum, carnem quod sumpsit ex tua carne, audire.
Iesu dulcis mater et omnium nostrum mater,
Iesum pro nobis ora, Maria Mater Gratiarum.
1637

Mater omnipotens, tuis precibus, Pacis Regina,
Cordi purissimo suo fideliter tuos inscribe.
Mala cuncta semper ab eis procul repelle,
Xristo divino sponso filias suas conjunge,
Xristum solum diligere doce nos, decus Carmeli,

---

[1] Siehe dazu J. Sullivan, *Edith Stein und der Friede im Jahre 1937*, 365 f.

Xristum sequi constanter et crucem Eius amare,
Verbum, carnem quod sumpsit ex tua carne, audire.
Iesu dulcis mater et omnium nostrum mater,
Iesum pro nobis ora, Maria Mater Gratiarum.
1937

Mater omnipotens, precibus apud Deu**M**
Domina nostra clemens, salvas filias fa**C**!
Corde fideli tuo ponimus firmiter Spe**M**.
Xristum sequi ducem cupit pusillus gre**X**,
Xristum vere tuum filium, o Genitri**X**!
Xristus sit nobis Pax, semper sit nobis Re**X**.
Velis pacare tuos Pacis Regina et t**V**,
Iesu mater nobis Dux et Regina prae**I**,
Iesum diligere fac nos clementer aud**I**.
1637 1937

Übersetzung[2]

Mutter, allmächtige, durch deine Bitten, des Friedens Königin,
Die dir Ergebenen beschütze immer vor allem Unheil.
Seinem reinsten Herzen schreibe sie getreulich ein.
Christus, dem göttlichen Bräutigam, eigne seine Töchter an,
Christus allein lehr' uns zu lieben, Zierde des Karmel,
Christus beständig zu folgen und sein Kreuz zu lieben,
Das Wort, das Fleisch aus deinem Fleisch annahm, zu hören.
Jesu süße Mutter und unser aller Mutter,
Jesum bitt' für uns alle, Maria, Mutter der Gnaden.

Mutter allmächtige, durch deine Bitten, des Friedens Königin,
Deinem reinsten Herzen schreibe die Deinen ein.
Alles Unheil weise von ihnen immer weit zurück,
Christus, dem göttlichen Bräutigam, eigne seine Töchter an,
Christus allein lehr' uns zu lieben, Zierde des Karmel,
Christus beständig zu folgen und sein Kreuz zu lieben,
Das Wort, das Fleisch aus deinem Fleisch annahm, zu hören.
Jesu süße Mutter und unser aller Mutter,
Jesum bitt' für uns alle, Maria, Mutter der Gnaden.

---

[2] Übersetzt von Ulrich Dobhan OCD.

Mutter allmächtige, mit deinen Bitten bei ihm
Du, unsere Herrin mild, rette die Töchter.
Auf dein Herze getreu, setzen wir unsere Hoffnung fest.
Christus folgen möchte die Herde klein
Christus, wahrhaft dem Sohne dein, Gottesgebärerin!
Christus sei unser Friede, immer uns König er sei
Verschaffe auch du Frieden den Deinen, des Friedens Königin,
Jesu Mutter, Führerin, Königin gehe voran
Jesum laß lieben uns, gnädig höre auf uns.

8.
Eine deutsche Frau und große Karmelitin Mutter Franziska von den unendlichen Verdiensten Jesu Christi OCD
(Katharina Esser)
1804 – 1866
(1938)

Situierung

Dieser Aufsatz Edith Steins ist Katharina Esser gewidmet, die als Karmelitin Franziska von den unendlichen Verdiensten Jesu Christi im Jahre 1850 nach der Säkularisation von 1802 wieder ein Karmelitinnenkloster in Köln gegründet hat, die sog. zweite Kölner Stiftung. Allerdings war ihr kein langes Leben beschieden, denn im Jahre 1875 mußten die Schwestern wegen des Kulturkampfes ihr Kloster wieder verlassen; sie gelangten über Umwegen nach Echt in den Niederlanden.[1]

Veröffentlichungen:
- Eugen Lense O.Cist., (Hg.), *Die in deinem Hause wohnen. Menschen im Ordensstand.* Verlagsanstalt Benziger & Co. AG, Einsiedeln/Köln, 1938, 147–163; unterschrieben mit *Sr. Theresia*[2] *Benedicta a Cruce.*[3]
- 1990 ESW XII, 139–150.

Text

„Mit Eifer habe ich geeifert für den Herrn, den Gott der Heerscharen“[4]. Dies Wort des Propheten Elias, den Wappenspruch der Karmeliten, darf man mit gutem Recht über das Leben Katharina Essers schreiben. Es drückt den Inhalt dieses Lebens aus. Sie war ein schlichtes Kölner Bürgerkind, ihren kölnischen Humor und ihr „Kölsch Platt“ hat sie auch als Ordensfrau und

---

[1] Siehe GT II, ESGA 20, 46, Anm. 184.

[2] S. 163. Edith Stein unterschrieb immer mit *Teresia Benedicta a Cruce*, benutzte also die lateinische Namensform. *Theresia* ist die alte Form, heute wird im allgemeinen die von Teresa von Ávila selbst gebrauchte Form – *Teresa* – benutzt.

[3] Katharina Esser steht neben insgesamt 20 weiteren Persönlichkeiten aus verschiedenen Orden, die die unterschiedlichen Charismen der Orden illustrieren sollen.

[4] ⟨1 Kön 19,10.⟩

Priorin beibehalten. Aber diesem Kind aus dem Volke hatte Gott eine hohe Aufgabe schon in die Wiege gelegt, sie wuchs mit ihm heran und erfüllte schließlich sein ganzes Sinnen und Trachten.

Als Katharina am 1. September 1804 geboren wurde, hatte der Kölner Karmel seit zwei Jahren aufgehört zu existieren.[5] – Durch einen Erlaß Napoleons gezwungen, hatten die letzten Karmelitinnen ihr liebes Kloster „Maria vom Frieden" in der Schnurgasse[6] verlassen. In diesem Hause war Elisabeth Heidkamp, Katharinas Mutter, als Kind und junges Mädchen ein und aus gegangen. Es war ihr Herzenswunsch, darin Aufnahme zu finden, aber seit 1798 war es den Klöstern verboten, Novizen aufzunehmen. Als im Jahre 1802 die Aufhebung der Klöster erfolgte, als im selben Jahr ihr Vater starb und sie allein als Vollwaise und Erbin der väterlichen Fischhandlung zurückblieb, da entschloß sie sich zur Ehe. Doch schon 1806 starb ihr Gatte, Peter Esser. Ihre einzige Sorge galt nun dem Töchterchen Katharina. In das Herz dieses Kindes pflanzte sie ihre ganze Liebe zum Karmel. So war es kein Wunder, daß in Katharina früh der Wunsch erwachte, Karmelitin zu werden. Aber wie sollte sie dazu gelangen, da es in Deutschland keine beschaulichen Klöster mehr gab und an eine Neugründung nicht zu denken war? Von den letzten Kölner Karmelitinnen, die nach ihrer Vertreibung aus der Schnurgasse in aller Verborgenheit noch jahrzehntelang ein gemeinsames Leben führten, bis die letzten gestorben waren, scheinen Frau Esser und ihre Tochter nichts mehr gewußt zu haben. Die erste Klosterpforte, an der Katharina anklopfte, war die des Düsseldorfer Karmels.[7] Auch hier war die klösterliche Familie zum Aussterben verurteilt. Die junge Bewerberin wünschte als „Kostjungfer" aufgenommen zu werden. Das wurde ihr nicht gewährt, aber als Gast durfte sie beliebig oft kommen, und so konnte sie mit eigenen Augen anschauen, was ihr bereits aus den Schriften der hl. Mutter Theresia[8] bekannt war. Im Verkehr mit der heiligmäßigen greisen Priorin, Mutter Franziska vom heiligen Antonius, drang sie immer tiefer in den Geist des Karmels ein. In Düsseldorf wurde sie auf den Lütticher Karmel aufmerk-

[5] Zur Geschichte des Kölner Karmels, und auch für das Leben Katharina Essers vgl. „*Unter dem Zepter der Friedenskönigin. 300 Jahre Kölner Karmel*", herausgegeben von Sr. Teresia Renata de Spiritu Sancto OCD, Karmel Köln-Lindenthal, Köln 1937. Dies enthält auch das Verzeichnis aller hier verwendeten Quellen.

[6] ⟨An dieser Stelle – Schnurgasse, Ecke Vor den Siebenburgen – steht der Karmel auch heute wieder.⟩

[7] ⟨1643 von Antwerpen („english convent". Siehe dazu oben S. 151, Anm. 51) aus gegründet. Da das Kloster auf der rechten Rheinseite lag, wurde es nicht aufgelöst, durfte aber keine Novizinnen mehr aufnehmen. 1831, nachdem fast alle Schwestern gestorben waren, wurde es einer anderen Schwesterngemeinschaft übergeben. (MC 391).⟩

[8] ⟨Teresa von Ávila.⟩

sam gemacht.[9] Doch ihre wiederholten Versuche, dort Aufnahme zu finden, führten zu immer neuen Enttäuschungen. Man wies sie schließlich nach Köln zurück und vertröstete sie mit der Hoffnung, daß dort der Karmel neu erstehen werde. Das war die Anregung, durch die sie ihrer eigentlichen Lebensaufgabe zugeführt wurde: den Karmel aufs neue in Deutschland einzuführen. Die Aussichten dazu waren denkbar ungünstig, zeitweise erschien es ihr selbst als ein leeres Hirngespinst; aber eine geheime Macht lenkte sie immer wieder darauf hin, und sobald sich der geringste Hoffnungsschimmer zeigte, flammte der glimmende Funke wieder hell auf. Nicht leicht entschloß sich das bescheidene Mädchen zu den kühnen Schritten, die ihren Plan der Ausführung näherbringen sollten. Sie selbst spricht es aus, daß ihr Inneres ihr gesagt habe: „Es würde mich einstens auf dem Todesbette gereuen, wenn ich dem Antriebe widerstanden hätte, obgleich ich nicht sicher weiß, welcher Geist mich treibt. …" (Brief an Erzbischof von Geissel,[10] 18. März 1842).

Es war ihr klar, daß sie allein nichts ausrichten könne. Sie mußte sich nach mächtigen Bundesgenossen umsehen. So verfolgte sie in ihrem stillen, zurückgezogenen Leben mit wachsamem Auge die Ereignisse in Staat und Kirche. Als der berufenste Sachwalter ihrer Angelegenheit mußte ihr der Oberhirt ihrer Diözese erscheinen. Der erste, dem sie in einem Gesuch ihre Bitte vortrug, war Erzbischof Klemens August von Droste-Vischering.[11] Aber ihr Schreiben blieb unbeantwortet. Ein Hirtenbrief des Bischofs von Passau[12] erweckte in ihr die Hoffnung, daß sie bei ihm Verständnis finden werde. Sie ließ ihm durch einen Priester einen Brief überreichen mit der Bitte, beim König von Bayern[13] die Errichtung wenigstens eines Karmelitinnenklösterleins zu erwirken. Die Antwort lautete, es sei gegenwärtig unmöglich. Sie „hoffte von da nicht mehr gedrungen zu werden, gegen eine Unmöglichkeit zu kämpfen, sondern die Tage des noch übrigen Lebens sich zum Tode vorzubereiten".

Doch bald versetzte ein neuer Hoffnungsstrahl sie wiederum in Bewe-

[9] ⟨1627 gegründet und 1796 aufgelöst, doch kurz danach wieder zurückerhalten, 1932 nach Chênée bei Chèvremont verlegt. (MC 595).⟩

[10] ⟨Johannes von Geissel (1796 Gimmeldingen – 1864 Köln), 1837 Bischof von Augsburg, 1841 Koadjutor des Erzbischofs von Köln, ab 1845 Erzbischof von Köln, 1850 Kardinal.⟩

[11] ⟨Clemens August Freiherr von Droste zu Vischering (1773 Ahlen/Westfalen – 1845 Münster), 1807 Generalvikar in Münster, 1808 Gründung der Klemensschwestern in Münster, 1827 Weihbischof in Münster, 1836 Erzbischof von Köln; eifriger Verteidiger der Reche der katholischen Kirche gegenüber dem preußischen Staat. (BBKL 19, Sp. 196–200).⟩

[12] ⟨Karl Joseph Freiherr von Riccabona (1761 Cavalese – 1839 Passau), 1821 Domkapitular und Dompfarrer in München, 1826 Bischof von Passau.⟩

[13] ⟨Ludwig I. (1786 Straßburg – 1868 Nizza), von 1825 bis 1848 König von Bayern.⟩

gung: Friedrich Wilhelm IV.[14] bestieg den preußischen Königsthron am 15. Oktober 1840, dem Fest der hl. Theresia. An ebendiesem Tage war er auch geboren. Sollte das nicht ein Zeichen sein, daß er berufen war, den Orden der großen Heiligen in seinen Landen wieder einzuführen? Katharina schob den Gedanken, noch einmal einen Versuch zu wagen, weit zurück und konnte ihr Zögern damit rechtfertigen, daß der Erzbischöfliche Stuhl von Köln durch die Gefangensetzung des Oberhirten verwaist und so niemand zur Stelle war, der ihre Sache vertreten konnte.[15] Sobald aber der bisherige Bischof von Speyer, Johannes von Geissel, als Koadjutor nach Köln berufen war, um die hirtenlose Herde zu hüten, ließ der innere Drang ihr keine Ruhe mehr. In einem langen Schreiben eröffnete sie ihm ihre ganze Seele. Sie fügte einen Brief an den König bei. In aller Einfalt und Natürlichkeit, erfrischend urwüchsig, tritt sie den hohen Herren gegenüber. Sie spricht es selbst aus, daß ihr das Schreiben sauer wird und daß sie die vorgeschriebenen Formen nicht kennt. Aber ihr Ideal reißt sie fort, sie zeichnet es mit begeisterter Beredsamkeit und in kindlichem Vertrauen, daß es auch andere hinreißen muß. Aber vom König kam nie eine Antwort, von Erzbischof Johannes erst auf den dritten Brief (vom 12. Nov. 1842), in dem sie – nach dem Tode ihrer Mutter – ihr ganzes Vermögen zur Verfügung stellte, um ein Karmelitinnenkloster zu gründen. Diesmal war der Erfolg ein ganz unverhoffter. Der Erzbischof bestellte sie zu einer Audienz, und in dieser ersten Unterredung gewann sie sein volles Vertrauen. Von diesem Tage an war er ihr treuer Berater in allen Kämpfen, die sie noch ausfechten mußte, bis ihre große Aufgabe gelöst war. Noch waren ja die äußeren Verhältnisse so, daß an eine Durchführung ihres Planes gar nicht zu denken war. Es mußte erst eine Revolution kommen und die ordensfeindlichen Gesetze beseitigen, um ihr freie Bahn zu schaffen. Das Sturmjahr 1848 leistete ihr diesen Dienst.[16] Nun gab ihr Erzbischof von Geissel die Erlaubnis, mit den Gefährtinnen, die sie indessen gefunden hatte, im eigenen Haus das klösterliche Leben zu beginnen und nach Lüttich zu reisen, um aus dem Kloster, das sie einst abgewiesen hatte, Schwestern für ihre Gründung zu erbitten. Er selbst unterstützte sie durch schriftliche Fürsprache beim Lütticher Bischof,[17] nachdem die preußische Verfassung von 1850 die gesetzlichen Grundlagen für eine Klosterstiftung

---

[14] ⟨Friedrich Wilhelm IV. (1795 Berlin – 1861 Potsdam), 1840 bis 1858 König von Preußen.⟩

[15] ⟨Der Kölner Erzbischof, Clemens August von Droste zu Vischering, war von der preußischen Regierung von 1837 bis 1839 auf der Festung Minden interniert.⟩

[16] ⟨Der erste Versuch, einen demokratisch verfaßten, einheitlichen deutschen Nationalstaat zu schaffen; von überwiegend preußischen und österreichischen Truppen gewaltsam niedergeschlagen.⟩

[17] ⟨Cornelis Richard Anton van Bommel (1790 Leiden – 1852 Lüttich), ab 1829 Bischof von Lüttich.⟩

geschaffen hatte. Die Priorin des Lütticher Karmels, Mutter Bernardine (Helene von Vacano aus Koblenz),[18] war sofort bereit, nach dem bevorstehenden Ablauf ihrer Amtszeit selbst die Stiftung zu übernehmen. Zwei andere deutsche Schwestern wollten sie begleiten. Der belgische Provinzial, P. Amandus von der Hl. Familie,[19] gab seine Zustimmung und kam selbst nach Köln, um sich von dem Stand der Dinge zu überzeugen. Er empfahl, an Stelle von Katharinas Wohnhaus ein größeres Haus zu wählen, daraufhin wurde die Dechantei St. Kunibert für drei Jahre gemietet. Man hoffte nämlich, später das alte Karmelitinnenkloster „Maria vom Frieden" in der Schnurgasse zurückzuerhalten. Mit allem Eifer wurde daran gearbeitet, das gemietete Haus in ein Kloster zu verwandeln. Bald konnte die Kapelle eingeweiht und das Allerheiligste eingesetzt werden. Im Mai durfte Katharina mit ihrer Gefährtin Lilli Mittweg nach Lüttich reisen und die drei Gründungsschwestern abholen. Am 3. Juni 1850 kamen die Reisenden in Köln an. Am 5. Juni errichtete der Pater Provinzial die päpstliche Klausur. Das Kloster wurde dem hl. Joseph gewidmet, dem hochverehrten Patron des Karmels seit den Tagen der hl. Mutter Theresia.[20] Am 7. Juni, dem Fest des heiligsten Herzens Jesu, feierte Kardinal von Geissel das heilige Meßopfer in der provisorischen Kapelle. Aus seiner Hand empfingen vier Postulantinnen das braune Ordenskleid der Karmelitinnen. Unter ihnen war auch Katharina Esser. Von diesem Tag an hieß sie Schwester Franziska von den unendlichen Verdiensten Jesu Christi.

Katharina hatte erreicht, worum sie fast 30 Jahre gekämpft und gelitten hatte. Es stand wieder ein Karmel auf deutschem Boden in ihrer lieben Vaterstadt Köln: das Klösterchen St. Joseph bei St. Gereon.[21] Aber war sie damit am Ziel? O nein! Es war nur der äußere Rahmen geschaffen. Die eigentliche Arbeit konnte jetzt erst beginnen. Das Ideal, das ihr von früher Jugend an vor der Seele stand, sollte jetzt Wirklichkeit werden: ein Lustgarten Gottes nach dem Herzen der heiligen Mutter Theresia. In beweglichen Worten hatte sie in den Briefen an Erzbischof von Geissel und den König davon gesprochen. Den Oberhirten der Kirche stellen sich überall Hindernisse in den Weg, weil „die Welt die Perle, das beschauliche Leben verwirft und sich nur mit der äußeren Schale eines aktiven Lebens begnügen will, indem es gewiß

---

[18] ⟨Bernardine Joseph de St. François (Hélène de Vacano, Koblenz, Profeß 1820).⟩

[19] ⟨In den Akten des Generaldefinitoriums ist immer von Amatus a Sancta Familia die Rede (Pierre Lehoucq, 1800–1888).⟩

[20] ⟨Die Verehrung des hl. Joseph im Karmel kam schon vor Teresa auf (siehe oben S. 144, Anm. 2), wurde aber von ihr sehr gefördert. (K. Kurzhals, *Die Josefsverehrung im Teresianischen Karmel*).⟩

[21] ⟨Das war allerdings nicht der erste Karmel, der nach der Säkularisation wieder auf deutschem Boden entstanden war, denn bereits 1844 war in Würzburg von Gmunden (Österreich) her ein Karmelitinnenkloster gegründet worden.⟩

an der Zeit ist einzusehen, daß der rasch um sich greifende Zeitgeist in der Kirche Gottes so vielen Unfug anrichtet, daß es Noth thut, daß ein anderer Geist ihm entgegen wirken muß, ein Geist, der sich in klösterlicher Abgeschiedenheit vereinigt, um den allmächtigen Gott unablässig zu bitten, jenen Gnaden zu erteilen, deren Beruf es fordert, stets thätig zu sein. Das beschauliche Leben als der Stein, den die Bauleute verworfen haben, muß zum Eckstein werden,[22] soll Segen und Gnade des Himmels über das aktive Leben herabströmen" (Brief an Erzbischof von Geissel vom 18. März 1842). Die „große hl. Teresia war eine so eifrige Tochter der heiligen Kirche, daß von ihr gesagt wird: sie wäre mit apostolischem Geiste erfüllt gewesen". Sie hatte „die hl. Kirche so innig lieb und empfahl den ihrigen das Wohl derselben so nachdrücklich. ... Und wie sie die Kirche geliebt, so liebte sie daher auch den Staat, wohlwissend, daß Kirche und Staat wie Seele und Leib vereinigt sein müssen, daß die heilige Kirche die Seele des Staates sein müsse, ohne welche der Staat in Staub zerfällt, während sie so unsterblich bleibt. ...

Die Welt kann doch wahrlich nicht den Hl. Geist besitzen, sonst hätte sie längst eingesehen, daß das einzig Nöthige mangelt, jene Klöster, die durch Gebet und Buße die wohlverdiente Strafe abhielten,[23] und alle Segnungen des Himmels erflehten. Wir haben in unserer hl. Kirche den unermeßlichen Schatz der Verdienste Jesu und ihn selbst mitten unter uns wohnen, ist es nun nicht schade, daß unser lieber Herr, der sich würdigt, so verborgen unter uns zu wohnen, so wenig wahre Anbeter hat, die ihm ihr Herz leer hielten, worin Jesus einen Schatz hineinlegen könnte, von dessen Fülle andere empfangen könnten? Dies ist, was die Karmelitinnen suchen und erstreben, sich der Gnaden empfänglich zu machen, die sie für Andere erflehen, dazu ihnen vornämlich nebst dem strengen Chor und Bußleben vorzüglich als Mittel angewiesen: ‚Tag und Nacht das Gesetz des Herrn zu betrachten und im Gebete zu wachen' (Worte aus der ursprünglichen Regel der Karmelitinnen). Dies betrachtende Leben zeichnet besonders den Karmeliten-Orden aus; und aus diesem inneren Leben fließen die größten Gnaden für Kirche und Staat."

Wenn man in den tätigen Orden meint, dort werde viel Schwereres geleistet, so hält Katharina dem das Zeugnis heiliger Männer entgegen, daß das Bestreben nach steter Gemüthsversammlung die schwerste Buße sei. „Die hl. Theresia wird gern diesen aktiven Nönnchen zugestehen, daß ihr Leben mühsamer und gefährlicher sei: St. Theresia hatte aber auch erfahren, daß die zu große Aktivität und der Umgang mit der Welt den Untergang des

[22] ⟨Vgl. Ps 118,22.⟩

[23] ⟨Auch hier steht nach damaliger Auffassung der Sühneauftrag des Karmel, also die wohlverdiente Bestrafung durch Gott abzuhalten, im Vordergrund, was allerdings nicht Teresas Grundanliegen war.⟩

Geistes herbeiführe. Sie wollte, daß der Geist den Buchstaben der Regel beleben müßte, weil sie wußte, daß die Befolgung der Regel ohne Geist ein totes mechanisches Werk sei. Und hierin liegt das große Geheimnis des Klostergeistes, welches die spanische Heldin Theresia so tief geschaut hat. … Ach, wie leicht verdrängt bei uns Weibern die zu große Klugheit und der weltliche Umgang den Heiligen Geist. Da das viel Wissen aufblasen macht, und wir Weiber von Natur aus arme Geschöpfe sind, so können wir nicht viel zusammenfassen, ohne daß das Eine oder Andere leidet. Wenn wir auf unserer Hut nicht sind, so ist sehr leicht die hl. Einfalt, das lautere klare Auge getrübt, der Glanz von allen Tugenden, und Gott hat dann an uns hochmütigen Weibern kein Wohlgefallen. … St. Theresia hatte darum so strenge Absonderung von den Ihrigen gefordert und war, wie sie schreibt, anfangs nicht willens, außer der strengen Klausur und Geistesabtötung körperliche Strenge in der Weise, wie sie es wirklich getan, einzuführen, indem die Geistesabtötungen des Stolzes, der eigenen Gesinnung, des Eigendünkels, der Vielwisserei, Verstandesvorwitz, Eigenliebe, Selbsthochschätzung und Selbstrechtfertigung, des Eigensinnes und dergl. Kinder des Stolzes, die Verleugnung seiner Selbst im ganzen Sinne des Wortes, diese Geistesstrenge unvergleichlich geübt werden im Karmeliten-Orden. … Diese Geistesstrenge hatte die hl. Theresia bei der Reformation ihres Ordens nebst der steten Gemüthsversammlung im Auge, wohl wissend, daß ein gedemütigter Geist von Gott alle Gnaden erlangt, indessen er den Stolzen widersteht“ (Brief an Erzbischof v. Geissel v. 18. 3. 1842).

In dieser Überzeugung konnte Katharina an den König schreiben: „wie könnte … dem Staat ein Institut nöthiger sein, als jenes, das sich zur Aufgabe gestellt, vermittelst eines streng einsamen und bußfertigen Lebens der Kirche und dem Staate die Segnungen des Himmels zu erflehen. … Es sind wohl manche Institute in unserer hl. Kirche dem Staate, was das aktive Leben betrifft, nützlich, wie z. B. diejenigen, die sich der Krankenpflege widmen, aber nothwendig sind am ersten diejenigen, die Tag und Nacht ihre Gebete[24] in Vereinigung mit den unendlichen Verdiensten des Gottmenschen darbringen, für das Wohl der Kirche, des Vaterlandes und seines Landesherrn. … Diese Institute werden die Throne sichern und sie vor den Fluthen der Überschwemmung beschützen, welche die wahren Fanatiker, die Freidenker, im Stillen beabsichtigen.“

Sie schildert, welcher Strom des Segens von diesen Klöstern ausgehen würde, „die ehedem die Zufluchtsstätten aller Bedrängten und Betrübten waren, wo sie Fürbitte erflehten, Rath und Trost und Beistand sich holten, Almosen empfingen, kurz, wo die Liebe suchte, jeden zu befriedigen, der sie

---

[24] (Anspielung auf den Kernsatz der Karmelregel, *Tag und Nacht im Gesetz des Herrn zu betrachten und im Gebete wachen.*)

in Anspruch nahm! ... Die Töchter der hl. Theresia, genannt Karmelitinnen, zeichneten sich besonders in ihrer Art und Weise aus, die Liebe in die Herzen aller, die mit ihnen umgingen, hinüberfließen zu lassen, denn ungeachtet ihrer großen, strengen Zurückgezogenheit durften sie keinen abweisen, der sich Rath und Beistand holen oder wie es nun immer war, ihre Liebe in Anspruch nehmen wollte, wie St. Theresia befahl: ‚Ihr sollt Sorge tragen, daß Alle, die zu Euch kommen, mit Nutzen von Euch scheiden!'[25] welches geistvolle Männer sogar bezeugt haben, die erstaunt waren über den Geist, der diese einfachen Klosterjungfrauen beseelte und über ihre geistliche Fröhlichkeit, die aus dem Frieden, den die Welt nicht geben kann[26] und der alle Vernunft übersteigt, hervorquillt" (Brief an König Wilhelm IV. aus dem März 1842).

Katharina wußte von Grund auf Bescheid über den Geist, der in einem Karmelitinnenkloster herrschen sollte. Sie kannte auch von Düsseldorf[27] her die äußeren Einrichtungen. Ein Priester, mit dem sie sich in der Zeit des Planens und Überlegens besprach, gab ihr deshalb den Rat, keine ausländischen Schwestern herbeizuholen, sondern selbst den Aufbau vorzunehmen. Sie lehnte das entschieden ab, sie hatte sich immer nur als ein ganz unwürdiges Werkzeug betrachtet, dessen Gott sich bedienen wollte. Demütig wartete sie ab, ob sie in dem Kloster, um dessen Gründung sie sich bemühte, Aufnahme finden werde. Ihr Beichtvater stellte sie immer wieder auf die Probe, indem er vorgab, an ihrem Beruf zu zweifeln, und gab ihr erst sehr spät die Erlaubnis zum Eintritt. Sie hätte nicht daran gedacht, gegen seine Entscheidung zu handeln. Wenn nur der Karmel gegründet würde! Was dann mit ihr selbst geschah, war von untergeordneter Bedeutung. Selbst die Leitung in die Hand zu nehmen, das konnte ihr nicht in den Sinn kommen. Darin sprach sich nicht nur ihre Demut aus, es entsprach wohl auch der richtigen Einsicht, daß nichts die lebendige Überlieferung ersetzen kann. Die Karmelklöster müssen entstehen als immer neue Ableger lebendiger Mutterpflanzen. Ein Geschlecht muß von dem anderen im alten Geiste und in den alten Bräuchen erzogen werden. Es war sicher im Geist der hl. Mutter Theresia, wenn Katharina als Postulantin im St.-Josephs-Kloster eintrat und sich von Mutter Bernardine, der vom P. Provinzial bestimmten Vikarin, heranbilden ließ. Eben damit bewies sie, daß es ihr ernst war mit jenem Geist der inneren Abtötung, den sie in so beredten Worten gepriesen hatte. Es war kein kleines Opfer für die 46jährige, die seit Jahren ihr eigener Herr war, wiederum zum Kinde zu werden, zu gehorchen, das eigene Urteil dem der

[25] ⟨Vgl. *Weg der Vollkommenheit* (Kodex von Escorial 34,1; Kodex von Valladolid 20,3).⟩
[26] ⟨Vgl. Joh 14,27.⟩
[27] ⟨Siehe oben S. 164, wo es heißt, daß sie bei den Karmelitinnen n Düsseldorf ein- und ausgegangen sei.⟩

Vorgesetzten zu unterwerfen. Sie hat es später ehrlich ausgesprochen, daß es ihr bitter schwer geworden ist: „Es ist noch leichter, sich mit dem Heiland ans Kreuz schlagen zu lassen, als mit ihm ein unmündiges Kind zu werden.“ Aber es ist ihr gelungen. Am schmerzlichsten war es ihr wohl, als sie ihren Lieblingswunsch, den Ankauf des alten Klosters Maria vom Frieden, dem heiligen Gehorsam zum Opfer bringen mußte. Es bot sich Gelegenheit, die erste Heimat des Kölner Karmels zurückzuerwerben, aber die Forderungen erschienen Mutter Bernardine zu hoch. Die Wahl fiel auf das Grundstück Gereonskloster 12; dort hat der zweite Kölner Karmel von 1853 bis 1875 seine Heimstätte gehabt.

Es war klar, daß Schwester Franziska als Stifterin das Vertrauen ihrer Vorgesetzten besaß und zur Beratung zugezogen wurde, wenn etwas Wichtiges zu entscheiden war. Zweifellos hat sie auch an allen Leiden und Prüfungen, die eine junge Klostergemeinde durchmachen muß, den tiefsten Anteil genommen. Als das St.-Josephs-Kloster allzufrüh seine Subpriorin[28] durch den Tod verloren hatte, die mit Mutter Bernardine von Lüttich gekommen war, wurde bei der nächsten Visitation (Juni 1854) Schwester Franziska durch den Provinzial zur Nachfolgerin bestimmt. Bald sollte eine noch größere Verantwortung auf sie gelegt werden: Im Herbst 1855 erkrankte auch Mutter Bernardine. Die Subpriorin mußte an ihrer Stelle das Haus leiten und die Erziehung der Novizen übernehmen. Diese schwere und für den Geist eines Hauses entscheidende Aufgabe hatte bisher die Mutter selbst in den Händen behalten, wie es die Satzungen der heiligen Mutter Theresia für Notfälle vorsehen.[29] Als Mutter Bernardine sich trotz Mutter Franziskas liebevoller Pflege nicht wieder erholen konnte, verlangte sie selbst nach Rückkehr in ihr Heimatkloster. Es war ihre Überzeugung, daß der Kölner Karmel unter der Leitung seiner Stifterin am besten gedeihen werde. Die Vorgesetzten willigten ein, P. Provinzial Amandus holte selbst die beiden Schwestern, Mutter Bernardine und Schwester Theresia, die mit ihr von Lüttich gekommen war und sich ihr nun wieder anschloß, in ihre Klosterheimat ab.

Am 1. Oktober 1856 trafen P. Amandus und sein Begleiter, P. Andreas,[30] wiederum in Köln ein, um zur Wahl der ersten Priorin zu schreiten. (Mutter Bernardine war nur Vikarin gewesen.) Wie zu erwarten war, ging Mutter Franziska als Priorin aus der Wahl hervor. Man kann sich denken, mit welcher Freude Kardinal v. Geissel diese Wahl bestätigte, und daß er es sich nicht nehmen ließ, persönlich in den Karmel zu kommen, seinen alten Schützling zu dem neuen Amt zu beglückwünschen und zu segnen. Die Zeit

---

[28] ⟨Vertreterin der Priorin.⟩

[29] ⟨*Wenn die Priorin nicht da ist, hat sie an ihrer Stelle den Vorsitz zu führen.* Siehe Teresa von Ávila, *Gedanken zum Hohenlied,* 425.⟩

[30] ⟨P. Andreas a S. Romualdo Gatzweiler; siehe zu ihm unten 176–182.⟩

der Erfüllung war gekommen. Der Herr hatte „die Unfruchtbare zur freudenreichen Mutter einer Kinderschar gemacht.“[31]

Die klösterliche Familie umfaßte 13 Schwestern, als Mutter Franziska ihr Amt antrat. Mutter Bernardine hatte ihr gut vorgearbeitet. Als noch vor ihrer Erkrankung der Ordensgeneral, P. Natalis a Sancta Anna,[32] den neubegründeten Karmel besuchte, konnte er die Worte wiederholen, die einst ein Ordensgeneral im Kloster Maria vom Frieden in der Schnurgasse gesprochen hatte: Die hl. Mutter Theresia würde die Kölner Karmelitinnen als ihre wahren und echten Töchter anerkennen, wenn sie in ihrem Hause einen Besuch machte.

Auf dieser Grundlage konnte die erste Priorin des St.-Josephs-Klosters aufbauen. Sie nahm diese Aufgabe mit derselben Entschiedenheit und Festigkeit in Angriff, mit der sie einst den Kampf um die Neubegründung des Karmels in Deutschland geführt hatte.

Der Provinzial P. Brocardus de St. Theresia[33] konnte am 24. Februar 1858 nach seiner Visitation im Kölner Karmel an Kardinal von Geissel berichten, er habe gefunden, „daß Frieden, Einigkeit und Eintracht in der Communität herrschen und daß die Klosterfrauen voll glühenden Eifers sind, mehr und mehr in der Vollkommenheit ihres Standes fortzuschreiten durch den Geist des Gebetes, der Abtötung und durch alle Tugenden!“ Er fand „durch die Gnade Gottes alle geistlichen und zeitlichen Dinge genau nach der hl. Regel und den Konstitutionen geordnet und beobachtet. …“

Der gute Geist des Hauses war sicherlich nicht nur der Regeltreue und Willensstärke der Mutter Priorin zu verdanken, sondern auch dem sicheren Blick, mit dem sie ihre Postulantinnen auswählte, der Sorgfalt, mit der sie sie prüfte, und vor allem der warmen mütterlichen Liebe, mit der sie alle umfaßte. Sie selbst hat von sich gesagt, sie liebe die Menschen sehr, zumal ihre Kinder, und sie habe sogar unter ihnen einen Johannes[34]: Ihr „Johanneschen“ oder ihren „David“[35] nannte sie Helene Hohmann aus Koblenz, der sie bei der Einkleidung den Namen der heiligen Ordensmutter Theresia von Jesus gab.[36] Die besondere Liebe, die sie dieser vortrefflichen jungen Schwester entgegenbrachte, war offenbar getragen von der Voraussicht, daß sie zu

[31] Ps 113,9.

[32] ⟨Natalis a S. Anna (Natalis Hanset, 1804 Vervier – 1868 Genua), Generaloberer von 1853 bis 1859. (ACG 4, XXIX).⟩

[33] ⟨Brocardus a S. Teresia (Urban Alexandre Beaucarne, 1800 – 1877), nahm am Generalkapitel von 1865 als Provinzial der flämisch-belgischen Provinz teil. (ACG 4,150; ADG 3, 809).⟩

[34] ⟨Anspielung auf den Lieblingsjünger Jesu, den Apostel und Evangelist Johannes.⟩

[35] ⟨„Dawidh“, *der Geliebte, Liebling (Gottes).*⟩

[36] ⟨Sr. Theresia a Jesu (Helene Hohmann, 1835 Koblenz – 1913 Köln), eingetreten in Köln St. Gereon am 27. November 1857, Profess am 12. Juni 1859.⟩

Außerordentlichem berufen sei. Auf ihr Bitten übernahm Mutter Franziska die schwierige Aufgabe, den Aachener Karmel durch Entsendung von Kölner Schwestern vor dem Untergang zu retten. Dieses Kloster war von belgischen Schwestern gegründet worden, dann aber bald in solche Schwierigkeiten geraten, daß es nach dem Urteil des Provinzials ohne Mutter Franziskas Eingreifen nicht mehr zu halten war.[37] Schwester Theresia selbst wurde als Subpriorin nach Aachen geschickt und bald darauf von Mutter Franziska bei einem Besuch in Aachen zur Priorin ernannt, obgleich sie erst 27 Jahre alt war. Bei dem schmerzlichen Abschied gab die Mutter „ihrem Treschen" die tröstliche Versicherung, sie werde nach Köln zurückkehren, wenn auch erst nach 30 Jahren. Dies ging tatsächlich in Erfüllung, da Mutter Theresia von Jesus nach der Verbannung der rheinischen Karmelitinnen während des Kulturkampfes die Schwestern aus Holland wieder nach Aachen und von dort aus auch nach Köln zurückführte.

Den äußeren Abschluß ihres Lebenswerkes konnte Mutter Franziska in der Vollendung der neuen Klosterkirche sehen, die sie zu Ehren der Unbefleckten Empfängnis bauen ließ. Die Konsekration wurde verbunden mit der Feier des Dreihundertjahrgedächtnisses der Ordensreform im August 1862.[38] Es war ganz im Sinne der heiligen Mutter, daß dieses Fest 10 Tage lang mit allem Glanz gefeiert wurde. Als am Tage der Reform, dem 24. August, Kardinal von Geissel in den Karmel kam, die heilige Messe in der neuen Kirche las, den Schwestern die heilige Kommunion reichte und schließlich die Klausur betrat, um die Stifterin zur Krönung ihres Werkes zu beglückwünschen, wurden beide von tiefer Rührung ergriffen. Niemand wußte ja so gut wie ihr hoher Beschützer, welche Kämpfe und Leiden dies Werk zur Ehre Gottes diese starke und tiefdemütige Frau gekostet hatte.

Die beiden Menschen, die einen so langen Weg miteinander gegangen waren, hatten nun nicht mehr weit zum Ziel. Als Mutter Franziska von der Reise nach Aachen zurückkehrte, mußte sie sich ins Krankenzimmer begeben. Lange Zeit war sie leidend und beklagte sich, daß das Gebet ihrer Töchter sie immer noch im Leben zurückbehielt.

Auch Kardinal Geissel war erkrankt. Nach dem 700jährigen Jubiläum[39] der Übertragung der heiligen drei Könige kam er am 6. August 1864 noch einmal in den Karmel und brachte eine Reliquie der hohen Patrone als Ge-

---

[37] ⟨Der Aachener Karmel wurde zum ersten Mal 1662 gegründet (siehe oben 153, Anm. 62), 1802 aufgelöst, 1859 wieder gegründet. (MC 59). Offensichtlich halfen die Kölner Karmelitinnen bei diesem Wiederanfang mit.⟩

[38] ⟨Am 24. August 1562 hatte Teresa von Ávila ihr erstes Kloster, San José in Ávila, gegründet.⟩

[39] ⟨Rainald von Dassel (um 1120 – 1167 bei Rom), Reichskanzler (1156–1167), Erzbischof von Köln und Erzkanzler von Italien (1159–1167), brachte 1164 die Reliquien der hl. Drei Könige von Mailand nach Köln. (BBKL 7, Sp. 1289f.).⟩

schenk mit. Mutter Franziska ahnte, daß es sein letzter Besuch sei. Er starb am 8. September, am Feste der Geburt Mariens.

Der Dulderin im Karmel war noch eine längere Leidenszeit beschieden. In der Zeit ihrer Krankheit hörte sie nicht auf, mit aller Festigkeit an der Heranbildung ihrer Töchter zu arbeiten. Noch über das Grab hinaus wollte sie dafür sorgen, daß der ursprüngliche Geist des Karmels ihrem Haus erhalten bleibe. Schon bei Gelegenheit des Ordensjubiläums hatte sie ein Lebensbild der heiligen Mutter Theresia verfaßt. Nun schrieb sie eine ausführliche „Auslegung der Satzungen nach dem Geiste der heiligen Mutter Theresia und des heiligen Vaters Johannes vom Kreuz", ferner eine Schrift „Von dem Beruf einer Karmelitin", die bestimmt war, den Postulantinnen und Novizinnen zur Vorbereitung für die heilige Einkleidung und Profeß zu dienen. Mit kleiner, feiner Handschrift in ein schlichtes schwarzes Büchlein geschrieben, werden diese Ermahnungen heute noch ehrfurchtsvoll im Kölner Karmel aufbewahrt und benutzt. Ebenso haben sich manche Gebete erhalten, die Mutter Franziska für ihre klösterliche Familie verfaßte.[40] Das Ideal, das ihr ganzes Leben erfüllte, hatte sie in ihren Schriften noch einmal zum Ausdruck gebracht, um es den empfänglichen Seelen der heranwachsenden Karmelitinnen einzuprägen.

Als die Krankheit fortschritt, mußte auch diese Tätigkeit völlig aufhören. Mutter Franziska wurde hilflos, sie mußte im bitteren Leiden ihren Lauf vollenden und tat es in vollkommener Ergebung in den Willen dessen, dem sie in allem gleichförmig zu werden wünschte. Ihm brachte sie sich wenige Tage vor ihrem Tode noch einmal zum Opfer dar. Nach dem Empfang der heiligen Sakramente sprach sie nicht mehr, nur ihre Augen verrieten die innige Freude, mit der sie dem himmlischen Hochzeitsmahl entgegenging. Auch sie durfte an einem Marienfest heimgehen, am 11. Februar, am Tage der Erscheinung der Unbefleckten Jungfrau von Lourdes, der sie ihre Kirche geweiht hatte.

Ein Mutterleben hatte seinen Abschluß gefunden, das wie wenige aus einem Guß war. Gott, der jeder Menschenseele ein eigenes Siegel aufgeprägt hat, verbindet auch jede in einer ganz eigenen Weise mit sich. Aus der Fülle des gottmenschlichen Lebens, die kein Menschenherz zu fassen vermag, teilt der Herr jedem ein besonderes Geheimnis mit, durch das er zu dem Unfaßlichen Zugang erhält. Als Katharina Esser aus der Stille ihres verborgenen Lebens hervortrat und Verbindung mit den höchsten Stellen in Kirche und Staat suchte, da flößte nicht das Vertrauen auf eigenen Wert und eigene Kraft ihr Mut ein. Sie fühlte sich selbst als ein unwürdiges und ohnmächtiges Geschöpf. Aber es gab etwas, worauf sie fest und unerschütterlich baute: die

---

[40] ⟨Das weiß Edith Stein aus eigener Erfahrung; gedruckt worden sind diese Schriften nie.⟩

unendlichen Verdienste Jesu Christi. Immer wieder beruft sie sich in ihren Briefen darauf. Die unendlichen Verdienste Jesu Christi sind der kostbare Schatz, den der Herr seiner Kirche hinterlassen hat. Jedes Glied der Kirche kann daraus schöpfen; dann wird der Arme reich, der Ohnmächtige allmächtig. Das war die gute Waffenrüstung, mit der Katharina den Kampf für den Herrn der Heerscharen unternahm und siegreich durchführte, damit überwand sie die Ungunst der äußeren Verhältnisse, die Feinde im eigenen Innern und in den Seelen, die ihr anvertraut waren; damit bestand sie die letzte Prüfung des Leidens und der äußeren Hilflosigkeit. Es war der Adelstitel, der ihren Ordensnamen zierte, und das Erbe, das sie ihren Kindern hinterließ: die Kölner Karmelitinnen beten nach Mutter Franziskas Weisung noch heute jeden Morgen beim Erwachen „die gute Meinung" mit der Versicherung, daß sie alles, was der Tag bringt, aufopfern wollen „in Vereinigung mit den unendlichen Verdiensten Jesu Christi".

In diesem Zeichen hat Mutter Franziska ihren Lauf vollendet und, wie wir sicher hoffen dürfen, die Krone der Gerechtigkeit erlangt.

Sr. Theresia Benedicta a Cruce.

9.
Ein klösterlicher Reformator P. Andreas vom hl. Romuald O.C.D. 1819 – 1883[1] (1938)

Situierung

Von dieser biographischen Skizze des Karmeliten P. Andreas vom hl. Romuald O.C.D.[2] gibt es keinerlei handschriftliche Aufzeichnungen von Edith Stein, sondern nur den unter ihrem Namen 1939 veröffentlichten Text in *Stimmen Unserer Lieben Frau vom Berge Karmel. Monatsschrift zur Förderung der Marienverehrung* 15, 4 (1938/39), (Januar 1939) 107–110[3], der bisher auch nicht neu gedruckt wurde. Im ESAK gibt es eine Kopie mit der Signatur B II 81b.

Möglicherweise ist sein Entstehen mit Edith Steins Beitrag über Katharina Esser[4] verbunden, da sie von P. Romuald schreibt, daß er „*gleich Mutter Franziska … gern den Karmel im Rheinland wieder begründet*“ hätte.[5]

Text

Das Lebensbild des Pater Andreas beruht auf brieflichen Mitteilungen, vor allem auf einem ausführlichen Bericht der Ehrw. Mutter Theresia v.⟨on⟩ Jesus (Steinmetz),[6] die von P. Andreas dem Karmel zugeführt wurde, von

---

[1] Siehe zu diesem Artikel P. Neumann, *Klasztorny reformator. O. Andrzej od św. Romualda O.C.D. 1819–1883.*

[2] Karl Kaspar Franz Hubert Gatzweiler (18. Januar 1819 Brand, heute Aachen – 29. November 1883 Czerna/Polen).

[3] Unter diesem Namen von 1924 bis Jahrgang 15 (1938) und dann wieder ab Jahrgang 16 (1949) von den Karmeliten (O.Carm.) in Bamberg herausgegebene Zeitschrift. Ab Jahrgang 17 (1950) mit dem Namen „*Karmelstimmen*“ fortgesetzt und mit Jahrgang 66 (1999) eingestellt.

[4] Siehe oben S. 163–175.

[5] Siehe unten S. 178.

[6] ⟨Marie Philomène Steinmetz (1839 Brügge – 1920 Krakau) legte am 8. Dezember 1861 in Lüttich Profess ab, ging 1867 zur Gründung eines Klosters nach Posen und 1874 nach Krakau (ul. Łobzowska), wo sie in den Jahren 1889–1892, 1895–1898, 1901–1904, 1907–1910 und 1913–1916 Priorin war.⟩

Lüttich[7] zur Gründung nach Posen[8] ging und 1923 in Krakau[9] im Rufe der Heiligkeit starb.

„Ich bin gekommen, Feuer auf die Erde zu senden, und was will ich anders, als daß es brenne?" (Luc. 12,49).

Wenn man das Bild des Paters Andreas betrachtet, so hat man unmittelbar den Eindruck, daß man in das Antlitz eines Heiligen schaue. Ein Hauch himmlischer Reinheit und Zartheit liegt darüber, der Blick der Augen geht in die Ewigkeit. Durch diese Reinheit und Zartheit wie auch durch seine Bußstrenge und seinen Seeleneifer erinnert er an den heiligen Vater Johannes vom Kreuz.[10] Gleich dem treuen Gefährten der heiligen Mutter Theresia[11] bei der Reform des Karmelitenordens war er berufen, den echten, ursprünglichen Geist im Orden wiederherzustellen.

Wenn Pater Amandus von der heiligen Familie,[12] der belgische Provinzial, nach Köln kam – zur Vorbereitung der Klostergründung bei St. Gereon,[13] zur Visitation und zur Wahl der ersten Priorin – brachte er jedesmal Pater Andreas als Begleiter mit. Vielleicht fiel die Wahl auf ihn, weil er aus dem Rheinland gebürtig war. In Brand bei Aachen war er als Kind braver katholischer Eltern, des Grundbesitzers Johann Peter Gatzweiler und seiner Gattin

[7] ⟨Das Kloster in Liège-Cornillon wurde 1860 gegründet. (MC 595).⟩

[8] ⟨Es handelte sich um eine Wiedergründung im Jahre 1867 vom Kloster in Lüttich aus, denn von 1665 bis ca. 1806 gab es in dieser Stadt schon einen Karmel.⟩

[9] ⟨Das erste Kloster von Karmelitinnen in Krakau war bereits 1612 entstanden, doch 1787 aufgelöst worden. (MC 577).⟩

[10] ⟨Johannes vom Kreuz (Juan de Yepes) (1542 Fontiveros – 14. Dezember 1591 Úbeda) begann am 28. November1568 in Duruelo als erster Mitbruder nach Teresas Ordensideal zu leben. Durch das Wirken beider entstand ein neuer Zweig des Karmelitenordens, „Unbeschuhte" Karmeliten oder Teresianischer Karmel genannt, ab 1581 eigene Ordensprovinz. Johannes vom Kreuz – Heiliger (1726), Kirchenlehrer (1925), Klassiker der spanischen Literatur und Mystik, Patron der spanischen Dichter (1952) – wird in seinem Orden bis heute „Vater" genannt.⟩

[11] ⟨ Teresa von Jesus (Teresa de Ahumada, 28. März 1515 Ávila – 4. Oktober 1582 Alba de Tormes), Heilige, Kirchenlehrerin. Am 24. August 1562 gründete sie ihr erstes Kloster, San José in Ávila, dem 16 weitere folgten. In ihrem Orden bis heute „Mutter" genannt. Vgl. Edith Stein, *Über Geschichte und Geist des Karmel*, oben S. 127–139.⟩

[12] ⟨In den Akten des Generaldefinitoriums ist immer von Amatus a Sancta Familia die Rede (Pierre Lehoucq, 1800–1888).⟩

[13] ⟨Es handelt sich dabei um die zweite Kölner Gründung. Die erste war in der Schnurgasse, wo der heutige Kölner Karmel liegt (1637–1802); dann die hier erwähnte zweite Gründung durch Mutter Franziska von den unendlichen Verdiensten Jesu Christi (Katharina Esser; siehe zu ihr oben S. 163–175) beim Gereonskloster (1850–1875). Im Kulturkampf vertrieben fand die Kommunität in Echt/Niederlande eine Zuflucht, bis sie, drittens, in Köln-Lindenthal, Dürener Straße 89, ein neues Kloster errichten konnte, in das Edith Stein am 14. 10. 1933 eintrat (1899–1944); ab 1949 Neubau des heutigen Klosters in der Schnurgasse/Vor den Siebenburgen.⟩

Marie Josepha Lambertz, am 18.1.1819 geboren. Früh entschloß er sich zum geistlichen Stande; nach erfolgreicher Beendigung seiner theologischen Studien rief ihn Gott in den Orden der Unbeschuhten Karmeliten. Er trat in das Noviziat zu Brügge in Belgien ein. Am Fest des heiligen Romuald[14], am 7.2.1844 durfte er die heiligen Gelübde ablegen. Im folgenden Jahre wurde er zum Priester geweiht. Da er als Priester und Ordensmann ebenso wie als Wissenschaftler hervorleuchtete, wurden ihm die verschiedensten Aufgaben zuerteilt. Er war zunächst in der Pfarrseelsorge in Leiden tätig, dann als Professor der Theologie und Philosophie für die Kleriker seiner Provinz. Später betreute er als Beichtvater die Karmelitinnen in Lüttich. Bei seinem wiederholten Aufenthalt in Köln stand er nicht nur seinem Provinzial in den Verhandlungen mit Kardinal v.⟨on⟩ Geißel[15] zur Seite, sondern war als Prediger und Berater in seelischen Angelegenheiten ein stets willkommener Gast. Gleich Mutter Franziska[16] hätte er gern den Karmel im Rheinland wieder begründet, aber die Stiftung eines Männerklosters ist seit der Aufhebung von 1802 bis heute nicht wieder geglückt (nur in Bayern haben die Unbeschuhten Karmeliten wieder Eingang gefunden.)[17] P. Andreas war für eine große Aufgabe fern seiner Heimat bestimmt und wurde ihr durch merkwürdige Fügungen zugeführt.

Im Jahr 1867 kam Mutter Hedwig vom hl. Johannes vom Kreuz[18] aus Rom nach Lüttich. Sie begab sich zur Stiftung eines Karmelitinnenklosters nach Posen und hatte vom Heiligen Vater, Papst Pius IX.,[19] und dem Ordensgeneral P. Dominikus vom hl. Josef,[20] die Erlaubnis erhalten, in Cornil-

[14] ⟨Romuald, Hl., (Ravenna ca. 951 – Val di Castro 1027), Gründer der Kamaldulenser.⟩

[15] ⟨Johannes von Geissel (1796 Gimmeldingen – 1864 Köln), 1837 Bischof von Augsburg, 1841 Koadjutor des Erzbischofs von Köln, ab 1845 Erzbischof von Köln, 1850 Kardinal.⟩

[16] ⟨Siehe oben S. 163–175.⟩

[17] ⟨Von den Klöstern der Kölner und der Bayerischen Provinz überlebte nur das Kloster in Würzburg die Säkularisation von 1802; ab 1835 Restauration der Provinz, 1839 Semiprovinz, 1882 Provinz mit den Konventen Würzburg, Regensburg, Reisach, Geleen/Niederlande.⟩

[18] ⟨Jadwiga od św. Jana od Krzyża (Jadwiga Józefa Wielhorska, 1836 Warschau – 1911 Porto Maurizio), 1857 in Bagnère-de-Bigorre, Frankreich, in den Karmel eingetreten, 1858 Profess in Carcassone, lebte von 1865–1866 in einem Kloster in Rom und von 1866–1867 in Lüttich. Zusammen mit sieben anderen Schwestern gründete sie 1867 in Posen ein neues Kloster, dann war sie von 1874–1879 in Krakau, 1879 in Carcasonne, 1889–1883 in Wieliczka, schließlich in Rom, wo sie die Kongregation der Karmelitinnen von der Sühneanbetung gründete, aus der 1918 der Karmel „Regina Carmeli" in Rom hervorgegangen ist (MC ms. 585.)⟩

[19] ⟨Pius IX., sel., (Giovanni Maria Massai-Ferretti, 1792 Sinigallia – 1878 Rom), von 1846–1878 Papst.⟩

[20] ⟨Domingo de San José (Domingo Arbizu, 1793 Puente la Reina – 1870 Roma), 1865 zum Ordensgeneral gewählt. (ACG OCD 4,157).⟩

lon (Lüttich) die sieben Schwestern abzuholen, die sie nach Posen begleiten sollten. P. Andreas ging mit ihnen und übernahm die Seelsorge in dem neuen Karmel.

Sicher ist ihm der Abschied von der Heimat nicht leicht gefallen. Er hatte stets in herzlichen Beziehungen zu seiner Familie gestanden. Besonders nahe stand ihm sein Neffe Johannes Gatzweiler, später Dechant von Essen-Frintrop.[21] In der Nacht, in der P. Andreas abreiste, erhielten dieser Neffe und seine Schwester im Traum oder durch Ahnung davon Kenntnis.

In das Kloster zu Posen trat am 28. 12. 73 eine Gräfin Grocholscy ein.[22] Bei ihrer Einkleidung am 19. März 1874[23] erhielt sie den Namen Maria Xaver von Jesus.[24] Nicht lange danach wurden die Karmelitinnen durch den Kulturkampf genötigt, Posen zu verlassen. Sie ließen sich in Krakau nieder. Dort legte Schwester Maria Xaver am 14. 4. 75 ihre heiligen Gelübde ab. Ihre beiden Brüder, die Grafen[25] Stanislaus und Thaddäus Grocholscy hatten P. Andreas in Posen kennen gelernt und großes Vertrauen zu ihm gefaßt. Es war ein dringender Wunsch, daß P. Andreas nach Krakau käme, um ihrer Schwester den schwarzen Schleier zu reichen. Bei dieser Gelegenheit wollten sie ihm Einblick geben in den schlimmen Verfallszustand, in dem sich das Karmelitenkloster Czerna befand. Sie hofften, daß auf sein Zeugnis hin die Ordensoberen für Abhilfe sorgen würden. Graf Stanislaus schickte also ein dringendes Telegramm an P. Andreas nach Posen, daß er ihn in einer Ordensangelegenheit zu sprechen wünsche. Der eifrige Ordensmann kam so schnell wie möglich. Zur Freude der Karmelitinnen hielt er das Schleierfest. Dann begab er sich zu den Karmeliten zu Czerna und überzeugte sich mit eigenen Augen davon, wie dringend hier die Zustände der Abhilfe bedürften. Sehr bald wurde er von Pater General[26] mit einer Reihe von Patres aus Frankreich, Spanien und Österreich zur Reform von Czerna entsandt.[27] Er selbst mußte das Priorat übernehmen,[28] behielt es aber nur kurze Zeit, weil

---

21 ⟨Johannes Gatzweiler (1863 Raeren – 1933 Essen-Frintrop), von 1909–1933 Pfarrer in Essen-Frintrop.⟩

22 Es handelt sich um Gräfin Maria Cecylia z Grocholskich Czartoryska (1833 Pietniczany – 1928 Krakau), Einkeidung am 19. März 1874 in Posen, Profess am 14. April 1875 in Krakau-Wesoła, ab Juli 1875 im neu gegründeten Kloster in Krakau, ul. Łobzowska, von 1898–1901, 1904–1907 Priorin.⟩

23 ⟨Im Text steht irrtümlicherweise 1974.⟩

24 ⟨Maria Ksawera od Jezusa.⟩

25 ⟨Im Text steht *Gräfin.*⟩

26 ⟨Ordensgeneral war damals Lucas a S. Joanne a Cruce (Giuseppe Ranise, 1811 Dolcedo – 1884 Roma), 1853–1859 Generalprokurator, 1865 Erster Generaldefinitor; 1872–1884 Generaloberer. (ACG OCD 4,117.147.168.181).⟩

27 ⟨Zur Reform des Klosters in Czerna siehe P. Neumann, *Die Unbeschuhten Karmeliten in Galizien,* 181–196.⟩

28 ⟨Zum ersten Prior in Czerna nach der Reform des Klosters wurde am 19. April 1880

er zum zweiten Definitor der neugebildeten österreichischen Ordensprovinz (zu der Czerna gehörte) ernannt wurde. Außerdem wurde ihm das Amt des Novizenmeisters anvertraut, das wichtigste, da es galt, ein neues Geschlecht im echten Ordensgeist heranzubilden. Dafür war er ganz der rechte Mann durch seine Regeltreue und seinen glühenden Eifer, seinen Gebetsgeist und seine selbstvergessene Hingabe an die ihm anvertrauten Seelen. Es wird von ihm berichtet: „Er schien selbst wieder Novize zu werden mit den jungen Ordensleuten, die er zu bilden hatte.“

Er wollte nicht als Fremder im Lande leben. Mit Eifer widmete er sich daher dem Studium der polnischen Sprache. Mit warmer Liebe umfaßte er das polnische Volk: seine Frömmigkeit, seine Lieder, selbst die Nationaltracht entzückte ihn. Man kann sich denken, wie sehr ihm das die Herzen dieses Volkes gewann, dessen Nationalstolz durch seine traurige Geschichte und gewaltsame Zerreißung aufs höchste gesteigert und überempfindlich geworden war.[29] Man war glücklich, ihn in Polen glücklich zu sehen, und verehrte ihn wie einen Heiligen.

Es war ihm nur eine kurze Zeit in diesem Wirkungskreis beschieden, der so auf ihn angewiesen schien. Aber sein Einfluß war stark und nachhaltig. Er predigte den Geist des Karmel, indem er ihn vorlebte. Er selbst hat gesagt, im Ordensstand sei keine Tugend echt, die nicht auf die Beobachtung der Regel gegründet, liebenswürdig und mitfühlend gegenüber anderen sei.

Er war äußerst streng gegen sich selbst. Als er während seines Aufenthaltes bei den Karmelitinnen von Lüttich mitten im Winter erkrankte, schickten ihm die Schwestern ihren Hausarzt. Dieser kam ganz entrüstet zurück und erklärte: Ich habe einen Menschen gesehen, der sich dem Tode ausliefert. Seine Beine sind mit Wunden bedeckt und dabei liegt er auf einem Brett, noch dazu ohne Feuer bei so scharfer Kälte. (Das war alter Karmelitenbrauch). P. Andreas hatte in seiner Zelle nie eine andere Lagerstätte. Bei den Besuchen in seiner Familie schlief er auf der bloßen Erde. Er ging im Sommer und Winter barfuß. Ein Mann von schlechtem Lebenswandel, der ihn bei Schnee und Eis mit bloßen Füßen einhergehen sah, wurde dadurch so gerührt, daß er sich vornahm, sein Leben zu bessern. In Posen hielt ihn einmal eine arme Frau auf der Straße an und schenkte ihm 2 Sous,[30] damit er sich Schuhe kaufen könne.

P. Berthold Schormann ernannt, im April 1882 folgte ihm P. Romuald nach, doch bei der Wiedererrichtung der österreichisch-ungarischen Semiprovinz im November erloschen alle Ämter und Rafael Kalinowski wurde zum Prior gewählt. (aaO. 188.194 f.).⟩

[29] ⟨Als gelernte Historikerin mag Edith Stein an die verschiedenen Teilungen Polens gedacht haben; seit der dritten Aufteilung unter Österreich-Ungarn, Rußland und Preußen im Jahre 1795 war Polen von der Landkarte verschwunden.⟩

[30] ⟨Auch Sol genannt, von lat. solidus = fest, zuverlässig. Eine ehemalige französische Münze von geringem Wert.⟩

Seine Lieblingsbeschäftigung war die Arbeit an den Seelen. Die größte Freude war es ihm, Ordensleuten auf dem Weg der Vollkommenheit voranzugehen. Darum war er überall ein gesuchter Beichtvater. Seine Seelenleitung war klug, auf gründliche Wissenschaft aufgebaut und von jener geduldigen Liebe, die den rechten Augenblick abzuwarten weiß und die Hoffnung niemals aufgibt. Eine Seele, die er gesehen hatte, erkannte er noch nach Jahren wieder. Er vergaß keine von denen, die ihm Gott anvertraut hatte.

Er hatte eine innige Andacht zum allerheiligsten Altarsakrament. Während er gewöhnlich schlicht und ruhig sprach, wurde er feurig und beredt, sobald es galt, den Herrn zu preisen, der im Tabernakel verborgen unter uns weilt und sich als Opfer auf den Altären darbringt. Wo er Oberer war, sorgte er vor allen Dingen für die Ausschmückung der Kirche. Sie sollte nicht nur reinlich gehalten, sondern – ganz im Sinne der heiligen Mutter Theresia – reich ausgestattet sein. Es fanden sich immer verständnisvolle Seelen, die ihm die Mittel dazu spendeten, wenn die seinen versagten.

P. Andreas war kein glänzender Redner. Aber was er sagte, ging zu Herzen, weil es aus tiefstem Herzen kam. Man spürte, daß er ein Mann des Gebetes und der Abtötung war, daß er das geistliche Leben mit seinen „Nächsten" aus eigener Erfahrung kannte, und daß es ihm innerstes Bedürfnis war, den Seelen zu helfen. Er verstand es, allgemein bekannte Dinge so zu sagen, wie noch niemand sie gesagt hatte, derart, daß man sie nicht mehr vergessen konnte. Nach seinen Predigten oder vertraulichen Unterweisungen war es einem wie den Jüngern von Emmaus: „Brannte nicht unser Herz in uns …?"[31]

Die Umstände, unter denen P. Andreas starb, offenbaren noch einmal seine Strenge gegen sich selbst. Mitte Oktober wurde er zum Provinzial-Definitorium nach Raab[32] in Ungarn berufen. Als er am Vorabend von Allerheiligen zurückkehrte, trug er schon den Keim der tödlichen Krankheit in sich. Er kam spät in Krzeszowia[33] an und fand keinen Wagen, der ihn nach Czerna gebracht hätte. (Das Kloster liegt etwa eine halbe Meile entfernt von der Bahnstation). Er suchte einen Kaufmann in Krzesowia auf und verbrachte die Nacht, ermüdet und durchfroren von der Reise, auf einem Stuhl. Am Morgen trieb ihn der Wunsch, die heilige Messe zu lesen, nüchtern und zu Fuß auf den schlechten, im Winter besonders schwer gangbaren Wegen nach Czerna. Bald kam eine Brustfellentzündung zum Ausbruch. In der sorgfältigen Pflege seiner Mitbrüder schien P. Andreas wieder zu genesen. Aber nach fünf Wochen kam ein Rückfall. Da der Prior von Czerna, P. Ra-

[31] ⟨Lk 24,32.⟩

[32] ⟨Györ.⟩

[33] ⟨Richtig heißt es: Krzeszowice.⟩

phael a. St. Joseph,[34] gerade abwesend war, spendete P. Johannes Baptista[35] dem Kranken die heiligen Sterbesakramente. Er empfing sie mit unaussprechlicher Freude. Der Tod kam ihm nicht unerwartet. Sein ganzes Leben war eine Vorbereitung darauf. Längst hatte er ihn herbeigesehnt und begrüßte ihn freudig. Nach kurzem Todeskampf entschlief er friedlich.

Der Tod des P. Andreas erweckte aufrichtige Trauer bei seinen Mitbrüdern und Vorgesetzten, bei den Karmelitinnen, deren Seelen er so viele Jahre lang und mit so viele Liebe geleitet hatte (in Lüttich, Posen und Krakau), aber auch bei vielen Geistlichen außerhalb des Ordens und Weltleuten, die mit diesem vorbildlichen Priester und Ordensmann in Berührung gekommen waren. Zu seiner Beisetzung in der Gruft zu Czerna strömte eine ungeheure Menschenmenge herbei.[36] Menschlich gesprochen war sein Tod ein unersetzlicher Verlust für die begonnene Reform. Aber man durfte sich damit trösten, daß er vom Himmel herab sein Werk segnen werde. In der Tat hat der Orden in Polen in den letzten Jahrzehnten eine neue Blüte erlebt. Man schreibt sie der Fürbitte der heiligmäßigen Karmeliten zu, die in der Gruft[37] zu Czerna ruhen.

Schw. Teresia Benedicta a Cruce, O.C.D.

[34] ⟨Prior war von 1882–1885 Rafael Kalinowski (1835 Vilnius – 1907 Wadowice), 1991 heiliggesprochen.⟩

[35] ⟨Jean-Baptiste Bouchaud (1851 La Haye – 1919 Berdyczów), Mitglied der Ordensprovinz Avignon-Aquitanien.⟩

[36] ⟨Die Beerdigung auf dem Klosterfriedhof fand am 1. Dezember 1883 statt, er wurde also nicht in der Gruft beigesetzt.⟩

[37] ⟨Die verstorbenen Mitbrüder in Czerna wurden nur im 17. und 18. Jahrhundert in der Gruft beigesetzt.⟩

10.
Ein auserwähltes Gefäß der göttlichen Weisheit Sr. Marie-Aimée de Jésus aus dem Karmel der Avenue de Saxe in Paris 1839–1874 (1939)

Situierung

Im ESAK befindet sich mit der Signatur A04 68 (alte Signatur P/C-I-9) ein 36seitiges Ms von Edith Stein im Format 230 × 147 mm (neun Blätter, die zu diesem Format gefaltet und ganz beschrieben sind). Offensichtlich hat die Autorin vorher zu diesem Artikel Materialien in einem Heft gesammelt, das mit der Signatur P/C-I-1,1 ebenfalls im ESAK aufbewahrt wird.

Außerdem gibt es im ESAK zwei Maschinen-Abschriften von jeweils 22 S., eine im Format 277 × 126 mm mit der Unterschrift: Schw. Teresia Benedicta (Signatur A04 66), die zweite im Format 276 × 216 mm mit der Widmung: *Ihrer lieben, ehrwürdigen Mutter Ottilia zum 29. IX. 1940 in kindlicher Liebe und Dankbarkeit. Sr. Teresia Benedicta a Cruce* (Signatur A04 67).

Aus Edith Steins Korrespondenz wissen wir, daß dieses Lebensbild zur Veröffentlichung bestimmt war. Sie schrieb am 29. Oktober 1939 an Agnella Stadtmüller: *„Ein kleines Lebensbild der Karmelitin Marie-Aimée de Jésus (aus dem Pariser Karmel) habe ich in den letzten Monaten fertiggebracht für eine Sammlung, die P. Eugen Lense bei Benziger herausgibt.*"[1] Am 17. November 1940 schrieb sie an Johanna van Weersth: *„Ich schicke E. E. ein kleines Lebensbild von Sr. Marie Aimée mit. Ich habe es schon vor mehr als einem Jahr geschrieben für einen Sammelband, der etwa zu Ostern herauskommen sollte. Jetzt kann er aber vor Ende des Krieges nicht gedruckt werden. Jedenfalls wird Sr. M. Electa sich dafür interessieren. Ihre Übersetzung, die wir am Tisch lasen, ließ meine Wahl auf M. Aimée fallen, als ich um das Bild einer Karmelitin gebeten wurde*".[2]

Veröffentlicht 1987 in ESW XI, 101–120.

---

[1] SBB II, ESGA 3, Br. 645. Es sollte in Band II der Sammlung *Die in Deinem Hause wohnen* erscheinen; im ersten Band von 1938, S. 157 bis 163, war bereits das von Edith Stein verfaßte Lebensbild erschienen: *Eine deutsche Frau und große Karmelitin Mutter Franziska von den unendlichen Verdiensten Jesu Christi OCD (Katharina Esser) 1804–1866.* (Text siehe oben S. 163–175.). Für den zweiten Beitrag hat P. Eugen Lense in einem Brief vom 7. Mai 1939 Edith Stein Anweisungen für die Abfassung gegeben. Der Band sollte den Titel haben *„Werkleute im Gottesreich*" (SBB II, ESGA 3, Br. 625). Am 30. Mai 1939 hat sie – laut Brief an Elly Dursy – *„gerade angefangen, mich mit dem Leben und den Schriften der Sr. Marie-Aimée de Jésus zu beschäftigen*" (aaO. Br. 624).

[2] AaO. Br. 678.

Text

„Ein Blatt aus dem großen Buch von der Barmherzigkeit Gottes“ hat Schwester Marie-Aimée ihr Leben genannt. Sehr einfach ist dieses Leben in seinem äußeren Verlauf, aber von einem inneren Reichtum, der in einem kleinen Lebensbild nur leise angedeutet werden kann. Wer mehr davon zu erfahren wünscht, muß zu ihren eigenen Schriften[3] greifen.

1. Bethlehem[4]

Ein zartes Antlitz von engelhafter Reinheit und Geistigkeit, große sanft und tief blickende[5] Augen, die in der überirdischen Welt wie in ihrer natürlichen Heimat Bescheid wissen, das ist *Dorothea Quoniam*, die im Karmel den Namen *Marie-Aimée de Jésus* erhielt. Dieser Name spricht das Geheimnis ihres Lebens aus: „von Jesus geliebt“, vom ersten Tage ihres Lebens an, mit einer überwältigenden, eifersüchtigen Liebe, die sie ganz für sich in Anspruch nahm. Schon die äußeren Umstände tragen diesen Stempel. Ihre Geburtsstätte, eine strohgedeckte Hütte in dem normannischen Dörfchen Le Rozel,[6] kann es an Armut mit dem Stall von Bethlehem aufnehmen. Ihr Vater plagt sich im Taglohn als Gärtner, ohne bei allem Fleiß die Seinen vor der äußersten Not schützen zu können. Er ist tiefgläubig und liebt Frau und Kinder mit einer zarten und ehrfürchtigen Liebe. Die Mutter hat nur lesen und schreiben gelernt, aber sie ist zur Vollendung durchgebildet in der Wissenschaft der Heiligen und erzieht ihre Kinder mit einer so himmlischen Weisheit, daß ihre Tochter in ihr ein Abbild der allerseligsten Jungfrau sehen darf.

Am 14. Januar ist Dorothea geboren. In ihrem Geburtsjahr 1839 fiel auf diesen Tag das Fest des süßen Namens Jesu.[7] Sie war so schwach bei der Geburt, daß die Nottaufe gespendet werden mußte. Danach erholte sie sich und wurde lebensfähig. Der Name Jesu war das erste Wort, das die Kinder-

---

[3] Sœur Marie-Aimée de Jésus, *Religieuse Carmélite … (d'après ses notes)*, 2 Bde, [3]1923; – *N. S. Jésus-Christ, Étudié dans le saint Évangile. Sa vie dans l'âme fidèle*, 6 Bde, [3]1922–1924. Beide Bücher sind herausgegeben vom Karmel der Avenue de Saxe, der jetzt nach Créteil bei Paris verlegt ist. ⟨Eine neue Studie zu ihr siehe bei T. Quoniam, *Un défi a l'amour …?*⟩

[4] ⟨Es scheint, daß die beiden ersten Zwischentitel – *Bethlehem* und *Nazareth* – im Autograph erst nachträglich eingefügt wurden. An Stelle von *Bethlehem* stand ursprünglich *Kinderjahre.*⟩

[5] ⟨Statt *große sanft und tief blickende* ursprünglich *dunkle.*⟩

[6] ⟨Gegenüber den britischen Kanalinseln, ca. 28 km von Cherbourg entfernt.⟩

[7] ⟨Von Innozenz XIII. im Jahre 1721 für die gesamte Kirche eingeführt und am zweiten Sonntag nach Erscheinung des Herrn begangen, 1913 auf den Sonntag zwischen dem 1. und dem 6. bzw. 2. Januar verschoben, bei der Neuordnung des liturgischen Kalenders 1969 gestrichen, von Johannes Paul II. auf den 3. Januar festgelegt.⟩

lippen formen lernten. Die Erzählungen der Mutter ließen sie eher im Himmel als auf der Erde heimisch werden. Unerschöpflich ist die Mutter im Erzählen, unersättlich das Verlangen des Kindes zu hören. Mit vier Jahren hört die Kleine aus dem Munde der Mutter das Wort der „Allerhöchste". Es nimmt sie gefangen. Sie will sich nach ihrer Gewohnheit an einen einsamen Ort zurückziehen, um über das Gehörte nachzusinnen. Da wird sie, wie von einer unsichtbaren Macht, auf der Schwelle der Hütte festgehalten. Ihre Augen erheben sich zum Himmel, und sie wiederholt beständig in ihrem Innern: „Der Allerhöchste." Dann wendet sich ihr Blick dem eigenen Ich zu: „Wie klein bin ich!" „Und plötzlich", so erzählt sie selbst, „erhob mich der Geist meines Vielgeliebten in die unzugänglichen Höhen, nicht nur einmal, sondern mehrmals, bis zu dem Allerhöchsten, dem *einen* Gott in drei Personen. Der Heilige Geist, wie eine Adlermutter, hielt mich, kleines Adlerjunges, in den Fängen seiner Liebe, damit ich die Feuersgluten der Sonne der Gerechtigkeit aushalten und in der Gegenwart des Vaters verweilen könne, in dem mir der Sohn erschien; daß ich das Übermaß des Glückes und der Herrlichkeit ertrüge, da ich erfuhr, daß ich bestimmt sei – ich armseliges, gebrechliches Geschöpf – die Braut meines Herrn zu werden, wenn ich einwilligte. Ich willigte ein und wurde meinem Vielgeliebten verlobt."[8]

Das war nicht der Traum einer lebhaften Einbildungskraft. Es war das entscheidende Ereignis ihres Lebens. Von da an betrachtete sie sich als die Braut des Herrn, als Gottes ausschließliches Eigentum. Bald sollte sie erfahren, daß sie dem Gekreuzigten verlobt war. Es begann schon in diesem zarten Kindesalter die Kette der Leiden, die erst mit ihrem Tode enden sollte. Die Not zwang ihren Vater, das liebevolle Anerbieten seines Bruders anzunehmen und mit der ganzen Familie nach Paris überzusiedeln, damit er ihn wirksamer unterstützen könne. Statt der freien Natur ist ihr Heim jetzt eine Mansarde im achten Stock eines Mietshauses. Man zieht Dorothea ihre ländliche Tracht aus und wandelt sie in eine kleine Pariserin um. Das empfindsame Kindesherz leidet bitter. Aber die anderen fügen sich ohne Klage. So trägt auch sie schweigend ihr Leid. Bald sollten noch härtere Prüfungen kommen. Doch das Beste, das sie besaß, ist mit ihr gegangen: Jesus, der in ihrem Herzen zu ihr spricht, und ihre Mutter, in der sie den Herrn selbst gegenwärtig spürt. Sie ist die Vertraute ihres inneren Lebens. Doch manches, besonders die schwersten Leiden, erfährt niemand als der himmlische Bräutigam. Das Kind versteht schon das Geheimnis des Königs zu wahren, und die Mutter bleibt in Ehrfurcht davor stehen. Sie errät vieles, ohne daß es ausgesprochen wird. Es ist ihr völlig klar, welchen Schatz der Himmel ihr anvertraut hat; sie tut ihr Bestes, das Wirken der Gnade in der auserwählten Seele zu unterstützen.

---

8 Sœur Marie-Aimée de Jésus, I, 9 f.

Bald beginnt ein frühes Apostolat. Mit sechs Jahren wird Dorothea als externe Schülerin den Barmherzigen Schwestern (Vinzentinerinnen)[9] in der St. Rochus-Pfarrei anvertraut. Der Reichtum ihrer inneren Welt dringt nach Mitteilung. In den Freizeiten weiß sie hinreißend von Jesus und Maria zu erzählen. Die kleinen Gefährtinnen sammeln sich um sie und werden nicht müde, ihr zuzuhören. Sie hat auch noch andere Freunde, die sie für Gott zu gewinnen sucht. Wenn Frau Quoniam mit ihrem Töchterchen durch die Straßen geht, bemerkt sie, daß allerhand Leute, große und kleine, es mit Zeichen der Liebe und Verehrung begrüßen. Es sind die Armen, die es mit abgesparten Bissen beschenkt und zugleich mit himmlischen Lehren speist. Ein glühender Eifer für Gottes Ehre erfüllt die kleine Gottesbraut. Sie beobachtet scharf das Verhalten der Menschen, ist beglückt, wenn sie dem Herrn Ehre erweisen, voll Schmerz, wenn es daran mangelt. Ein Gefühl des Grauens verrät es ihr, wenn sie mit Menschen zusammentrifft, die in Sünden leben. Ein heißes Verlangen ergreift sie, in die Wüste zu gehen oder das Martyrium zu erleiden. Doch bald bietet sich ihren Wünschen noch ein anderes Ziel: sie hört, daß die Gottesmutter aus Liebe gestorben sei. Das möchte auch sie, und sie wird nicht mehr aufhören, um den Liebestod zu bitten.

Wer für Gottes Ehre eifert, ruft unfehlbar einen erbitterten Widersacher auf den Plan: den Feind alles Guten von Anbeginn. Er sucht Dorothea heim mit nächtlichen Schreckbildern und körperlichen Angriffen. Er bemüht sich, sie zur Gotteslästerung zu bewegen. Sie leidet unsagbar, aber sie bleibt treu. Zu diesen und anderen inneren Leiden kommt die bittere Armut. Die Familie hat nicht mehr das Nötigste zum Leben. Sie muß die Hilfe gutherziger Freunde und der öffentlichen Wohlfahrt annehmen. Die Hände des Kindes, die so gern Gaben austeilen, müssen sich öffnen, um zu empfangen. Die Braut des gedemütigten Heilandes lernt es, Demütigungen aller Art zu ertragen. Aber alle Unterstützungen sind unzulänglich. Eltern und Geschwister werden von der Not aufgezehrt. Zwei kleine Geschwister sterben bald nach der Geburt.[10] Ein älterer Bruder, ein Gnadenkind wie Dorothea, siecht dahin und stirbt den Tod eines Heiligen. Die Mutter schleppt sich, so lange sie irgend kann. Aber sie spürt, daß es nicht weitergeht. Sie führt das Kind in alle Pflichten des kleinen Haushaltes ein, zeigt ihm die Wege für die nötigen Besorgungen. 9 ½ Jahre ist Dorothea alt, als sie die Schule verläßt, um das

[9] ⟨Im Autograph nachträglich eingefügt. Im Jahr 1633 unter der Bezeichnung *Filles de la Charité*, deutsch umgangssprachlich *Barmherzige Schwestern*, offiziell *Töchter der christlichen Liebe* vom hl. Vinzenz von Paul (1581–1660) und der hl. Louise von Marillac (1591–1660) gegründete Gemeinschaft, 1655 vom Erzbischof von Paris bestätigt und 1668 vom Papst anerkannt wurde.⟩

[10] Das zweite, ein Schwesterchen, wurde aufs Land gegeben, um es am Leben zu erhalten. Es starb kurz nach der Mutter.

Hauswesen zu versehen und die Mutter zu pflegen. Schließlich muß auch der Vater die Arbeit aufgeben. Der Arzt erklärt, das Mädchen werde unfehlbar unter der doppelten Pflege zusammenbrechen. Nach einem herzzerreißenden Abschied wird der Todkranke ins Hospital gebracht. Mutter und Kind sind aufs innigste verbunden in diesen Tagen der Krankheit. Eine innere Ankündigung gibt Dorothea Gewißheit von dem nahen Tode der geliebtesten Menschen. Sie schlägt der Mutter den Empfang der hl. Sterbesakramente vor und trifft mit ihrer Einwilligung alle Vorbereitungen dafür. Bei der heiligen Handlung sind die Angehörigen von Schmerz zerrissen, die Kranke aber ist von himmlischer Seligkeit erfüllt. Als das Ende herannahte, ließ sie die guten Verwandten rufen, die soviel für die Familie getan hatten. Es war spät am Abend, Onkel und Tante bestanden in liebevoller Besorgnis darauf, daß die übermüdete Kleine zu Bett ging. Die Mutter brachte dies letzte Opfer. Sie ließ das Kind auch nicht wecken, als der letzte Augenblick kam. Sie richtete sich nur noch einmal mit ihrer letzten Kraft auf, um nach dem andern Bett hinüberzusehen. Dorothea war immer überzeugt, daß die Mutter sie in diesem letzten Augenblick gesegnet habe, wie sie es früher versprach. Als das Kind erwachte, war die Mutter seit einer Stunde tot. Es war der Morgen des 9. Januar 1850.

Damit schließt die Kindheitsgeschichte. Sie ist umweht vom zarten Duft mittelalterlicher Legenden. Die Erzählung vom Tode der Mutter erinnert an eine der lieblichsten Dichtungen der deutschen Romantik: die Geschichte der schönen Els von der Laurenburg in Clemens Brentanos „*Chronika eines fahrenden Schülers.*“[11] Aber hier ist nicht Legende oder Dichtung, sondern wirkliches Geschehen voll fruchtbarer Keime für die Zukunft.

2. Nazareth

Die liebevollen Verwandten und manche befreundete Familien hätten mit Freuden das liebenswürdige Kind adoptiert. Doch die Mutter hatte es anders bestimmt. Es sollte nach ihrem Wunsch im Waisenhaus der Barmherzigen Schwestern erzogen werden, im Schutz des Heiligtums vor den Gefahren der Welt geborgen. Dorothea kam nicht zu ihren alten Lehrerinnen in der Rochus-Pfarrei, sondern in ein anderes Haus, das für gesundheitlich schwache,

---

[11] ⟨1818 entstanden, der romantisch verklärten Liebe der Mutter zu ihren Kindern gewidmet. Clemens Brentano (1778 Ehrenbreitstein – 1842 Aschaffenburg), Bruder von Bettina von Arnim, studierte in Halle und Jena, verkehrte mit Wieland, Herder, Goethe, F. Schlegel und Tieck, war ab 1804 in Heidelberg Mitarbeiter an Achim von Arnims *„Zeitungen für Einsiedler“* und *„Des Knaben Wunderhorn“*, lebte von 1819–1824 in Dülmen/Westfalen, wo er die Visionen der sel. Anna Katharina Emmerick (1774 Coesfeld – 1824 Dülmen) niederschrieb.⟩

pflegebedürftige Kinder bestimmt war. Das war eine neue Wunde für ihr liebevolles Herz. Vier Wochen später starb ihr Vater, bald folgte das kleine Schwesterchen. Der älteste Bruder, der noch am Leben blieb, hatte schon der Mutter viel Sorge gemacht. Er war reich begabt und gewann alle Herzen, aber in einer ungläubigen Umgebung verlor er selbst den Glauben. Als er mit 18 Jahren tödlich erkrankte, mußte die Schwester um sein ewiges Heil zittern. Ihren Gebeten und ihrem liebevollen Einfluß gelang es, ihn mit Gott auszusöhnen. In seinen letzten Tagen wollte er niemand mehr sehen als den Priester und sie, die er seinen Engel nannte. Als er die Augen schloß, war das letzte irdische Band gelöst. Jesus hatte seiner Braut alles genommen, sie sollte ihr ganzes Glück in Ihm finden, und überreich waren die Gnaden, mit denen Er sie in ihrem stillen „Nazareth" überschüttete. Am 8. September 1851 wurde ihr das langersehnte Glück der ersten hl. Kommunion zuteil. Es war ihr wie dem Hirsch, der die Wasserquelle gefunden hat,[12] wie dem Kind in den Armen der Mutter. Noch nach 20 Jahren erinnerten sich ihre Gefährtinnen ihrer engelgleichen Sammlung, ihrer seraphischen Andachtsglut an den Kommuniontagen. Überhaupt konnte das Wirken der Gnade in diesem auserwählten Geschöpf der Umgebung nicht verborgen bleiben, obwohl niemand in die Geheimnisse ihres inneren Lebens eingeweiht wurde. Wohl war sie mancherlei Anfeindungen und Missverständnissen ausgesetzt, aber ihre unerschütterliche Sanftmut und Güte überwand alle Hindernisse. Sie gewann einen überaus segensreichen Einfluß auf ihre Gefährtinnen, so daß die Klosterfrauen gar nicht genug dafür danken konnten. In aller Verborgenheit bildete der Herr selbst ihre Seele. Es gelang ihr, unbemerkt von der wachsamen Umgebung ständig die strengsten Abtötungen zu üben, so daß alle liebevolle Fürsorge für ihre zarte Gesundheit unwirksam blieb. Von einer kurzen Zeit der Eitelkeit und Zerstreuung führte der Heiland sie durch zärtliche Vorwürfe und schließlich durch Untersagung der hl. Kommunion zurück. Als Er sie dann wieder zum eucharistischen Mahl einlud, nahm Er aufs neue von ihrem Herzen Besitz und verschloß es für immer gegen alles, was nicht Er war. Mitunter zeigte Er sich ihr in menschlicher Gestalt, und zwar jeweils ihrem Alter entsprechend, so daß Er mit ihr heranzuwachsen schien. Als sie in ihrem 19. Jahre stand, wollten die Verwandten für ihre Zukunft sorgen. Sie führten ihr eines Tages einen jungen Mann zu und ließen sie nach einer einleitenden Unterhaltung merken, daß er als Bewerber kam. Dorothea sagte kein Wort. Sie lächelte nur, aber dieses Lächeln war derart, daß der Arme die Augen niederschlug, errötete und wünschte, er wäre niemals an diesen Ort gekommen. Zur Seite dieses jungen Menschen hatte sich ihr der Herr „im vollen Glanz seiner jungfräulichen Schönheit" gezeigt und gesagt: „Vergleiche!" Dabei umspielte seine Lippen ein Lächeln

---

[12] ⟨Vgl. Ps 42,2.⟩

von göttlicher Ironie und rief seinen Widerschein im Antlitz der Braut hervor. Der erste Angriff dieser Art war abgeschlagen, und auch jeden späteren wußte sie mit ruhiger Festigkeit zurückzuweisen. Schon bei der Übersiedlung in ihr „Nazareth" wußte sie, daß die „Wüste" des Karmel ihr Ziel sei. Aber sie mußte die Stunde des Herrn abwarten.

Im Jahre 1857 schien es, als könnten sich ihre Hoffnungen bald erfüllen. Es hatte sich als sehr nachteilig herausgestellt, daß die Waisenkinder auf zwei Häuser in verschiedenen Stadtvierteln verteilt waren. Darum beschloß man, beide zu vereinen und in ein anderes Gebäude zu verlegen. Bei dieser Gelegenheit wurden die meisten Schwestern versetzt, viele Zöglinge traten aus; es war eine große schmerzliche Auflösung. Auch Dorotheas Verwandte wollten sie jetzt zu sich nehmen, und sie hoffte, von dort aus den Eintritt in den Orden leichter erreichen zu können. Da wurde die Bitte an sie gerichtet, mit in das neue Haus überzusiedeln. Es war zu erwarten, daß die Verschmelzung beider Gruppen von Zöglingen große Schwierigkeiten mit sich bringen werde. Dorothea sollte als Friedensengel an der Überbrückung der Gegensätze mitwirken. Sie willigte ein und brachte still das Opfer, die Erfüllung ihrer Sehnsucht auf unbestimmte Zeit verschoben zu sehen. Die Oberin, Schw. Eugénie Michelin, kam ihr mit Liebe und Dankbarkeit entgegen. Man hatte ihr viel Gutes von dem jungen Mädchen gesagt, sie sah aber bald ihre Erwartungen noch übertroffen. Dorothea arbeitete unter der Leitung der heiligmäßigen jungen Schwester Louise Rousseille. Beide waren bald ein Herz und eine Seele. Doch Schwester Louise starb schon nach einem Jahr. Ihre junge Gefährtin mußte das Werk der Versöhnung allein zum Abschluß bringen. Viel wirkte auch hier der unwiderstehliche Einfluß ihres Wesens, noch mehr vielleicht ihr Beten und Leiden.

Bis dahin hatte sie keine mystischen Schriften kennengelernt. Sie war sich auch ihrer außerordentlichen Begnadung nicht bewußt. Sie nahm an, daß solche Dinge bei allen Menschen vorkämen; da niemand darüber sprach, meinte sie, es sei etwas, was geheimgehalten werden müsse, und schwieg ihrerseits, selbst in der Beichte. Nun kam ihr eine Lebensbeschreibung der hl. Teresia[13] in die Hände. Die Angst der Heiligen vor einer Täuschung erweckte auch in ihr Furcht, eine Beute des Lügengeistes zu sein. Die hl. Mutter wies sie aber auch auf das Heilmittel hin: die Aussprache mit einem erleuchteten Geistesmann. Sie begann inständigst darum zu bitten, daß ihr ein geeigneter Priester gesandt werde. Ihr Gebet wurde erhört, da ein erfahrener Ordensmann kam, um für die Zöglinge Exerzitien zu halten. Dorothea eröffnete sich ihm und wurde völlig von ihren Ängsten befreit, auch in ihrem Karmelberuf gestärkt.

---

[13] ⟨Teresa von Ávila, im Karmel *„heilige Mutter"* genannt.⟩

3. *Die Wüste*

Dorotheas Berufung zum Karmel war schon in den Kinderjahren erfolgt. Zu einer Zeit, als sie anfing, Freude an eitlen Dingen zu finden, und ihr inneres Leben gefährdete, gab ihr die Mutter ein Buch in die Hand, worin ein kurzes Lebensbild der hl. Mutter Teresia enthalten war. Sie fand darin Zug um Zug sich selbst wieder: „Dies Kind, dem Gott mit soviel Gnaden zuvorgekommen war, das gute Bücher und heilige Gespräche so liebte, so sehnsüchtig nach dem Martyrium verlangte, und da es die Palme nicht pflücken konnte, seine Hoffnungen auf das Einsiedlerleben setzte[14] – war das nicht ich?“[15] Aber auch die Hinwendung zu eitlen Freuden und in der Folge das Erkalten der Glut zeigte ihr ihr eigenes Bild.[16] Teresia findet in klösterlicher Erziehung sich selbst wieder[17] – „dies Kind bin ich von diesem Augenblick an. Teresia beharrt im Guten und weiht sich Jesus im Orden U. L. Frau vom Berge Karmel. Das ist der Weg, der sich vor mir öffnet. Das ist mein Weg zum Himmel … Teresia lebt und stirbt heilig, auch ich will heilig leben und sterben.“

Dorothea hatte ihrer Mutter damals ihren Entschluß mitgeteilt und freudige Zustimmung gefunden. Sie war niemals darin wankend geworden. Nach den langen Jahren des Wartens schien nun die Erfüllung nahe, da ihre Aufgabe im Waisenhaus gelöst war. Die dankbaren Vorgesetzten wollten dem geliebten Kinde kein Hindernis mehr in den Weg legen. Aber nun kamen Schwierigkeiten von anderer Seite. Dorothea hatte ursprünglich nur an den ersten Pariser Karmel gedacht. Es war der einzige, den sie kannte, er lag nahe dem Waisenhaus in der Weststraße und wurde von den Schwestern mit den Zöglingen öfters aufgesucht. Aber eines Tages kehrten sie bei einem weiteren Spaziergang in den Karmel der Avenue de Saxe ein.[18] Beim Überschreiten der Schwelle vernahm die künftige Karmelitin – sie war damals etwa siebzehn Jahre alt – in ihrem Innern die Worte: „*Hier will ich dich haben.*“ Der Eindruck war so stark, daß sie ihre Oberin bat, die Priorin dieses Karmel aufsuchen zu dürfen. Sie wurde freundlich empfangen und zum Wiederkommen ermuntert. Aber ihre Jugend, ihre zarte Gesundheit

---

[14] ⟨Vgl. Teresa von Ávila, *Leben*, 1,4.⟩

[15] Sœur Marie-Aimée de Jésus, Bd. 1, S. 46.

[16] ⟨Vgl. Teresa von Ávila, *Leben*, 2.⟩

[17] ⟨Vgl. Ebd., 3,1–3.⟩

[18] ⟨Der erste Karmel wurde in Paris 1604 im Faubourg Saint-Jacques gegründet, 1617 ein zweiter in der Rue Chapon, 1657 ein dritter in der Rue de Grenelle. 1792 wurde dieser wie die beiden aufgelöst, doch 1795 von M. Camille de Soyecourt in der Rue Vaugiraud wieder gegründet und 1841 in die nahe gelegene Avenue de Saxe verlegt. Nach einer nochmaligen Auflösung 1901 lebte das Kloster in Natoye (Belgien) wieder auf und zog 1921 nach Créteil (Frankreich), wo es heute noch besteht. (MC 23 (1951) 407).⟩

und ihre Mittellosigkeit erweckten die Besorgnis der älteren Schwestern, so daß sich ihre Aufnahme lange hinauszögerte. Man schlug ihr vor, einen anderen Orden zu wählen. Aber das konnte für sie nicht in Frage kommen. „... Ich brauche den Karmel ... mit seiner Vollkommenheit und seiner Art der Vollkommenheit, den Karmel mit seiner Jungfräulichkeit, seinem Apostolat, seinem Martyrium; den Karmel mit seiner besonderen Liebe zu der geheiligten Person unseres Herrn und seiner Verehrung der heiligsten Jungfrau ohne Einschränkung auf einen ihrer Stände oder Geheimnisse."[19]

Sie hatte die hauptsächlichen Orden gründlich kennenzulernen gesucht. „Jeder hat seinen Buchstaben und seinen Geist, aber ich will den, der mit einem strengen Buchstaben den Geist der Liebe verbindet. Jeder hat sein Ziel, aber ich will das Ziel, die Kirche zu unterstützen und die Sünder zu bekehren. Jeder hat sein Hauptmittel, aber ich will das des Gebets. Jeder hat seine Vorteile, aber ich will den der Einsamkeit. Jeder hat seinen Ruhm, aber ich gehe demütig an dem vorbei, der den Ruhm der Wissenschaft hat, ehrfürchtig vor dem, der den Ruhm des Schweigens hat, ich schlage mir an die Brust, wenn ich an dem vorbeikomme, der den Ruhm der Buße hat, bin voll Begeisterung vor dem, der den Ruhm der Armut hat – doch ich eile dem zu, der über allem andern Ruhm den unvergleichlichen Ruhm der Liebe hat ...."[20]

Aber auch an einen andern Karmel konnte Dorothea nicht denken als an den, der sich ihr hartnäckig zu verschließen schien. Gottes Wille war ihr zu deutlich. Und endlich wurde ihr Vertrauen belohnt. Eine neugewählte Priorin – Mutter Sophie vom hl. Elias – erinnerte sich ihrer und lud sie von neuem ein. Ihre treue mütterliche Beschützerin, die Oberin Schw. Eugenie Michelin, verwandte sich unermüdlich für sie; ihre Klugheit besiegte schließlich auch den Widerstand des allzu liebevollen Onkels und sicherte damit eine kleine Mitgift.[21] Am 27. August 1859, dem Fest der Herzdurchbohrung der hl. Mutter Teresa,[22] durfte sie ihren Schützling in den Karmel geleiten. Es war genau der Zeitpunkt, den der Herr ein Jahr vorher seiner treuen Braut angegeben hatte.

Das Haus, das die junge Postulantin aufnahm, hatte einen vorzüglichen Geist. Die meisten Schwestern waren von der heldenmütigen Stifterin, Kamilla vom Kinde Jesus,[23] herangebildet. Mutter Sophie war eine wahre Mutter, ebenso gütig wie fest, voll Verständnis und Ehrfurcht für außerordentliche Begnadung, obwohl sie selbst nicht diesen Weg geführt wurde. Die

---

19 Sœur Marie-Aimée de Jésus, Bd. 1, S. 194.

20 AaO., Bd. 1, S. 194f.

21 ⟨Nach Teresas Absicht und Anordnung war eine solche nicht gefordert. Teresa von Ávila, *Gedanken zum Hohenlied*, Cst 21.⟩

22 ⟨Siehe dazu Teresa von Ávila, *Leben* 29,13.⟩

23 ⟨1757 Paris – 1849 ebenda. Siehe zu ihr H. de Vismes, *Camille de Soyecourt.*⟩

Novizenmeisterin, Isabella von der Geburt, war eine musterhafte Ordensfrau, aber eine übergroße Ängstlichkeit versperrte ihr den Zugang zu dieser außerordentlichen Seele. Dorothea konnte sich ihr nicht eröffnen, mußte es sogar bald ertragen, daß sie einer böswilligen Verleumdung Gehör gab. Überhaupt blieb ihr Inneres, ihr vertrauter Verkehr mit dem Herrn, allen verborgen. Nur einen Führer stellte er ihr zur Seite, dem sie rückhaltlos alles eröffnen konnte. Auch diesen Führer hatte Er ihr bereits vor ihrem Eintritt verheißen. Es war der Extraordinarius[24] des Klosters, P. Gamard S.J.[25] Er war sich sehr bald klar darüber, welches Gnadenkind ihm anvertraut wurde, und stand ihr treu zur Seite in allen Prüfungen ihres dornenvollen Aufstiegs.

Das klösterliche Leben entsprach ihren innersten Neigungen, besonders die sieben Stunden täglichen Chordienstes, die Einsamkeit und das Stillschweigen. Eine Mitschwester sah sie einst zur Zeit des mittäglichen Stillschweigens bei geöffneter Tür in ihrer Zelle lauschend stehen. Sie fragte später, was sie denn da getan hätte. Sie erwiderte, sie habe auf das Schweigen gelauscht. Was es ihr gesagt hatte, das schrieb sie für diese Schwester nieder. So entstand die wunderbar tiefe kleine Schrift über die zwölf Grade des Schweigens.[26]

Vor ihrer Einkleidung wurden wieder Bedenken erhoben wegen ihrer zarten Gesundheit. Schließlich erlangte sie aber doch die Zulassung. Bei der Feier am 15. II. 1860 zeigte sich, welches Ansehen die junge Waise in weitesten Kreisen genoß. Nicht nur die treuen Schwestern und Gefährtinnen aus dem Waisenhaus nahmen daran teil, sondern Menschen aus allen Ständen, die sie dort kennengelernt hatten. Die glückliche Braut hätte gern zur größeren Ehre ihres göttlichen Bräutigams alle Welt teilnehmen lassen.

Einen härteren Kampf kostete ihre Zulassung zu den hl. Gelübden. Man verlängerte die Prüfungszeit um die Fastenzeit des Jahres 1861. Es sollte sich zeigen, ob ihre Gesundheit dieser Belastung gewachsen wäre. In diesen Wochen zehrten beständige Leidensvisionen an ihrer Kraft, ohne daß außer P. Gamard jemand etwas davon ahnte. Während die Schwestern im Kapitel berieten, sah Marie-Aimée ihre Mutter vor dem Thron der Allerheiligsten Dreifaltigkeit um Barmherzigkeit für ihr Kind flehen. Die Entscheidung stand offenbar auf eines Messers Schneide. Die Bedrohte nahm alle ihre Kraft zusammen und vereinte ihr Gebet mit dem der treuen Fürsprecherin. Einen Augenblick später wandte sich die Mutter mit strahlendem Lächeln

---

24 ⟨Der außerordentliche Beichtvater, der außer dem ordentlichen in bestimmten zeitlichen Abständen ins Kloster kam.⟩

25 ⟨Pierre Gamard (1803 Francières – 1889 Paris), 1828 Jesuit, 1845 letztes Gelübde. Mit Dank an Dr. C. Brodkorb vom Archiv der Deutschen Jesuitenprovinz in München.⟩

26 Vgl. die deutsche Übersetzung: *„Die 12 Grade des Schweigens“*, von Schwester M. Amata von Jesus, Unbeschuhte Karmelitin. Dülmen i. W., Verlag Laumann, 1937.

ihr zu. Dann verschwand die Vision. Die Novizenmeisterin kam und brachte ihr die Botschaft, daß sie zugelassen sei.

Die Feier wurde auf den 18. April festgesetzt. Für die 10tägigen Vorbereitungsexerzitien wurde ihr das Thema gestellt: Der Tag einer Karmelitin. Die Meisterin ahnte nicht, welche Erleuchtungen der Heilige Geist ihrer Novizin über den absichtlich nüchtern und einfach gewählten Betrachtungsstoff verleihen würde. Am 10. April zeigte ihr Jesus in einer intellektuellen Vision[27] seine Seele in ihrer himmlischen Schönheit. Am Morgen des Profeßtages unterwies Er sie selbst darüber, wie Er von ihr geliebt werden wollte. Als Ergebnis dieser Belehrung schrieb Marie-Aimée folgende feierliche Erklärung nieder: „Ich will um keinen Preis, daß die Gattin eines sterblichen Menschen mir als Muster diene oder gar mich übertreffe in der Liebe, die ich gegen meinen Herrn Jesus Christus hegen muß, ebensowenig in den Liebesbeweisen, die ich Ihm schulde; ich biete ihnen allen darin Trotz."[28] In dem Augenblick, als sie die hl. Gelübde aussprach, entschwand vor ihren Augen die räumliche Umgebung; sie sah die Allerheiligste Dreifaltigkeit und sah den Sohn Gottes sich zu ihr herabneigen und sie als Braut annehmen.

Wenn die Umgebung von dem, was im Innern der jungen Karmelitin vorging, nicht unterrichtet war, so konnte die Auswirkung solcher Gnadenfülle nicht verborgen bleiben. Ihr ganzes Wesen atmete die göttliche Gegenwart. Ihr Ordensleben war bis in die letzten äußeren Bewegungen vom Heiligen Geist geformt. Sie war unerschöpflich in Beweisen der schwesterlichen Liebe, besonders wo es galt, die Herzen zu größerer Gottesliebe zu entflammen. So mußte sie alle für sich gewinnen. Das hinderte aber nicht, daß schon im ersten Jahr nach ihrer Profeß eine schwere Prüfung über sie kam. Eine junge Mitschwester hatte mit Erlaubnis der Mutter Priorin ihre Zuflucht zu ihr genommen, um Hilfe auf dem Weg der Vollkommenheit zu gewinnen. Die öfteren Gespräche brachten die beiden in den Verdacht einer ungeordneten Zuneigung (auch darauf hatte der Herr seine Braut schon vor ihrem Eintritt in den Orden vorbereitet) und führten zu ständiger Bewachung, so daß sie schließlich auf allen Verkehr verzichten mußten. Bald kamen schwere körperliche Leiden hinzu und schlossen die eifrige Ordensfrau von den geliebten gemeinsamen Übungen aus, beraubten sie auch der äußeren Bußstrenge. Qualvoller als all dies waren die seelischen Nächte, Zeiten äußerster Dunkelheit und Verlassenheit. Doch nichts konnte den Leidensdurst der treuen Braut Christi stillen. Sie wollte mit ihrem Herrn den ganzen Kreuzweg gehen. Die Frucht aller Prüfungen war eine immer innigere Vereinigung, eine immer wachsende Gleichförmigkeit mit Jesus.

---

[27] (Intuitive Einsichten ohne jede bildhafte Vorstellung gelten als die wertvollsten und am wenigsten für Täuschung anfällige.)

[28] Sœur Marie-Aimee de Jésus, I, 237.

4. Das Werk

In Wüsteneinsamkeit war das Werkzeug geschmiedet, im Feuer der Leiden gehärtet worden. Es lag einsatzbereit in der Hand des Meisters. Und der Herr zögerte nicht, sich seiner zu bedienen.

Im Jahre 1863 erschien das „Leben Jesu" von Renan.[29] Mutter Sophie sprach ihren Töchtern in der Rekreation von der verheerenden Wirkung des Buches, um sie zur Sühne aufzufordern. Einige Schwestern sahen unwillkürlich nach Schwester Marie-Aimée hin. Die Arbeit war ihr aus den Händen geglitten, ihr Antlitz war leichenblaß, ein Zittern hatte sie befallen. Sie schien einer Ohnmacht nahe. Alle kannten ihre glühende Gottesliebe. So verstand man, daß ihr Schmerz besonders groß sein mußte. Aber was eigentlich in ihr vorging, das vermochte sich doch niemand auszumalen. Von den ersten Lebenstagen an hatte der Herr von ihr Besitz ergriffen. Jesus Christus, Seiner Gottheit und Menschheit nach, war das Leben ihres Lebens, die wirklichste Wirklichkeit, die sie kannte. Sie sah den göttlichen Bräutigam an ihrer Seite, wenn sie durch die Klostergänge schritt; Er erwartete sie in ihrer Zelle, wenn sie nach pflichtmäßiger Arbeit in die geliebte Einsamkeit zurückkehrte, Er nahm beim göttlichen Offizium auf dem leeren Chorstuhl zu ihrer Linken Platz. Nun wagte es ein „neuer Arius",[30] die Gottheit Jesu zu leugnen, ihn zu einem gewöhnlichen Menschen zu stempeln. Konnte es eine tiefere Kränkung geben? „Alles zur größeren Ehre Gottes" war der Wahlspruch ihres Lebens. Nun stand diese Ehre auf dem Spiel. In ihrer einsamen Zelle vergoß sie einen Strom von Tränen. Es drängte sie, etwas zur Verteidigung zu unternehmen. „Wie!" rief sie aus, „ich bin die Braut, und ich sollte schweigen? … Ich kann nicht sprechen …, gut, so werde ich schreiben! …" Es fiel ihr ein, wie Mose auf dem Berge die Hände zum Himmel erhob und betete, während die Israeliten im Tal kämpften. Aber ihr genügte es nicht, zu beten, zu leiden und zu weinen, während Bischöfe und Priester den offenen Kampf führten. „Ja, ich werde auf dem Berge bleiben, aber von seinem Gipfel herab werde ich rufen: Jesus ist der Sohn Gottes! ja, ich werde beten,

---

[29] ⟨Ernest Renan, Religionshistoriker, Orientalist, (Kultur)philosoph, Schriftsteller (1823 Paris – 1892 ebenda), verließ 1845 das Seminar St. Sulpice, führte als hochgebildeter Professor ein eklektisch-interdisziplinär der Wissenschaft gewidmetes Leben und wurde durch seine romanhaft gekonnt stilistische Darstellung des Lebens Jesu (1863 sein Buch *Vie de Jésus*) berühmt. (LThK 8, Sp. 1106 f.).⟩

[30] ⟨Presbyter zu Alexandrien (etwa 280 Libyen – 336 Konstantinopel), leugnete die wahre Gottheit Christi, wurde von den Konzilien von Nizäa 325 und Konstantinopel 381 verurteilt, die die Wesensgleichheit des Vaters mit dem Sohn bzw. des Hl. Geistes lehren. Seine Lehre fand zeitweise starken Anklang und brachte die römische Kirche in große Gefahr. (LThK 1, Sp. 981–989).⟩

leiden, Tränen vergießen; aber nachdem ich gebetet habe, werde ich mit meinem Blut und meinen Tränen schreiben: Jesus ist der Sohn Gottes! …"

Sie ergriff eine Feder und schrieb auf ein Stückchen Papier: „Im Anfang war das Wort, und das Wort war bei Gott, und Gott war das Wort."[31] Da ergriff sie ein Geist, der nicht der ihre war, Licht überströmte sie, Worte formten sich. In wenigen Augenblicken war das Papier bedeckt: Sie hatte begonnen, die Gottheit Jesu Christi mit den Worten der Heiligen Schrift zu beweisen.[32] Nach einer Weile hielt sie erschreckt inne. Sie wollte verbrennen, was sie geschrieben hatte, aber es war ihr nicht möglich.

Als sie vor P. Gamard ihren Wunsch aussprach, den Kampf mit Renan aufzunehmen, äußerte er sein Erstaunen, da er wußte, daß ihr jede Vorbildung zu einem solchen Unternehmen fehlte. Sie übergab ihm ein Heft, worin sie aus dem Gedächtnis einige Erklärungen aufgeschrieben hatte, die er ihr acht Tage zuvor über gewisse Fragen des inneren Lebens gab. Er selbst sagt darüber: „Meine Gedanken waren darin zu einer solchen Höhe gesteigert, meine bescheidene Sprache so umgewandelt, die Lehre von so vollkommener Genauigkeit, daß diese Lektüre für mich wie eine Offenbarung war."[33] Danach durfte er vermuten, daß auch der Wunsch zu einer Erwiderung an Renan vom Heiligen Geist eingegeben war. Ehe er aber Marie-Aimée aufgetragen hatte zu schreiben, gestand sie ihm, daß sie damit bereits begonnen habe und wie es ihr dabei erging: daß nicht nur eine Überfülle des Lichtes sie überflutete, sondern daß auch ihre Hand von einer ungewöhnlichen Beweglichkeit war und daß es ihr unmöglich war, die Blätter zu verbrennen. Er sagte ihr, daß sie das gar nicht dürfe, und verbot jeden weiteren Versuch. Er erklärte sich bereit, die Anfänge des Werkes zu prüfen. Sie selbst sollte die Erlaubnis der Mutter Priorin dazu einholen und sie über das Geschehene unterrichten. Da die Prüfung die schönsten Hoffnungen erweckte, erhielt die junge Karmelitin von P. Gamard und M. Priorin gemeinsam den Auftrag, ihre Arbeit fortzusetzen. Es sollte aber niemand im Hause etwas davon erfahren. Darum wurde ihr nur die Ruhezeit der Schwestern dafür gewährt. Lange Zeit hat ihr nur eine Stunde am Tage für ihr Werk zur Verfügung gestanden. Dazu kamen allerhand andere Schwierigkeiten und Leiden, die natürlicherweise das Gelingen hätten vereiteln müssen: immer neue körperliche Erkrankungen, innere Zweifel und Beunruhigungen, mangelndes Verständnis der Umgebung. Noch erschwert wurde ihre Lage, als Mutter Isabella zur Priorin gewählt wurde. Sie mußte nun in das Geheimnis eingeweiht werden und ihre Zustimmung geben. In ihrer Ängstlichkeit wagte sie nicht, ein Unternehmen zu unterbrechen, das von ihrer Vorgängerin und

---

[31] ⟨Joh 1,1.⟩

[32] Sœur Marie-Aimee de Jésus, I, 309 ff.

[33] AaO., I, 314.

einem hochangesehenen Theologen gutgeheißen war. Aber sie war in beständiger Furcht, die junge Schwester könne das Opfer einer Täuschung sein, und versetzte die ohnehin Geängstigte immer wieder in neue Zweifel. Dazu wurde P. Gamard von Paris abberufen und konnte nur noch in seltenen Briefen Rat, Trost und Beruhigung geben. Aber kein Hindernis war imstande, das Werk aufzuhalten, zu dem Gott selbst Anregung und Förderung gab. Marie-Aimée gönnte sich keinen Augenblick Ruhe. Sobald die erlaubte Zeit kam, ging sie an die Arbeit, mochte sie auch todmüde und von Schmerzen gepeinigt sein. Und sobald sie die Feder ergriff, kam der Geist über sie. Der Herr selbst belehrte sie. Er wollte nicht, daß sie wissenschaftliche Werke zu Rate zog. Ohne daß sie selbst sich einen Plan gemacht hatte, ergab sich ein klarer Aufbau, der sich ihr erst nachträglich enthüllte: Der I. Teil behandelte das Ewige Wort im Schoße des Vaters und das menschgewordene Wort im Schoße Mariens, der II. das verborgene Leben Jesu, der III. die öffentliche Wirksamkeit, der IV. und letzte das Leiden, den Tod und das glorreiche Leben. Eine Fülle von Schriftstellen aus dem Alten und Neuen Testament boten sich ihr dar, sobald sie es nötig hatte. Sie fielen ihr mit dem Fundort ein; nachträgliche Prüfung bestätigte die Richtigkeit. Alles war von höchster theologischer Klarheit, Schärfe und Genauigkeit. Es war die lautere Lehre der Kirche, aber in der Sprache der Liebe geschrieben. Dem entsprach es, daß sich an jede Betrachtung eine Darstellung der Wirkung des jeweiligen Geheimnisses in der liebenden Seele anschloß. Diese Anmerkungen boten vorzügliche Anweisungen für das innere Leben; der Herr legte auf sie besonderes Gewicht. Am 4. Juli 1865 konnte Marie-Aimée P. Gamard den Abschluß des letzten Teiles melden. Er fand sachlich sehr wenig darin, was einer Berichtigung bedurfte. Aber die äußere Form schien ihm eine zweite Überarbeitung zu verlangen. Die junge Karmelitin begab sich unverzüglich daran, aber nach einiger Zeit verlangte ihr geistlicher Führer selbst eine Unterbrechung. Er gab ihr den Befehl, einen Bericht über die Gnaden niederzuschreiben, die ihr Gott erwiesen hatte. Dieser Bericht wurde ihr unter den Händen zu einer Geschichte ihres Lebens. (Eine Ergänzung dazu sind ihre Briefe an P. Gamard, da sie nach seiner Versetzung genötigt war, sich ihm schriftlich mitzuteilen.) Danach durfte sie wieder zu ihrem Hauptwerk zurückkehren. Es fehlte auch jetzt nicht an schweren inneren und äußeren Prüfungen. Ein neuer Oberer (Abbé le Rebours) mußte in das Geheimnis eingeweiht und um Erlaubnis zur Fortsetzung der Arbeit gebeten werden. Er erteilte sie und war bald ganz für die begnadete junge Ordensfrau gewonnen, aber zunächst mußte sie eine schmerzliche Prüfung aushalten. Gründlichstes Studium der Evangelien war die Unterlage für die zweite Bearbeitung ihres Werkes. Doch auch diesmal tat der Herr wieder das Wesentlichste zum Gelingen. Er führte Seine getreue Jüngerin in alle Geheimnisse Seines Lebens und Leidens ein, indem Er sie jeweils miterleben ließ, was sie darstellen sollte. Das bedeutete zeitweise für sie ein Übermaß der Leiden, unter dem ihre zarte Natur hätte erliegen müssen, wenn nicht außerordentlicher Gnadenbeistand ihr Leben für ihre Aufgabe erhalten hätte. Das eucharistische Leben Jesu durfte sie nur ganz kurz darstellen, weil dieses Leben selbst und der Anteil der gottgeeinten Seele daran ein verborgenes Leben ist. Nach fünf Jahren hingebender Arbeit konnte das Werk am Fest der hl. Mutter Teresia, am 15. Oktober 1869, abgeschlossen werden. Den Rest ihres Lebens durfte Marie-Aimée nun ganz mit Christus in Gott verborgen verbringen, wie es ihrer innersten Neigung entsprach. Ihre äußere Aufgabe war erfüllt. Gern hätten die Vorgesetzten und Schwestern noch manches sich von ihr erklären lassen. Aber sie sollte nicht mehr schreiben. Sie vernichtete sogar umfangreiche Aufzeichnungen über das Hohelied, um sie vor Mißdeutung zu schützen. Ohnehin waren schon manche ihrer Gedanken von Menschen aufgegriffen worden, die aus Unverstand falsche Folgerungen daraus zogen und neue Angriffe heraufbeschworen.

Da Marie-Aimée bei der ersten Niederschrift ihres Werkes „aus der Hand in den Mund“ lebte, wurden ihr Ziel wie Aufbau erst beim nochmaligen Durcharbeiten völlig klar. In jedem Abschnitt ist der erste Teil den Beweisen für die Gottheit Christi gewidmet. Der zweite will die Seele „dahin führen, Jesus Christus nachzuahmen; sie am Beginn ergreifen, wenn sie entschlossen ist, den Weg der Vollkommenheit zu betreten, sie dann bis zum Gipfel der Vollkommenheit führen auf dem Weg der reinen Liebe, durch stete Ausweitung und Vereinfachung …“, aus ihr „ein Schlachtopfer der Liebe machen …“[34]

Was Schw. Marie-Aimée durch diese Belehrungen über das innere Leben anstrebte, das war auch die Frucht ihrer lebendigen Wirksamkeit. Von Kindheit an war sie ein Apostel der göttlichen Liebe gewesen: bei ihren Mitschülerinnen, bei den Zöglingen des Waisenhauses, schließlich bei ihren Mitschwestern. Sie erlebte die Vollendung an Schwester Aloysia Gonzaga: die Verbindung dieser beiden Seelen hatte soviel Anstoß im Kloster erregt und über beide viel Leid und Demütigung gebracht. Aber sie war vom Herrn gewollt; er erleuchtete seine bevorzugte Braut, so daß sie ihrer Schwester beim Aufstieg helfen konnte, gewährte ihr den Trost, sie heiligmäßig sterben zu sehen und ihr einen schnellen Übergang aus dem Reinigungsort in die himmlische Herrlichkeit erwirken zu dürfen. Während des Krieges 1870/71[35] war sie die Stütze des Hauses durch ihr ruhiges Vertrauen und ihren unstörbaren inneren Frieden. Auf ihre Veranlassung sicherte sich die klösterliche Familie den besonderen Schutz des Himmels durch ein Gelübde und blieb während der Beschießung völlig unversehrt. Während der letzten Jahre ihres Lebens

[34] AaO., I, 416.
[35] ⟨Der deutsch-französische Krieg.⟩

(1871–1874) war ihr auch die Heranbildung der Novizen anvertraut. Sie übernahm und versah ihr Amt in tiefster Demut, allein auf Jesus vertrauend. Ihr Beispiel allein war schon eine seelenformende Macht, ihre spürbare Gottverbundenheit mußte hinreißend wirken. Sie war aber auch eine tatkräftige Führerin. Wo es not tat, schreckte sie vor strengem und entschiedenem Vorgehen nicht zurück. Es war aber auch dann wohl zu merken, daß es aus Liebe geschah. Eine wahrhaft göttliche Liebe, die mit unermüdlicher Sorgfalt die anvertrauten Seelen umgab. Dazu kam eine übernatürliche Erleuchtung, die ihr die Seelen erschloß und sie genau erkennen ließ, wessen sie bedurften, in welche Umstände sie kommen würden und wie sie darauf vorbereitet werden müßten. Eine dieser Novizen war ihr vom Herrn bereits anempfohlen worden, als sie noch ein Kind von 12 Jahren war, Marie-Aimée 18 Jahre alt. Beide waren damals dem Karmel noch fern, einander unbekannt; als aber die Postulantin sich im Sprechzimmer vorstellte, erkannte die junge Meisterin sie als eine der ihr besonders anvertrauten Seelen. Diese Novizin hat bald nach dem Tode ihrer Meisterin ihre Eindrücke aufgezeichnet: „Ich sah Schwester Aimée de Jésus zum erstenmal im Mai 1871, zur Zeit, als ich in den Karmel einzutreten wünschte. Mein Eindruck beim Öffnen des Gitters war eine tiefe Dankbarkeit gegen den Herrn, der meine Bitte … erhört hatte, mir eine *Heilige* zur Einführung ins Ordensleben zu geben. Der Anblick ihres so vollkommen ruhigen und reinen Gesichts, ihr alles durchdringender Blick hatten mich bereits überzeugt, daß sie in meiner Seele las bis auf den Grund. …“ Anfangs hielt eine gewisse Scheu sie von einer mündlichen Aussprache zurück. Darum beschloß sie, schriftlich ihr Herz zu eröffnen. „… sie kam zu mir, sah mich sanft an und sagte mir einige Worte. Das war alles, aber wieviel lehrte mich dieser Blick … (Ich hatte) die innerste Überzeugung, daß meine Seele mit der ihren verbunden sei, daß eine Heilige mich als ihr Kind annahm, daß in ihr und durch sie Jesus sich jetzt und in Zukunft seinem kleinen Geschöpf schenken werde. …“

5. *Consummatum est*[36]

Während Marie-Aimée junge Seelen für ihren geliebten Herrn heranbildete, vollendete er selbst sein Werk in ihrer Seele. Immer tiefer wurde die Vereinigung mit dem Gottmenschen und der ganzen Allerheiligsten Dreifaltigkeit, immer restloser die Lösung von allem Irdischen. Prüfungen und Leiden aller Art trugen dazu bei. Krankheit und Schwäche nahmen immer mehr überhand. Gerüchte, die sich über das Werk der einfachen Karmelitin verbreiteten, führten zu Angriffen aus Priesterkreisen, so daß schließlich das Urteil

[36] ⟨Es ist vollbracht; vgl. Joh 19,30.⟩

des päpstlichen Nuntius[37] eingeholt werden mußte. Der Superior, der sich anfangs so gütig gezeigt hatte, ging wiederholt streng gegen sie vor; zeitweise brachte er es durch sein Eingreifen sogar dazu, daß das Einvernehmen mit ihrem treuen Führer getrübt wurde. Noch die Sterbende unterwarf er einer Prüfung, die alle Schwestern in höchste Bestürzung versetzte: er hatte sich erboten, ihr selbst die hl. Ölung zu spenden. Als sie die versammelte Kommunität in der üblichen Weise um Verzeihung gebeten hatte, gab er ihr den Befehl, noch um Verzeihung für die Ärgernisse (scandales) zu bitten, die sie gegeben hätte. Sie wiederholte die vorgesprochenen Worte in aller Ruhe. Die Betrübnis der Schwestern war um so größer, als sich während ihrer letzten Krankheit auch ihre größten Gegnerinnen von ihrer Heiligkeit überzeugt hatten. Es war eine Grippe, die sie Anfang Januar 1874 – bald nach ihren letzten Exerzitien – befiel. Es fügte sich, daß sie von Schwestern gepflegt wurde, die früher sehr gegen sie waren; sie umgaben sie mit aller Liebe und betrachteten es als eine Gnade, daß sie es durften. Zweimal wurde beobachtet, daß ihr Haupt längere Zeit von Lichtglanz umflossen war und ihr Antlitz dabei dem eines drei- oder vierjährigen Kindes glich. Zu dieser Zeit war Mutter Isabella, die ehemalige Novizenmeisterin, wieder Priorin. Auch sie war sich jetzt darüber klar, welchen Schatz das Haus an der Kranken besaß. Sie fühlte auch stark die Verantwortung für ihr Werk und veranlaßte sie, noch auf dem Sterbebett ihren handschriftlichen Nachlaß zu ordnen und zu überprüfen. Nach jenem peinlichen Zwischenfall bei der hl. Ölung fragte Mutter Isabella im Sprechzimmer den Superior nach dem Grund seines Vorgehens. „Ich wollte ein Beispiel geben", sagte er, „und zeigen, was die Tugend vermag. Ich wollte auch mir selbst Gewißheit verschaffen, von welchem Geist diese Nonne während ihres Lebens geführt wurde." Danach begab sich die Priorin zu der Kranken und fragte eindringlich, in welcher seelischen Verfassung sie sich befinde. Als Antwort übergab ihr Marie-Aimée einen mit Bleistift geschriebenen Zettel und sagte: „In diesem Zustand befindet sich meine Seele seit meiner letzten Retraite[38] und während dieser Krankheit." Sie hatte in der dritten Person geschrieben, aber es war ein Bericht über ihre eigene Seelenverfassung, für P. Gamard bestimmt. „Diese Seele vergißt alles, sie ist wie ein Fremdling; sie bittet nicht mehr für sich selbst, aber der Heilige Geist gibt ihr Gebete ein, die ganz ihren Bedürfnissen entsprechen und von großer Vollkommenheit sind. … Diese Seele ist in Frieden. Meist kommt sie auf die empfangenen Gnaden nicht mehr zurück und kann es gar nicht. … Ist sie genötigt, darüber zu schreiben, so tut sie es sofort und beschränkt sich auf gewisse Dinge, die ihr besonders auffallen

[37] ⟨Flavio Chigi (1810 Rom – 1885 ebenda) weilte als Gesandter in Moskau, von 1856–1861 als Nuntius in München, von 1861–1873 in Paris, 1873 Kardinal.⟩

[38] ⟨Einkehrzeit.⟩

und von denen sie sieht, daß ihre Bekanntgabe zur Ehre Gottes oder zum Heil der Seelen dienen werde. ... Diese Seele zieht sich nicht mehr andern vor und urteilt über nichts; sie verachtet sich selbst und schätzt den Nächsten sehr hoch ...; sie kennt keine Verstellung mehr, sondern ist einfältig wie ein Kind. ... Sie wünscht in sich und in allem nur die Erfüllung dessen, was Gott gefällt. Sie möchte nicht mehr Talent, nicht mehr Gnaden, nicht mehr Heiligkeit als Gott beschlossen hat, ihr zu geben; sie hat wohl einen unersättlichen Durst nach Leiden und Verdemütigungen, jedoch sie will nur, was Gott will. ... Sie wendet sich wie naturgemäß an Jesus, als ob er allein existierte; und da er ihr immer antwortet, vergißt sie mehr und mehr alles Geschaffene und stützt sich nur auf ihren Vielgeliebten. Sie ist frei, nichts verwirrt sie. Sie ist bereit, jedermann zu gehorchen. ... Der Anblick ihrer Fehler verwirrt sie nicht, die der andern bemerkt sie selten und entschuldigt sie immer."

In den letzten Tagen lag das wachsende Verlangen nach der Anschauung Gottes, die Sehnsucht, aus Liebe zu sterben, in Streit mit dem Wunsch zu leiden. Nachdem sie den ganzen Kreuzweg mit dem Herrn gegangen war, mußte sie auch noch das Äußerste – die Gottverlassenheit – mit Ihm teilen. Dann kam der Friede der Ewigkeit. Am 4. Mai 1874, früh um 9 Uhr, hob sie „die Augen zum Himmel, lächelte mit einem Ausdruck, in dem Glück, Überraschung und Entzücken sich mischten, richtete sich auf, als wollte sie sich zu dem emporschwingen, den sie so sehr geliebt hatte, und verschied, ohne daß man den letzten Atemzug wahrnehmen konnte."[39] Es hatte sich vollendet, was sie einst in einem Dankeshymnus dem Herrn zugejubelt hatte: „Mein Vielgeliebter hat mich mir genommen, damit ich mehr sein eigen sei! Ich bin die Beute seiner Liebe! Er ist in mir wie ein Feuerstrom, der meine Seele in das Meer der unendlichen Liebe fortreißt, in Gott."[40]

Sr. Teresia Benedicta a Cruce
Karmel Echt.

---

[39] Sœur Marie-Aimée de Jésus, II, 422.

[40] ⟨Auf der masch. Fassung steht folgender handschriftlicher Vermerk: *„Diese Studie schrieb Sr. Teresia Benedicta im Sommer 1939. In einem Brief vom 30. Mai 1939 [an Anna Dursy] schreibt sie darüber, und auch in jenem vom 17. XI. 40 an Beek"*. (SBB II, ESGA 3, Br. 624 bzw. 678).⟩

Teil III
Rezensionen

1.
Karl Adams Christusbuch
(1933)

Situierung

In der Zeitschrift *Die christliche Frau* erschien in der März-Nummer 1933, 84–89 eine Rezension Edith Steins über Karl Adam, *Jesus Christus.* Haas & Grabherr, Augsburg 1933, 352 S.[1]

Im ESAK wird eine Kopie der gedruckten Veröffentlichung aufbewahrt. (Signatur B II 14b).

Text

Das lange erwartete Christusbuch von Adam[2] – hervorgegangen aus Vorlesungen, die er 1931 in Salzburg[3] und dann in Tübingen hielt – wird uns nun als Geschenk für die Fastenzeit gegeben, und man möchte es recht vielen in die Hände legen, damit es ihnen helfe, in der „Zeit des Heils" die Wege des Herrn mitzugehen. Eine starke und innige Christusliebe hat hier die meisterhaft geübte historische Kritik zur scharfen Waffe für die Verteidigung

---

[1] Eine kirchen- und theologiegeschichtliche Einordnung und kritische Würdigung siehe bei A. Angenendt, *Toleranz und Gewalt*, 120: *„Wie … aus der Bagatellisierung der theologischen Erbsünde biologischer Rassismus werden konnte, zeigt der katholische Tübinger Theologe Karl Adam († 1966), der mit seinem ‚heldisch' gezeichneten ‚Jesus Christus' in den dreißiger Jahren des vergangenen Jahrhunderts zum internationalen Bestseller-Autor wurde und dementsprechend den heldischen Menschen forderte, den er im rassisch wertvollsten Menschentyp, dem arischen, wiederfand."* In seiner Aachener Rede vom 10. Dezember 1939 verstieg er sich sogar zu folgender Behauptung: *„Das deutsche Blut bleibt der substantielle Träger unserer christlichen Wirklichkeit. Für den deutschen Katholiken ist jeder Volksgenosse, auch der Glaubenslose, der Bruder, wenn auch ein Irrender, und er [der deutsche Katholik] steht ihm [dem glaubenslosen Volksgenossen] näher auf Grund der natürlichen Voraussetzungen als der christliche Hottentott."* Man fragt sich, wie Edith Stein dennoch eine so rundherum positive Rezension schreiben konnte. Siehe auch 555 f.

[2] ⟨Karl Adam (1876 Pursruck – 1966 Tübingen), 1917 Professor in Straßburg, 1919–1949 in Tübingen, bedeutsam durch die Betonung der echten Menschheit Jesu und deren mittlerischer Erlösungsbedeutung. (LThK 1, Sp. 141 f.).⟩

[3] ⟨Karl Adam war 1931 bei den ersten Salzburger Hochschulwochen dabei und sprach zum Thema „Christus". (Freundliche Mitteilung vom Büro der Salzburger Hochschulwochen).⟩

des Glaubens werden lassen. Es ist eine Freude für den Gläubigen zu sehen, wie das Werkzeug des Unglaubens ihm entwunden und gegen ihn selbst gewendet ist (ich halte dies nicht für eine vereinzelte Erscheinung, sondern geradezu für die Signatur der großen Wende in der Wissenschaft unserer Tage, die man als den Tod des Liberalismus bezeichnen kann). Und für viele Schwankende und Zweifelnde dürfte es eine Stütze werden. Ob es auch geeignet sein mag, für den Ungläubigen ein Weg zum Glauben zu werden, darüber möchte ich am Schluß noch ein Wort sagen.

Adam geht von der Situation der Gegenwart aus. „*Das Wesen des Christentums und der Mensch von heute*" lautet das erste Kapitel. Wenn Dostojewski in den Dämonen[4] es als die entscheidende Glaubensfrage bezeichnete, ob der zivilisierte europäische Mensch noch an die *Gottheit Jesu* glauben könne, so wird hier als das Zentralgeheimnis des Christentums die Gott*menschheit* betont. Das ist der Sinn des Titels und das zieht sich als Leitmotiv durch das ganze Buch: *Jesus ist der Christus;* es hat einmal in dieser Welt einen Menschen gegeben, der Gott war. Die Gottmenschheit ist das eigentliche Sakrament, das sacramentum conjunctum:[5] Dadurch daß Gott wahrer Mensch geworden ist und uns in seine Menschheit aufgenommen hat, sind wir erlöst. Dieses Mysterium der Erlösung wurde entstellt durch den Jesuanismus[6] der *liberalen Theologie*, die in Jesus nur ein neues Menschentum sah. Es ist auch ein wenig verzeichnet in den *östlichen Liturgien*, die einseitig die Gottheit betonen. Eine Verzeichnung ist auch die Auffassung mancher Vertreter der *dialektischen Theologie*, die nur darin die Bedeutung der Menschheit Jesu sehen, daß in ihr der gerechte und gnädige Gott uns begegnet, die also Christus auch nur auf die Seite Gottes stellen und die wesentliche Mittlerstellung verkennen, wie sie der Hebräerbrief zeichnet. Grund und Inhalt des *geschichtlichen Christentums* ist dieser dogmatische *gottmenschliche Christus*. Zu diesem Christus muß man – nach dem heutigen Stande der Wissenschaft – Ja sagen oder man muß die historische Existenz Christi leugnen; ein Buch wie Harnacks „Wesen des Christentums"[7] (das mit besserem Recht „Wesen des Judentums" heißen könnte) wäre heute nicht mehr möglich.

Die Schwierigkeit des modernen Menschen, zu diesem Christus Ja zu sa-

---

[4] ⟨Von Fjodor Dostojewski 1873 veröffentlichter Roman, der das politische und soziale Leben im vorrevolutionären Russland des späten 19. Jahrhunderts beschreibt, als unter zunehmender Labilität der zaristischen Herrschaft und traditionellen Wertesystemen verschiedene Ideologien aufeinanderprallten, die jeweils als Protagonisten dargestellt werden.⟩

[5] ⟨„vereinte Sakrament".⟩

[6] ⟨Darlegung der irdischen Gestalt und Geschichte Jesu. Das Interesse gilt nicht der gottmenschlichen Person Jesu, sondern seinem Menschsein.⟩

[7] ⟨1900 erschienen. Adolf von Harnack (1851 Dorpat – 1930 Heidelberg), bedeutendster protestantischer Theologe und Kirchenhistoriker des späten 19. und beginnenden 20. Jahrhunderts.⟩

gen, beruht darauf, daß seit *Kopernikus*[8] und *Kant*[9] der Blick nicht mehr auf die Hintergründe, sondern auf die Erscheinungswelt gerichtet, daß das metaphysische Denken verkümmert ist. (Es scheint mir, daß hier der „moderne Mensch" doch noch zu sehr als der *liberale* Mensch gesehen wird. Jene Wende im modernen Denken, die ich vorhin als „Tod des Liberalismus" bezeichnete, könnte man positiv ein Wiedererwachen des metaphysischen Denkens nennen.) Adam erinnert hier an *E. Gilsons* Bonaventura-Buch[10], das auf den leidenschaftlichen Kampf Bonaventuras gegen die Herübernahme der *aristotelischen Erkenntnistheorie* durch Albert[11] und Thomas[12] hinwies; ein Kampf, der sich gegen die Trennung von göttlichem und menschlichem Denken, Natur und Übernatur wandte, als deren Folge ein von Gott emanzipiertes menschliches Denken und die Idee einer von Gott gelösten, selbständig existierenden Natur anzusehen ist. (Ich möchte wiederum betonen, daß in dieser Stellungnahme Adams gegen eine Grundposition neuzeitlicher katholischer Wissenschaft – d. h. einer Wissenschaft von Katholiken, die betonen, daß sie als Wissenschaftler nicht anders vorzugehen hätten als jeder andere Wissenschaftler, da Erkenntnis und Glaube völlig getrennte Wege seien[13]) – wiederum nichts Vereinzeltes zu sehen ist, sondern daß sich auch darin eine allgemeine Krisis des Denkens ankündigt: eine Krisis, für welche die historische Erforschung der Scholastik den Boden bereitet hat, indem sie uns die Geisteskämpfe des 13. Jahrhunderts enthüllte und uns das traditionelle Schulsystem in seiner historischen Bedingtheit zeigte. Der Altmeister dieser historischen Forschung, Kardinal *Ehrle*[14], hat das, was ich im Auge habe, knapp und scharf in seinem Büchlein über die Scholastik[15] ausgedrückt, indem er deutlich macht, daß Schulthomismus und Thomas, Thomas und Scholastik nicht gleichbedeutend seien. Aus dieser historischen

---

[8] ⟨Nikolaus Kopernikus (1473 Thorn – 1543 Frauenberg), Astronom, Domherr zu Frauenberg.⟩

[9] ⟨Immanuel Kant (1724 Königsberg – 1804 ebenda), bedeutendster Philosoph der Aufklärung.⟩

[10] ⟨Étienne Henri Gilson, *La philosophie de saint Bonaventure*. Paris 1924.; Bonaventura (1221 Bagnoreggio–1274 Lyon), Theologe, Kardinal.⟩

[11] ⟨Albertus Magnus (um 1200 Lauingen – 1271 Köln), Universalgelehrter, Philosoph, Theologe, Lehrer des Thomas von Aquin.⟩

[12] ⟨Thomas von Aquin (um 1225 Roccasecca – 1274 Fossanuova), bedeutendster Theologe des Mittelalters.⟩

[13] Ich möchte nicht dahin mißverstanden werden, als würfe ich jenen Forschern den Standpunkt einer „doppelten Wahrheit" vor. Im Gegenteil, sie berufen sich darauf, daß die Wahrheit nur eine sei und daß man darum nicht zu widersprechenden Ergebnissen gelangen könne; sie erkennen auch den Glauben als negative Instanz an.

[14] ⟨Franz Ehrle (1845 Isny – 1934 Rom), Jesuit, Mediävist, 1922 Kardinal.⟩

[15] Kardinal *Franz Ehrle S.J.* Die Scholastik und ihre Aufgaben in unserer Zeit. Zweite vermehrte Auflage, besorgt von Franz Pelster S.J. Herder & Cie., Freiburg i.⟨m⟩ B.⟨reisgau⟩ 1933.

Erkenntnis ergibt sich die systematische Aufgabe, durch die lebendige Auseinandersetzung mit den großen katholischen Doktoren zu einer Erneuerung unseres philosophischen und theologischen Denkens zu kommen.[16] Es bedarf für den modernen Europäer einer neuen Einstellung zum Übernatürlichen, um den wahren Christus sehen zu lernen.

Das II. Kapitel – „*Der Weg des Glaubens*" – will diese Geisteshaltung aufweisen. Mit Berufung auf das phaenomenologische Prinzip, daß jedem Gegenstand ein spezifischer Akt entspreche, wird die Grundhaltung und der eigentümliche Akt gekennzeichnet, die dem Gottmenschen entsprechen. Die bloße Möglichkeit, daß man es in Christus mit der Gottheit zu tun habe, verlangt, daß man der Frage, wie es sich damit verhalte, mit *Ehrfurcht, heiligem Ernst* und *größter Gewissenhaftigkeit nachgehe.* Dagegen verstößt die Leichtfertigkeit der Methode der kritischen Theologie seit den Zeiten der Wolfenbüttler Fragmentisten,[17] die sich schon im dem Zerbröckeln aller ihrer einst so kühn vorgetragenen Hypothesen enthüllt. Das zweite Erfordernis ist *voraussetzungslose Aufgeschlossenheit* für all das, was mit der Möglichkeit des Göttlichen gegeben sein kann. Wer mit der Voraussetzung beginnt, daß alles sich in Naturkausalität und lückenlose geschichtliche Abfolge einreihen lassen müsse, für den scheidet der Eindruck eines radikal Neuen von vornherein aus. – Der *Akt*, in dem Christus ergriffen werden muß, ist durch die Tatsache, daß es sich um die Frage des *persönlichen Heils* handelt, von jeder profanen Erkenntnis unterschieden als ein nicht bloß intellektueller, sondern als einer, an dem der *ganze Mensch* beteiligt ist. Aus dem Bewusstsein der Endlichkeit und Abhängigkeit ergibt sich das *Verlangen nach einem letzten Absoluten*, das sich mit der *metaphysischen Angst* und einem beim Erwachsenen hinzutretenden persönlichen *Schuldgefühl* zu einem *natürlichen* (Adam sagt: „angeborenen") *Glauben* verbindet, einem Sinn für das Göttliche und Heilige. Aber dem bloßen religiösen Gefühl kommt noch kein Erkenntniswert zu. Die Frage nach Christus aber ist eine Wirklichkeitsfrage, bei der dem kritischen Denken eine führende Rolle zu-

---

[16] Ich bin durchaus der Überzeugung, daß die historische wie die systematische Forschung geeignet ist, die Vorrangstellung des hl. Thomas als Kirchenlehrer begreiflich zu machen. Ich persönlich möchte auch einer Ablehnung der Scheidung von Natur und Übernatur keineswegs das Wort reden. Ich möchte nur betonen, daß „philosophia perennis" kein starres, ein für allemal abgeschlossenes System ist, sondern ein lebendiger Strom, der sich immer wieder aus den Quellen erneuern und immer lebendig fortströmen muß.

[17] ⟨Damit sind Hermann Samuel Reimarus (1694 Hamburg – 1768 ebenda), Theologe und Orientalist, und Gotthold Ephraim Lessing (1729 Kamenz – 1781 Braunschweig), Dichter und Dramaturg gemeint. In den sieben „Fragmenten eines Ungenannten", die G. E. Lessing 1774–1778 veröffentlichte und von denen er behauptete, sie entstammten einem Ms. der Wolfenbütteler Bibliothek, vertritt Reimarus *„die prinzipielle Zurückweisung der universalen Geltung einer historischen partikularen Offenbarung und verbindet damit die vehemente Verteidigung einer rein vernünftig begründeten Religion"* (LThK 8,1005 f.).⟩

kommt. Das „*wertende Gefühl*" steht am Anfang der religiösen Erkenntnis und lenkt das Wahrheitsinteresse darauf, das Göttliche zu suchen. Auf die Spuren des Göttlichen stößt dann der forschende *Intellekt*, indem er z.B. durchbrochene Kausalreihen feststellt; das auftauchende Neue wird wiederum mit dem religiösen Gefühl ergriffen. Religiöses Gefühl und Verstandesarbeit sind aber nur Vorbedingungen der *echten religiösen Erkenntnis*, die nur möglich wird durch *göttliche Tat*. Der Glaubensakt ist der letzte Ausläufer des *einen* Tatbestandes der *Offenbarung*, die von der Inspiration der Patriarchen, Propheten und Apostel über die Verkündigung der Kirche zur persönlichen Inspiration der Gläubigen führt. (In dieser Analyse des Glaubens finde ich das Eintreten der Offenbarung durchaus zutreffend gekennzeichnet, in der Darstellung der natürlichen Momente finde ich aber noch Unklarheiten. Das, was zunächst als „natürlicher Glaube" gekennzeichnet wird, ist kein bloßes „Gefühl der Abhängigkeit", das im Subjekt beschlossen bliebe und nicht darüber hinausführen könnte, sondern ist ein intentionaler Akt, der über das Geschöpfliche und Endliche in der Richtung des Absoluten vorstößt – der spezifisch *metaphysische* Akt – und in dem *offenbarten* Absoluten seine Erfüllung findet.) Als der Grundfehler der *dialektischen Theologie* wird es gekennzeichnet, daß man den Glaubensakt von allen natürlichen Grundlagen loslösen will und als Alleinwirken darstellt – im Gegensatz zur Lehre Christi, der das Forschen in der Schrift verlangte. Demgegenüber wird der *katholische Standpunkt* folgendermaßen zusammengefasst: Zum Bekenntnis des ganzen Christus kommen wir nur auf dem Weg des Glaubens, nicht des Wissens. Dieser Glaube ist ganz und gar Gottestat, fides infusa[18]. Aber der übernatürliche Glaube ist nicht wurzellos. Er ruht vielmehr auf deutlichen historischen Einsichten in die Glaubwürdigkeit Jesu und seines Werkes. Das durch historisch-nationale Erwägungen gewonnene Glaubwürdigkeitsurteil gewinnt jedoch seine überwältigende, bezwingende Kraft erst dadurch, daß es von der Gnade Gottes durchseelt und erhellt ist. (Ich vermisse in den natürlichen Grundlagen des Glaubens an dieser Stelle wiederum den Faktor, der als metaphysisches Denken in Anspruch zu nehmen ist, die natürliche Gotteserkenntnis.)

So werden denn im III. Kapitel die *Quellen des Lebens Jesu* – heidnische, jüdische und christliche – aufgewiesen und nachgeprüft mit dem Ergebnis, daß das Messiasbild der Evangelien keine irdischen Ursprünge habe. „Wir können es religionsgeschichtlich nicht erklären, erst recht nicht wegerklären." (S. 101.)

Im IV. Kapitel zeichnet Adam *die geistige Gestalt des Christus*, das Bild des Menschen Jesus, wie es sich ihm aus den Evangelien ergibt: ein Mensch von hinreißender äußerer Erscheinung, kerngesund, kraftvoll und abgehärtet,

[18] ⟨Eingegoßener Glaube.⟩

voll ursprünglicher Freude an der Natur und in ihr lebend; seiner Geistesart nach von unerhörter Zielklarheit und unbeirrbarer Sicherheit; ein absolut Einsamer, der darum immer wieder die Einsamkeit aufsucht; ein Held und geborener Führer und König; leidenschaftlich zürnend gegenüber allem Unheiligen und Widergöttlichen und gerade darin dem prophetischen Messiasbild gleichend; kein wirklichkeitsfremder Idealist, kein Ekstatiker, sondern voll nüchternen, rationalen Wirklichkeitssinnes; von schneidender Verstandesschärfe in der Auseinandersetzung mit seinen Gegnern und in der Abscheidung aller menschlichen Zutat vom ursprünglichen Sinn des Gesetzes. Er sieht die Menschen wie sie sind, in ihrer ganzen Sündhaftigkeit, und leidet an ihnen; auch an den Jüngern. Aber so, wie sie sind, umfaßt er sie mit seiner mütterlich-zarten, schöpferischen Liebe; im letzten Abendmahl nimmt er sie mit aller ihrer Not in sich hinein, um ihrer Not ein Ende zu machen. Hier leuchtet der *Erlöser* auf.

Die scheinbaren Gegensätze seines Wesens lösen sich, wenn man vordringt zum *Innenleben des Christus* (V. Kap.) Jesu „große Leidenschaft“ ist die Liebe zum Vater. Er geht zum Beten in die Einsamkeit, aber nicht, wie das auch sonst Menschen tun; seine Einsamkeit ist das Einssein des Sohnes mit dem Vater, das ihn von allen Menschen aussondert. Er braucht keinen Menschen, gibt allen ohne von irgend einem etwas zu empfangen, bleibt im Innersten für alle unzugänglich. Er bittet um Vergebung für andere – nie für sich. Er ist frei von allem Sündenbewusstsein. Und er bittet in der vollen Gewissheit des Erhörtseins. Dem entspricht das Gottesbild Jesu: Er sieht Gott als den Allwirkenden und sieht Sein lebendiges Wirken in allen Dingen;[19] darum ist das Wunder für ihn etwas ganz Natürliches und jeden Augenblick Mögliches. Er sieht Gott sodann als den allheiligen Willen, vor dem nichts heilig ist und dem unbedingter Gehorsam gebührt. So kennt Jesus schlechthin keinen andern Wunsch als den, des Vaters Willen zu erfüllen: Er ist der absolut Heilige, das „Lamm ohne Makel“. Er sieht zutiefst Gott als den Alliebenden; daraus entspringt seine unvergleichliche Sicherheit und sein Vertrauen: Furcht und Sorge ist ihm völlig fremd, das Erstaunlichste für ihn ist der Unglaube. So stehen wir vor der Tatsache, daß es einmal einen Menschen gegeben hat, „der Sich in innigster Lebens- und Liebesverbundenheit mit Seinem Vater im Himmel wusste, der Gottes Schöpferwirken mit bloßen Augen sah und dessen ganze geschichtliche Erscheinung die Erscheinung des Heiligen war.“ (176) Wer Er ist, das kann nur Er selbst bezeugen.

---

[19] Es steht an dieser Stelle ein Angriff gegen die Lehre von den Causae secundae und die Idee einer in sich geschloßenen Natur, der jener Ablehnung der Scheidung von Natur und Übernatur im ersten Kapitel entspricht und ebenso wie diese m. E. weit über das Ziel hinausschießt.

Die Selbstaussagen des Christus (VI.) stehen in engem Zusammenhang mit seinen Reden vom *Himmelreich* oder Gottesreich. Er ruft auf zur Buße und Gerechtigkeit; aber sie sind nur Vorbereitung auf das, was kommen wird; und das ist nichts anderes als die beseligende Vereinigung mit Ihm und dem Vater. Er verkündet sie als ganz nahe und doch das Weltgericht als fern und unbestimmt; das ist nur so zu verstehen, daß Er sich als den *Weltenrichter* weiß und sein erstes Kommen bereits als Anbruch des Reiches. Seine Frohbotschaft vom Reich ist das absolut Neue, nicht seine Sittenlehre, die nur das alttestamentliche Erbgut von seinen menschlichen Hüllen befreite. Er kommt als *Anbruch des Ewigen* im Zeitlichen; als das wußte Er sich selbst: es besteht kein geschichtliches Recht, daran vorbeizugehen und sich nur „an Jesu Menschenfreundlichkeit und Unschuld zu erwärmen." (206 f.) – Jesus erhebt den Anspruch, Messias und Weltenrichter zu sein, nicht als ein Geschöpf, sondern aus dem Bewußtsein, *Gott selbst* zu sein. Er weiß sich erhaben über alle Propheten, über den Tempel, den Sabbath, das Gesetz. Er kann Sünden vergeben. Er ist nicht nur Verkünder des Glaubens, sondern dessen Inhalt. Er verlangt von den Menschen denselben Gehorsam, denselben Anschluß an Seine Person, wie für Gott. Ihm ist alle Macht in die Hände gegeben; Er allein kennt den Vater und wird vom Vater allein erkannt; durch Ihn allein wird Gott offenbar.

Das überwältigendste Zeugnis für Seine Gottheit ist die *Auferstehung des Christus*. Das VII. Kapitel trägt alles Beweismaterial zusammen, das sie als historische Tatsache beglaubigt. Durch die Auferstehung wurde den Jüngern das Verständnis für ein himmlisches Gottesreich erschlossen, nachdem der Kreuzestod den Glauben an ein irdisches Messiasreich zerbrochen hatte. Christus ist nun für sie Gott der Herr, sitzend zur Rechten des Vaters, Seine Auferstehung Bürgschaft des ewigen Lebens der Seinen. Er wird sie in göttlicher Machtvollkommenheit umschaffen und schafft sie schon jetzt um durch die *Kraft des Hl. Geistes*, die ihnen die Augen öffnet und sie zu *Zeugen der Auferstehung* beruft. Die *Kirche* ist das *permanente Pfingstwunder*, die Gemeinschaft des Hl. Geistes, in der alle mit Christus eins sind, Ihn ebenso nahe und gegenwärtig wissend wie die Zeugen der Auferstehung.

Von der Auferstehung her fällt Licht auf das *Kreuz des Christus* (VIII.). Daß der Gott-Mensch stirbt, Seine menschliche Natur dahingibt, ist letztlich *Offenbarung der Liebesherrlichkeit Gottes.* Gott hat von Ewigkeit her beschlossen, sich selbst an die Menschheit hinzugeben. Der Sohn, der Sein Hervorgehen aus dem Vater frei bejaht, bejaht damit auch die Menschwerdung als Fortsetzung jenes Hervorgehens. Der *Opfertod* ist höchste Vollendung der Hingabe an den Vater und zugleich *Lösegeld* für uns. Der Sinn des Kreuzestodes wird von Jesus erhellt durch dessen Vorwegnahme im *Abendmahl*, indem Er Seine Selbsthingabe den Jüngern zu eigen gibt.

Daß der Mensch der Erlösung bedarf und sich nicht selbst erlösen kann, ergibt sich daraus, daß die gefallene Natur krank ist. Weil der beleidigte Gott ihre Krankheit ist, kann nur das Vergebungswort Gottes sie erlösen. Gottes Vergebung ist, wie Seine Liebe, eine schöpferische. Sie wollte das Urverhältnis von Gott und Mensch wiederherstellen, und dazu gehörte die Austilgung der Schuld. Sie mußte durch die Menschheit geschehen, und doch konnte aus ihr keine unendliche Sühne hervorgehen. So mußte Gott Mensch werden, Sich Seiner Herrlichkeit entäußern bis in die Gottverlassenheit hinein und Sich der losgelassenen menschlichen Sündhaftigkeit preisgeben, um sie zu vernichten. Die freie Preisgabe der menschlichen Natur an Gottes Willen ist die vollkommene Sühne dafür, das der Mensch, losgelöst von Gott, nur Mensch sein wollte. Weil dieses Opfer kein menschliches, sondern ein göttliches war, eignet ihm überfließendes Verdienst, das allen Menschen zugute kommt. Für die *persönliche Aneignung der Erlösung* hat Gott viele Gnadenwege. Aber es gibt einen *verordneten Weg*, der allein Sicherheit und Frieden verleiht: das ist die Gnadenmitteilung durch *Wort* und *Sakramente* in der *Kirche*. Das Wort weckt das Heilsverlangen, die Taufe ist die Wiedergeburt in Christus, das Eingehen in Sein Leben, Seinen Tod und Seine Auferstehung.

Zum Schluß möchte ich noch einmal die Frage aufwerfen: darf man hoffen, daß dies Werk nicht nur Gläubigen eine Freude, Zweifelnden ein Halt, sondern auch Ungläubigen ein Weg zum Glauben sein könne? Ich glaube, man darf es – aber nicht, weil darin mit einer Fülle von Material und außerordentlichem kritischen Scharfsinn der Beweis für die geschichtliche Tatsächlichkeit des Lebens und der Auferstehung Jesu geführt ist. Ich will keineswegs den Wert des historisch-kritischen Verfahrens als solchen bestreiten. Es hat den Wert, die Beweisgründe gegen den Glauben als Scheingründe zu entlarven. Aber ich bin der Überzeugung, daß diese historischen „praeambula fidei“[20] so wenig wie die philosophischen einen Ungläubigen zum Glauben führen. Die Schriftgelehrten und Pharisäer konnten nicht einmal durch die Beweisführungen des Herrn selbst zum Glauben gebracht werden. Die aber damals gläubig wurden, wurden es durch die Begegnung mit Jesus, Sein Wort, Seinen Blick, aus dem das „ganz andere“, das Göttliche ihnen entgegenleuchtete. Und wenn heute ein Mensch gläubig wird, so geschieht es, genau wie damals, weil der Herr ihm begegnet: sei es im Wort des Evangeliums, sei es im Leben und Wesen derer, die dem Herrn nachfolgen und ihn in sich tragen, sei es in der geheimnisvollen Macht, die uns in die Kirchen hineinzieht und vor dem Tabernakel auf die Knie zwingt. Und wer auf einem dieser Wege den Herrn gefunden hat, der fragt nicht mehr nach Beweisen.

Wenn ich also von Adams Christusbuch glaube, daß es ein solcher Weg

[20] ⟨Von der Ratio verantwortete Vorgaben für den Glaubensakt.⟩

werden kann, so glaube ich es, weil es das Zeugnis eines Menschen ist, dem der Herr begegnet ist, und der das Bild des Herrn gezeichnet hat, wie Er ihm begegnet ist.[21] Und darauf kommt es an. Heute wie zur Zeit Christi lebt in den Herzen der Heiden die Sehnsucht, Jesus zu sehen.[22] Darum ist es unser vornehmstes Apostolat, ihnen Jesus zu zeigen: den *historischen Jesus*, wie Ihn die liebevolle Versenkung in die Quellen aufweisen kann, aber auch den *mystischen Christus*, der gegenwärtige Wirklichkeit ist, dem wir angehören als Glieder seines Leibes, der Kirche, und der unser innerstes Leben ist.

Mit seinem Doppelcharakter, dem positiven Aufweis und der negativ-apologetischen Kampfstellung, ist dieses Buch ein großes Zeitdokument: das Dokument des Aufbruchs zu einem Neuland katholischer Wissenschaft, nach dem wir uns ausstrecken, das wir aber noch nicht erreicht haben; zu einer Erneuerung jener lebendigen Einheit von Glauben und Wissen, die das Ziel alles wahrhaft christlichen Denkens war, seit es eine „Kirche aus Juden und Heiden"[23] gibt.

---

[21] Ich möchte übrigens nicht behaupten, daß dies Bild das einzig mögliche sei und daß etwa jemand, dem es überraschend ist und sehr abweichend von seinem Christusbild, nun unbedingt das seine korrigieren müsse. Das würde der Unausschöpflichkeit und dem geheimnisvollen Charakter widersprechen, die schon zu aller menschlichen Individualität gehören, die aber in eminentem Sinne für den Herrn in Anspruch zu nehmen sind.

[22] ⟨Vgl. Joh 12,21.⟩

[23] ⟨Vgl. Röm 9,24.⟩

2.
Briefe in den Karmel
(1934)

Situierung

In der Zeitschrift *Die christliche Frau* 32, 4 (1934) 115–118), dem damaligen Mitteilungsblatt des Katholischen Deutschen Frauenbundes (heute *kdfb engagiert*), hat Edith Stein eine Rezension von Marie Antoinette de Geuser, *Briefe in den Karmel* veröffentlicht.[1] Es gibt keinerlei hs Aufzeichnungen; der Text ist aus der genannten Zeitschrift genommen.[2]

Maria Antoinette de Geuser, geb. am 20. April 1889 in Le Havre, gest. am 22. Juni 1918 ebenda.

Text

Es ist ein unsagbar heiliger Zauber, den die Seele beim Lesen dieser Briefe von Marie Antoinette de Geuser an die Priorin des Karmels von Pontoise[3] umfängt. Mit Ergriffenheit und sehr stiller Freude nimmt sie wahr, daß sie ganz und gar in die Atmosphäre des Heiligen, des Geweihten hineingehoben wird, durch die Berührung mit der Gnadenfülle eines wahrhaft Gottliebenden Menschen. Diese Dokumente eines großen Herzens sind wegen der außergewöhnlichen Begnadigung, die ihm zuteil wurde, fast zu zart, als daß man sie in die Öffentlichkeit bringen dürfte, und die Scheu vor der Enthüllung des innersten Gnadenlebens einer Seele läßt die Frage aufkommen, ob das überhaupt geschehen dürfe. Vielleicht hat der Karmel von Pontoise, der Herausgeber dieser Briefe, die Rechtfertigung seines Tuns aus dem Wort der Schrift geschöpft, das Tobias spricht: „Der Könige Heimlich-

---

[1] *Briefe in den Karmel.* Briefe von Marie Antoinette de Geuser (Maria von der heiligsten Dreifaltigkeit) an eine Karmelitin. Deutsche (sehr gute) Übertragung von Dr. Elisabeth Kaufmann und mit einem Geleitwort von Gertrud von le Fort. Verlag Friedrich Pustet, Regensburg 1934. Leinen geb. 4,80 Mk., kart. 4,– Mk.

[2] Ich danke Frau Dr. Jutta Müther von der Bundesgeschäftsstelle des Katholischen Deutschen Frauenbundes in Köln für die Übersendung einer Kopie der Rezension.

[3] ⟨1605 von Ana de Jesús gegründet, 1793 aufgelöst, den Schwestern 1821 wieder zurückgegeben (MC masch. 538).⟩

keit soll man verschweigen, aber die Werke Gottes soll man herrlich offenbaren.“ [4]

Marie Antoinette de Geuser, seit Beginn ihres *geistigen* Eintritts in den Karmel mit dem Namen Maria von der heiligsten Dreifaltigkeit beschenkt, singt in ihren Briefen vom Frühjahr 1910 bis zur Neige des Jahres 1917 einen einzigen Hochgesang der Liebe. In ihrer von Jugend an von Gott erwählten Seele, die seinem Ruf schon im zartesten Kindesalter antwortete, wächst die immer vollkommenere Bereitschaft zur bedingungslosen Hingabe an Gott so sehr, daß sie schon in der Blüte ihrer Jahre Anteil hat am göttlichen Leben im Schoße der heiligsten Dreifaltigkeit. Sie wird in diese heilige Fülle Gottes hineingetaucht und ruht darin in unaussprechlicher Beseligung. Sie kennt nichts anderes mehr als den „Willen Gottes“, mag er sie auch als Entsprechung so überaus hohen Glückes, ebenso vollkommen eintauchen in Leid und Schmerz, um sie ganz und gar zu vernichten und dadurch umzuwandeln „in Christus“, um, wie St. Paulus sagt, „ein anderer Christus“ [5] zu werden.

Sie spricht oft von diesem Leid, das trotz aller Beseligung sie fast verzehrt. Es ist der Schmerz der nach Gott „dürstenden“ Seele, die sich nach dem Kosten der Wonnen des Himmels in die Verbannung der Erde zurückgeworfen sieht. Aber über allem steht ihr der Wille Gottes, er möge immer geschehen. So sagt sie:

„Was tut es übrigens, ob Leiden oder etwas anderes unser Teil sind? Was uns unser Vater in jedem Augenblick gibt, ist ganz gewiß das, was Ihn am meisten verherrlicht. Es ist also die allergrößte Gnade, die wir empfangen können. Wie sollte man da nicht alles in Frieden und Freude, mit ganzer Liebe annehmen? Wie sollte man nicht immer und für alles Dank sagen?

Kürzlich fiel mein Blick zufällig auf das Wort des heiligen Paulus: „Wir sind geschaffen in Jesus Christus, um gute Werke zu vollbringen, die Gott im voraus bereitet hat, damit wir sie vollführen.“[6] Ich war tief betroffen von dem Gedanken, daß jeder unserer Augenblicke im voraus von der Allwissenheit und ewigen Liebe vorbereitet ist, die unter allem, was sie uns hätte geben können, gerade dies vor anderem ausgewählt hat, weil es das ist, was Ihn am meisten verherrlicht, weil es die größte Gnade ist, die wir empfangen können.

Es ist mir, als sähe ich jeden meiner Augenblicke „im voraus“ von unserem Vater mit unendlicher Zärtlichkeit „bereitet“, und ich bin beinahe wie

[4] ⟨Tob 12,7.⟩
[5] ⟨Siehe Gal 2,20.⟩
[6] ⟨Eph 2,10.⟩

ein kleines Kind, das sich mit ganzer Seele bemüht, eine Seite, die von seiner Mutter geschrieben wurde, nachzumalen. Das ist ein sehr einfaches Leben.

Sie sehen, meine Mutter, in alledem ist nichts Neues, aber bisweilen entzücken uns die einfachsten Dinge am meisten, wenn wir sie in schöner Beleuchtung sehen.

Wenn man sich bewußt ist, daß Er uns in jedem Augenblick, auf welche Art es auch sei, die größte Gnade gibt, die wir empfangen können: Ihn selbst, was bleibt dann anderes zu tun, als Seinen Kelch zu trinken, ohne zu beachten, was darin enthalten ist, und nichts zu sehen als Ihn allein? Indem ich dies ständig festhalte, ist es mir, als ob ich alles empfinge und Ihm alles gäbe im Schweigen der Vereinigung.

Alles, was Er mit mir tun will, das tut Er, aber ich achte nicht darauf, was es ist, ich kann nur Ihn sehen.

Ich wollte, ich könnte diese so einfachen Dinge allen mitteilen, damit alle mit meinem Frieden und meiner Freude erfüllt würden und sich mit mir vereinigten, um jenes ununterbrochene Lied des Lobes, des Dankes und der vollkommenen Liebe zu singen, das sich vollständig nur im Schweigen singen läßt ..."

„Ich glaube, Er führt mich jetzt nicht mehr dadurch, daß Er mich von allem und von mir selbst loslöst, sondern dadurch, daß Er mich an Sich zieht. Nicht mehr durch Sterben, nicht einmal mehr dadurch, daß ich den Zustand des Abgestorbenseins in mir aufrechterhalte, soll ich Ihm folgen, sondern dadurch, daß ich mehr und mehr in Ihm auferstehe. Mein Mühen soll nicht mehr darauf gerichtet sein, mich zu verlassen, um zu Gott zu gelangen, sondern in Ihm zu verweilen. Ich soll mich mehr zum Himmel hin öffnen, als mich der Erde verschließen. Auf Ihn muß ich den Blick heften, auf Ihn allein, mehr als mich anzustrengen, das Geschaffene nicht zu sehen. Statt mich zu vergessen, soll ich nur mehr an Ihn denken. Statt mich hinzuopfern und mich zu vernichten, soll ich nur mehr Ihn sehen, Ihm allen Raum überlassen.

Es scheint mir, daß ich nicht mehr der Vereinigung entgegengehen muß, sondern mich in ihr befestigen soll; daß ich nicht mehr der Umwandlung zustreben muß, sondern sie immer strahlender und strahlender werden lassen soll.

Ich glaube, daß ich unaufhörlich auf Ihn schauen muß, und daß durch diesen Blick das Werk vollendet wird. ‚Nos vero omnes, revelata facie gloriam Domini speculantes, in eandem imaginem transformamur a claritate in claritatem, tanquam a Domini Spiritu.'[7] Dieser Satz des heiligen Paulus scheint mir wiederzugeben, was ich sagen will."

Man könnte über dieses begnadete Leben die Worte schreiben: „Ich bin

[7] ⟨2 Kor 3,18: *„Wir alle spiegeln mit enthülltem Angesicht die Herrlichkeit des Herrn wider*

dein Schutz und dein überaus hoher Lohn!",[8] dieses wunderbare Wort, das Gott zu Abraham sprach, von dem sie glaubte, daß der Herr es auch an sie gerichtet habe. Und ihre Seele ist wie ein Instrument, wie eine Harfe, die von unsichtbaren Händen unentwegt gespielt wird, so daß sie sich in Lob und Anbetung und Danksagung verströmt. In ihren Briefen wird sie nicht müde, diesen Dank ununterbrochen Gott darzubringen. Und so ist es notwendige Folge ihrer innersten Gesinnung, wenn Maria von der heiligsten Dreifaltigkeit sich Gott als „Lobopfer" weiht und immer neu darbringt. Sie spricht ausdrücklich von einer „inneren Berufung" dazu und findet ihre große Beseligung darin.

„Alleluja", ist das nicht eigentlich unser stetes Lied! Dürfen wir uns nicht sogar in der Passionszeit in der Nähe Jesu, des Erlösers und der Königin der Märtyrer freuen, dürfen wir nicht danken dafür, daß durch das Opfer Christi und Seiner heiligen Mutter die Überfülle der Verherrlichung und Liebe unserem himmlischen Vater und der Allerheiligsten Dreifaltigkeit zuteil wird? Wie sollte man nicht unaufhörlich unserem großen Gott der Liebe wiederholen: Gratias agimus tibi, propter magnam gloriam tuam![9] … Was auf dem Grunde der Seele vorgeht, das kann die irdische Sprache nicht schildern. Die ganze letzte Zeit hindurch bin ich bei dem Wort geblieben: Nostra conversatio in coelis est,[10] … aber was es enthält, ist unsagbar: Me decet silentium.[11] Sie verstehen, meine Mutter, das ist das Leben ganz von der anderen Welt; der Glaube ist nur noch ein Schleier aus leichtem oder sogar durchsichtigem Stoff, und mitunter glaubt man, der Augenblick sei gekommen, da er reißt. … O, wie ist das schön, wie ist es erfüllt! Wie fern liegt die Erde, und wie klein sind die Dinge hienieden! … O, wie ist Er allein alles! … Meine Mutter, wie sehnt man sich danach, den Schleier auch für die anderen zu heben, und wie köstlich ist der Gedanke, daß man jene Überfülle Gottes empfängt, wie der heilige Paulus sagt: „für alle jene, die nicht von Angesicht gesehen haben, damit sie innerlich gefestigt und in Liebe vereint zur vollen Überzeugung und Einsicht gelangen, zur Erkenntnis des Geheimnisses Gottes, das ist Christi Jesu, in dem alle Schätze der Weisheit und Erkenntnis verborgen sind."[12] Wie schön ist es, die Welt mit dieser Fülle zu bedecken! Und wie schön ist es vor allem, zu schweigen und sich in Ihm zu

---

und werden so in sein eigenes Bild verwandelt, von Herrlichkeit zu Herrlichkeit, durch den Geist des Herrn."⟩

[8] ⟨Gen 15,1. In der EÜ heißt es: *„Ich bin dein Schild; dein Lohn wird sehr groß sein."*⟩

[9] ⟨Worte aus dem „Gloria" der hl. Messe: *„Wir sagen Dir Dank ob Deiner großen Herrlichkeit."*⟩

[10] ⟨Phil 3,20: *„Unsere Heimat aber ist im Himmel."*⟩

[11] ⟨Mir ziemt es zu schweigen.⟩

[12] ⟨Kol 2,2 f.⟩

verlieren. … Immer ist das Schweigen das letzte Wort, das einzige, welches alles sagt."

Es ist glühende Liebe, die Maria von der heiligsten Dreifaltigkeit drängt, von ihr zu reden und zu schweigen. Die Worte des Lobes und der Danksagung brechen förmlich aus ihrer Seele aus. Sie kann nicht anderes, sie muß von ihrer Liebe singen! Gott zur Verherrlichung, zum ununterbrochenen Lobpreis – sein „Lobopfer" will sie ja sein – und allen Menschen zu „Friede und Freude" und um der noch vollkommeneren Verherrlichung Gottes willen, durch Lob und Dank aller! Caritas urget! Die Liebe drängt sie.[13] Darum muß Maria von der heiligsten Dreifaltigkeit ihr Lied der Liebe singen, es verkündend in ihren Briefen, im stillen Gespräch, in der starken, aber ungezwungenen Beeinflußung ihres großen Familienkreises, vor allem ihrer Brüder, und in „stummer Anbetung". Sagt sie doch, daß sich das Lied der Liebe „vollständig nur im Schweigen singen läßt."

Das Opus Dei[14], das erhabene Gebet der Kirche, ist ihr ganz vertraut; sie ist versenkt in die große Welt und Gebetssprache des Alten und Neuen Testamentes, die durchaus ihre eigene wird. Man kennt sehr bald jene Psalmen und Cantica, die immer wieder ihrer Seele entströmen, aus denen sie immerfort neues Leben schöpft, die sie in glühender Liebe und in der ganzen Bereitschaft ihres Herzens zu dem, was Gott über sie „verfügt", singt.

Das ist vielleicht das Hervorleuchtendste an Maria von der heiligsten Dreifaltigkeit, daß ihr Leben förmlich *preisgegeben ist dem Willen Gottes* und, daß es ein Leben ist, *ganz eingefügt dem mystischen Leib Christi*, aus innerstem Verlangen das Hohelied der Liebe seiner heiligen Braut – der Kirche – jubelnd singend! Es ist ein so modernes Leben, wenn man so will! Menschlich gesprochen, ist es vollkommen unfrei und gebunden, durch die Umstände verurteilt zu aller Entäußerung eigenen Willens und durch Gebundenheit unfähig zur persönlichen Entfaltung einer sehr reichen, begabten Natur. Da setzt die Großmut dieses Herzens ein: mit geradezu glühender Bereitschaft umfängt sie den Willen Gottes und macht ihn ganz und gar zu dem ihren. In durchaus bräutlicher Haltung harrt sie unentwegt auf die Weisung ihres Herrn, verharrt in anbetendem Schweigen, wenn nicht anderes sie ruft. Der Karmel von Pontoise, nach dessen Stille und Einsamkeit sie sich sehnte, hat sie nie aufgenommen, weil es *so* nicht von Gott für sie *gemeint* war. Aber sie hat in geistiger Verbundenheit mit diesem Karmel, dessen Gotteslob sie aus dem stillen Zimmer eines französischen Landedelsitzes ihre Stimme geeint, und inmitten der Ihrigen und im Dienst an einer großen, reich begabten und gesegneten Familie ihr ganzes Sein immer heroischer hingeschenkt, weil es *so* von Gott für sie *verfügt* war. In dem Sinn

[13] ⟨2 Kor 5,14.⟩

[14] ⟨Nicht zu verwechseln mit der gleichnamigen Personalprälatur der Kirche.⟩

des Nicht-wählen-Könnens, sondern des Verfügt-Seins, wie es uns heute so oft anruft, ist dieses Leben so „modern," und in seiner Antwort auf das Auferlegte – den Willen Gottes – vorbildlich. Unserer schicksalsträchtigen, den äußeren und inneren Lebensraum immer mehr einengenden Zeit sind diese von innerster Preisgegebenheit an den Willen Gottes durchglühten Briefe eine ganz kostbare Gabe.

Maria von der heiligsten Dreifaltigkeit, diese große, heroische Seele, deren „Leidenschaft" es ist, den Willen Gottes zu erfüllen, wird verzehrt von einer Glut der Liebe, die die Hülle des Körpers schon in jungen Jahren sprengt. Der Durst nach dem Ruhen in Gott, nach vollkommener Vereinigung mit Ihm, wird immer quälender. Sie hat ja schon kosten dürfen, was „Gott denen bereitet hat, die ihn lieben."[15] Und so stirbt sie hin, erschöpft von dem drängenden Verlangen ihres Herzens nach ewiger Gottgeeintheit. Das ist um die Mitte des Jahres 1918, und sie ist noch nicht 29 Jahre alt. Ihre letzten Zeilen nannten die Worte: „Dank … Vereintheit."

E. S.[16]

---

15 ⟨1 Kor 2,9.⟩
16 ⟨Edith Stein.⟩

3. Rezension des Buches von H. Jaegen, *Der Kampf um das höchste Gut* (1934)

Situierung

In der Zeitschrift *Benediktinische Monatsschrift*, Beuron (jetzt *Erbe und Auftrag*) 16 (1934) 76f. erschien eine Rezension Edith Steins über das Buch *Der Kampf um das höchste Gut. Erlebnisse und Bekenntnisse eines heiligmäßigen Laien über die christliche Vollkommenheit in der Welt*, von Hieronymus Jaegen, Bankdirektor. Mitglied des Preußischen Hauses der Abgeordneten. 5. neubearbeitete Auflage. Herausgegeben von der Jaegen-Gesellschaft unter Mitarbeit von Priestern der Gesellschaft Jesu. H. Rauch, Wiesbaden, XXVIII u. 270 S.[1]

Im ESAK ist eine Kopie mit der Signatur B II 94.

Text[|]

Hieronymus Jaegen ist im Jahre 1841 in Trier geboren und im Jahre 1919 in seiner Vaterstadt gestorben, nachdem er viele Jahre als Bankdirektor und – nach Aufgabe dieses Berufes – als Landtagsabgeordneter dort gelebt hatte. Seinen Lebensabend hat er dazu verwendet, den Ertrag seines an Mühen und an Gnaden reichen Lebens in zwei Schriften niederzulegen, der vorliegenden und dem „*Mystischen Gnadenleben*". Seine Mitbürger, die ihn als einen vorbildlichen Katholiken gekannt und geschätzt hatten, ohne etwas Außerordentliches an ihm wahrzunehmen, erfuhren daraus, zu ihrer Überraschung, daß er im inneren Leben bis zur höchsten Stufe mystischer Begnadung gelangt war. „*Der Kampf um das höchste Gut*" handelt vom Beruf des Christen auf dieser Erde und den Mitteln, ihn zu erfüllen. Es wendet sich vornehmlich an Menschen, die in der Welt leben müssen, und will ihnen zeigen, daß sie bei getreuester Erfüllung aller äußeren Pflichten den Gipfel der Vollkommenheit erreichen können. Kurz und klar umreißt Jaegen das

---

[1] Zunächst unter dem Pseudonym Julius Mercator erschienen mit dem Titel *Der Kampf um die Krone. Praktische Anleitung zur vollkommenen Tugend inmitten der Welt*, den kath. Männervereinen, namentlich den kath. kaufmännischen Vereinen Deutschlands gewidmet. Dülmen 1883, [4]1908, weitere im Text veränderte Auflagen bis 1938, ab der 3. Auflage unter Verzicht auf Pseudonym mit dem Titel *Der Kampf um das höchste Gut. Das mystische Gnadenleben*, Trier 1911. (BBKL 2, Sp. 1426–1428).

Ziel des Menschenlebens, durch vollkommene Ausprägung des Gottesbildes den Schöpfer zu verherrlichen. Der gefallene Mensch kann nur durch einen beharrlichen *Kampf* ans Ziel gelangen. Die *Schlachtfelder* sind das natürliche Seelenleben, das öffentliche Leben in Kirche und Staat; die *Feinde:* der gottfeindliche Menschengeist, der gottfeindliche Weltgeist, der Satan; die *Waffen* im Kampf: Gottes helfende Gnade, unser Bittgebet, die Sakramente; die *Führer:* der Heilige Geist als göttlicher Führer, der menschliche Seelenführer, geistliche Lesung und Betrachtung; die *Bundesgenossen:* die Engel und Heiligen, fromme Freunde, katholische Vereine. Für die Durchführung des Kampfes wird als wesentlich die Aufstellung einer den persönlichen Verhältnissen entsprechenden festen Tagesordnung und beharrliches Festhalten daran empfohlen. Die *erste Phase* des Kampfes ist die *Bekämpfung der Sünden und der Versuchungen*, die in ihren Haupttypen gezeichnet werden; die *zweite* die *Ausschmückung der Seele* mit den sittlichen und göttlichen *Tugenden*, die *letzte* der *Aufstieg zur Vollkommenheit:* „der möglichst innigen, liebevollen Vereinigung unserer Seele mit Gott, sowie ihrer möglichst vollkommenen Umgestaltung in Gott" (S. 196). Für diesen letzten Teil des Weges möchte Jaegen recht viele begeistern: „Auch die in der Welt lebenden Katholiken, besonders die unverheirateten, können alle Stadien des geistlichen Lebens bis zum höchsten Gipfel durchleben, ohne in ihrem *äußeren Leben* Wesentliches zu ändern. Es ist also nicht unbedingt nötig, ins Kloster zu gehen, um vollkommen zu werden. Die heutige mit bösen Begierden angefüllte Welt macht es sogar *wünschenswert*, daß die eifrigen Katholiken und Katholikinnen nach Möglichkeit in der Welt bleiben, um die Welt durch ihre guten christlichen Grundsätze und Taten zu beleben" (S. 194).

In den letzten beiden Abschnitten, die das höhere Gebetsleben behandeln, bricht am stärksten die Wärme des persönlich Erlebten durch. Die vorausgehenden, die die Anweisung zu einem vorbildlichen Christenleben in Familie und Beruf, in Staat und Kirche geben, sind nüchtern-lehrhaft gehalten: nicht schulmeisterlich, sondern patriarchalisch, im Ton eines Hausvaters, der den Erfahrungsschatz seines langen Lebens in anderen fruchtbar werden lassen möchte. Das Buch ist geeignet als *Handbuch für das Laienapostolat.*

Dr. Edith Stein

4.
Rezension des Buches von Wilhelm Neuß, *Ein Priester unserer Zeit. Josef Stoffels* (1935)

Situierung

In der Zeitschrift *Benediktinische Monatsschrift*, Beuron (jetzt *Erbe und Auftrag*), Jahrgang 17 (1935) 250–252, erschien eine Rezension Edith Steins zum Buch von Professor Wilhelm Neuß[1], *Ein Priester unserer Zeit. Josef Stoffels, Weihbischof von Köln, 1879 – 1923. Leben und Wirken aus Reden und Schriften.* Benziger, Einsiedeln 1934, Gr. 8, X und 150 S.

Eine Kopie ist im ESAK (Signatur B II 84).

Text

Dieses Buch möchte man jedem Priester in die Hand geben, besonders jedem jungen Priester, um ihm zu zeigen, was ein Priester sein soll und kann. Man möchte es dem katholischen Volk vor Augen halten, damit es sieht, was es den Priestern schuldig ist, die sich in seinem Dienst verzehren. Man möchte es schließlich die vielen außerhalb der Kirche lesen lassen, die begierig aufhorchen, sooft von einem unwürdigen Priester etwas berichtet wird.

Das kleine Lebensbild ist von der Hand eines liebenden Freundes dem Verstorbenen zum 10. Jahrestag seines Todes gewidmet. Schlicht und vornehm ist es geschrieben, wie man heute nicht viele Bücher findet; es macht in zarter Scheu vor dem innersten Heiligtum halt und deutet das Tiefste nur leise an.

Wir sehen den Knaben im Schoß der echt katholischen Familie. Unauslöschlich prägt sich ihm das Bild seiner tiefgläubigen Mutter ein und steht ihm noch nach Jahrzehnten leuchtend vor Augen, wenn er vor katholischen Frauen von den Aufgaben der Frau spricht. Der Tag der ersten heiligen Kommunion bringt ihm den Beruf zum Priestertum. Langsam reift er dem Ziel entgegen. An dem Gymnasiasten fällt mehr noch als die überragende Begabung und der Lerneifer, ein ungewöhnlicher sittlicher Ernst und eine männ-

[1] Wilhelm Neuß (1880 Montabaur – 1965 Bonn), katholischer Priester und Kirchenhistoriker.

liche Charakterfestigkeit auf. Der Geist der alten humanistischen Erziehung hilft ihn formen. Man spürt etwas von der virtus Romana der besten altrömischen Zeit. Er bleibt nicht ganz unberührt vom Zeitgeist der liberalen Kritik; sie wird ihm besonders durch den geliebten älteren Bruder Gerhard, dem späteren Kölner Kreisarzt, nahegebracht. Aber sie kann seinen Glauben nicht ins Wanken bringen; sie führt ihn nur dazu, alle Einwände der Gegner ernst und sachlich zu prüfen und daraus zu lernen. Während des Theologiestudiums – in Bonn und München – wächst er mehr und mehr in übernatürliche Auffassungen hinein. Die virtus Romana wird zum christlichen Starkmut. Das Streben nach sittlicher Selbstbildung verbindet sich mit einem starken pädagogischen Interesse. Dabei ist die Studienzeit erfüllt von ernster und gründlicher wissenschaftlicher Arbeit, besonders auf dem Gebiet der Kirchengeschichte. Es wird der Grund gelegt für ein Leben stiller und fruchtbarer gelehrter Forschungsarbeit. Aber dazu sollte es nicht kommen. Stoffels dachte einige Jahre später an Habilitation, er hatte eine vorzügliche Habilitationsschrift dafür bereit, und alles war mit den besten Aussichten in die Wege geleitet; das Unternehmen scheiterte an einem Konflikt zwischen seinem Lehrer Schrörs[2] und der theologischen Fakultät Bonn.

Indessen war der junge Gelehrte als Kaplan – erst von St. Alban, dann von St. Mauritius in Köln – in die Großstadtseelsorge eingeführt worden. An der ersten Stelle machte er durch den etwas schwierigen Charakter seines Pfarrers manche trübe Erfahrungen. Die Ernennung zum Domvikar entriß ihn der eigentlichen Seelsorge. Obwohl ihn die Verwaltungsarbeit wenig anzog, nahm er sie aus Gehorsam gegen die vorgesetzte geistliche Behörde an. Die wohlmeinende Absicht bei dieser Ernennung war, ihm mehr Raum für wissenschaftliche Arbeit zu schaffen. Aus demselben Grunde wurde ihm 1909 die Stellung eines *Konviktsrepetenten* am *Collegium Albertinum*[3] in *Bonn* übertragen. Als Erzieher junger Theologen war Stoffels ganz an seinem Platz. Als er zunächst stellvertretend, dann definitiv (Mai 1913) *Konviktsdirektor* wurde, war der Gelehrtenberuf endgültig der Seelsorge geopfert – allerdings zunächst in einem Kreise, in dem die wissenschaftliche Durchbildung fruchtbar gemacht werden konnte.

Als der Ausbruch des Krieges das Albertinum entvölkerte, war der väterliche Freund eifrig bemüht, in den jungen Theologen den rechten Geist zu erhalten und das heilige Feuer in ihnen immer neu anzufachen. (Vgl. die *Feldbriefe* an die Theologen S. 106 ff.). Darum war es für sie wie für ihn ein tiefer Schmerz, als er genötigt wurde, seinen Posten aufzugeben und die *Pfarrei St. Peter* in *Köln* zu übernehmen.

---

[2] ⟨Heinrich Schrörs hatte von 1882–1916 den Lehrstuhl für Kirchengeschichte an der Universität Bonn inne.⟩

[3] ⟨Konvikt der Seminaristen der Erzdiözese Köln in Bonn.⟩

Am 17. Dezember 1916 wurde er in seine Pfarrei eingeführt. Wie er sofort mit ganzer Seele seine neue Aufgabe umfaßte, zeigt der warmherzige Brief, mit dem er die im Felde stehenden Männer von St. Peter begrüßte. Mit besonderer Sorgfalt und Liebe nahm sich Stoffels der Jugend und der Mütter an. Um der schweren materiellen, sittlichen und religiösen Not zu wehren, zog er die Kräfte des *Laienapostolates* heran und suchte sie planmäßig zu schulen. Die musterhafte Verwaltung seiner Pfarrei trug ihm bald andere, weiterreichende Aufgaben ein. 1918 beauftragte ihn Kardinal von Hartmann[4] mit der Gründung und Leitung eines *Diözesanverbandes* der *Frauen- und Müttervereine.* Um einem wirksamen, zeitgemäßen Religionsunterricht zu dienen, beschäftigte er sich eifrig mit der *Katechismusreform.* Schließlich berief ihn Kardinal Schulte[5] ins *Domkapitel.* Er sollte die reichen Erfahrungen seiner Seelsorgearbeit im Dezernat für Seelsorge und Vereinsarbeit für die ganze Diözese, ja für das ganze Reich fruchtbar machen. Aber die Kräfte des noch jugendlichen Mannes waren durch die Überbelastung aufgezehrt. Am 17. Dezember 1922 hat ihn Kardinal Schulte mit den freudigsten Hoffnungen zum *Weihbischof* geweiht. Am 13. September 1923 entschloß er sich, im Mutterhaus der Schwestern vom Armen Kinde Jesu[6] in Simpelveld Erholung zu suchen, am 23. kehrte er krank und von heftigen Schmerzen gepeinigt zurück, am 30. mußte er endlich der Natur nachgeben und sich niederlegen. Am Abend des 17. Oktobers starb der Dreiundvierzigjährige nach hartem Todeskampf.

Es ist mehr als ein Menschenleben, was uns auf diesen Blättern gegeben wird. Wer die letzten 20 Jahre noch miterlebt hat, der sieht hier das treue Bild der Gärungen, die hinter uns liegen und in denen wir noch stehen: Kriegsnot und Revolutionen mit allen Stürmen, die sie in der Volksseele hervorgerufen haben; die Kirche im Sturm der Zeit, und das Ringen der Edelsten, dem Verderben zu wehren. Freudige Hoffnungen hatte dieser berufene Führer auf die aufblühende katholische Jugendbewegung und den Katholischen Akademikerverband gesetzt. Diese Gedenkblätter fordern auf zu stiller Gewissenserforschung! Könnte der Verstorbene heute[7] noch sagen, was er 1922 auf der Kölner Diözesansynode sagte: „Viele, und das ist die schönste Hoffnung, die durch das Gewölk bricht, sind ehrlicher, wahrhaftiger geworden. Sie ergreifen die Ewigkeit, sie haben die konventionelle Lüge,

---

4 ⟨Felix Kardinal von Hartmann (1851 Münster – 1919 Köln), 1911–1912 Bischof von Münster, 1912–1919 Erzbischof von Köln, 1914 Kardinal.⟩

5 ⟨Karl Joseph Kardinal Schulte (1871 Oedingen [heute Lennestadt] – 1941 Köln), 1910 – 1920 Bischof von Paderborn, 1920 bis 1941 Erzbischof von Köln, 1921 Kardinal.⟩

6 ⟨Die Kongregation der Schwestern vom Armen Kinde Jesus ist ein 1844 von Clara Fey und drei Mitschwestern gegründeter katholischer Frauenorden.⟩

7 ⟨Edith Stein schreibt 1935.⟩

das Schweigen vor der Macht abgelegt. Sie haben alles abgeworfen, in frohem Glauben"?

Schw. Theresia Benedicta a Cruce OCD
(Dr. Edith Stein)

5.
Rezension: Neuere Bücher über die hl. Teresia von Jesus (1937)

Situierung

In der Zeitschrift *Die katholische Schweizerin* 24, 4 (Januar 1937) 125–127 stellt Edith Stein einige Bücher über Teresa von Ávila vor.

Im ESAK gibt es zwei Kopien mit der Signatur B II 94a und B II 94b.

Veröffentlicht 1990 in ESW XII, 188–192.

Text

Neuere Bücher über die hl. Teresia von Jesus

Der Zug unserer Zeit zum inneren Leben, das daraus entspringende Interesse für die beschaulichen Orden und besonders für den Karmel zeigt sich auch in einer Reihe neuer Veröffentlichungen über die große Ordensreformatorin Teresia von Jesus.

Maria Raphaele Virnich[1] zeichnet in knappem Rahmen im Anschluß an die Schriften der Heiligen – in der Auswahl anscheinend geleitet durch das später zu besprechende französische Werk – ein sorgfältiges Bild ihres Werdegangs, ihres inneren Lebens und ihrer äußeren Wirksamkeit.

Neben diesem Werkchen darf ich wohl auf ein ganz kleines Büchlein hinweisen, das ich im Auftrag meiner Vorgesetzten geschrieben habe, um weitere Volkskreise mit unserer heiligen Mutter bekannt zu machen[2].

Wenn diese beiden schlichten Lebensbilder geeignet sind, eine erste Bekanntschaft mit der Heiligen zu vermitteln oder auch längst Vertrautes wieder vor die Seele zu rufen, so wird das großangelegte Werk von J. D. *Berrueta* und J. *Chevalier*[3] auch denen noch Neues bieten, die Leben und Schriften der großen hl. Teresia bereits gründlich kennen. Eine intime Kenntnis des

[1] *Teresa von Avila,* Verlag Benziger & Co. A. G., Einsiedeln 1934, 114 S.

[2] *Teresia von Jesus,* Sammlung „Kleine Lebensbilder“ Nr. 84, Kanisiuswerk, Freiburg (Schweiz) 1934, 64 S., broschiert. ⟨Den auf Edith Steins Autographen zurückgehenden Text siehe oben S. 60–114.⟩

[3] Sainte Thérèse et la vie mystique (Denoël et Steele, Paris 1934), 270 S., broschiert. ⟨Korrekt: Juan Domínguez Berrueta⟩.

spanischen Volkscharakters und Geisteslebens ermöglicht es den Verfassern, ein anschauliches Bild des geschichtlichen Hintergrundes zu zeichnen, von dem sich die Gestalt der großen Mystikerin als der schönsten Blüte des goldenen Zeitalters Spaniens abhebt. Es folgt ein packend geschriebenes Lebensbild, gestützt auf die Selbstbiographie der Heiligen, ihre Berichte über ihr inneres Leben und ihre Briefe. Ein Überblick über ihre bedeutenden Zeitgenossen, zu denen sie größtenteils in persönlichen Beziehungen stand, führt zu dem Ergebnis: „Unter so berühmten Männern ist Teresia von Ávila, die Heilige, die Schriftstellerin, die Mystikerin, eine der Hauptfiguren: vielleicht ist sie sogar, durch gewisse Seiten, die größte" (S. 60).

Nach dem Gesamtbild wird eine Würdigung ihrer äußeren Wirksamkeit als Ordensreformatorin und Klostergründerin gegeben, sodann ein Charakterbild, das ihre Natürlichkeit und ihre tiefe Demut hervorhebt, den Sinn für die kleinen Dinge des Lebens, den urwüchsigen Humor, die zärtliche Liebe zu den Ihren, die echte „Menschlichkeit dieser Seele, die bestimmt war, sich zu vergöttlichen" (101). Sie wird als wahrhaft „starke Frau" gezeichnet, froh und tapfer, von einer erstaunlichen Treffsicherheit des Urteils, von einer unvergleichlichen Klarheit und Anmut des Geistes. Diese reiche Naturanlage wird durch die Fülle der Gnade zur Vollendung geführt. Treffend wird der Gnadenstand als Gesundheit der Seele bezeichnet und darum Teresia die vollkommene Gesundheit der Seele zugesprochen, die sich in ihrer unerschütterlichen Fröhlichkeit kundgibt. Mit aller Schärfe werden jene Versuche naturalistischer Psychologen ad absurdum geführt, die mystischen Gnaden als hysterische Zustände zu deuten (S. 126 ff.).

Der I. Teil hat sich mit dem Leben und der Persönlichkeit der Heiligen beschäftigt, der zweite ist ihrem *Geisteswerk* gewidmet. Ein kurzer Überblick über die Geschichte der Mystik von Platons Gastmahl (das im 16. Jh. in Spanien wegen seines mystischen Gehalts in hohem Ansehen stand) bis zu Teresias Zeitgenossen dient dazu, ihrem Werk seinen historischen Ort anzuweisen. Die Untersuchung ihrer Quellen ergibt nur, wie unabhängig sie von ihnen ist. Sie führt wohl gelegentlich Schriften an, die sie gelesen hat, aber nur, um das zu stützen, was eigene Erfahrung sie gelehrt hat.

Die Denkweise der Heiligen wird als *„Philosophie des gesunden Menschenverstandes"* bezeichnet. Unsere heilige Mutter hätte wohl herzlich gelacht, wenn ihr jemand vorausgesagt hätte, daß man ihr einst einen Platz in der Geschichte der Philosophie anweisen werde. Und der Begriff der Philosophie, auf Grund dessen es geschieht, dürfte nicht nur bei den meisten nichtkatholischen Philosophen der Neuzeit auf Widerspruch stoßen, sondern auch bei *Thomas von Aquin* (wenn wir an seine Definition der Philosophie im Prolog der theologischen Summe denken) und bei seiner Schule. Die Verfasser berufen sich dabei auf Henri *Bergson*, der gesagt hat: Wenn man unter Mystik einen „Aufruf zum tiefen, inneren Leben versteht, dann ist jede

Philosophie Mystik". Im Anschluß daran erklären sie: „Jede Philosophie, die diesen Namen verdient, ist Mystik. Und die Mystik ist, in einem gewissen Sinn, die wesentliche Philosophie" (S. 217).

Es ist hier nicht der Ort, über den Begriff der Philosophie zu streiten. Wir können uns dahin einigen: wenn wir „Philosophie" im ursprünglichen Wortsinn nehmen – als *„Liebe zur Weisheit"* – und unter Weisheit die *göttliche* Weisheit verstehen, dann gibt es sicher keinen größeren Philosophen als diese große Liebende. Nach ihrem Grundsatz „Das Wesentliche besteht nicht darin, viel zu denken, sondern viel zu lieben"[4] ist sie durch Liebe zu einer Erfahrungswissenschaft, einer intuitiven Erkenntnis des verborgenen Gottes gelangt. – Eine Philosophie des *gesunden Menschenverstandes* wird ihr zugesprochen in dem Sinn, in dem *Descartes* diesen Ausdruck definiert hat: als Fähigkeit, das Wahre vom Falschen zu unterscheiden.

Eine zusammenhängende Darstellung ihrer mystischen Theologie wird im Anschluß an ihr mystisches Hauptwerk, die „Seelenburg"[5] gegeben: darin wird der Weg der Einkehr der Seele bei sich selbst mit seinen sieben Stufen oder – wie es hier heißt – sieben Wohnungen gezeigt. *Selbsterkenntnis* ist die erste Stufe der Reinigung. Daran schließt sich der *innere* Kampf zwischen dem Ruf Gottes, der die Seele tiefer in ihr Inneres hineinlockt, und den natürlichen Neigungen. Die *Furcht Gottes* führt sie zur Verleugnung des eigenen Willens und läßt sie in das *Gebet der Ruhe* eingehen. Dann folgen die drei Stufen der immer stärkeren *Vereinigung* mit Gott. Im innersten Gemach findet die Seele Gott selbst, sie schaut die heilige *Dreifaltigkeit* und wird zur dauernden Verbindung mit dem Herrn, zur mystischen Vermählung, geführt.

Als Prüfstein für die Wahrheit der entwickelten Lehre dient eine Gegenüberstellung mit der mystischen Theologie des hl. *Johannes vom Kreuz*, der als Vater der Reform des Karmel neben der hl. Teresia stand und auf Grund seiner Schriften zum Kirchenlehrer erhoben wurde[6]. Der Vergleich ergibt die vollständige Übereinstimmung im wesentlichen Gehalt bei denkbar großer Verschiedenheit in der formalen Begabung und im Temperament.

Das Buch schließt mit den schönen Worten: „Lieben, was Gott liebt: das ist die große und erhabene Lehre, die uns die heilige Teresia in ihren Werken und noch mehr in ihrem Leben gibt. Wir wagen zu sagen, daß es nichts Nützlicheres oder Förderlicheres für die Seelen gibt." Man kann ihm wohl kein höheres Lob spenden, als daß es mit großer Gelehrsamkeit, aber mit noch größerer Liebe geschrieben ist.

---

[4] Seelenburg, IV. Wohnung ⟨4. *Wohnung* 1,7.⟩

[5] In der deutschen Gesamtausgabe der Werke der hl. Teresia (Pustet, Regensburg), Bd. IV. ⟨*Wohnungen der Inneren Burg.*⟩

[6] ⟨Johannes vom Kreuz war 1926 zum Kirchenlehrer ernannt worden.⟩

Darum wird es seine schönste Wirkung sein, Liebe zu der großen Heiligen zu erwecken und das Verlangen, ihre *eigenen* Werke kennenzulernen, die ja auch durch die Darstellung nicht zu ersetzen sind. Die unbeschuhten Karmeliten der bayerischen Ordensprovinz haben eine deutsche Gesamtausgabe herausgegeben[7] und arbeiten an einer Neuausgabe, von der jetzt der I. Band, das „*Leben*", vorliegt[8]. Außer den Konfessionen des heiligen Augustinus gibt es wohl kein Buch der Weltliteratur, das wie dieses den Stempel der Wahrhaftigkeit trägt, das so unerbittlich in die verborgensten Falten der eigenen Seele hineinleuchtet und ein so erschütterndes Zeugnis von den „Erbarmungen Gottes" ablegt. Es erzählt von einem Heldenkinde, das mit sieben Jahren heimlich das Elternhaus verläßt, weil es im Lande der Mauren durch den Märtyrertod die Krone des ewigen Lebens gewinnen möchte. Von einem jungen Mädchen, das allen Freuden der Welt entsagt und ihre zärtliche Liebe zu den Ihren überwindet, um im Kloster ihr Heil sicherzustellen. Von den schweren Leiden, durch die der Herr diese Seele an sich zieht, und von den geheimnisvollen Wegen, auf denen er sie bis zur höchsten Stufe der mystischen Vereinigung emporführt. Nun ist sie bereitet, als Gottes Werkzeug Großes zu vollbringen: sie erhält den Auftrag, das Kloster zu verlassen, in dem sie 26 Jahre als Karmelitin der gemilderten Observanz gelebt hat, und ein neues nach der strengen ursprünglichen Regel zu gründen; dort soll eine kleine Schar auserwählter Seelen in Einsamkeit und Gebet mit größter Vollkommenheit dem Herrn dienen, um ihm Ersatz zu bieten für das, was andere ihm verweigern, um möglichst viele Seelen dem Verderben zu entreißen und die Kirche im Kampf gegen ihre Feinde – es ist die Zeit der großen Glaubensspaltung – zu stützen. Die Schilderung der Kämpfe, die der Gründung dieses Klosters zum heiligen Joseph vorausgingen, seiner Eröffnung und ersten Blüte füllt einen großen Teil des Buches. Wie von dieser Wiege aus die Reform sich ausbreitete, wird erst im folgenden Band – dem Buch von den Klosterstiftungen – berichtet.

Die neue Ausgabe bedeutet gegenüber der alten eine große Verbesserung. Sie richtet sich nach der neuen spanischen Ausgabe des P. Silverio de S. Teresa O.C.D.[9] und enthält manches, was früher unterdrückt war. Die Übersetzung des P. Aloysius Alkofer O.C.D.[10] ist natürlich und gefällig und läßt etwas von der Lebendigkeit des Originals ahnen, die ja sicher durch keine

---

[7] Bei Pustet in Regensburg, 1912–22.

[8] Sämtliche Schriften der hl. Teresia von Jesu. I. Band: Leben, von ihr selbst beschrieben. Kösel-Pustet, München, 1933, 545 Seiten.

[9] 〈Silverio de S. Teresa (Silverio Gómez Giuliano, 1878 Escobado de Arriba – 1954 Mazatlán), Ordenshistoriker, Herausgeber der Werke Teresas von Ávila und Johannes' vom Kreuz, von 1947 bis zu seinem Tod Ordensgeneral.〉

[10] 〈Aloysius ab Immaculata Conceptione (Georg Alkofer, 1878 Baiern – 1954 Mallersdorf), geistlicher Schriftsteller, Übersetzer der Werke Teresas von Ávila.〉

Übertragung zu erreichen ist. Die wertvolle Einleitung des P. Ambrosius v.⟨on⟩ d.⟨er⟩ hl. Teresia O.C.D.[11] und zahlreiche Anmerkungen erleichtern das Einleben in die Zeitverhältnisse.

So ist die neue Ausgabe dazu angetan, die alten Freunde des Werkes zu erfreuen und ihm neue zu gewinnen. Man kann nur wünschen, dass es in möglichst viele Hände kommen und das Feuer der Gottesliebe in vielen Herzen entzünden möge.

Schwester Teresia Benedicta a Cruce O.C.D. (Dr. Edith Stein).

[11] ⟨Ambrosius a S. Teresia (Alois Hofmeister, 1886 Illkofen – 1951 München), Generalarchivar, von 1947 bis 1951 Generaldefinitor, Begründer und Schriftleiter der ordensinternen Zeitschrift *Analecta OCD.*⟩

6. Unter dem Zepter der Friedenskönigin[1] (1937)

Situierung

Das Autograph dieser Rezension wird mit der Signatur A07–5 (alt B I 10a) im ESAK aufbewahrt. Edith Stein verwendete dazu das Blatt mit der an den Hl. Stuhl gerichteten Bittschrift, den Namen des hl. Joseph in das Confiteor und in den Kanon der Messe einzufügen. Auf der Vorderseite dieses Blattes stehen die Anrede *An Se.*⟨*ine*⟩ *Heiligkeit Papst Pius XI. Rom Vatikanstadt* und der Text der Bitte, darunter folgen fünf durchnummerierte Zeilen für die Unterzeichner, während die Rückseite auf weiteren von 6 bis 51 durchnummerierten Zeilen auch noch Platz für Unterschriften bot. Edith Stein beschrieb zunächst die Rückseite und benutzte dann auch noch den unter dem Bittgesuch freien Platz.

Die Rezension erschien in lateinischer Sprache in der Ordenszeitschrift *Analecta Ordinis Carmelitarum Discalceatorum* 12 (1937) 189. Die lateinische Version hat der Herausgeber dieser Zeitschrift, der damalige Generalarchivar des Ordens, Ambrosius a S. Teresia,[2] besorgt, wie sein Name unter den Rezensionen deutschsprachiger Bücher zeigt.

Text

Zur 300Jahrfeier der Gründung unseres ersten Kölner Nonnenklosters, das dem Orden unterstellt war – es ist nicht zu verwechseln mit dem anderen Kloster, das ebenfalls in Köln (Kupfergasse) einige Jahre früher unter der Gerichtsbarkeit des Ordinarius gegründet wurde[3] – hat die Mutter Priorin dieses Karmel, Sr. Teresia Renata de Sp.⟨iritu⟩ S⟨an⟩cto, die schon andere gelehrte Bücher, z. B. über die Gaben des Hl. Geistes,[4] verfaßt hat, die Geschichte des genannten Klosters geschrieben. Im I. Teil beschreibt sie die Gründung des ersten Klosters in der Schnurgasse bei der Kirche der Frie-

---

[1] *Unter dem Zepter der Friedenskönigin. 300 Jahre Kölner Karmel) (1637–1937).* Von Sr. Teresia Renata de Spiritu Sancto, O.C.D. Karmelitinnenkloster Köln-Lindenthal, 1937, 202 S.

[2] ⟨Zu Ambrosius a S. Teresia siehe oben S. 227, Anm. 11.⟩

[3] ⟨Siehe oben S. 151, Anm. 51.⟩

[4] ⟨Teresia Renata de Spiritu Sancto, geb. Posselt, *Die siebenfache Gabe*. Mit einem Geleitwort von Martin Grabmann. Freiburg, Herder, 1936, 126 S.⟩

denskönigin und seiner Unterdrückung durch Napoleon I.[5] i.⟨m⟩ J.⟨ahre⟩ 1802, im II. Teil die Rückkehr der Schwestern nach Köln 1850 und die Gründung des 2. Klosters bei der St. Gereonskirche sowie die 2. Vertreibung z.⟨ur⟩ Z⟨ei⟩t. des berüchtigten Kulturkampfes (1875); im III. Teil die erneute Rückkehr nach Köln (1890) und die Gründung des 3. Klosters in der Vorstadt Köln-Lindenthal, wo sie jetzt noch sind.

Was diese Erzählungen vor allem sozusagen ehrwürdig macht, ist eine wunderbare Andacht zur Friedenskönigin, deren wundertätiges Bild von Beginn der ersten Gründung bis heute nicht nur das Kloster, sondern die ganze Stadt mit ihrem himmlischen Schutz umgab; ferner die treue Wiedergabe vieler Dokumente aus den Stadt- und Diözesanarchiven; durch sie wird die seelische Verfassung vieler Personen lebendig dargestellt und beleuchtet, die sich entweder im Kloster Gott geweiht hatten oder in der Welt bemüht waren, Gott zu gefallen, und viel zur größeren Ehre Gottes und der Allerseligsten Jungfrau beitrugen, da sie auf jede Weise die Gründung und das Gedeihen der Klöster förderten, in denen gottgeweihte Jungfrauen den Zorn Gottes versöhnen und die Ihm zugefügten Beleidigungen sühnen konnten.[6] Von Herzen sagen wir der Verfasserin Dank für diese so willkommene, mit soviel Liebe und Sorgfalt ausgearbeitete Geschichte; sie bereichert die allgemeine Ordensgeschichte um einen kostbaren Beitrag.

---

[5] ⟨Napoleon I. (Napoleone di Buonaparte, 1769 Ajaccio – 1821 St. Helena), Kaiser der Franzosen.⟩

[6] ⟨Für die damalige Zeit typische Sicht des Karmels und der Aufgabe der Karmelitinnen; bei Teresa von Ávila ist das so nicht zu finden.⟩

7.
Rezension: Sämtliche Schriften der heiligen Theresia (1938)

Situierung

In der Zeitschrift *Die katholische Schweizerin* (25, 11, 13. August 1938, S. 329) stellt Edith Stein die neue Übersetzung des Gesamtwerkes der hl. Teresa vor: *Sämtliche Schriften der hl. Theresia von Jesus*. Neue deutsche Ausgabe, übersetzt nach der spanischen Ausgabe des P. Silverio de S. Teresa C.D. von P. Aloysius ab Immaculata Conceptione, aus dem Orden der Unbeschuhten Karmeliten. Verlag Josef Kösel & Friedrich Pustet, München.

Im ESAK ist eine Kopie dieses Textes mit der Signatur B II 94c.

Veröffentlicht 1990 in ESW XII, 192.

Text

Der Verlag Kösel-Pustet bringt seit 1933 die Schriften der großen Lehrerin der Mystik in einer schönen neuen Ausgabe heraus, in sechs schönen, starken Bänden. Der I. Band – das *Leben* der Heiligen, von ihr selbst geschrieben – ist früher in dieser Zeitschrift ausführlich gewürdigt worden.[1] Die Heilige hat darin vorwiegend ihr *inneres* Leben dargelegt. Der II. Band – das Buch der *Klosterstiftungen* – gibt ein Bild ihrer erstaunlichen äußeren Wirksamkeit als Ordensreformatorin. Wertvolle Ergänzungen dazu bieten die *Briefe* der Heiligen. (Die erste Hälfte ist als III. Band der Werke 1937 erschienen, der IV. Band mit der zweiten Hälfte steht noch aus.) Sie sind erquickend durch ihre Frische, Natürlichkeit, Ursprünglichkeit und warme Herzlichkeit, bewundernswert durch die Fülle und Mannigfaltigkeit menschlicher Beziehungen. Der V. Band (1938) enthält das mystische Hauptwerk: die *Seelenburg*. In lichtvoller, anmutiger und anschaulicher Darstellung wird hier der Weg der Einkehr der Seele in sich selbst und zur vollkommensten Vereinigung mit Gott in unvergleichlicher Weise klargelegt. Als VI. und letzter Band ist der *Weg der Vollkommenheit* vorgesehen, das Handbuch des geistlichen Lebens, das die heilige Mutter für ihre geistlichen Söhne und Töchter geschrieben hat.

Sr. Teresia Benedicta a Cruce, O.C.D.

---

[1] ⟨Siehe oben S. 226 f.⟩

Teil IV
Nachrufe

1.
Nachruf für Herrn Prälat Joseph Schwind
(1927)

Situierung

Im ESAK gibt es eine Maschinen-Fassung mit der Signatur B II 4b mit folgendem Titel: *Nachruf für H. Herrn Prälat Joseph Schwind, Generalvikar in Speyer, gestorben am 17. September 1927, während er im Dom Beichte hörte, verfasst von Frl. Dr. Edith Stein.* Es handelt sich offensichtlich um eine Abschrift des gedruckten Artikels. Edith Stein hatte bereits zu seinem Goldenen Priesterjubiläum ein Festgedicht verfasst.[1]

Veröffentlichung:

Korrespondenz des Priestergebetsvereins im theologischen Konvikt zu Innsbruck, 62. Jahrgang, Nr. 1, November 1927), eingefügt in einen längeren Nekrolog über den Verstorbenen.[2]

Text

Der Verstorbene hatte ein großes Vertrauen zur seelenstärkenden Kraft eines lebendig geschilderten Heiligenlebens. … Aber auch wenn es kein Heiligenleben war; wenn es sich nur um ein Werk handelte, das tiefer hineinleuchtete in die geheimnisvollen Gründe und Abgründe menschlichen Lebens, war es ihm, dem Menschenkenner und Menschenfreund, von unschätzbarem Wert. Das letzte Buch, das wir in den knappen Stunden, in denen ich ihm zu seiner und meiner Erholung etwas vorlesen durfte, vorhatten, war Grysars „Lutherbiographie“[3]. Er freute sich jedesmal, wenn er wieder einen neuen Ein-

---

[1] GT II, ESGA 20, 170 f.

[2] Der Nachruf beginnt nach ca. eineinhalb Seiten des Nekrologs und wird von den Zeilen eingeführt: *Von einem vertrauten Freunde dieses wahren Priesters nach dem Herzen Gottes erhalten wir folgende charakterisierenden Züge zugesendet.*

[3] ⟨Hartmann Grisar, Kirchenhistoriker (1845 Koblenz – 1932 Innsbruck), Studium in Münster und Innsbruck, 1868 Jesuit, 1871 Professor für Kirchengeschichte in Innsbruck, ging 1896 nach Rom, 1902 nach München und schließlich nach Innsbruck, widmete sich zunächst der Geschichte Roms und des Papsttums im christlichen Altertum, seit 1902 der Lutherforschung. Seine 1911/12 erschienene dreibändige Lutherbiographie rief starken Widerspruch hervor wegen seiner pathologischen Lutherdeutung, die aber heute nicht mehr vertreten wird. Das hier zitierte Buch *Martin Luthers Leben und sein Werk* erschien 1926 und wurde in mehrere Sprachen übersetzt. (BBKL 2, Sp. 353).⟩

zelzug für sein Bild des „Dr. Martinus“ gewann. Er schätzte dieses Buch besonders darum als ein Meisterwerk, weil es durch eine Fülle scheinbar geringfügiger, konkreter Tatsachen die Farbe des frischen Lebens gab.

Kardinal Newman hat öfters betont: „Es ist relativ leicht, *eine* Seite des christlichen Lebens in sich zur Entfaltung zu bringen, Strenge *oder* Milde, Ernst *oder* Heiterkeit. Aber die wahre christliche Vollkommenheit zeigt sich erst in der Vereinigung entgegengesetzter Tugenden.“[4] Herr Prälat Schwind hat dieser Forderung in vollem Maße genügt. Man hat mir gesagt, sein Ruf sei gewesen: Gerecht, aber streng. Wer ihm persönlich nahe stand, ist von diesem Urteile zunächst überrascht. Wenn man sich aber eine Weile besinnt, versteht man es. Strengste Pflichterfüllung war von Jugend auf die Richtschnur seines eigenen Lebens. Sein Ideal des Priestertums war das höchste, und er hat alle seine Kraft eingesetzt, um ihm gerecht zu werden. Zweifellos hat er sein Amt als Generalvikar in diesem Sinne geführt. Sicher ist er nie ein Haarbreit von seinen Grundsätzen gewichen, und wer darin anders dachte als er, dem mag sein Verhalten unnachgiebig streng erschienen sein. Aber sicher hat jede Maßnahme, mit der er jemandem wehe tun mußte, jedes Wort des Tadels oder das Versagens diesem weichen Herzen im Stillen Qual bereitet. Glücklich war er, wenn er dem Zuge seines gütigen Herzens unbedenklich folgen konnte. Jeder hat es erfahren, der einmal mit einem Anliegen zu ihm kam. Wie wußte er schon allein zuzuhören! Er lebte ganz mit bei allem, was man ihm erzählte. Galt es in schwierigen Situationen den rechten Entschluß zu finden: er hatte sofort ein lebendiges Bild von Menschen und Verhältnissen, die er nie gesehen hatte, und traf mit seinem Rat meist den Nagel auf den Kopf. Zeigte sich für ihn eine Möglichkeit, mit der Tat zu helfen, so geschah es mit der größten Selbstverständlichkeit. Man brauchte nicht darum zu bitten und man durfte kaum danken. Wagte man es, etwas dergleichen zu sagen, so hieß es: „Ich tue nicht mehr als meine Pflicht, und wie es mir scheint, nicht einmal die.“ Und diese Hilfsbereitschaft galt allen ohne Ausnahme, selbst Menschen, die ihm persönlich unbekannt waren, wenn deren Not oder Verlegenheit er nur durch andere erfuhr.

Seine Seelenführung war ruhig, sicher und besonnen, auf weise Menschenkenntnis und die Erfahrung jahrzehntelanger Seelsorgarbeit gestützt, doch zugleich voll heiliger Ehrfurcht vor dem Wirken Gottes in der Seele, und das ebenso zart wie kühn: wo er ein Herz fand, das dem Zuge der Gnade folgte, da ließ er es gewähren, ohne einzugreifen und zeigte ein Vertrauen ohne Grenzen; auch Unternehmungen, die von außen gesehen gewagt und

[4] ⟨John Henry Newman (1801 London – 1890 Edgbaston/Birmingham), anglikanischer Theologe, 1845 katholisch, 1847 Priesterweihe, Oratorianer, 1851–1858 Gründungsrektor der katholischen Universität Dublin, 1879 Kardinal, Veröffentlichungen zu vielen Themen von Theologie und Kirche; Übersetzungen von Edith Stein (IU, ESGA 21 und 22).⟩

bedenklich erscheinen mußten, hieß er in solchen Fällen gut und ermunterte sogar dazu. Unerschütterlich war sein Vertrauen auf die Führungen der göttlichen Vorsehung und auf die Kraft des Gebetes; dazu wußte er zu erziehen und damit in Lagen, wo aller menschliche Rat versagte, Trost und Ruhe zu geben.

Sein Herz war fest im Ewigen verankert. Es war ihm gar nicht anders möglich, als alle Dinge „sub specie aeterni"[5] zu betrachten. Das gab seinem ganzen Wesen einen tiefen und heiligen Ernst. Man sah es an der Haltung der hohen Gestalt und dem Ausdruck der Sammlung in dem ehrwürdigen Greisenantlitz, wenn man ihm auf der Straße begegnete oder in sein Zimmer trat. Und doch: sowie er einen erblickte, flog ein sonnig-heiteres Lächeln über die ernsten Züge. Wie kindlich-fröhlich konnte er sein, wenn er liebe Gäste um seinen Tisch versammelte, mit welch herzlichem Behagen konnte er aus Schul- und Studienjahren mit erstaunlicher Gedächtnisfrische erzählen, mit welch lebhaftem Interesse zuhören, wenn ein kluger Mann, der viel in der Welt herumkam, von dem Leben und Treiben draußen zu berichten wusste. War es ein Sonntag, wo die Pflicht nicht rief, so konnte es geschehen, dass man sich noch am Kaffeetisch beisammen fand, wenn es Zeit zum Nachtessen war.

Strenge und Güte, Ernst und kindlicher Frohsinn, Hoheit und Demut, das waren die Gegensätze, die sich in dieser Seele zur Harmonie verbanden, hervorgewachsen aus einer Wurzel: der lautersten Gottesliebe. Ein Diener Gottes zu sein, das war der Inhalt seines Lebens, der Adel und die Pflicht, deren er sich stets bewußt war.

Mit heiliger Freude hat er sein Brevier gebetet und selbst bei stärkster Belastung nichts daran gekürzt. Gern hat er auch Laien dazu angeleitet und es befriedigte ihn tief, wenn er auf Verständnis für die Schönheit der Liturgie traf und auf das Bestreben, gleich ihm darin das Leben der Kirche mitzuleben.[6] Die tägliche Betrachtung der göttlichen Wahrheiten, gute geistliche Bücher galten ihm als unentbehrliche Nahrung des inneren Lebens und er teilte gern und reichlich andern davon mit. Seine reiche Bibliothek stand jedem offen, der sie zu nutzen wußte. Nächst der Heiligen Schrift und seinem Brevier ist ihm wohl kein Buch lieber gewesen als die „Nachfolge Christi."[7]

Mit Prälat Schwind ist ein guter und getreuer Knecht eingegangen in die Freude seines Herrn.[8] Sein Bischof[9] widmete dem Heimgegangenen im *„Kirchenverordnungsblatt"* einen überaus dankbaren Nachruf.[10]

---

[5] ⟨Im Licht des Ewigen.⟩

[6] ⟨Damit charakterisiert Edith Stein sich selbst.⟩

[7] ⟨Lat.: *De imitatione Christi,* wahrscheinlich von Thomas von Kempen um das Jahr 1418 verfaßt; nach der Bibel das am weitesten verbreitete Buch des Christentums.⟩

[8] ⟨Vgl. Mt 25,21.23.⟩

[9] ⟨Ludwig Sebatian (1862 Frankenstein–1947 Speyer), ab 1917 Bischof vom Speyer.⟩

Die theologische Fakultät und das theologische Konvikt in Innsbruck dürfen sich freuen, diesen edlen Mann und vorbildlichen Priester als ihren einstigen Schüler 1873 – 75 gehabt zu haben. Möge er der jungen Generation Vorbild, uns allen aber ein treuer Fürsprecher beim Vater sein. „In pace Christi vivat.“[11]

[10] ⟨Siehe das *Oberhirtliche Verordnungsblatt für das Bistum Speyer* 20, Nr. 13 (1927) vom 19. September 1927, 97. Herrn Prof. Dr. H. Ammerich sei für diese Auskunft gedankt.⟩

[11] ⟨Er lebe im Frieden Christi.⟩

2.
Schwester Maria Gertrudis a S. Agnete[1] (Maria Erzberger)
Unbeschuhte Karmelitin (1902 – 1937)
(1939)

Situierung

Der Text dieses kurzen Lebensbildes von Schwester Maria Gertrudis Erzberger ist auf einem dreiteiligen Faltblatt im Format 250 × 120 mm erhalten, das im ESAK aufbewahrt wird. Die Autorschaft Edith Steins ist durch die von Schw. M. Amata Neyer angefügte Ergänzung *Text v.*⟨on⟩ *Sr. T.*⟨eresia⟩ *Bened.*⟨icta⟩ *a Cr.*⟨uce⟩ gesichert.[2]

Text

Zu Beginn des Jahres 1920 betete im weltabgeschiedenen Klösterchen zu Echt in Holländisch-Limburg eine Karmelitin zu der großen Herz-Jesu-Verehrerin Maria vom Göttlichen Herzen (Droste-Vischering[3]): „Liebe selige Mutter, erflehe uns eine heilige Maria Gertrudis um der Liebe willen, mit der Jesus Deinen und der hl. Gertrud Namen einte." Der Echter Karmel – 1875 von Kölner Karmelitinnen gegründet, die im Kulturkampf Deutschland verlassen mussten – hatte damals lange keinen jungen Nachwuchs mehr gehabt. So war es wohl berechtigt, um eine Postulantin zu bitten, die geeignet wäre, ein neuer Grund- und Eckstein zu werden.

Um eben diese Zeit schickte sich in Berlin ein junges Menschenkind an, dem Rufe Gottes zu folgen. Maria Erzberger war das Kind tiefgläubiger Eltern, treu katholisch und vaterländisch zugleich erzogen. Sie war der Sonnenschein ihres Elternhauses, raschen und lebhaften Geistes, voll Frohsinn und doch tief und warm empfindend, aufgeschlossen für alles Große und Schöne. Innige Liebe verband sie mit den Eltern und dem einzigen, sehr viel jüngeren Schwesterchen. (Den Bruder, ihren liebsten Spielgefährten, hatte

---

[1] Siehe das kurze Lebensbild von Teresia Renata de Spiritu Sancto, *Maria Erzberger.*

[2] Im Provinzarchiv OCD in München befindet sich ein dreiteiliges Faltblatt mit diesem Text und einem echten Foto von Sr. Maria Gertrudis mit dem Vermerk darunter: *Verfaßt von Sr. Teresia Benedicta a Cruce (Edith Stein).* (Signatur 904.4 Erzberger).

[3] ⟨Maria Gräfin Droste zu Vischering (1863 Münster – 1899 Porto), 1891 Profeß im Kloster vom Guten Hirten in Münster, 1894 Oberin in Porto, Sozialarbeit, Förderin der Herz-Jesu-Verehrung, 1975 Seligsprechung. (BBKL 1, Sp. 1395–1397).⟩

ihr der Tod entrissen.) Die gediegene religiöse Familienerziehung wurde unterstützt durch wiederholten Aufenthalt in klösterlichen Heimen und Erziehungsanstalten. Marias Herz war guter Ackerboden für diese Saat. Der Verlust des geliebten Bruders, eigene schwere Krankheiten, der Ernst der Kriegszeit und frühzeitiger Einblick in dunkle Abgründe des Menschenlebens mögen zu vertieftem inneren Leben und entschiedener Hinwendung zum Ewigen geführt haben. Dabei lag Maria der Gedanke an das Ordensleben zunächst fern. Nach dem Zeugnis einer Jugendfreundin kam der Ruf plötzlich durch die Beschäftigung mit dem Leben der hl. Theresia von Lisieux.[4] Hier fand sie eine ihr verwandte Natur und einen Weg, der ihr einleuchtete. So ergab sich nach einigem Schwanken bald die Entscheidung für den Karmel. Schwer war es, den Eltern so großen Schmerz zuzufügen. Aber sie gaben mit freudigem Opfermut ihre Zustimmung. Den Weg nach Echt wies der Provinzial der bayrischen Karmeliten[5]. Die persönliche Verbindung wurde durch Klosterfrauen hergestellt, bei denen Maria zeitweise als Zögling geweilt hatte: sie standen in Briefverkehr mit der Echter Karmelitin, die für ihr Kloster eine Maria Gertrudis erflehte. Bald waren die Schwierigkeiten überwunden. Die Eltern brachten ihr Kind selbst nach Echt. Am 14. April 1921 überschritt die junge Postulantin die Schwelle der Klausur.

Das neue Heim hatte nichts von der alten Kultur und romantischen Schönheit mittelalterlicher Abteien, die ein junges Herz bezaubern können. Es sah einem geräumigen Bauernhaus gleich, und dem entsprach der ländliche Haushalt mit seiner Last an täglicher mühevoller Arbeit. Aber das verwöhnte Großstadtkind schreckte davor nicht zurück. Im Gegenteil. Sie hatte sich ja im Elternhaus trotz aller Liebe nicht mehr glücklich gefühlt, weil sie „dem lieben Heiland gern Opfer bringen wollte", „damit er die Schlechtigkeit der Menschen vergessen möge. ..." (Brief nach Echt vom 21. VIII. 1920). Das stand nicht bloß auf dem Papier. Maria machte damit Ernst während ihres ganzen Ordenslebens. Die schwersten Arbeiten waren ihr die liebsten. Sie fügte an freiwilligen Bußwerken hinzu, soviel der Gehorsam ihr nur gestatten mochte. Sie hat im Laufe der Jahre fast in allen Ämtern[6] des Klosters mitgearbeitet, überall mit Liebe und Freude. Am meisten nach ihrem Herzen war wohl der Krankendienst, den sie während ihrer letzten Jahre mit unbegrenztem Opfermut versah und das Amt der Sakristanin, das ihr unmittelbaren Anteil am göttlichen Ehrendienst gab. Die Kraft zu ihrem unermüdlichen Schaffen floß ihr aus den unversieglichen Quellen des Ordenslebens zu. Mit heiliger Begeisterung nahm sie am göttlichen Offizium teil.

---

[4] ⟨Siehe zu ihr oben S. xxx.⟩

[5] ⟨P. Joannes Chrysostomus a S. Joseph (Franz Xaver Riepl, 1873 Kneiting – 1941 Regensburg).⟩

[6] ⟨Damit sind die verschiedenen Arbeitsbereiche der Schwestern im Kloster gemeint.⟩

Die liebevolle Noviziatserziehung, der Verkehr mit den älteren Ordensfrauen, die tägliche Betrachtung und geistliche Lesung führten sie immer tiefer in die große Überlieferung des Karmel ein, ermöglichten auch ein fortgesetztes Mitleben mit den großen Geschehnissen und Gestalten der Kirche in Vergangenheit und Gegenwart, wie es dem treuen Kind der Kirche vom Vaterhaus her Bedürfnis war. Der Brennpunkt ihres Lebens aber war die Liebe zum göttlichen Herzen Jesu. Immer stärker zog es sie in seinen Bann, immer heißer entfachte er das Verlangen nach Sühne und Genugtuung.[7] Dieser Drang führte sie schließlich dazu, am Herz-Jesu-Freitag, dem 7. April 1922, ein eigenes Herz-Jesu-Gelübde abzulegen. Darin weihte sie sich dem göttlichen Herzen als Schlachtopfer der Liebe mit dem Versprechen, alles zu tun, um ihm die größtmöglichste Freude zu bereiten und keinen andern Lohn zu verlangen als Ihn allein. Dieses Gelübde wurde ihr Leuchte und Halt auf ihrem ferneren Wege. Der Heiland nahm sie beim Wort. Schon von Beginn ihres Ordenslebens an mußte sie eine harte Kreuzschule durchmachen. Es war für ein junges, lebenssprühendes Geschöpf schon keine kleine Buße, daß sie jahrelang die einzige Novizin unter lauter erheblich älteren Schwestern war. Erst später kamen junge Gefährtinnen, denen sie Vorbild und Führerin wurde.

Der härteste Schlag traf sie sieben Wochen vor ihrer Einkleidung am letzten Freitag im August 1921: die Nachricht von der Ermordung ihres Vaters,[8] dem sie nicht nur eine liebevolle Tochter, sondern zugleich der treueste und verständnisvollste Freund gewesen war. Trotz ihres Verlangens, der Mutter in ihrem Schmerze beizustehen, blieb sie ihrem Berufe treu. Mutter und Schwesterchen wohnten in tiefer Trauer der Einkleidungsfeier bei (15. Oktober 1921). Die junge Gottesbraut erhielt den Namen Maria Gertrudis Theresia von der hl. Agnes. Sie erhielt den Ordensadel[9] „von der hl. Agnes“, weil sie von Jugend an eine besondere Verehrung für diese jugendliche Märtyrerin hatte. Die Palme der hl. Agnes zu erringen war ihr heißes Verlangen[10]. Wiederholte schwere Krankheiten kamen dieser Leidenssehnsucht

---

[7] ⟨Die für die damalige Zeit typische Geisteshaltung im Karmel; sie entsprach nicht der ursprünglichen Idee der hl. Teresa.⟩

[8] ⟨Matthias Erzberger (1875 Buttenhausen – 1921 Bad Griesbach/Schwarzwald), 1903–1918 Reichstagsabgeordneter des Zentrums, am 11. November 1918 erster Unterzeichner des Waffenstillstandsabkommens in Compiègne, als „Volksverräter“ verunglimpft, Befürworter der Weimarer Republik, von Rechtsradikalen ermordet.⟩

[9] ⟨Im Karmel gebräuchlicher Zusatz zum Ordensnamen; bei Edith Stein – Teresia Benedicta – vom Kreuz.⟩

[10] ⟨Agnes, römische Märtyrerin, Heilige, gest. vermutlich etwa 250 unter Decius, nicht 304 unter Diokletian, wie allgemein angenommen wird. Ihr Gedächtnistag ist der 21. Januar. Sie gilt als Vorbild jungfräulicher Unschuld und Keuschheit und wird in der bildenden Kunst mit dem Lamm dargestellt, weil man ihren Namen mit dem lateinischen *agnus = Lamm* in Verbindung bringt.⟩

entgegen. Aber schwerer als alle äußeren Leiden und Prüfungen waren die dunklen Nächte, durch die ihre Seele geführt wurde: Trockenheit, Verlassenheit, Trostlosigkeit, Glaubenszweifel. Doch nichts vermochte die treue „Herz-Jesu-Braut" wankend zu machen. Am 16. Oktober 1922 hatte sie sich dem Herrn durch die zeitlichen Gelübde, drei Jahre später durch die ewigen Gelübde verbunden. Am 6. September 1926 durfte sie gemeinsam mit allen Schwestern die feierlichen Gelübde ablegen, eine Gunst, die dem Echter Karmel damals vom Hl. Stuhl gewährt wurde[11]. Dazu kam als beste Stütze in allen Prüfungen ihr kleines Herz-Jesu-Gelübde. Sie stand fest zu dem so oft und feierlich beschworenen Bund. Im Schmelzofen der Leiden wurde das Gold ihrer Seele geläutert. So wurde sie früh reif für den Himmel.

Im Winter 1936 kniete Schwester M. Gertrudis einmal vor dem Tabernakel in vertrauter Zwiesprache mit dem Heiland. Sie betete für den schwer erkrankten Papst Pius XI.[12]. Und da sie gehört hatte, daß er ein Beinleiden habe, bot sie in ihrer kindlichen Weise ihr eigenes Bein als Ersatz an, damit der Statthalter Christi seiner Herde erhalten bleibe. Im Spätsommer des nächsten Jahres zeigten sich an ihrem rechten Bein ein großer blutunterlaufener Fleck und mehrere Beulen, die große Schmerzen verursachten. Das Übel ergriff auch die Hand und den übrigen Körper. Heftige Blutungen traten auf, Appetit- und Schlaflosigkeit. Kein ärztliches Mittel wollte helfen. Am 15. September empfing sie auf eigenen Wunsch strahlend vor Freude die hl. Sterbesakramente. Am späten Abend kam der Hausarzt mit einem Spezialisten aus Sittard, der sie in sein Krankenhaus mitnahm. Die dortige Untersuchung bestätigte nur die Hoffnungslosigkeit des Zustandes. Der Karmel wurde in der Morgenfrühe des 17. September telefonisch benachrichtigt, daß die Todesnot bereits eingetreten sei. Schwester M. Gertrudis war aber noch bei vollem Bewusstsein, als der Hausarzt und die Pförtnerin in Sittard ankamen. Auf die Frage, ob sie gern nach Echt zurückgebracht werden wolle, konnte sie noch ein leises „Ja" hauchen. Es war ihr letztes Wort. Zwei Stunden später wurde sie auf der Bahre liegend in die Klausur zurückgebracht. Alle waren tief erschüttert. Die teure Kranke aber lag regungslos mit leicht geschlossenen Augen in den weißen Kissen. Es blieb wohl bis zuletzt, wie sie es während der Krankheit einmal lächelnd gesagt hatte: „Es ist ganz reines Leiden, der Heiland ist weit weg." Der Todeskampf dauerte bis zum Nachmittag. Es war ein Freitag und die Sterbestunde des Herrn, zwischen drei und vier Uhr, als Er seine treue Braut heimholte[13]. Auf der Totenbahre ruhte

[11] ⟨Bis zu diesem Datum haben die Schwestern einfache, ewige Gelübde abgelegt; die feierlichen Gelübde, die immer ewig sind, haben einen höheren Bindungsgrad an den Orden und sind schwerer zu lösen.⟩

[12] ⟨Pius XI. (Achille Ratti, 1857 Desio – 1939 Rom), Papst von 1922 bis 1939.⟩

[13] ⟨Es war der 17. September 1937.⟩

sie in tiefem Frieden und so lieblich anzusehen, daß den Zurückbleibenden die Trauer verging, in der freudigen Hoffnung, nun eine gute Fürsprecherin im Himmel zu haben. Ihr Seelenführer schrieb damals: „… Sie hat in ihrem nur zu kurzen Leben wahrgemacht, was auf dem Bilde der hl. Agnes zu ihrem Schleierfeste stand: um jeden Preis eine unblutige Märtyrin zu werden, wenn sie nicht eine blutige werden könne. … Die Tugenden der Schwester M. Gertrudis leuchteten wirklich im Glanze der Heiligkeit. Ich habe sehr selten eine so entschlossene, ganz an Jesus und sein heiligstes Herz hingegebene, eine so opferstarke und liebende Seele (Gott und alle Menschen umfassend), eine so einsatzbereite und für alles Große begeisterte Seele kennengelernt wie sie. Was sie wollte, das wollte sie ganz und heroisch bei aller Klugheit und nach der Leitung des Gehorsams. Ganz gewiß wird ihr Beispiel noch großen Segen stiften. Aber auch ihre Fürbitte bei Gott. Ich glaube, daß sie in dieser Beziehung droben eine besondere Aufgabe zu erfüllen hat."

Verfaßt von Sr. Teresia Benedicta a Cruce (Edith Stein).

3.
J + M
Nekrolog für Sr. Agnes
Pretiosa in conspectu Domini mors sanctorum eius.[1]
(1939)

Situierung

Im ESAK befindet sich das hs. Skriptum Edith Steins mit der Signatur A09-85 (alte Signatur P/D-I-7), wofür sie die Rückseiten von Kalenderblättern von 1938 im Format 212 × 130 mm benutzte. Der Titel auf der Handschrift lautet: *Pretiosa in conspectu Domini mors sanctorum eius.* Nachträglich wurde von Edith Stein mit Bleistift ergänzt: *J + M. Nekrolog für Sr. Agnes.* Der bisher unveröffentlichte Text wird wohl bald nach dem Tod von Schw. Agnes am 24. Juli 1939 in Echt entstanden sein.

Text

Vor einigen Monaten standen einige von uns auf unserm Klausurfriedhof an den Gräbern unserer jüngst verstorbenen Schwestern. Schw. Agnes war dabei. Es waren noch 2 Plätze in der letzten Reihe frei, und wir sprachen davon, wer von uns sie wohl einnehmen werde. Schw. Agnes wünschte sich den Platz am Weg, weil sie dann viel Weihwasser bekäme. Niemand von uns, auch sie selbst nicht, ahnte damals, dass wir sie so bald schon neben Schw. Archangela zur letzten Ruhe betten würden. Der Platz am Weg wartet auf ihre Nachfolgerin. Aber an Weihwasser fehlt es ihr nicht.

Schw. Agnes[2] wurde am 27. Juni 1881 in Würzburg als ein Drillingskind geboren. Das Brüderchen starb bald, die beiden Schwesterchen wurden mit vieler Mühe großgezogen. Vor allem mußten sie immer viel frische Luft haben. Dieses Bedürfnis blieb ihnen ihr ganzes Leben hindurch. Liesl[3] war ein fröhliches Kind, liebte Spiel und Sport, tollte am liebsten mit Buben herum. Furcht kannte sie nicht. Der Vater (Offizier) setzte manchmal auf seinen Spazierritten die Zwillinge vor sich aufs Pferd. Das war eine besondere Freude. Als die Familie 1890 nach München übersiedelte, wurde viel geschwommen und Schlittschuh gelaufen. Die Sportleidenschaft brachte

---

[1] ⟨Kostbar ist in den Augen des Herrn das Sterben seiner Frommen. (Ps 116,15).⟩

[2] ⟨In der masch. Abschrift ist ergänzt: „Elisabeth Steger (Sr. M. Agnes).“⟩

[3] ⟨Kosename für Elisabeth.⟩

Liesl einmal in große Gefahr. Während die andern Kinder schon im Häuschen ihre Schlittschuhe abschnallten, blieb sie noch allein draußen auf der Eisfläche. Es war auf der Theresienwiese,[4] wo damals öfters Kinderentführungen und -morde vorkamen. Plötzlich trat ein Mann auf sie zu und sagte: „Komm mit mir, ich führe dich zu meinem kleinen Mädel; das hat viele schöne Spielsachen." Sie sträubte sich und schrie, aber er packte sie an der Hand und zog sie mit sich. Indessen war es den andern Kindern unheimlich geworden, dass sie so lange ausblieb. Die Buben kamen aus dem Häuschen und liefen über die ganze Eisfläche. Dicht am Rande fanden sie sie an der Hand des Entführers. Auf dem Eis war er unsicher, weil er keine Schlittschuhe hatte. Noch wenige Schritte – dann war das Ufer[5] erreicht und sein Opfer ganz in seiner Gewalt. Die Buben riefen entsetzt: „Lassen Sie los, lassen Sie los" und rissen ihm das Kind aus den Händen. Liesl hat den Vorfall nie vergessen und ist ihr ganzes Leben dem Schutzengel für die Errettung dankbar geblieben.

Bei aller Waghalsigkeit war sie fremden Menschen gegenüber sehr schüchtern. Sie überließ ihrer Schwester das Wort und wagte manchmal nicht einmal ihren Namen zu sagen, wenn sie danach gefragt wurde. Die Eltern erzogen sie streng, hielten vor allem auf Fleiß und Gehorsam. Aber das Beste fehlte in der häuslichen Erziehung: eine gute religiöse Grundlage. Der Vater duldete nur die Erfüllung der notwendigsten religiösen Pflichten, alles andere mußte heimlich geschehen. So hatten auch die Anregungen von anderer Seite keine nachhaltige Wirkung. Als der Vater 1893 nach Landau in der Pfalz[6] versetzt wurde, besuchten die Kinder das Institut der Englischen Fräulein.[7] 1897/98 bereiteten sie sich bei den Ursulinen in Würzburg[8] auf das Sprachlehrerinnenexamen vor. Liesl arbeitete mit äußerstem Fleiß. Sie ließ sich abends noch starken Kaffee geben, wenn die andern zu Bett gingen, um weiter lernen zu können. Am Schluß des Jahres machten die beiden Schwestern Exerzitien für junge Mädchen mit. Auf Liesl machten sie tiefen Eindruck. Sie ging seitdem oft und gern in die Institutskapelle und betete so innig, dass Erna sie darum beneidete und die Schwestern meinten, sie würde

[4] 〈Eine Sonderfreifläche mit 42 Hektar am Rand der Münchner Altstadt, Veranstaltungsort weltberühmter Feste.〉

[5] 〈Es ist nicht ersichtlich, von welchem Ufer die Rede ist, denn die Theresienwiese grenzt weder an einen Wasserlauf noch an einen See.〉

[6] 〈Damals gehörte die Pfalz noch zu Bayern.〉

[7] 〈Ein von Mary Ward (1585 York/England– 1645 ebenda) zunächst zur Glaubensverkündigung, dann speziell für die Bildung von Frauen und weiblicher Jugend gegründetes Institut, Institutum Beatae Mariae Virginis (IBMV), genannt „Englische Fräulein", heute Congregatio Jesu (CJ).〉

[8] 〈Ein von der hl. Angela Merici (1474 Desenzano – 1540 Brescia/Italien) gegründeter Orden für die Erziehung der weiblichen Jugend.〉

wohl einmal ins Kloster gehen. Aber die Wirkung verflog wieder. Trotzdem blieb sie vor schweren Verirrungen bewahrt. Ihr Leben lang war sie unschuldig und einfältig wie ein Kind. An Tanz und Gesellschaften fand sie kein Gefallen. Sie hatte ein warmes, liebevolles Herz und war meist sanft und freundlich. Allerdings hatte sie ihr eigenes Köpfchen und wurde darum oft „Stegersdickkopf" genannt. Die Zwillinge hingen mit inniger Liebe aneinander. Es gab wohl öfters Zusammenstöße, aber die Versöhnung ließ nie lange auf sich warten.

Nach der Prüfung mußten die Schwestern fleißig im Haushalt tätig sein. Aber das genügte ihnen auf die Dauer nicht. Sie wollten einen festen Beruf haben und beschlossen, als Erzieherinnen nach Frankreich zu gehen. Im Frühjahr[9] kamen sie zur Fortbildung in ein Pensionat in Louhans bei Dijon. 1904 kam Liesl in eine gute Familie, mußte aber schon nach wenigen Monaten heimgehen, da ihre Nerven angegriffen waren und Erholung verlangten. 1907 machte sie noch einmal einen Versuch in Paris. Ihre Schwester war ihr dorthin vorausgegangen. Sie blieb dort bis 1909 und wurde von den Familien, in denen sie tätig war, hochgeschätzt wegen ihres gediegenen Wesens und guten Unterrichts. Diesmal war die Veranlassung zur Heimkehr eine schwere Augenerkrankung ihrer Schwester Erna. Es war wohl eine gütige Fügung, dass sie zu dieser Zeit nach Hause kam. Schon im Frühjahr 1910 wurde der Vater den Seinen plötzlich durch einen Schlaganfall entrissen. Dieses Ereignis wurde für beide Schwestern der entscheidende Wendepunkt. Sie waren schon durch Ernas schweres Leiden ernst gestimmt und hatten begonnen, eifriger ihre religiösen Pflichten zu erfüllen. Eine Mission[10] in Freilassing (wo die Familie zuletzt lebte) vollendete die Sinneswandlung. Es begann nun ein eifriges religiöses Leben. Die Mutter gewährte dafür volle Freiheit. Während der Mission legten die Zwillinge eine Lebensbeichte ab. Gemeinsam wollten sie alle Gebete, Opfer und Leiden ihres ferneren Lebens für die Seele des Vaters einsetzen. Als sie im Herbst 1910 mit der Mutter in die alte Heimat Würzburg zurückzogen, bot sich ihnen noch mehr Gelegenheit zur Ausführung ihrer Vorsätze. Bald erlangten sie die Erlaubnis zur täglichen hl. Kommunion[11] und auch zur Ablegung des Gelübdes der Jungfräulichkeit. Endlich wurde ihnen klar, dass Jesus sie ganz für sich wollte. Sie entschlossen sich zum schwersten Opfer: sie wollten auf getrennten Wegen dem Ruf des Herrn folgen. Die Mutter gab ihre Zustimmung. Auch sie fand in der Schule des Leidens den Weg zu Gott. Im Herbst 1912 ging Erna in den Karmel zu Echt, im Frühjahr 1913 Liesl zu den Missionsbenediktinerinnen nach Tut-

---

[9] ⟨Im masch. Text ist *1903* angefügt.⟩

[10] ⟨Gemeint ist eine Volksmission, die von einem speziell dafür ausgebildeten Team in einer Pfarrei durchgeführt wird.⟩

[11] ⟨1905 hat Pius X. das Dekret über die tägliche Kommunion veröffentlicht.⟩

zing.[12] Aber nach wenigen Monaten erkrankte die Mutter, und Liesl verließ mit Zustimmung ihres Würzburger Beichtvaters das Kloster, um sie zu pflegen. Sie widmete sich mit voller Hingebung der schweren Aufgabe. Als die Mutter im Dezember 1914 von ihren Qualen erlöst wurde, mußte die treue Pflegerin bei einer Freundin auf dem Lande Erholung suchen. Dann hielt sie sich noch einige Zeit bei Verwandten auf. Sie war entschlossen, wieder ins Kloster einzutreten, aber wo, das war noch nicht geklärt. Seit sie im Herbst 1913 Profeß und Schleierfest der Zwillingsschwester – nun Schw. M. Electa – in Echt mitgefeiert hatte, dachte sie nicht mehr an Tutzing, sondern fühlte sich unwiderstehlich zum Karmel hingezogen. Aber sie wollte das Opfer der Trennung nicht zurücknehmen und deshalb nicht in Echt um Aufnahme bitten. Erst als der bayrische Provinzial der Unbeschuhten Karmeliten[13] selbst sie dorthin wies, ließ sie ihre Bedenken fallen. Am 1. Oktober 1915, einem Herz Jesu-Freitag, öffneten sich ihr die Pforten des Karmel.

Man hatte ihr nicht ohne Bedenken die Aufnahme gewährt, weil man befürchtete, dass sie ebenso wie ihre Schwester der zarten Gesundheit wegen der strengen Observanz[14] nicht gewachsen sein würde. Die ehrwürdige Mutter begrüßte sie auch an der Winde mit der Mahnung, dass sie nicht bleiben könnte, wenn ihre Gesundheit nicht standhielte. Liesl ließ sich dadurch nicht einschüchtern. Doch die Befürchtungen waren nicht unbegründet. Die Arbeiten, wie sie jeder Postulantin übertragen werden, z. B. das Kehren der Treppe, bedeuteten für sie eine große Anstrengung. Schon im Noviziat mußte sie eine Liegekur machen. Die Novizenmeisterin, das gute Mütterchen M. Paula, pflegte ihr einziges Novizenkind mit rührender Liebe und setzte sich ganz für sie ein. Sie hatte wohl in der jungen Schwester einen verborgenen Schatz erkannt und glaubte im Sinne unserer heiligen Mutter zu handeln, da ja unsere Satzungen erlauben, eine Novizin zur Profeß zuzulassen, wenn sie zwar nicht alle erforderlichen Eigenschaften besitzt, aber „von so sehr erprobter Tugend und so großem Nutzen für das Kloster wäre, dass man deshalb keine Beunruhigung der Kommunität zu fürchten bräuchte.“ (Kap. 2,11)[15] Liesl erhielt am 2. April 1916 das heilige Kleid und den Ordensnamen M. Agnes von der Allerheiligsten Dreifaltigkeit. Am 2. April 1917 legte sie die hl. Gelübde ab. Als 1926 der ganzen Kommunität die

[12] ⟨Zusammen mit den Missionsbenediktinern 1884 zunächst in Reichenbach/Oberpfalz gegründet, mit diesen 1887 nach St. Ottilien umgezogen und 1904 nach Tutzing am Starnberger See übergesiedelt; heute ca. 1.400 Schwestern in aller Welt.⟩

[13] ⟨Provinzial der Bayerischen Provinz war damals P. Joannes Chrysostomus a S. Joseph (Franz Xaver Riepl, 1873 Kneiting – 1941 Regensburg).⟩

[14] ⟨Unter „Observanz“ verstand man damals den gesamten Komplex von Geboten und Verboten, die den Alltag im Kloster ausmachten.⟩

[15] ⟨Siehe Teresa von Ávila, *Gedanken zum Hohenlied*, Cs 21.⟩

Gnade gewährt wurde, die *feierlichen* hl. Gelübde abzulegen,[16] war auch sie daran beteiligt. Die feierlichen Gelübde verpflichten unter schwerer Sünde zur Verrichtung des göttlichen Officiums.[17] Schw. Agnes hat es mit dieser Verpflichtung wie mit allen ihren Ordenspflichten heilig ernst genommen, aber ihre zarte Gesundheit war dem vollen Chordienst nicht gewachsen. Sie erhielt Erlaubnis, die Mette[18] mit ihrer Schwester privat zu beten. Auch manche andere Erleichterungen mußten gewährt werden. Das war ein Kreuz für die klösterliche Familie, aber sicher haben die beiden Schwestern selbst am meisten darunter[19] gelitten. Im Jahre 1919[20] wurde Schw. Agnes zur zweiten Windnerin[21] ernannt. Dieses Amt hat sie mit großer Treue bis kurz vor ihrem Tode verwaltet. Wenn sie zu schwerer körperlicher Arbeit nicht fähig war, so hat sie doch jede Minute eifrig ausgenützt. Sie war geschickt zu feinen Handarbeiten. Ihre fleißigen Hände arbeiteten unermüdlich an kleinen Heiligtümchen, auch noch in der letzten Krankheit.[22] Besondere Freude bereitete es ihr, die Missionen mit Paramenten zu versorgen. Wenige Tage vor ihrem Tode ließ sie sich noch mit den Gaben photographieren, die sie für ihren geistlichen Bruder, einen China-Missionar, fertig gestellt hatte. Ebenso sehr lag es ihr am Herzen, unsere neue Stiftung in Beek[23] mit allem Nötigen auszustatten. Im September 1938 war es ja Wirklichkeit geworden, dass die Zwillinge sich trennen mußten. Schw. M. Electa war für die Neugründung bestimmt, und beide hatten das so lange gelobte Opfer von ganzem Herzen gebracht. Während der Todeskrankheit schrieb Schw. Agnes für den Beeker Karmel all die Zettelchen ab, die wir zum Losen der Monats- und

[16] ⟨An Stelle des Satzes die *feierlichen* hl. Gelübde abzulegen steht im masch. Text *sich durch die* feierlichen *Gelübde dem Herrn noch fester zu verbinden*. Man unterschied damals zwischen ewigen einfachen und ewigen feierlichen Gelübden. Außer bestimmten kirchenrechtlichen Auswirkungen verband man mit den feierlichen Gelübden einen höheren Grad der Hingabe an Gott.⟩

[17] ⟨Chorgebet.⟩

[18] ⟨Lat. „hora matutina – Morgenhore" war eigentlich kurz nach Mitternacht zu beten, bei den Karmelitinnen wurde sie antizipiert und zu später Stunde am Abend gebetet. Die davon dispensierte Schwester konnte also früher schlafen gehen. Heute entspricht ihr die Lesehore, die keinen festen zeitlichen Ansatz mehr hat.⟩

[19] ⟨*darunter* im masch. Text ergänzt.⟩

[20] ⟨Der masch. Text hat 1914.⟩

[21] ⟨Die Schwester, die für die Außenkontakte zuständig war, d. h. etwaige Besucher begrüßte und weitervermittelte, Spenden entgegennahm oder von den Schwestern angefertigte Arbeiten verkaufte. Damit auch sie die Klausur nicht zu verlassen brauchte, fanden alle Kontakte an der „Winde" statt, einer Art Drehtrommel, mit der man kleinere Gegenstände aus der Klausur heraus- oder in sie hineinbefördern konnte. Diese Regelung gibt es in einigen kontemplativen Klöstern auch heute noch.⟩

[22] ⟨Im masch. Text steht folgender Einschub: *Treu liebte und bewahrte sie die Einsamkeit der Zelle, und sobald sie mit ihren Beschäftigungen an der Winde fertig war, eilte sie dahin zurück. Sie betete und opferte eifrig für die Priester und Missionare.*⟩

[23] ⟨Unweit von Echt gelegenes Karmeltinnenkloster; aufgelöst.⟩

Jahresheiligen benützen.[24] Die Schwesterchen[25] in Beek sollten doch auch diesen alten Klosterbrauch nicht missen.

Im Winter 1938/39 machten sich die ersten Anzeichen einer Unterleibserkrankung bemerkbar, heftige Schmerzen verbunden mit starken Blutungen. Schw. Agnes wollte anfangs von einer Untersuchung nichts wissen. Als der Hausarzt nach einer andern Schwester sehen kam, wurde sie zu ihm gerufen. Aber sie trat ihm so kampfbereit entgegen und versicherte so entschieden, es fehle ihr nichts Ernstliches, dass er nicht auf der Untersuchung zu bestehen wagte. Einige Wochen später war ihr Widerstand gebrochen. Am 20. April fand die ärztliche Untersuchung statt. Der Arzt ließ keinen Zweifel daran, dass es sich um ein Krebsleiden handle und dass eine Operation zwecklos, eine Heilung natürlicherweise ausgeschlossen sei. Unsere liebe Mutter machte Schw. Agnes davon Mitteilung. Und nun zeigte es sich, dass sie eine ganze Karmelitin war. In aller Ruhe und Ergebung schickte sie sich an, dem Ruf Gottes Folge zu leisten. Sie opferte ihr Leiden und Sterben für die großen Anliegen der Zeit auf. Der immer wiederkehrende Blutverlust, der an ihren Kräften zehrte, wurde als Sühne für das[26] Unheil dargebracht, das die Blut- und Rassentheorie im lieben deutschen Vaterland anrichtete. Gern hätte Schwester Agnes gewusst, wie lange Zeit ihr noch zur Vorbereitung vergönnt sei. Aber das konnte ihr niemand sagen. Gott allein wußte es. Sie fragte einmal, ob sie wohl im Oktober noch am Leben sein werde. Diesen Monat hatte sie immer benützt, um alle Gebetssträußchen[27] zu winden, die sie im Lauf des Jahres den Schwestern zu Namenstagen und ähnlichen Gelegenheiten versprochen hatte. Sie wollte doch diese Schulden nicht mit ins Grab nehmen.

Bis zur ärztlichen Untersuchung hatte sie noch ihren Windendienst versehen, wenn sie auch oft Ruhe und Schonung brauchte. Nun wurde sie ausgeschaltet und mußte sich endgültig der Obhut der Krankenwärterin überlassen.[28] Ihr Platz im Chor wurde besetzt. Wenn sie noch dem Chorgebet beiwohnte, wurde ein Sessel für sie hingestellt. So war sie während der ganzen Fronleichnamsoktav[29] zugegen, während wir nachmittags vor ausgesetz-

[24] ⟨Zur Förderung der persönlichen Frömmigkeit der Schwestern wurden sog. Monats- und Jahresheilige verlost, die den Schwestern als Vorbild vor Augen gestellt wurden.⟩

[25] ⟨Im masch. Text steht hier *Schwestern.*⟩

[26] ⟨In der masch. Fassung: *so vieles.*⟩

[27] ⟨Anspielung auf den Brauch, aus Gebeten, wie Rosenkränzen u. ä., geistliche Sträuße zu winden und sie dann zu verschenken.⟩

[28] ⟨In der masch. Fassung steht *anvertrauen.* Darauf folgt ein längerer Einschub: *Die Sorge um ihre Amtsgeschäfte ließ sie aber auch jetzt noch nicht los. Einmal ging sie nachts nachsehen, ob das Tor auch vorschriftsmäßig verschlossen sei. Die wichtigsten Punkte, auf die zu achten war, schrieb sie auf ein Zettelchen. Das sollte die Mutter ⟨Priorin⟩ nach ihrem Tod der ersten Windnerin übergeben. Auch*⟩

[29] ⟨Fronleichnam wird am Donnerstag nach dem Dreifaltigkeitssonntag, dem ersten Sonn-

tem Allerheiligsten die Mette beteten. Sonst stand ihr Sessel meist am Fenster im Präparatorium.[30] Bei geöffneter Chortür konnte sie von dort aus der Vesper folgen. Dort nahm sie auch, wenn ihr Zustand es erlaubte, die Mahlzeiten ein. Wenn wir nach der Gewissenserforschung in Prozession an ihr vorbei ins Refektorium gingen, grüßte sie uns mit einem rührend lieben Lächeln. Nicht lange vor ihrem Tode sagte eine Mitschwester zu ihr, sie werde dieses Lächeln nie vergessen. Seitdem wurde es noch häufiger. Es war Begrüßung und Abschied, Dank für jeden kleinen Liebesdienst, auch für den Besuch des Arztes und des Priesters. Es war der Ausdruck ihrer zarten, liebevollen und zugleich starken Seele.

Schw. Agnes liebte ihre Mitschwestern von Herzen. Sie war immer sehr gern in der Rekreation, hörte voller Teilnahme die Anliegen der andern an und teilte gern ihre eigenen Neuigkeiten mit, besonders die Briefe aus Beek und von ihrem geistlichen Bruder. Schon in gesunden Tagen hatte sie dabei ihren Platz am Fenster, etwas abseits von den andern, aber ihre munteren braunen Augen verfolgten aufmerksam alles, was vorging, und oft warf sie mit trockenem Humor eine drollige Bemerkung in die Unterhaltung. Während der Krankheit weilte sie noch oft im Liegestuhl unter uns, wenn wir in der Laube im Garten Rekreation[31] hielten. Es war nämlich einige Wochen lang eine scheinbare Besserung in ihrem Zustand eingetreten. Das ursprünglich angegriffene Organ war offenbar völlig zersetzt, und damit hörten die Blutungen auf. Aber in dieser Ruhepause bereiteten sich neue Qualen vor. Das Übel hatte auf Galle und Leber übergegriffen. Bald stellte sich Erbrechen ein, die Speisen konnten nicht mehr behalten werden. Immer weniger nahm die Kranke zu sich, alles widerstand ihr. Oft am Tage erklang das Schellchen aus ihrer Zelle. Wer zuerst herbeieilte, fand sie dann mit dem Kümpchen,[32] das immer bereitstand. Bis zum letzten Tage gab sie sich große Mühe, Bettzeug und Nachthemd rein zu erhalten. Wohl einen ganzen Monat lang hat sie nichts mehr nehmen können als schluckweise eisgekühltes Wasser. Aber mit dem Aufhören der Nahrungsaufnahme schwand der Brechreiz nicht. Es kam nun unter heftigsten Schmerzen die pure Galle. Diese Anfälle waren überaus qualvoll. Es war bewundernswert, wie Schw. Agnes unmittelbar danach immer wieder völlig klar und ruhig war. Sie schilderte ihre körperlichen Leiden so nüchtern und sachlich wie ein Naturwissenschaftler. Sie wollte auch nicht um Linderung gebetet haben, sondern immer nur um

tag nach Pfingsten, gefeiert. Bis zur Liturgiereform des Zweiten Vatikanischen Konzils folgte auf den Festtag eine Oktav, d. h. eine Festzeit von acht Tagen.⟩

30 ⟨Der Vorraum zum Betchor für die Vorbereitung auf das gemeinsame Chorgebet.⟩

31 ⟨Gemeinsame Erholungszeit nach dem Mittag- und Abendessen, ein wesentlicher Punkt in Teresas Ordensideal; siehe: Teresa von Ávila, *Gründungen*, 13,5; *Gedanken zum Hohenlied*, Cs 26–28.⟩

32 ⟨Rheinisch für Spucknapf.⟩

Geduld, alles zu ertragen. Wenn eine Mitschwester ihr sagte, sie würde ihr gern etwas abnehmen, antwortete sie sehr entschieden: „Was fällt E. L.[33] ein? E. L. kommen auch noch dran." Manchmal quälte sie wohl die bange Frage, was wohl noch alles kommen werde. Aber auf die Mahnung, sich keine Sorge zu machen, beruhigte sie sich sofort wieder und überließ sich bedingungslos und vertrauend dem göttlichen Willen. Ihre liebe Zelle dicht beim Allerheiligsten brauchte sie nicht zu verlassen. Sie konnte von dort aus gut der hl. Messe folgen. Trotzdem kam sie, solange es irgend ging, früh hinunter. Als das nicht mehr möglich war, wurde sie von der Zelle ins obere Sprechzimmer gefahren und empfing dort die hl. Kommunion. Nur sehr kurze Zeit vor dem Tode wurde ihr der liebe Heiland ans Krankenbett gebracht. Die letzten 2 Tage war es nicht mehr möglich, weil schon am frühen Morgen das Erbrechen kam.

Während der ganzen Zeit der Krankheit gingen die Gedanken beständig zu der treuen Schwester in Beek. Jetzt erst haben wohl die Zwillinge das Getrenntsein in seiner ganzen Härte gespürt. In rührender Liebe suchten sie sich gegenseitig in ihren Briefen zu trösten und aufzumuntern. Schw. Electa schickte für die letzten Tage eine ganze Sammlung kleiner Stoßgebetchen, die wir der Sterbenden vorsprechen sollten. Unsere liebe Mutter tat sie in ein Beutelchen und hängte sie Schw. Agnes um den Hals. So trug sie sie Tag und Nacht bei sich, zusammen mit dem Rosenkranz, dem Skapulierchen[34] und dem Thomasgürtel.[35] Zum Waschen durften wir für ein paar Minuten alle diese Heiligtümer abnehmen. Nur das Skapulier wollte sie keinen Augenblick missen. Die Mutter mußte ihr versprechen, dass es ihr auch nach dem Tode gelassen würde.

Unsere Kranke war von treuer Liebe umgeben. Nicht nur Schw. Electa, sondern auch die Verwandten aus Süddeutschland bezeugten in herzlichen Briefen ihre innige Teilnahme. Eine Cousine kam zum Abschied her, und die Sterbenskranke ließ sich noch einige Mal zu ihr ins Sprechzimmer fahren. Die Mitschwestern suchten ihr in jeder Weise das Leiden zu erleichtern. Die liebe Mutter war stets bereit, herbeizueilen, wenn das kranke Kind nach ihr verlangte. Und das geschah oft. Schw. Agnes hatte sich immer mit rückhalt-

---

[33] ⟨Abkürzung für die damals im Kloster übliche Anrede „Euer Lieb."⟩

[34] ⟨Skapulier: Ein Teil des Ordensgewandes, von lat. Scapula – Schulter, bestehend aus zwei Stoffbahnen, die von der Schulter nach vorne und nach hinten herunterfallen. Die Tradition verbindet es mit Simon Stock, der es 1251 von Maria erhalten habe, verbunden mit der Verheißung ewigen Heils für alle, die es in frommer Weise tragen. Davon gibt es auch eine Kleinausgabe. (Siehe U. Dobhan, *Marienverehrung im Karmel).*⟩

[35] ⟨Offensichtlich eine Art Bußgürtel. Nach der Legende hat der Apostel Thomas, der bei der Aufnahme Mariens in den Himmel (wieder) nicht dabei war, von ihr auf seine Bitte hin einen Gürtel von oben als Zeichen ihrer Aufnahme erhalten – also eine neue Beschwichtigung des „Zweiflers".⟩

loser Offenheit der Mutter anvertraut. Ihr wollte sie auch jetzt jeden Zweifel, jede Beunruhigung sofort vortragen. Die Mutter las in ihrer Seele wie in einem offenen Buch. So konnte sie an ihrer Stelle sagen, was sie in der letzten Beichte vorbringen wollte, da sie selbst nicht sprechen konnte.[36] Die Leidenszeit ist zugleich eine große Gnadenzeit gewesen. Als es Zeit war, die hl. Ölung zu spenden, meldete sich der geistliche Bruder zum Abschiedsbesuch vor der Ausreise nach China an. Es wurde ihm erlaubt, seinem Schwesterlein die Wegzehrung[37] für die weite Reise in die Ewigkeit zu spenden. Es geschah am Herz Jesu-Freitag im Juli.[38]

Eine schwere Anfechtung mußte Schw. Agnes am Donnerstag, d. 13. Juli, dem Fest der Übertragung unserer hl. Mutter Teresia,[39] aushalten. Es war kurz vor der Gewissenserforschung, als die Mutter schnell zu der Kranken gerufen wurde. Sie schrie so laut, dass man es bis auf die Straße hören konnte, schlug um sich und bebte am ganzen Körper, so dass das Bett davon erschüttert wurde. M. Subpriorin eilte durchs ganze Haus und forderte die Schwestern zum Gebet auf. Es sei offenbar ein ganz schwerer Todeskampf. Bald war die ganze Kommunität im Krankenzimmer und betete. Schw. Agnes war wie verwandelt. Sie wollte kein Weihwasser, sie weigerte sich hartnäckig, den heiligen Namen Jesu auszusprechen oder das vorgehaltene Kreuzchen zu küssen. (Verzweifelt schrie sie: ich bin verdammt.)[40] Der herbeigerufene Dechant des Ortes betete die Sterbegebete, konnte aber auch nichts ausrichten.[41] Etwas später kam der Hw. Herr Beichtvater aus Geleen.[42] Er fand die Kranke schon ein wenig ruhiger. Er riet dazu, den Arzt kommen zu lassen. Die ehrwürdige Mutter hatte es vorher für zwecklos gehalten, da ihr nur noch geistlicher Beistand nötig schien.[43] Unser guter Hausarzt machte durch eine Morphiumspritze dem Erregungszustand ein

---

[36] ⟨In der masch. Fassung steht: *da ihr selbst das Sprechen schon zu mühsam war.*⟩

[37] ⟨Eine fremde Hand strich *Wegzehrung* durch und schrieb dafür *letzten hl. Sacramente.*⟩

[38] ⟨Das war der 7. Juli 1939.⟩

[39] ⟨Laut liturgischem Direktorium von 1939 wurde am 13. Juli die *Translatio Sanctae Matris Nostrae Teresiae* gefeiert, wobei nicht ersichtlich ist, um welche Translatio es sich handelt.⟩

[40] ⟨An Stelle des in Klammern gesetzten Textes heißt es im masch. Text: *Einmal unterbrach sie das unheimliche Schreien und sagte mit klarer und ruhiger Stimme: „Ich bin fest davon überzeugt, daß ich verdammt bin."*⟩

[41] ⟨Im masch. Text heißt der letzte Satz: *aber auch dafür war die Kranke völlig unzugänglich.*⟩

[42] ⟨Ein in der Nähe von Echt gelegenes Karmelitenkloster, gegründet 1876, aufgelöst 1999.⟩

[43] ⟨Hier lautet der masch. Text so: *Unser treuer Hausarzt war schnell zur Stelle. Das Schlimmste war bereits vorbei, als er kam; durch eine Morphiumspritze machte er dem Erregungszustand vollends ein Ende. Etwas später traf unser Beichtvater, Hr. P. Subprior aus Geleen* [bisher nicht ermittelt] *ein. Er fand Sr. M. Agnes ganz ruhig, aber sie war noch nicht imstande, ihm etwas zu sagen. Der Arzt hatte erklärt, dies sei noch keineswegs der*

Ende. Er erklärte, dies sei noch keineswegs der Todeskampf, sondern ein Krampfzustand, hervorgerufen durch übermäßige Schmerzen. Aber die Schwestern konnten sich bei dieser rein natürlichen Erklärung nicht beruhigen. Alle standen unter dem Eindruck einer unheimlichen Macht, die hier ihr Spiel getrieben hatte. Als unsere liebe Mutter wieder ruhig mit Schw. Agnes sprechen konnte, fragte sie: „Hatten E. L. sehr große Schmerzen?" – „Nein." – „Haben E. L. den Teufel gesehen?" – „Nein." – „Was war es denn?" – „Verzweiflung." Einige Tage später aber verlangte Schw. Agnes nach der Mutter und vertraute ihr an, als neulich alle Schwestern um ihr Bett waren, sei ein schrecklicher Kerl zur Tür hereingekommen, habe sie mit einem entsetzlichem Blick angesehen und sei zum Fenster hinaus verschwunden.[44]

Sr. M. Agnes war seit dem Anfall überzeugt, dass der Tod ganz nahe sei. Immer wiederholte sie: „Ich sterbe" und bat dringend, wir sollten sie nicht mehr allein lassen. Es war auch jetzt Tag und Nacht immer jemand bei ihr. Nachts wechselten wir uns ab. Oft waren zwei oder drei Schwestern zugleich nötig, um ihr aus dem Bett zu helfen und sie dann wieder zurechtzulegen. Bei diesen Gelegenheiten zeigte sie noch einen recht entschiedenen Willen und konnte wie ein kleiner Major kommandieren. Es war die Unruhe der Sterbenden, die dann über sie kam, und das Verlangen, den qualvollen Zustand erträglich zu machen. Hinterher bat sie immer rührend um Verzeihung und dankte für den kleinsten Dienst.[45] Für alle religiösen Anregungen war Schw. Agnes überaus empfänglich. Sie hatte es gern, wenn man ihr etwas vorbetete, ihr tröstliche Schriftworte sagte und mit ihr vom Himmel sprach. Immer wieder versprach sie, dass sie von dort aus für unser Haus und für die Anliegen jeder einzelnen Schwester sorgen wolle.[46]

In der letzten Woche hatte sie noch 3 x Gelegenheit zum Beichten, zum letzten Mal am Fest unseres hl. Vaters Elias[47] bei R. P. N. Provinzial[48], der

---

Todeskampf, es sei ein Krampfzustand gewesen, hervorgerufen durch übermäßige Schmerzen.⟩

[44] ⟨Hier ist im masch. Text folgender Text eingeschoben: *Schon am Freitag, dem Tag nach dem Anfall, hatte sie fast zur gleichen Stunde eine furchtbare Angst befallen. Sie zitterte und rief nach der Mutter. Diese sprach ihr trostvolle Worte zu. Sr. M. Agnes erfaßte mit beiden Händen krampfhaft das Skapulier der Mutter und ließ es fast eine Stunde lang nicht los, machte Anregungen, etwas zu sagen, brachte aber nur einige unzusammenhängende Worte hervor, u. a. „die Verdienste des lieben Jesus", „die Barmherzigkeit Gottes." Dr. Styns gab ihr wieder eine Spritze und wollte auch weiter auf diese Weise für Schlaf und Linderung der Schmerzen gesorgt haben, da die Kranke keine Medikamente mehr zu sich nehmen konnte. Um ihm die Wege zu sparen, übernahm es eine der Pflegerinnen, die Spritzen zu geben, man beschränkte sich aber dabei auf das Notwendigste.*⟩

[45] ⟨Im Original gestrichen: *Die Anfechtungen wiederholten sich nicht mehr. Im Gegenteil.*⟩

[46] ⟨In der masch. Fassung steht: *für unser Haus, für die großen allgemeinen Anliegen und die persönlichen Anliegen jeder einzelnen Schwester sorgen wolle.*⟩

[47] ⟨Am 20. Juli.⟩

[48] ⟨Reverendus Pater Noster – Unser Hochwürdiger Vater. Provinzial der 1935 errichteten

zum goldenen Jubiläum unserer Schwester Maria zu uns gekommen war. Ihre Seele war nun ganz in Frieden und wartete sehnsüchtig auf den Ruf des Bräutigams. Das Erbrechen hatte einige Zeit nachgelassen, aber in den letzten Tagen begann es von neuem. Am Sonntag, d. 23. Juli, setzte es in aller Frühe mit großer Heftigkeit ⟨ein⟩ und kehrte immer wieder, so dass vorauszusehen war, dass es die letzten Kräfte aufzehren würde. Man hörte an dem heftigen Rasseln auf der Brust, wie sich die Flüssigkeit immer wieder sammelte, bis sie stoßweise herauskam. Eine Morphiumspritze brachte für einige Stunden Stillstand. Dann begann die Qual von neuem. So kam die Nacht heran. Während der Mette war eine unserer Laienschwestern[49] bei der Kranken. Sofort nach den Laudes ging eine Chorschwester nach ihr sehen, die in der letzten Zeit viel bei der Pflege mitgeholfen hatte. Beide hatten den Eindruck, dass es jetzt zu Ende gehe. Sie riefen schnell die Mutter aus dem Chor herauf. Die Sterbekerze wurde angezündet, die Mutter begann zu beten, allmählich kamen alle Schwestern zusammen. Da es aber nicht abzusehen war, wie lange das erlöschende Flämmchen noch flackern würde, wurden alle zu Bett geschickt. Nur unsere liebe Mutter, Mutter Subpriorin und die beiden Pflegerinnen blieben bei der Sterbenden.[50] Immer noch hielt das schreckliche Rasseln und Erbrechen an. Der dunkelgrüne Schleim quoll aus Mund und Nase und mußte beständig abgetupft werden. Ein schmerzliches Zucken im Gesicht verriet, wie quälend der Zustand war. Trotzdem war der Ausdruck überaus friedlich. Einige Tage vorher hatte eine Schwester der Kranken gesagt, sie habe gelesen, wir sollten uns durch das Leiden nicht niederdrücken lassen, es müsse uns erheben. Schw. Agnes hatte geantwortet: „Es drückt mich nicht nieder. Ich freue mich, dass ich für Jesus leiden darf." Diese Gesinnung sprach auch jetzt aus ihren Zügen. Sie brachte das Opfer bis zum letzten Hauch mit klarem Bewusstsein. Sprechen konnte sie nicht mehr. Aber die Mutter betete ihr Worte der Hingabe und des Dankes für alles Leiden vor und sagte: „Schw. Agnes, wenn E. L. das alles verstanden

---

niederländischen Semiprovinz war damals Cornelius Leunissen (1899 Krawinkel-Geleen / Niederlande – 1971 Odin/USA). Ad Smits OCD sei für diese Mitteilung herzlich gedankt.⟩

[49] ⟨Damit sind Schwestern gemeint, die nicht am lateinisch rezitierten Chorgebet teilnehmen; letztere wurden Chorschwestern genannt. Als Teresa 1562 San José gründete, wollte sie diese Einteilung in Klassen nicht, doch akzeptierte sie später *„freilas"*, also Laienschwestern, die einen weißen Schleier trugen, weil immer mehr Analphabetinnen um Aufnahme baten, die nicht lesen und schreiben, also nicht am Chorgebet teilnehmen konnten. Die erste von ihr aufgenommene Laienschwester ist die sel. Anna vom hl. Bartholomäus. Hier nennt sie die Qualitäten, die sie aufweisen müssen, doch bei aller Gleichheit, die sie hier für sie fordert, hatten sie im Kapitel weder Sitz noch Stimmrecht (Cs 43). Diese Teresas ursprünglicher Idee nicht entsprechende Klassifizierung der Schwestern hat im Lauf der Zeit viele Probleme verursacht und wurde erst im Gefolge der Erneuerung des Ordenslebens durch das Zweite Vatikanische Konzil abgeschafft.⟩

[50] ⟨Im masch. Text mit *Kranken* verbessert.⟩

haben, dann sehen E. L. mich an." Sofort richtete die Sterbende den Blick auf sie. Mitternacht war vorbei, die Oktav U. L. Frau vom Berge Karmel beendet und das Fest der Märtyrerinnen von Compiègne[51] angebrochen. Da verstummte plötzlich das Rasseln, Schw. Agnes öffnete ihre Augen weit und blickte starr in eine Richtung – unsere Mutter meinte später, es sei ein Abschiedsgruß nach Beek hin gewesen. Die Schwestern bemerkten die Veränderung und riefen die Mutter an, die[52] sich gerade abgewandt hatte. M. Subpriorin eilte mit einem kleinen Glöckchen durchs Dormitorium, die Schwestern zu wecken. Schnell waren alle wieder um das Bett versammelt. Es war ein ganz sanftes, fast unmerkliches Verscheiden.[53] Wir beteten das Tedeum[54] und das Magnificat.[55]

Am Mittwoch, dem 26. Juli, wurde Schw. Agnes zur letzten Ruhe bestattet. Hw. Herr Dechant Terstappen sang das feierliche Requiem, assistiert von Hw. Herrn Kaplan Goossens und einem Trappistenpater aus der Abtei Lilbosch.[56] Drei andere Geistliche nahmen außerdem noch an der Beerd.⟨igung⟩ teil. U.⟨nsere⟩ l.⟨iebe⟩ Mutter hatte Schw. Agnes gebeten, wenn sie im Himmel sei, als Zeichen die Sonne zur Beerdigung scheinen zu lassen. Tatsächlich gingen wir bei strahlendem Sonnenschein durch den Garten zum Friedhof, obwohl es vorher ein trüber Tag war. Am nächsten Tage besuchte uns R. P. N.[57] General[58] und betete mit uns an dem frischen Grabe.

Requiescat in pace!

---

[51] ⟨Sechzehn Karmelitinnen von Compiègne wurden am 17. Juli 1794 wegen ihrer Treue zur Kirche und zu ihrem Ordensberuf in Paris enthauptet. Gertrud von le Fort und Georges Bernanos haben sie bekannt gemacht. Seligsprechung 1906. Bis zur Liturgiereform des Zweiten Vatikanischen Konzils wurde ihr Gedenktag am 24. Juli begangen. Am 23. Juli war die Oktav U. L. Frau vom Berge Karmel zu Ende.⟩

[52] ⟨Hier steht im masch. Text folgender Einschub: *die gerade die kleine Statue des lieben Jesulein auf das Tischchen am Fußende des Bettes stellte. Mit dieser Statue hatte sie jeden Abend Schw. M. Agnes gesegnet und auch wenige Minuten vor ihrem Tod; es war, als hätte sie nicht eher sterben können.*⟩

[53] ⟨Sie ist also am 24. Juli 1939 gestorben.⟩

[54] ⟨Lat. *„Dich, Gott, loben wir"*. Das *Te Deum* wird auch als Ambrosianischer Lobgesang bezeichnet. Nach der Legende sollen Aurelius Augustinus und Ambrosius von Mailand, ergriffen vom Heiligen Geist, gemeinsam diesen Gesang komponiert haben. Als Ambrosius 387 Augustinus das Sakrament der Taufe spendete, soll er diesen Hymnus angestimmt haben. Augustinus soll versweise darauf geantwortet haben. Die Entstehung datiert vermutlich auf die erste Hälfte des 4. Jahrhunderts. Siehe GT II, ESGA 20, 231–237.⟩

[55] ⟨Der Lobgesang Marias (Lk 1,46–55).⟩

[56] ⟨1883 von Trappisten gegründet,1912 zur Abtei erhoben.⟩

[57] ⟨Siehe oben Anm. 48⟩

[58] ⟨Petrus Thomas a Virgine Carmeli (Pier Tommaso Sioli, 1893 Genua – 1946 Shamrock/USA), am 16. April 1937 zum Generaloberen gewählt.⟩

Namen- und Ortsregister

Zeitfracht Medien GmbH
Ferdinand-Jühlke-Straße 7,
99095 - DE, Erfurt
produktsicherheit@zeitfracht.de

FSC
www.fsc.org
MIX
Papier | Fördert
gute Waldnutzung
FSC® C083411